OTTO FRIEDLAENDER

LETZTER GLANZ DER MÄRCHENSTADT

UEBERREUTER

CIP-Kurztitelaufnahme der Deutschen Bibliothek

Friedlaender, Otto:
Letzter Glanz der Märchenstadt / Otto Friedlaender. –
Wien : Ueberreuter, 1985.
ISBN 3-8000-3198-1

Bildnachweis
Helena Schönpflug-Sagunt, Wien (7); Österr. Nationalbibliothek,
Wien (1); Historisches Museum der Stadt Wien (1); Museum für
angewandte Kunst, Wien (1); Verlagsarchiv (26).

J 1522/1
Umschlag von Brigitte Schwaiger unter Verwendung eines
Aquarells von Ferdinand Kruis
© 1985 by Verlag Carl Ueberreuter, Wien
Papier und Gesamtherstellung: Salzer - Ueberreuter, Wien
Printed in Austria

INHALT

Meinem lieben Freunde

HERBERT WANIEK,

der mich angeregt und stets ermutigt hat, dieses Buch zu schreiben,
in alter Treue gewidmet.

VORREDE

Als im März 1938 der letzte Rest des alten Österreich nach langem Leiden dahingegangen war, da begann es in Wien zuzugehen wie in der Wohnung eines Verstorbenen, in der sich neue Leute einrichten. Bald stand nichts mehr an seinem alten Platz; nichts mehr ging in der alten Art; neue Gesichter, die man nie zuvor gesehen hatte, tauchten plötzlich auf, und die alten Gesichter sahen mit einem Schlag anders aus als bisher. Alle die Eigenheiten, Sitten und Gewohnheiten, die uns von Jugend an vertraut gewesen und daher – mögen sie nun wertvoll gewesen sein oder nicht – lieb geworden waren, verschwanden über Nacht.

Da entstand in mir der Wunsch, meine Erinnerungen an das Wien meiner Jugend, solang sie mir noch klar und deutlich, nicht durch allzu große Entfernungen entstellt, gegenwärtig waren, aufzuzeichnen, und diesen Wunsch habe ich mir mit diesem Buche erfüllt.

Nicht zwei Menschen erleben die gleichen Dinge auf die gleiche Art. Viele Menschen werden daher ganz andere Erinnerungen als ich an das Wien des alten Kaisers bewahren. Ich sage darum auch nicht: so war es, sondern: so habe ich es von meinem Standpunkt mit meinen Augen gesehen. Aber mit diesem Vorbehalt kann ich sagen: Ich habe nichts verfälscht, nichts gehässig verzerrt, nichts beschönigt – so gut ich es verstand. Ich habe mich, um den richtigen Ton zu treffen, oft nicht an die korrekte Ausdrucksweise der Schriftsprache halten können, ich habe mich auch nicht um eine feste Form bemüht, denn es war nicht meine Absicht, ein Kunstwerk zu schaffen, sondern ein ehrliches, naturgetreues Abbild der Wirklichkeit zu geben – eine Reportage über eine vergangene, in Vergessenheit versinkende Zeit.

Dieses Buch wurde im Dezember 1938 begonnen und im August 1942 beendet.

DER VERFASSER

VORWORT

Die in diesem Buche ohne feste Form oder verbindende Handlung lose aneinandergereihten Essays, Erzählungen und Schilderungen sollen ein Beitrag zur menschlichen Komödie des Wienertums sein, so wie es zu Anfang unseres Jahrhunderts war.

Es war nicht die Absicht des Autors, ein Lob der guten alten Zeit zu singen (obwohl sie der, in der wir heute leben müssen, sicher in mancher Hinsicht vorzuziehen war), sondern die unheimliche Unrast der Geister und der Kräfte darzustellen, die eine vielfach ahnungslose, zwischen behaglichem Wohlsein und ängstlichen Vorgefühlen schwankende Gesellschaft erfüllte.

Es ist das Wien des noch immer mächtigen, aber vom Verhängnis verfolgten, von tausend unheimlichen Gerüchten umflüsterten Kaiserhauses, des unvergessenen, von böser Vorbedeutung erfüllten Todes des Kronprinzen und des düsteren, ungeliebten Thronfolgers. Es ist das Wien der machtlosen Kritik bedeutender (und dennoch gar nicht unfehlbarer) Männer – man kann nicht einmal sagen, es wäre besser gewesen, man hätte ihnen gefolgt –, das Wien der tüchtigen, nach allen Seiten verbindlichen Streber und des geistvollen Spottes seniler Bürokraten. Es ist das Wien der rüden Demagogie und des kaum zu bändigenden Antisemitismus der Kleinbürger, das Wien der wohltemperierten Organisation des Proletariates für einen von allen Teilen gar nicht erwünschten und hoffentlich recht fernen Kampf. Es ist das Wien einer dekadenten, verspielt und leichtsinnig gewordenen Aristokratie, eines mehr ordenslüsternen und titelsüchtigen als geldgierigen Großkapitals, eines gutmütigen, aber ehrgeizigen und abenteuerlustigen Militärs und einer freudlosen, allzu weise gewordenen Kirche – es ist das wohlgenährte Wien mit roten Wangen und kräftigen Gliedern, das die Krankheitskeime überall in seinem Körper bald ahnungsvoll, bald ahnungslos mit sich herumträgt und lieber nicht an die Zukunft denkt.

Dieses Buch wurde in der Zeit des Nationalsozialismus geschrieben, aus dem Bedürfnis heraus, sich darüber Rechenschaft zu geben, wie es sich ereignen konnte, daß dem Körper und dem Geiste nach jener unselige verhängnisvolle Mann gerade aus unserem Boden seinen Ursprung nehmen mußte – aus jenem Boden, den wir gewohnt sind, als friedvoll und idyllisch zu empfinden und in dem nur prophetische Geister die sorgsam verborgenen Pforten der Hölle entdecken konnten.

DER VERFASSER

Wien, im Jänner 1948

I. BUCH

DER ORT, DIE ZEIT, DIE MENSCHEN

DIE MÄRCHENSTADT

Wien ist eine stille Stadt. Den großstädtischen Verkehr, wie es ihn in Paris und London gibt, kennt man in Wien nicht. Man geht in den Straßen mit Vorliebe in der Mitte der Fahrbahn. Die Ringstraße ist ein großer stiller Park, der die ganze Stadt umschließt. Wenn man aufgeregt ist oder in Ruhe etwas ausdenken will, dann geht man einmal um die Ringstraße. Zuweilen rumpelt die Pferdetramway daher. Das Trappen der Pferde und das Klingeln ihrer Glöckchen ist ländlich. Von Zeit zu Zeit reitet ein Wachmann durch die Reitallee. Dann donnert ein Stellwagen über die Granitwürfel und wird ganz still, wenn er auf das Asphaltpflaster kommt, daß man nur mehr das müde Klappern der Pferdehufe hört. Dann kommt ein Fiaker, dessen leichte Pferde einen munteren Vierachteltakt aufs Pflaster klimpern. Dann schlägt eine Kirchenglocke, und dann ist es für eine Weile so ruhig, daß man den eigenen Schritt hallen hört.

Wien ist eine alte Stadt. Die Straßen sind schmutzig. Der ewige Wind bläst Staubwolken vor sich her, in denen Papierfetzen fliegen. Der Straßenkehrer wühlt Staub und trockenen Pferdemist auf. Alles ist dunkel und verräuchert. Die Fassaden der Häuser sind altersgrau, von den Haustoren bröckelt die Farbe ab, alle Stufen sind ausgetreten, in den Stiegenhäusern riecht es nach Küche und Kanal. Die Leute sagen: Es tut's schon noch. Alles hat Angst vor dem »Herrichtenlassen«. Man kommt dabei vom Hundertsten ins Tausendste: es kostet viel, es trägt nichts – wenn es für uns gut war, wird es auch noch für euch gut sein! »Verletzt von einem Stück herabfallenden Mauerputzes« – »Ausgeglitten auf einer weggeworfenen Orangenschale« sind tägliche Lokalnotizen. Die dunklen Farben sind für allen Anstrich sehr bevorzugt, weil sie nicht »schmutzen«. Ein pickiges, schwitzendes Braun ist die Lieblingsfarbe für Fenster und Türen.

Wien ist eine Märchenstadt: Am hellichten Tag gehen ernsten, gemessenen Schrittes und in militärischer Ordnung fünf Riesen mit Hellebarden über die stille Ringstraße. Sie sind mit roten, goldbetreßten Röcken, weißen Lederhosen und hohen Lackreitstiefeln bekleidet, und sie haben hohe Helme mit weißen Roßschweifen auf dem Kopf, die bei jedem Schritt feierlich wippen. Ernst blicken sie vor sich hin – was mag ihr Sinn und Ziel sein? Es ist Garde des Kaisers – eine der Garden. Es gibt zum Beispiel auch eine ungarische Garde. Die hat Pantherfelle kühn um die Schultern geworfen und Reiherfedern auf dem Kalpak. Reiher gibt es in Ungarn, die Pantherfelle aber kommen aus dem fernen Asien, aus dem auch die Ungarn kommen und das sie tief im dunklen, vergessenen Grunde ihrer Herzen tragen. Über den Rand der Steppe, die sie an Asien erinnert, sind sie nie hinausgekommen, und aus Asien haben sie sich ihre Zigeuner mitgebracht, die ihnen die Musik machen.

Metternich hat gesagt: »Wien gehört noch zu Europa, aber auf der Landstraße fängt Asien an.« Beim Zentralfriedhof beginnt die Steppe, und in der Lobau beginnt der Dschungel. Da gibt es Hirsche mit vierundzwanzig Enden, so groß wie Pferde, Kormorane, Fischadler, Bussarde, Sumpfhühner, schnatternde Wildenten, Fischreiher, Bisamratten, Fischotter … Stundenweit zieht sich hier die Wildnis des Urwaldes. Einsame Flußarme rinnen träg zwischen hohem Schilf und dicken, alten, turmhohen Bäumen, aus deren Ästen geisterhaft menschenähnliche Vogelstimmen schreien und gurren. Wie Skelette liegen rindenlose, weißgebleichte Äste auf dem Sumpfboden, riesige Grashalme streifen das Gesicht, bis eine Lichtung den Blick auf den erstaunlich nahen Stephansturm freigibt. Alte Schanzen und Gräben findet man mitten in dieser Wildnis, und an einem Ast hängt ein alter Schuh oder ein Kleiderfetzen, den das letzte Hochwasser angeschwemmt hat.

Der Wiener liebt diesen Osten seiner Stadt nicht, wo es noch nach Türken riecht, wo die Orte so sonderbare Namen wie Theben und Petronell haben, wo endlose kerzengerade Pappelstraßen zwischen breiten, niederen Hügelwellen zur grenzenlosen ungarischen Steppe hinziehen. Nieder steht da der Himmel über sumpfigem grauem Augelände, durch das der Wind pfeifend nach Ungarn weht. Hier beginnt eine weite fremde Ferne fremden und wilden Wesens, das weite östliche Reich des Kaisers, das nur die Soldaten und die Kaufleute kennen. Der Wiener klammert sich an die guten Geister seiner Berge; er fürchtet die Melancholie dieser Steppe, an deren Rand er seine Toten bestattet, als sollten ihn die armen Seelen vor den bösen Geistern des Ostens behüten. Der Wiener hat Angst vor der unheimlichen, weiten Grenzenlosigkeit vor seinen Toren, und wenn er ihr auch den Rücken kehrt, sie ist immer da, sie liegt als ein ferner dunkler Grund beängstigend in ihm – er möchte sich immer von einem starken Mann an der Hand führen lassen, damit ihm der Böse nichts tut. Ist es der Tod, den er fürchtet, oder die Ewigkeit? Wie ein Kind liebt er diesen Schauer und seine Geborgenheit. Er hört und sieht gerne Märchen im Schutz seiner engen Gassen, und Wien ist eine Märchenstadt. Weit unten auf orientalischen Märkten singen die Erzähler von Wien, vom großen, alten, hundertjährigen Kaiser, und sie zahlen dort mit dicken Talern, auf denen, wie sie sagen, das Bild der Mutter des hundertjährigen Kaisers zu sehen ist.

In Wien gehen türkische Hausierer mit geräuschlosem Schritt – denn sie tragen weiche Opanken an den Füßen – mit dem Fes auf dem Kopf durch die Straßen. Sie verkaufen Filigran- und Mosaikarbeiten. Die Ware kommt vielleicht aus Gablonz und der Fes aus Strakonitz, aber der Mann ist echt, und vielleicht war er in Mekka. Türkische Großhändler mit weißen, dicken Gesichtern und schweren Augenlidern sitzen in ihrem Kaffeehaus am Fleischmarkt und spielen mit Bernsteinketten oder mit großen Karten, auf denen fremde, altertümliche Bilder gedruckt sind.

An die graue Mauer eines Hauses gelehnt, hockt mitten in der Stadt ein Hirte in gesticktem, weißem Pelz. Er hat seinen Stab an die Wand gelehnt, und sein Binkel liegt neben ihm. Eine Lammfellmütze hat er auf dem Kopf. Ruhig schneidet er hier mitten in der fremden Stadt Schnitten von seinem Speck und ißt Brot dazu, schaut ruhig mit ernsten Augen um sich – die große Stadt hat keinen Schrecken für ihn: er ist weit gegangen, es ist Mittag, er ißt. »Ein Krowot«, sagen die Leute, denn die Wiener nennen alles einen Krowoten, was weiß angezogen geht und wie ein Bauer aussieht. Ein Offizier geht vorbei und spricht ihn in seiner Sprache an. Der Mann ist gar nicht erstaunt, denn es versteht sich doch von selber, daß ein vernünftiger Mensch seine Sprache kann, er antwortet freundlich mit vollem Mund und bleibt sitzen und ißt weiter. Gleich bleibt eine Menge Menschen stehen. So ist das in Wien: erst gehen die Leute an allem vorbei, wenn aber einer stehenbleibt und schaut, dann bleibt gleich ein Dutzend stehen und schaut mit. Der Offizier erklärt: »Das ist ein Huzule. Er kommt zu Fuß aus den Karpaten; seit zwanzig Tagen ist er unterwegs. Er besucht seinen Sohn, der in Wien beim Militär dient.« (Fragen Sie einen Berliner, was Huzulen oder Goralen sind, so wird er sagen: Huzulen sind ein Volksstamm in Afrika und Goralen wachsen im Meer und man schreibt sie mit hartem K – Kappa.) Ja, so ein Land ist das, und solche Leute trifft man in Wien alle Tage.

Da kommt gleich um die Ecke ein alter polnischer Jude mit langem Bart in einem Seidenkaftan, der mit Zobel verbrämt ist. Er hat einen breiten schwarzen Veloushut auf. Die polnischen Juden tragen nämlich die Veloushüte, die heute alle Welt trägt, seit jeher. Das wissen nicht viele Leute, daß diese Mode von den polnischen Juden kommt. Wiener Hutmacher verfertigen ihnen diese teuren Hüte, die mittelalterliche Fellhüte nachahmen sollen.

Hinter dem Juden kommt einer, der fast genauso aussieht, unter dem Bart auf der Brust aber ein Kreuz trägt – das ist ein Mechitaristenpriester – ein armenischer Katholik: die Mechitaristen erziehen in Wien junge Armenier zu Priestern für den Orient. Die jungen Leute haben violette Seidengürtel über der Soutane und gehen in den Wiener Straßen in Reihen spazieren. Die Wiener nennen sie hartnäckig die »Judenschule«, weil Leute, die so ausschauen, doch keine Christen sein können.

Hinter dem Mechitaristen kommt wieder einer, der auch nicht viel anders ausschaut, aber eine sehr hohe gerade Tuchkappe ohne Rand auf hat. Das ist ein orthodoxer Pope, denn der Kaiser hat viele Untertanen griechischen Bekenntnisses: in Lemberg hat er gleich drei Erzbischöfe – einen römischen, einen griechisch-unierten und einen griechisch-orthodoxen. Armenier sitzen im Wiener Parlament, ein Armenier ist sogar Präsident des Abgeordnetenhauses. In Wien werden Bücher mit Buchstaben gedruckt, die wie kabbalistische Geheimzeichen aussehen, und es gibt in Österreich Menschen, die das und nur das lesen können.

Na ja – das hat man schon gehört: Wien ist das Tor des Orients –, aber Wien ist mehr als das: Wien ist das Tor zu hundert Vergangenheiten. Zahllose Reliquien, lebende und tote, werden hier gehegt und gepflegt: vertriebene Monarchen, erloschene Titel und Würden, Ritterorden, die nur mehr dem Zwecke dienen, sich selbst zu erhalten. Der Kaiser führt den Märchentitel eines Königs von Jerusalem, der Thronfolger heißt aus sagenhaften Gründen »Este«, ein kaiserlicher Prinz heißt Hoch- und Deutschmeister und darf deshalb, kein Mensch weiß wieso, nicht heiraten. Daß es Könige ohne Land gibt, weiß man, hier aber gibt es eine Republik ohne Land – eine Märchenrepublik: den souveränen Malteserritterorden. Er hat in Wien sogar einen Gesandten, der bei feierlichen Anlässen einen knallroten Rock trägt.

Zu den Königen ohne Land gehören Untertanen ohne König: zuweilen kommen zum Beispiel ein paar magere Greise mit militärischen Schnurrbärten und Adlernasen nach Wien, die hier residierende hohe Herrschaften der unwandelbaren Treue der Bevölkerung von Parma, Piacenza und Guastalla versichern. Auch die spanischen Karlisten haben ihre Anhänger, und die Welfen – das sagenhafte Geschlecht aus dem Geschichtsunterricht – kann man hier in lebenden Exemplaren sehen. Eine authentische Königin von Neapel gibt es, die die Heldin von Gaëta genannt wird, als wäre sie ein Roman von Dumas, und in dem Wirrsal von Bourbons und Chambords in Ebenzweier, in Görz, in Frohsdorf, in Schwarzau, die auch irgend etwas mit den Braganzas in Seebenstein zu tun haben, die aber wieder nichts mit Portugal zu tun haben, kennt sich nur der Kenner aus. Sie alle aber haben Hofhaltungen mit Kammervorstehern, mit Antichambre, Galerie, grünem Salon, chinesischem Salon, rotem Salon, Audienzsaal und Malachittisch – Geschenk Seiner Majestät des Zaren –, manche verleihen Orden, alle haben Anhänger, alle haben Geldsorgen, alle haben Pläne, alle halten Konferenzen und schließen komplizierte Verträge, die einmal historische Bedeutung erlangen sollen; es gibt da Diplomaten im Niemandsland, staatsmännische Aktionen im leeren Raum, historische Worte ohne historischen Widerhall. Und sie warten ihre Zeit ab und pflanzen sich bis dahin fort und sind indessen Sehenswürdigkeiten in Wien, wo diese kostbaren Exemplare alter Rassen sorgsam gehegt und gepflegt werden – lebende historische Denkmale: es war einmal – und wenn sie nicht gestorben sind, dann leben sie noch heute.

Unter Deckengemälden und Stukkotrophäen in alten, grauen Palais, in denen Lakaien Badewannen und Leibstühle an langen Stangen wie Sänften in die Zimmer tragen, lebt diese Märchenwelt.

Vor dem Tore eines Palais muß ein livrierter Portier stehen – ein riesiger Mann mit langem Bart in dunklem, mächtigem, reich verziertem Mantel. Er hält einen reichgeschmückten Stab mit einem Silberknopf feierlich in der Hand, er hat einen Zweispitz auf dem Kopf, und er rührt sich nicht. Kinder

glauben, das sei am Ende kein lebender Mensch, und sie hätten gute Lust, einmal zur Probe anzustoßen, wäre ihnen nicht angst vor dem langen Bart, der sie an den Wächter im Volksgarten erinnert. Bauern mit hohen Stiefeln, mit dem Binkel auf dem Rücken und der kalten Pfeife in Mund starren stumm diesen regungslos lebenden Dekorationsgegenstand an, bis eine einfahrende Equipage ihn in Bewegung setzt. Der dicke Riesenkobold macht plötzlich eine tiefe Verbeugung, setzt sich wie ein weicher Gummiball in eine halb hüpfende, halb kollernde Bewegung, öffnet den Wagenschlag und verneigt sich wieder so tief, daß man von der Straße aus nur mehr eine mächtige posamentierte und passepoilierte Tuchkugel und den Silberknauf des Stabes sieht. Dann kehrt er in seine würdevolle Regungslosigkeit zurück und repräsentiert weiter das Märchen in der stillen Straße. Ein Kindermädchen zieht einen dreijährigen Buben hinter sich her und sagt: »Siehst du, das ist der Momo, der holt dich, wenn du dich so ziehen läßt – geh anständig!« Und der Momo weiß, was er sich schuldig ist, er rollt die Augen und räuspert sich. Der Kleine geht gleich anständig oder – er heult. So greifen die Geister unmittelbar ins Leben der Wiener Kinder ein.

Mitten auf der Kärntner Straße, wo sie reichlich Platz dazu hat, fährt eine schöne Equipage im Schritt Achter wie in der Fahrschule. Es ist ein Hofwagen, und die Pferde der Hofwagen dürfen, nachdem sie gelaufen sind, nie stehen, sondern sie müssen immer bewegt werden. So feine, kostbare Pferde sind das. Auch ihr Kutscher ist fein und kostbar: ein olympisches Lächeln liegt auf seinen runden, rosigen Wangen, er hält eine wunderbare Peitsche wie ein Zepter in der Hand, und es hat eine Bedeutung, ob er sie gerade oder schief hält, und es hat eine Bedeutung, ob er den Zweispitz gerade oder quer auf hat. Neben ihm sitzt noch ein olympisch lächelnder Lakai, auch mit einem Zweispitz auf dem Kopf, und der Wagen hat goldene Linien an den Radspeichen. Es ist der Wagen eines Erzherzogs. Ein paar Leute drängen sich vor einem Geschäft, und der Helm eines Wachmannes überragt sie. Da macht ein kaiserlicher Prinz Einkäufe, und der Wagen wartet auf ihn. Das kann man jeden Tag sehen.

Immer sind viele Hofwagen unterwegs, und es gibt je nach dem Range der Insassen viele Arten: schwere Viersitzer und leichte Zweisitzer mit Gummirädern oder mit Eisenrädern, mit oder ohne Lakaien auf dem Kutschbock; alle Hoffunktionäre haben Hofwagen, alle Lehrer der kaiserlichen Prinzen werden mit Hofwagen geholt und heimgeführt, und auch die Hofschauspieler und Sänger haben Hofwagen – das steht sogar in ihrem Vertrag. Hunderte Hofwagen sind immer unterwegs und – so viel man sie auch sieht –, die Menschen bleiben immer wieder stehen, wenn sie den Kutscher mit dem Zweispitz sehen, und schauen … Es sind immer Wagen ins Märchen oder aus dem Märchen – Wagen, bei denen man denken kann, daß sie zum Kaiser fahren oder vom Kaiser kommen. Wie das nur sein muß, wenn man im Hofwagen fährt . . . ?

Und neben den Hofwagen gibt es viele Equipagen mit und ohne livrierte Lakaien. Da haben die Kutscher Livreezylinder auf dem Kopf, die mit Guttapercha überzogen sind – keine Zweispitze. Manche Lakaien sind auch ungarisch angezogen wie Husaren. Die Equipagenpferde heißen Carossiers und müssen immer den Kopf hoch halten. Dann gibt es die vielen lustigen Fiaker mit ihren Juckern, die mit blütenweißen Faschen sportlich geschmückt sind: »Pferde mit Hosenträgern« sagen die Leute.

Der Luxus des Bürgers ist der »Unnumerierte« – ein Privatfiaker, der keine sichtbare Nummer, aber auch keinen livrierten Kutscher und schon gar keinen livrierten Lakaien hat. Den kann man aber auch mieten. Man kann in Wien vieles haben, was so aussieht als ob, wenn man weiß wie – nur einen Hofwagen nicht.

Das ist der Wiener Straßenverkehr . . . – Die Lastwagen, die fahren draußen wo in der Vorstadt. – In der Stadt gibt es nur das flinke Geklimper der leichten Pferde und das lautlose Rollen und Hüpfen der Gummiräder – ein stiller Märchenverkehr von feinen Leuten, die scheinbar alle zu ihrem Vergnügen im Wagen fahren. Keine Peitsche knallt, und der Kutscher ruft als Warnung ein gedehntes »oob«.

Das Märchen, das von erfüllten Wünschen erzählt, fährt durch jede Straße der Stadt: es ist wahr – das alles gibt es – das alles ist erreichbar – nur Glück muß man haben – wenn's die erreicht haben, warum nicht ich? Man muß nur einen Haupttreffer machen oder einen Onkel in Amerika beerben oder ein Lord muß es einem schenken – es gibt solche, die das tun: die gehen herum und verschenken Millionen so aus Passion, wenn ihnen einer gefällt. Das aber weiß der Wiener: das Glück – das wahre Glück –, das muß einem in den Schoß fallen; erzwingen läßt es sich nicht. Alles Glück, um das man schwer ringt und strebt, enttäuscht einen, wenn man es endlich erreicht hat, denn die Plage des Weges war größer als die Freude am Ziel, und dann erreicht man es meistens zu spät, wenn man schon müde und alt ist . . . Nein: das wahre Glück ist eine Gnade Gottes, die einem in den Schoß fällt – um so sicherer, je weniger man dazu tut und darauf wartet – so wie die Liebe: hat jemand schon Glück in der Liebe erarbeitet und ehrlich verdient? Mit Streben und Schuften und Plagen kann man auf dieser Welt nichts erzwingen als Krankheit und Tod. Das wahre Glück fällt einem in den Schoß oder – es kommt gar nicht.

Wien ist eine Stadt, in der man Gott näher ist als anderswo: in jeder Straße stehen Kirchentüren offen, aus denen Kerzen flimmern und Weihrauch duftet, man braucht nur einzutreten und andächtig um die Erfüllung seiner Wünsche zu beten, um beruhigt und zuversichtlich wieder ins Leben zu gehen. Auf Hunderten kleinen Marmortafeln wird in den Kirchen in allen Sprachen für

19

erhörte Gebete gedankt, und das ist doch nur ein kleiner Bruchteil, denn wie viele erhörte Beter danken nicht oder lachen, wenn ihre Wünsche in Erfüllung gegangen sind, über ihren Kinderglauben. Täglich werden in den Wiener Kirchen die sonderbarsten Verträge mit dem Himmel geschlossen, und wie oft hält der Himmel diese Verträge viel pünktlicher ein als die Menschen! Und wie oft beweist der Himmel den Menschen gerade durch die Erfüllung ihrer Wünsche, wie kurzsichtig sie sind und daß sie es lieber dem Herrgott überlassen sollen, sie zu führen!

Die Luft in Wien ist voll von guten Geistern, die den Menschen helfen. Sie werden laut gepriesen, wenn sie Kinder vor scheuenden Pferden zurückreißen und wenn sie jemand den Zug versäumen lassen, der verunglückt. Der Herrgott selber nimmt sich der Wiener immer an und führt sie seine Wege zu ihrem Wohl, auch wenn sie diese Wege nicht immer gleich verstehen. Er liebt es nicht, wenn sie zu viel eigenen Willen und eigene Pläne haben, dann kriegen sie gleich ein paar auf die Finger und – der Wiener verzeichnet das mit Genugtuung. Das lernen auch die Fremden bald, die nach Wien kommen, daß man hier nicht nach seinem Kopf leben darf, sondern wie Gott will. Mit frommer Schadenfreude sieht der Wiener zu, wie sich diese strebsamen Fremden schinden und rackern, und er wartet mit überlegener Geduld darauf, daß sie zu dem Falle kommen, zu dem solches Verhalten führen muß. »Er wird sich schon derfallen«, sagt er zuversichtlich. Hier darf man nicht zuviel denken und wollen, hier muß man sich lenken und führen lassen, hier muß man geduldig warten lernen, hier muß man lernen, einem höheren Willen mehr zu gehorchen als den Menschen und dem eigenen Verstand. Hier muß man leben, wie Gott will.

DIE K. K. RESIDENZ

Um halb sechs Uhr früh geht ein junger Herr durch die kalte Winternacht vom Ball nach Hause. Der weichgetanzte Kragen hängt ihm schlaff um den Hals. Der junge Herr ist gar nicht müde. Eine wunderbare Wärme fließt durch seinen ganzen Körper. Die Musik schmettert und paukt noch in seinen Ohren. Die kalte Nachtluft tut ihm wohl. Von Zeit zu Zeit kommen ihm dunkle Gestalten entgegen, fröstelnd, unausgeschlafen, die sich in ihre schäbigen Wintermäntel verkriechen und ihre frierenden Hände tief in ihre Taschen vergraben. Die gehen in die Arbeit. Für den jungen Herrn ist es noch gestern abend, und für die ist es schon heute früh. Ein weichherziger, hochgestimmter Jüngling empfindet das als einen stummen Vorwurf. Aber da gibt es einen Trostspruch. Man sagt: so ist das Leben.

Jetzt hallen die Schritte des jungen Herrn unter den hohen Toren der Hofburg. Ein Wachtposten friert vor seinem Schilderhaus. Nur ein paar flakkernde Gasflammen erhellen den inneren Burghof, aber einige Fenster sind hell erleuchtet: hinter diesen Fenstern sitzt der alte Kaiser und arbeitet. Für den Kaiser ist es auch schon heute früh, das weiß der junge Herr. »Mein Gott«, sagt er sich, »er ist eben ein alter Herr und kann in der Früh nicht schlafen – um neun geht er ins Bett – da kann man leicht zeitlich aufstehen – es sind niemals die Vierzehnstundenarbeiter, die wirklich etwas leisten ...« Daß sich aber der junge Herr zur Beruhigung seines Gewissens so viel sagen muß, ist doch ein Zeichen, daß auch auf die aufrührerische Seele eines Jünglings der alte Herr seinen Eindruck macht.

Vom frühen Morgen bis zum späten Abend gibt der Kaiser seinen Wienern ein gutes Beispiel, und er hat auch Erfolg damit: die Leute sind ergriffen – nur nachmachen tun sie's ihm nicht. Wer hat denn auch schon jemals vom Publikum verlangt, daß es selber spielen soll? Die Wiener schauen gern zu, und sie verstehen, was gut ist, und darauf, daß sie das verstehen, sind sie stolz.

Im Frühling wohnt der Kaiser in Schönbrunn, und da fährt er dann täglich um dieselbe Stunde im offenen Wagen den weiten Weg in die Stadt. Alle Uhren gehen falsch, alle Züge haben Verspätung, alle Welt ist unpünktlich – nur der Kaiser ist pünktlich. Die Leute entschuldigen diese Schwäche ihres Herrn, indem sie sagen, daß Pünktlichkeit die Höflichkeit der Könige sei, und sie sind froh, sich zu dieser Form der Höflichkeit nicht verpflichtet zu fühlen. Der Kaiser will ein gutes Beispiel geben, aber er hat, wenn er pünktlich um halb eins in die Stadt fährt, nur den einen Erfolg, daß alle Leute sagen: »Jessas, jetzt is scho halber ans und i bin scho wieder zu spät dran.«

Vor dem äußeren Burgtor steht ein Soldat Wache, nicht etwa gegen einen Feind, sondern er paßt auf, daß niemand ohne die seinem Rang zukommende Ehrenbezeigung das Burgtor passiert. Dieser Mann heißt Schnarrposten, und er bedient sich zu seinem Amte teils seiner Stimme, teils eines elektrischen Klingeltasters, der ihn mit der Wache verbindet. Kommt der Kaiser, dann gibt er das Zeichen zu einem kurzen glanzvollen Fest – wer es erlebt, dem schlägt das Herz. Verlegen möchte jeder am liebsten vor Ehrfurcht im Boden versinken, denn er fühlt, daß sein abgetragener Körper- und Seelenalltag dieses Erlebnisses nicht würdig ist.

Aus der Babenbergerstraße traben die Braunen des kaiserlichen Wagens auf den Ring, der weiße Federbusch des Leibjägers weht im Wind, die Goldlinien an den Radspeichen blitzen, der Posten brüllt: »Gewehrerrrraaaaus!« Die Wache springt auf, der Generalmarsch schmettert, der Wagen fährt durch das hallende Tor, und im himmelblauen Waffenrock sitzt der Kaiser im Wagen, grüßend und mit dem Kopf nickend. Neben ihm sitzt noch jemand in Uniform, aber das ist nicht wichtig. Schnell biegt auf dem großen Heldenplatz der kleine blitzende Wagen nach links ein, am Erzherzog-Karl-Denkmal vorbei und fährt in ein offenes gelbbraunes Tor der Burg hinein, das, unansehnlich und alt wie alles in Wien, gar nicht kaiserlich aussieht. Rasch schließen die Burggendarmen das Tor hinter dem Wagen. Nie hat jemand den Kaiser aus dem Wagen steigen gesehen. Dann kommt der leere entzauberte Wagen wieder aus dem Tore heraus und hüpft federnd hinter den langsam gehenden Pferden in die Stallung zurück.

Eine Menge kleiner Feste beleben den Wiener Alltag: Um ein Uhr kommt die Burgmusik. In die Glockenschläge der Turmuhr dröhnt und braust die Blechmusik, die unter der mächtig hallenden Wölbung des Burgtores zur Wachablösung in die Burg einzieht. Ein paar Kommandos, ein kleines Exerzierspiel, das an eine Quadrillefigur erinnert; eine bunte goldglänzende Fahne weht, Säbel blitzen, die Volkshymne ertönt und hört nach ein paar feierlichen Takten plötzlich wieder auf. Dann gibt es eine kleine Platzmusik, die im Burghof eigenartig widerhallt. Manchmal schaut der Kaiser auf ein paar Augenblicke, hinter dem Vorhang seines Arbeitszimmers halb versteckt, herunter und ist schon wieder verschwunden, bevor ihn noch alle bemerkt haben. Um ein Uhr zwanzig ist alles vorbei; die Wache zieht ab: ein kleines Fest – ein aphoristisches Fest – ein Horsd'œuvre von Klang, Farbe, Rhythmus und feierlicher, gefühlsvoller Symbolik – eine andeutende Erinnerung an einen sehr unwahrscheinlichen Ernstfall (leider sehr unwahrscheinlich – wie interessant wäre es, napoleonische Zeiten zu erleben – für ein gespannt zuschauendes Publikum nämlich) – aber heutzutage ist ja alles Militär nur mehr eine Spielerei, die aufgeklärte Leute längst nicht mehr ernst nehmen. Kaum die ältesten Leute erinnern sich mehr an einen Krieg. Aber so zum Anschauen ist es wirklich sehr nett, das Militär. Kinder und Frauen und das Volk natürlich haben es halt gern, und der ernste Mann lächelt nachsichtig zu diesem naiven Vergnügen. Na ja!

23

Neben dem großen Denkmal des Kaisers Franz im inneren Burghof, gegenüber der Hauptwache, stehen Fiaker und Equipagen aufgereiht – vielleicht ein Dutzend. Die warten auf Leute, die zur Audienz beim Kaiser sind, und die kommen dann nach und nach herunter, die Gesichter noch rot vor Aufregung: Generäle mit grünen Federbüschen, weißen Waffenröcken und roten Hosen, Beamte in Uniform mit dem Zweispitz auf dem Kopf, Damen in schwarzen Seidenkleidern und in Witwenschleiern, Herren in ungarischer Gala mit Reiheragraffen und pelzverbrämtem Dolman, wohlgenährte bärtige Herren mit schwarzem Mantel und Zylinder und Bauern oder Leute, die so aussehen wollen, in weißen slowakischen oder grünen Tiroler Kostümen mit weißen Strümpfen und breiten Hüten – denn man darf zum Kaiser auch im Nationalkostüm kommen, und besonders Politiker machen davon gern Gebrauch: das wirkt demokratisch, national – da kann kein Mensch sagen, daß einer unterwürfig oder kriecherisch ist. Mit respektvoll überlegenen Gesichtern helfen die erfahrenen Burggendarmen den aufgeregten Leuten in ihre Wagen, in denen sie von Kutschern, die neugierige und stolze Augen machen, zärtlich zugedeckt werden, dann fahren sie weg, und es ist wieder still im weiten Burghof. Hallend schlägt die Turmuhr alle Viertelstunden, die Soldaten sitzen gähnend auf der Bank vor der Hauptwache, Wachtposten werden abgelöst, von Zeit zu Zeit klappert ein Wagen vorbei, und oben sitzt der alte Kaiser und arbeitet und empfängt Leute, tagaus, tagein, von früh bis abend.

Während in der Burg die Wache abgelöst wird und der Kaiser Audienz erteilt, feiert die Gesellschaft ihr kleines Morgenfest – den Korso: Kohlmarkt, Graben, Kärntner Straße, Kärntner Ring von zwölf bis viertel zwei Uhr – nur die Herren. Wien hat die elegantesten, die bestangezogenen Männer, die schönsten einfachsten Uniformen. Hier gehen und stehen und grüßen und plauschen die Aristokraten, die Generäle, die jungen Herren, die Persönlichkeiten, die Schauspieler, die Sänger, die Millionäre, die Mit- und Nachläufer und alle, die so tun und aussehen, als gehörten sie dazu. Man geht auf ein Gabelfrühstück zu den »Drei Laufern«, zum »Stiebitz«, zum »Demel«, zum »Gerstner« – warme Hascheekrapferln, Sandwiches, ein Glas Wein: ohne Essen kein Fest – nur ein Bissen.

Wien ist eine stille Stadt, aber Wien ist doch auch eine sehr große Stadt, in der immer was los ist, und die Wiener schauen gern zu, ein stets aufnahmebereites Publikum, immer willig, sich ergreifen oder erheitern zu lassen. Ein Pferd ist gefallen. Der Kutscher versucht, es an den Zügeln hochzureißen und peitscht auf das Pferd los. Die Wiener sind zwar große Tierfreunde, wenn die Tiere lieb und herzig sind, aber wenn sie Umstände machen und einmal anders wollen, als das liebe Herrl erwartet, dann werden sie bös und brutal. Also das Pferd kommt natürlich nicht auf die Füße, der Kutscher steigt fluchend und schimpfend ab, Zuschauer eilen herbei; das Pferd wird ausgeschirrt, die Zuschauer raten und kommandieren und räsonieren und schimpfen; eine Decke wird dem Pferd untergebreitet, und nun kommt der aufregende Moment – einmal, zweimal, dreimal versucht das Pferd aufzustehen, ein paar Zuschauer weichen ängstlich zurück, andere legen Hand an, und endlich steht das Pferd zitternd und schnaubend wieder auf seinen Beinen – die Zuschauer verlaufen sich – es ist Ruhe, man hört die Leute gehen.

Ein gellender Schrei tönt durch eine stille Vorstadtstraße – noch einmal und noch einmal – eine Frau stürzt mit dem Ausdruck wilden Schreckens auf die Straße und krampft ihre Finger in die Zähne – jemand schreit: »Aufhalten – aufhalten!« – Zuschauer eilen herbei – ein Haustor wird geschlossen – ein Wachmann kommt dahergelaufen – die Rettung pfeift – der Rettungswagen kommt – man sieht die violette Verhängnisfarbe der Kappen der Mannschaft – eine Seite des Wagens wird heruntergeklappt – ein weißes Gesicht liegt auf einem weißen Polster – der Wagen wird zugeklappt und fährt schon wieder weg – das Haustor wird aufgemacht – im Hausflur sind Sägespäne gestreut worden – die Leute verlaufen sich – es ist wieder ganz still. Was war das? Mord? Selbstmord? Niederkunft? Blutsturz? Der Finger Gottes hat plötzlich die stille Vorstadt berührt. Es ist schon wieder ganz ruhig.

Vor einer Kirche steht ein Fiaker mit weißen Pferden – der Kutscher hat ein Sträußerl im Knopfloch und eines an der Peitsche – jetzt kommt das Brautpaar aus der Kirchentür – man sieht die Braut vor lauter Schleier nicht – der Bräutigam sieht blaß und verlegen aus mit seinem gewichsten Schnurrbart und seinem ungewohnten Zylinder – er findet, daß er da eine lächerliche und unmännliche Rolle spielt – eingefangen, hängengeblieben – er glaubt, daß alle Leute ihn auslachen, aber die denken sich: »daß die sich keinen Schöneren g'funden hat, schaut ganz lieb aus, die Arme, in ihre Schleier ...« Der Wagen fährt weg, die Zuschauer verlaufen sich.

Vor einem Haus hält eine Equipage. Da stehen die Leute und schauen, wer einsteigen wird. Vor einer Kirche wartet ein vierspänniger Leichenwagen. Da stehen die Leute und wollen den blumenbeladenen schwankenden Sarg, die weinenden, tief verschleierten Frauen sehen und die Kranzschleifen lesen. Eine Frau fällt zusammen, ein Mann wird überfahren. Überall wachsen die Zuschauer aus dem Boden, wachsen wie Trauben um das zu Schauende, und versinken wieder im Boden und in der Stille. Ein breiter goldener Rand von Stille umrahmt alle diese Bilder der Straße. Jedes hat Luft und Raum um sich. Breit schwingt die Stimmung aus, in die Stille hinein. Still ist der Grund, auf dem in angemessenen Abständen die Bilder des Alltages erscheinen, die die Zuschauer dankbar und aufmerksam in sich aufnehmen.

Es ist eine Freude, in Wien zu leben für den, der die Augen aufmacht und gern den tiefen Frieden genießt, den eine weise, gütige Hand über diese Stadt ausbreitet – diesen göttlichen Frieden, der selbst den Kummer vergoldet. Aber dieses goldene Licht ist das Licht einer untergehenden Sonne. Wien genießt ein Glück auf Kündigung. Jeder weiß, das kann so nicht bleiben. Jeder Blick in die Zukunft endet mit dem Refrain: Solang der alte Kaiser lebt. Der Kaiser ist siebzig Jahre alt. Wenn die Leute »Gott erhalte« singen, dann haben sie Tränen in den Augen. Alles schimpft, alles sagt: so kann es nicht weitergehen, und alles hat Angst vor einer Zukunft, die sich auch kühne Geister nicht vorstellen können und wollen. Jeder sieht und spürt die Gefahren, auf die man zutreibt. Jeder stützt sich auf den alten Mann, alles hängt an ihm, denn alle bösen Mächte sind gebannt, »solang der alte Kaiser lebt...«

Eine magische Kraft geht von ihm aus, eine stille Autorität. Er regiert mit Andeutungen, nur selten hört man ihn sprechen und dann immer nur konventionelle Worte, oder er liest wie jemand, der eine lästige Formalität erledigt, ein paar Sätze von einem Zettel mit leiser, fester Stimme, mit leichtem Anklang eines Dialektes, der nicht mehr von dieser Zeit ist. Er hat einen anordnenden Ton wie jemand, der eine langwierige und aufgeregte Diskussion endgültig abschließt. Obwohl er nie hervortritt, zweifelt kein Mensch daran, daß er seine Meinung hat und durchsetzt. Jeder ahnt, was der Kaiser will, was bei ihm möglich ist und was nicht. Er ist nicht kleinlich. Er ist gegen große Phrasen und theatralische Gesten grenzenlos mißtrauisch. Er ist still und wortkarg, aber dafür läßt er die anderen Leute reden. Er fragt und hört zu. Alle müssen reden: die Kammerdiener, die Herren vom Dienst, die zahllosen Leute, die zur Audienz kommen. Er hört zu und hört zu und dann ist es natürlich kein Wunder, wenn er allwissend ist. Auf Zeitungen und Bücher hält er nichts. Ihn interessieren Tatsachen, nicht Meinungen.

Seine wichtigste Informationsquelle ist »die Schratt«. »Vorleserin Ihrer Majestät der Kaiserin« – so lautet der Titel, mit dem sie im Amtskalender unter »Hofstaat« steht. Sie ist Hofschauspielerin a. D. Die große Blonde auf dem Burgtheatervorhang, die rechts sitzt, ist sie. Sie ist die Tochter einer alten Badner Bürgerfamilie, wenig gebildet, sehr fromm. Sie kann sehr gut kochen und ißt gern. Sie ist eine pedantische Hausfrau, die alles, was zur Wirtschaft gehört, so vom Grund aus versteht, wie das in den alten Wiener Bürgerfamilien so üblich ist, und sie kann auch den zur Führung eines Wiener Hauses unerläßlichen Skandal machen. Wenn man den nicht macht, dann wird es eine Dienstbotenwirtschaft, sagen die Damen, die es verstehen. Die Schratt hält Tiere aller Art, von denen sie sich und das ganze Haus tyrannisieren läßt, und sie schenkt mit vollen Händen ohne viel Sinn und System – sie ist eine Wurzen, wie man in Wien sagt –, ein Opfer aller routinierten Gewohnheitsbettler, vor allem der »alten Kollegen« und der Salonbettler. Sich von der Schratt einen Hunderter holen ist so leicht, daß es ruhmlos ist. Sie ist gar nicht exklusiv oder hochmütig. Sie läßt sich gern jeden Menschen vorstellen und lädt ihn zu irgendeinem Empfang ein – vor allem Künstler. Die dürfen alle jeden

Sonntag nachmittag zu ihr kommen, und da hört sie alle Klagen und hilft, wenn sie kann. Kleine Komödianten aus St. Pölten und aus Czernowitz sitzen da neben dem Burgtheaterdirektor. Sie ist auch sonst leicht zu sprechen, und immer bietet sie dem Besucher herrliche Dinge zu essen an: wunderbare Sandwiches mit Kaviar und Gansleberpastete, herrliche Früchte, fabelhafte Weine und Liköre.

Und Geschenke macht sie! Sie schenkt jungen Mädchen ganze Brautausstattungen, sie schenkt herrliche Antiquitäten. Jeder Wiener Künstler hat kostbare Geschenke von der Schratt bekommen. Wenn ihr ein Schauspieler in einer Premiere gefallen hat, dann schickt sie ihm gleich zehn Flaschen Champagner: »Du warst heute prachtvoll – Katharina Schratt.« Zu Weihnachten verteilt sie ganze Wagenladungen Geschenke – und was für Geschenke! Sie verbreitet viel Glück und Freude um sich, und wenn man ihr sagt, daß sie vielen Unwürdigen gibt, dann sagt sie nur: »Wer is denn würdig? I bin do ka Richter.« Dabei ist sie doch nicht wahllos. Es gibt Menschen, die sie sehr schätzt und denen sie niemals auch nur das geringste geschenkt hat, weil sie spürt, daß ihr Geschenk da nicht am Platz wäre. Sie weiß genau, wem sie Freude macht, und sie hat einmal ein Faible für die armen Teufel, die man »Unwürdige« nennt und die halt kein Glück gehabt haben.

Sie hat etwas, was über Verstand hinausgeht – sie hat einen »Riecher«. Wenn sie zu einem Trödler kommt, dann geht sie gleich auf das Beste zu, was er hat, und auch dann, wenn es in einem verschlossenen Kasten ist. Dabei »versteht« sie von Kunst sehr wenig, aber sie weiß, was gut ist. Sie kauft selten etwas Schlechtes. Sie hat auch einen »Riecher« für Persönlichkeit. Wenn in Wien die Kunst und vor allem das Theater immer auf gutem Niveau und immer lebendig bleibt, so ist das zum guten Teil ihr Verdienst. Der Kaiser hat keinen Sinn für Kunst. Er geht nicht einmal mehr ins Theater, seitdem er sich angewöhnt hat, um neun Uhr schlafen zu gehen. Er überläßt das alles ruhig der Schratt und dem Montenuovo, seinem Obersthofmeister. Und die Schratt räumt den Künstlern, von denen sie etwas hält, Steine aus dem Wege, auch dann, wenn das, was diese Künstler machen, ihrem in der Tradition gebundenen Geschmack nicht zusagt. Auch da ist sie kein Richter, sondern eine gute Fee, die Gaben austeilt und sich freut, wenn die Leute beglückt nach Hause gehen. Die Leute sagen: »Ach Gott, die Schratt versteht nix – das is bei ihr alles nur Laune, wann einer ihr g'fallt, dann fördert sie ihn halt, aber verstehen tut sie gar nix.« Aber es gefallen ihr doch oft die Richtigen – und wer kann schon sagen, daß ihm immer die Richtigen gefallen?

Die Schratt – das kann man nicht unterdrücken – liebt die Juden; sie schwärmt geradezu für sie. Sie sind für sie die einzigen treuen und uneigennützigen Freunde, sie sind die besten Gatten, die besten Eltern, die besten Patrioten, die Wohltätigsten, die Großherzigsten, die Kunstverständigsten..., no und gescheit sind sie natürlich. »Der könnt' fast ein Jud sein«, ist bei ihr ein hohes Lob. Die wenigen nächsten Freunde, die sie Tag für Tag umgeben, sind fast alle Juden.

Die Aufgabe dieser Freunde ist es, ihr täglich den Gesprächsstoff für den Kaiser zu liefern, denn es ist nicht leicht, den Kaiser zu unterhalten. Er redet selber so wenig, er ist müde und abgespannt, und er will immer nur hören, alles, was in der Wiener Gesellschaft vorgeht, was an der Börse und in den Ämtern geredet wird. Mit unermüdlicher Geduld prägt sich ihr präzises Schauspielergedächtnis alle die neuen Geschichten ein, die man an der Wiener Börse und in den Theatern erzählt. Die Schratt erzählt dem Kaiser alles, was sie hört, was ihr ihre Köchin, ihr Portier, ihre Friseurin erzählt, und so erfährt er vieles, was ein Kaiser sonst nicht erfährt. Er kennt durch sie alle kleinen und großen Affären der Wiener Gesellschaft und die Meinungen, die die großen und die kleine Leute über Dinge und Menschen haben. Die Schratt selber hat keine Meinungen. Sie übt keinerlei politischen Einfluß aus. Könige und Minister gehen bei ihr ein und aus, und sie gibt wörtlich weiter, was sie ihr sagen. Sie intrigiert nicht – eine eigentümliche und einzigartige Erscheinung.

An schönen Sommertagen besucht der Kaiser die Schratt in ihrer Ischler Villa zum Frühstück – um sieben Uhr früh – eine wahrhaft kaiserliche Laune, denn es ist für eine Dame kein leicht lösbares Problem, um sieben Uhr früh nicht nur selber gepflegt und frisiert zu sein, sondern auch aufgeräumte Zimmer und ein präsentables Personal zu haben. In der Hietzinger Villa in Wien besucht sie der Kaiser öfters am Vormittag. Es ist die einzige Gelegenheit, bei der man ihn in Wien auf einer öffentlichen Straße allein zu Fuß gehen sehen kann – nur ein paar Schritte allerdings, denn die Villa liegt ganz nahe dem Schönbrunner Park, und für den Kaiser gibt es einen eigenen kleinen Ausgang zur Gloriettegasse.

Ein undurchdringliches Geheimnis umgibt die Beziehung des Kaisers zur »gnädigen Frau« – das ist der Titel, mit dem sie bei Hof genannt wird. Ein Geheimnis? Gewiß, denn niemand kann beweisen, daß zwischen dem Kaiser und der Frau Schratt jemals andere als freundschaftliche Beziehungen bestanden hätten. Es gibt sogar Leute, die behaupten, die Schratt sei eine Tochter des Kaisers. Niemand hat die Schratt mit dem Kaiser jemals anders als in der ehrerbietigsten Form sprechen gehört. Sie war mit der Kaiserin befreundet, bevor sie dem Kaiser näher kam. Sie umgibt den einsamen, frauenlosen Mann mit aller denkbaren, liebevollen Sorgfalt. Sie ist, natürlich mit aller durch die komplizierten höfischen Verhältnisse gebotenen Diskretion bemüht, das Leben des Kaisers bequemer und für seine Gesundheit zuträglicher zu gestalten. Ja ist denn das nötig an einem Hof, an dem Hunderte auserwählte Funktionäre nur dazu da sind, den Wünschen des allerhöchsten Herrn zu entsprechen? Es ist nötig, denn ein Hof ist ganz sonderbar: da denkt jeder nur an sich selber, und die hohen Personen, für die er eigentlich da ist, führen oft das unbehaglichste Leben. An einem Hof lebt in der Regel der Portier oder der Gärtner viel gemütlicher als der Fürst, und dafür, daß es der Kaiser nicht viel ungemütlicher als sein Portier oder der Gärtner hat, dafür sorgt die Schratt.

Auch in den vielen Konflikten, die es in der kaiserlichen Familie gibt, wirkt sie mildernd und ausgleichend, so gut man eben eingealterten Haß und tief begründete Eifersucht mildern kann. Aber woher nimmt diese Frau ihre Autorität, wenn sie nicht doch . . . ? Dieser Hof ist voller Rätsel und Geheimnisse. Nicht nur die Beziehung der Frau Schratt zum Kaiser ist ein undurchdringliches Geheimnis; auch das Leben der Kaiserin und das Unglück der kaiserlichen Ehe ist ein Geheimnis, und ein dichtes Geheimnis umgibt den schauerlichen Tod des Kronprinzen.

Mit den Geheimnissen des österreichischen Hofes geht es wie mit denen des Jenseits: je mehr von ihnen offenbart wird, um so geheimnisvoller werden sie. Sie können nie voll entschleiert werden – es bleibt immer ein ungelöster Rest übrig. Geheimnis umgibt die Person und das Leben des Kaisers so sehr, daß Kinder und einfache Leute sich gar nicht vorstellen können, daß der Kaiser spricht und ißt und verdaut wie andere Menschen. So wie die Menschen, wenn sie es auch besser wissen, im Grunde ihres Herzens nicht glauben, daß ein Feind über die Grenze kommen kann, so glauben sie auch nicht, daß der Kaiser sterben kann. Er war immer da, er wird immer sein, und wenn man sagt: »Solang der alte Kaiser lebt«, so heißt das: »In alle Ewigkeit.«

Die Menschen leben in einem unendlichen Gefühl der Sicherheit, und wenn ein altes Mutterl fragt, ob es nicht doch besser ist, sich Gold in den Strumpf zu stecken, statt das Geld in die Bank zu geben – »wer weiß denn, ob die in der Bank ehrliche Leut' sind und ob nicht am End' das Papiergeld nix wert wird« –, ja, da lachen die Leute nur und sagen: »Ja, liebe Frau, Ihre paar Netsch wird niemand stehlen, und die Banknoten sind besser als Gold.«

Daß so viele Leute stolz sind auf das, was sie nicht wissen! Aber damit lebt sich's gut. Was ich nicht weiß, macht mir nicht heiß, und den Wienern ist gar nicht heiß, und sie wollen sich auch nicht heiß machen lassen. Da gibt es so Professoren – besonders natürlich Juden –, die schreiben Sachen; da könnten einem die Grausbirnen aufsteigen, wann man die liest. Daß so Sachen überhaupt geschrieben werden dürfen! Besser kümmert man sich um all dieses Geschwätz der sogenannten Wissenschaft gar nicht. »Wissenschaft ist, was ein Jud vom andern abschreibt«, hat der Abgeordnete Bielohlawek gesagt. Von der Wissenschaft läßt sich der Wiener nicht imponieren. »Nur sich nicht irritieren lassen, sag ich – irgendwie ist es immer gegangen, und irgendwie wird es immer gehen –, nichts ist so arg, wie es ausschaut, und alles ist doch anders, als man glaubt – die ganz G'scheiten machen es immer am dümmsten.« So denken und sprechen die Wiener – »solang der alte Kaiser lebt«.

FRONLEICHNAM

Fronleichnam ist das schönste Fest des Jahres. Es ist Juni, die Sonne scheint warm vom Himmel. Es duftet nach frischem Heu und blühenden Akazien. Es ist schon um vier Uhr früh hell, und die Ferien stehen vor der Tür. Die Frauen und die Mädchen tragen lichte Strohhüte mit bunten Blumen und helle, wunderbar frische Waschkleider, die noch nach Seifendunst und Bügeleisen riechen, die alten Damen tragen dunkelblaue Perkalkleider mit vielen kleinen weißen Punkten und die Herren helle Sommeranzüge und Girardihüte. Den Buben zieht man fleckenlose weiße Matrosenanzüge an, und dazu machen sie unwillige Gesichter, denn sie mögen das gar nicht. »Schäm dich, so ein großer Bub ...« sagt man ihnen, aber er schämt sich doch gerade, weil er ein großer Bub ist und noch immer den weißen Matrosenanzug tragen muß, als ob er fünf Jahre alt wäre.

Es fängt schon ganz früh an – um fünf Uhr früh –, vielleicht um halb fünf. Hunderte Glocken, hoch und tief, erfüllen die Luft mit ihrem metallisch dröhnenden Jubel. Goldene schmale Sonnenstrahlen stechen neben den herabgelassenen grünen Rouleaus kerzengrad in das noch im schläfrigen Halbdunkel ruhende Zimmer. Bum, bum, bumbumbum! tönt es in den morgendlichen dünnen Schlaf hinein, Stücke von Trompetentönen weht der Wind heran, und dann kommt es näher mit Trommelrhythmus und dröhnendem Blech. Da unten marschieren die bunten Soldaten mit blitzenden Knöpfen und glänzendem Lederzeug. Die Sonne spiegelt sich blendend in den Instrumenten – sie scheint breit ins Zimmer herein. Die Militärmusik verklingt, eine andere nähert sich, eine dritte entschwindet in der Ferne, bevor sie ganz nahe gekommen ist. Es duftet nach Heu und nach Blumen. Die Leute stellen Heiligenbilder in die Fenster und Kerzen dazu, manche auch das Bild des Kaisers oder des Doktor Lueger. Die Luft zittert unter den heißen Strahlen der Sonne. Blech schmettert und leuchtet, Blüten duften, hell tönt in den sonnigen Morgen das Schönwettergeklimper der leichten Fiakerpferde.

Offiziere in strahlenden Paradeuniformen fahren in Wagen oder gehen zu Fuß – grüne Federbüsche, weiße Röcke, rote Hosen, blitzende Dragonerhelme, spiegelnde hohe Lackstiefel, glänzende Knöpfe – Magnatengala mit Zobelpelz und Reiherstoß – knallrote ungarische Generäle mit goldenen Verschnürungen, bunte Polen mit Czapka und Ulanka – himmelblaues Tuch, braunes Tuch, rotes Tuch und das seriöse Flaschengrün des Generalstabes – die Zweispitze der Beamten mit schwarzen oder weißen Straußenfedern – Orden, breite, bunte Ordensbänder, goldene Ordenskollanen und Ordensmäntel – auf das alles scheint die Sonne an diesem frühsommerlichen Festmorgen. Die Kirche liebt die frühen Morgenstunden; sie feiert das Fronleichnamsfest um sieben Uhr früh.

Fronleichnam ist der Hofball Gottes, und so wie beim Hofball des Kaisers gibt es auch beim Fronleichnamsfest zwei Klassen: ein Nobelfest am Donnerstag für die vornehmen Leute und viele kleine Feste bei allen Kirchen der äußeren Bezirke am darauffolgenden Sonntag – da gibt es auch feierliche Prozessionen mit Militärassistenz und Beamten in Uniform und Gewehrsalven – aber alles ist doch nur ein Abglanz und kleiner Zauber für die kleinen Leute: Veteranenvereine statt kaiserlicher Garden, Schulbuben statt der k. k. Hofsängerknaben, ein Pfarrer statt des Kardinals –, aber auch für diese Prozessionen streut man frische Blumen und duftendes Heu auf den Weg, stellt junge Birken vor die Häuser und Heiligenbilder mit Lichtern in die Fenster, und das Sanktissimum, das mit frommem Gesang und klingenden Glöckchen durch die Vorstadtstraßen getragen wird, ist nicht weniger heilig als das, das der Kardinal in der Inneren Stadt vor dem Kaiser herträgt.

Wer die Nobelprozession am Donnerstag sehen will, der muß sehr zeitlich aufstehen, denn um sechs Uhr früh werden die Zugänge zum Weg der Prozession abgesperrt. Sie geht durch viele schmale alte Gassen und nur über wenige größere Plätze, auf denen viele Zuschauer Platz haben, und dann sehen doch nur die etwas, die unmittelbar hinter dem Militärspalier stehen und zwischen den Soldaten durchschauen können. Viele Leute stellen sich daher schon in der Nacht an. Die feinen Leute aber haben Plätze in den Fenstern der Häuser gemietet, die an dem Wege der Prozession liegen, und die ganz feinen Leute sind auf Fensterplätze eingeladen in den Jockeyklub oder in die Französische Botschaft, die im Palais Lobkowitz haust, oder in ein anderes Palais. Aus allen Fenstern drängen sich die Köpfe, und auf den Dächern stehen die Leute.

Gegen halb sieben Uhr beginnt die Auffahrt: Equipagen, Fiaker und Prachtkarossen – Uniformen, Helme, Ordensbänder – Namen, die die Leute kennen und nennen, und dann hört man schon von weit her Rufe – man sieht die Leute winken –, eine mächtige Prachtkarosse naht – und drinnen sitzt mit der breiten goldenen Kette der schöne Bürgermeister von Wien – der Lueger. Sein Jupiterkopf strahlt, die Leute jubeln, und er schaut in die Luft, als ob die Rufe nicht ihm gälten. Fast unmerklich und ein wenig nervös dankt er, denn er will mit seiner Popularität dem alten Kaiser, der bald nach ihm kommt, keine Konkurrenz machen, weil das der alte Herr sehr schlecht verträgt, und darum tut der Lueger nichts, um die enthusiastische Begrüßung, die ihm zuteil wird, anzuregen.

Endlich kommt der Kaiser in einer mit acht Schimmeln bespannten alten goldenen Karosse. Die Pferde gehen in einem seltsam feierlichen Schritt, sie schnauben aus ihren rosa Nüstern, sie schlagen Funken aus dem Pflaster, und mit ihren muskelschweren Hinterbeinen hocken sie fast auf dem Boden – mächtige, breite Tiere mit zarten Fesseln und fein gekrümmten Nasen. Das Militärspalier leistet die Ehrenbezeigung, der Kaiser im weißen Generalsrock und mit dem grünen

31

Federbusch dankt nach allen Seiten freundlich für die Begrüßung. Aus allen Fenstern, von allen Dächern werden Tücher geschwungen, alles jubelt – es klingt ganz anders als beim Doktor Lueger –, es ist viel Rührung und gar keine Schärfe in dem Jubel, der dem Kaiser gilt – es ist ein Jubel aus ganz gutem Gewissen, das kein Gedanke an gedemütigte und beleidigte Gegner trübt –, ein Jubel aus jener seltenen Freude, die nicht anderer Menschen Leid ist.

Hinter dem Kaiser kommen in sechsspännigen Karossen die Erzherzoge: der plumpe Thronfolger Franz Ferdinand, der immer so erschrockene Augen macht; der schöne südländisch dunkle Otto, der Don Juan des Kaiserhauses; der uralte Rainer mit seinem riesigen weißen Schnurrbart, der noch an alte Zeiten erinnert, in denen die Soldaten ein wildes, abenteuerliches Volk waren, dann kommt der dicke Erzherzog Friedrich – der Milliardär des Kaiserhauses –, er sieht aber auch weit eher nach der Börse als nach dem Schlachtfeld aus, obwohl er ein Enkel des großen Feldherrn Erzherzog Karl ist; dann kommt noch der Schwiegersohn des Kaisers, Franz Salvator, mit seinem schwarz gefaßten Schulmeisterzwicker, und sein Bruder Leopold Salvator und eine Menge junger Erzherzoge. Die Leute kennen und nennen sie alle, die Damen sind stolz darauf, genau zu wissen, wie sie heißen und wie sie verwandt sind und belehren alle in autoritärem und herablassendem Ton über diese höchst komplizierten und allem Anschein nach höchst geheimen Zusammenhänge, denn sie tun so, als ob sie auf Grund besonderer Informationen im Besitz dieser Kenntnisse wären; dabei weiß das alles ohnehin mehr oder minder jeder, aber die feinen Damen wollen eben zeigen, wie fein und informiert sie sind, damit niemand auf die Idee kommen könne, sie seien es etwa nicht.

Den Leuten fehlt der Erzherzog Eugen, der riesengroße schöne Mann mit dem schwarzen Spitzbart und den leuchtenden Augen, der wie ein spanischer Grande aussieht. Der geht aber bei der Prozession nicht mit den anderen Erzherzogen, sondern an der Spitze der Deutschen Ordensritter, deren Großmeister er ist. Alle Operngucker sind auf ihn gerichtet, wenn er bei der Prozession in seinem malerischen, weiten weißen Ordensmantel mit dem schwarzen Kreuz auftritt, und die Leute erzählen einander mit Sensationsschauer von seinen letzten Liebesabenteuern – sie müssen nicht wahr sein –, und die Damen mit herablassend-autoritären Stimmen haben da viel richtigzustellen, aber unleugbar ist es, daß er Klavier spielt (vierhändig mit einem Juden, einem Advokaten – es ist nicht zu glauben, daß er sich niemand anderen zum Klavierspielen find't . . .), aber es schadet ihm nicht, es macht ihn nur noch interessanter, und die Leute haben halt das Gefühl, daß er der Richtige wär', wenn er was zu reden hätt'. Schad', daß er nicht der Thronfolger ist, denken die Leute.

Wenn man so die kaiserlichen Prinzen beisammen sieht, wundert man sich immer, wie so gar nicht degeneriert diese uralte Familie eigentlich ist – lauter starke, gesunde Menschen, die eine Menge Kinder haben, und das einzige,

was die Leute ihnen nachsagen, sind ganz gesunde und normale Liebesabenteuer – die Ausnahmen verschwinden. Wenn man sich dagegen die Wiener Bürgerfamilien anschaut: nach drei oder vier Generationen können sie schon nicht mehr weiter – Neurasthenie, Tuberkulose, Skrofulose, keine Kinder, Arbeitsunlust ... Das können die Habsburger schon besser – von Aussterben ist bei ihnen keine Rede und auch nicht von den schrecklichen Krankheiten, die die anderen Dynastien verfolgen. Bluterkrankheit, Schwachsinn, sexuelle Abwege sind bei ihnen höchst seltene Ausnahmen. Sie sind fast alle gesunde, fleißige Menschen, die sich mit ihrer Arbeit leicht ihr Leben verdienen könnten, und alle dummen Streiche, die sie machen, kommen nur von dem Nichtstun, das ihnen die Staatsklugheit oder die Eifersucht (vielleicht ist das dasselbe) des alten Kaisers aufzwingt. Seine beiden Vorgänger haben mit den Erzherzogen auch wirklich keine guten Erfahrungen gemacht: können sie was, dann werden sie zu ehrgeizig, und können sie nichts, dann belastet ihr Mißerfolg die Dynastie. So vollzieht sich das ganze Leben der kaiserlichen Prinzen unter Franz Joseph in der tragikomischen Situation, daß sie zwar bei der Fronleichnamsprozession mit sechsspännigen Karossen auffahren und auch sonst mit aller dem Hause Habsburg zukommenden Pracht aufzutreten haben, daß sie aber mit allen ihren Goldenen-Vlies-Kollanen nichts bedeuten – lebende Dekorationsgegenstände. »Wir sind die Reservestiere des Kaiserhauses«, hat einmal ein Erzherzog gesagt, denn sie haben, um die Erbfolge außer allen Zweifel zu setzen, für reichliche Nachkommenschaft zu sorgen.
Für die Leute leben die Erzherzoge jenseits menschlicher Maßstäbe in Märchenferne. Sie figurieren, sie repräsentieren, sie zeugen dem k. k. Erzhaus Kinder und stellen einen glänzenden Rahmen um den allerhöchsten Herrn in weißen Generalsröcken mit bunten Ordensbändern und grünen Federbüschen. So fahren sie auch jetzt zur Fronleichnamsprozession, und der Jubel der Leute, mit dem sie den Kaiser begrüßt haben, verstummt taktvoll, wenn sie ihrer ansichtig werden. Die Leute wissen nicht einmal recht, sollen sie grüßen oder nicht – so einfach ihnen ins Gesicht starren, ohne sie zu grüßen, kann man doch auch nicht, also schauen sie verlegen in die Luft. Die Erzherzoge tun desgleichen und ziehen es vor, irgendwelche Ovationen lieber nicht auf sich zu beziehen.
Wenn die Auffahrt glücklich beendet ist, dann muß man lange warten. Es ist gerade sieben Uhr, und es wird neun Uhr, bis die Prozession den Kohlmarkt oder den Graben erreicht. Das ist ein endloses, qualvolles Warten, besonders für die Kinder, die man mitnimmt, damit sie es doch noch einmal gesehen haben, denn was weiß man, ob es das alles noch oft geben wird – die Zeiten ändern sich so rasch –, man muß das gesehen haben, solange der alte Kaiser lebt. Was nachher kommt, weiß doch kein Mensch.
Man gibt also den Kindern zu essen, um das Warten abzukürzen, und ißt sel-

33

ber gute, mit paniertem Schnitzel und Gansleberwurst feiertäglich belegte Brote, aber das Essen geht rasch, und das Warten dauert lang. Man sagt den Kindern: die armen Soldaten müssen da auch stehen, und wenn du groß sein wirst, wirst du auch ein Soldat sein und wirst da stundenlang stehen müssen, ohne dich zu beklagen, und die armen Soldaten stehen da schon seit fünf Uhr früh und kriegen nichts zu essen . . . So vertreiben sich also die Erwachsenen die Zeit, indem sie ihre Kinder erziehen, und dabei vergeht ihnen die Zeit angenehmer als den Kindern.

Die Prozession stellt aber auch die Geduld auf eine harte Probe, denn immer glaubt man schon, sie sei ganz nahe. Der Wind trägt Musik und Kommandorufe her, man hört Salven schießen, manchmal klingt es, als sei die Musik schon in der Straße selber – sie ist auch nicht weit, denn die Prozession geht nur durch die Gassen der Inneren Stadt –, weiter als ein paar hundert Schritte ist sie vom Kohlmarkt oder vom Graben nie entfernt, aber sie geht ganz langsam, und sie bleibt bei drei Altären stehen, bevor sie zum Graben kommt: bei der Kapuzinerkirche, am Lobkowitzplatz, am Michaelerplatz. Bei jedem dieser Altäre wird das Evangelium gelesen und der Segen erteilt und Salve geschossen, und es dauert doch immer eine Zeit, bis der ganze Zug sich um den Altar gruppiert hat und dann wieder zum Abmarsch in Bewegung kommt.

Aber endlich ist er da – es ist kein falscher Alarm mehr, die Musik kommt näher, ohne sich wieder zu entfernen, der Zug kommt um die Ecke: erst die dunklen Waisenknaben singend. »Mein Gott, die Armen«, sagen die Damen und tupfen sich die Augen ergriffen vom Gefühle ihrer eigenen Kostbarkeit und Unersetzlichkeit für ihre lieben Kinder, die das erst später werden würdigen können. Dann kommt der Klerus aller Wiener Klöster und Kirchen in den prächtigsten, goldglänzenden und bunt gestickten Gewändern, kunstvolle Kostbarkeiten, die nur einmal im Jahre angelegt werden. Darüber glänzen die hohen Infeln und Krummstäbe der Bischöfe und Prälaten, und darüber wehen die brokatenen Kirchenfahnen, die gegen den Wind rechts und links an Schnüren gehalten werden. Die griechisch- und armenisch-katholischen Prälaten tragen goldene Kronen und lange Bärte. »Sind das Könige?« fragen die kleinen Buben, und man kann ihnen nicht leicht erklären, warum sie Kronen aufhaben, wenn es nicht Könige sind, und warum der Kaiser keine Krone trägt, obwohl er doch der Kaiser ist. Es gibt halt viele Dinge, die man nicht verstehen kann, sondern hinnehmen muß. Alle diese Priester haben nichts Irdisches in diesen Gewändern, die ganz vergessen lassen, daß menschliche Körper unter ihnen leben. Schaurig wirken die Bischöfe mit ihren hohen Infeln. Das Herz klopft den Kindern, wenn sie ihnen in die Nähe kommen, oft schreien sie vor Schrecken laut auf, klammern sich an ihre Mütter und machen die Augen zu, bis diese furchterregenden Erscheinungen vorbei sind.

Nach dem Klerus kommt unter einem mächtigen goldglänzenden Baldachin das strahlende Sanctissimum. Es scheint auf Weihrauchwolken und dem dünnen Klang der Ministrantenglöckchen zu schweben. Von einer Welle weißgoldenen Brokates wird es getragen. Der Erzbischof verschwindet hinter der leuchtenden Monstranz, die er vor dem Gesicht hält, und zwischen den Geistlichen, die seine Arme stützen. Man sieht nur das Sanctissimum, das aus der weißen Seide hervorleuchtet, mit der der Erzbischof seine Hände umhüllt hat. Garde mit Hellebarden marschiert zu beiden Seiten des Baldachins.

Und dann kommt ganz allein in der Mitte der Straße barhaupt, von Alter und Demut gebeugt, der Kaiser mit einer Kerze in seiner rechten Hand, die linke am Säbelknauf, den Generalshut haltend. Alles schaut ergriffen den alten Mann an, der so einsam und gebeugt seiner Pflicht nachgeht mit seinen weißen Haaren, in seinem weißen Generalsrock, und die Sonne brennt erbarmungslos auf seine glänzenden Orden und seinen kahlen Greisenkopf.

»Mein Gott, der arme, alte Mann . . .! Zwei Stunden lassen sie ihn in dieser Hitze ohne Hut dahergehen – daß er das aushalt . . .« sagen die Damen mit milden Stimmen, erschauern innerlich vor ihrer eigenen Kühnheit, daß sie den Kaiser einen armen, alten Mann nennen und genießen dabei den pikanten Reiz von Krankenzimmerintimität, die dieser Gedanke an das schonungsbedürftige Alter des Kaisers zwischen ihnen und der übermenschlichen Person des Monarchen schafft.

Aber im Gefühle männlich-heldischer Solidarität erwidern die Gatten: »Er ist eben der Kaiser, und das ist seine Pflicht« und denken daran, daß ja auch sie imstande sind, in der schlechtesten Luft eine vier Stunden lange Tarockpartie durchzuhalten, wenn die Pflicht sie ruft. Dann vergleicht eine Dame den Kaiser mit ihrem noch sehr rüstigen Großpapa, was wieder eine andere Dame an einen Herrn erinnert, der noch mit fünfundsechzig Jahren geheiratet und sogar noch Kinder bekommen hat, was wieder den Papa veranlaßt, eine weltkundig-zynische Bemerkung zu machen, worauf wieder die Mama sagt: »Les enfants écoutent . . .«

Aber jetzt kommt hinter dem Kaiser die Schar der Erzherzoge, der Botschafter, der Minister, der Geheimen Räte, der Ordensritter, der zahllosen hohen Beamten und Offiziere, und da müssen die Damen einander doch beweisen, daß sie alle Herren nicht nur mit Namen kennen, sondern auch alle Geschichten wissen, die man von ihnen wissen muß. Eine weiß mehr als die andere, sie verwechseln die Namen, die Ämter, die Titel – vergebens versuchen die Gatten korrigierend einzugreifen. »Wer ist das?« – »Was ist das für eine Uniform?« fragen aufgeregt die Kinder. Die Mama antwortet, der Papa korrigiert, der Bub hat aber jemand ganz anderen gemeint und wird daher noch viele Jahre später einen Malteserritter für einen preußischen Gardekürassier halten . . .

Berittene ungarische Garde mit Leopardenfellen beschließt würdig die Prozession – schöne junge Menschen auf schönen Pferden in herrlichen Uniformen, an deren Anblick man unbeschwert von der Pflicht, sie kennen und erkennen zu müssen, seine harmlose Freude haben kann.

Der junge Mann, der bei allen Dingen, die er erlebt, auch immer gerne etwas Passendes denkt, sagt: »Ist das nicht wunderbar? – der Letzte der Cäsaren demütigt sich da vor jenem Christus, den einer der ersten Cäsaren an das Kreuz schlagen ließ – ein schönes Bild vom Sieg der geistigen Macht über die rohe Gewalt!« – »Aber Unsinn!« sagt der Raunzer. »Was hat denn diese Fronleichnamsprozession überhaupt mit dem Christentum zu tun? Erstens ist sie nichts als ein heidnisches Frühlingsfest, und zweitens ist das Christentum eine Religion der Demut und der Liebe, und diese Prozession ist das Fest der Hoffart und der Eitelkeit – jeder schlägt da sein Pfauenrad, so groß er kann –, wissen Sie, was Fronleichnam ist? Der Triumph irdischer Eitelkeit und Macht über den Christus, und darum tragen sie ihn auch feierlich herum –, als Siegestrophäe – gefangen und unschädlich gemacht ... Du bist besiegt, Galiläer ... Dieser Kaiser, der sein Recht und seinen Titel von den Cäsaren herleitet, ist stolz darauf, ein Nachfolger jener Cäsaren zu sein, die Christus an das Kreuz geschlagen haben. Was ist er – ein Cäsar oder ein Christ? Christus hat nein gesagt, als sie ihn zum König machen wollten, aber die Könige haben ja gesagt, als man sie zu Christus machen wollte – nicht um Christen zu werden, sondern um Könige zu bleiben, als es anders nicht mehr ging. Sie haben lange genug versucht, nein zu sagen, und als sie ja sagten, haben sie es nie ehrlich gemeint. Noch heute empfinden sie den Sieg des Christentums als ihre große Niederlage – noch heute sagen sie: nur keine Märtyrer machen ...! Ein zweites Mal darf ihnen so etwas nicht mehr passieren. Es gibt eben keinen Kompromiß zwischen weltlicher und geistlicher Macht, darum war auch die weltliche Macht des Papstes ein Fehlschlag. Christus hat den Kaiser nicht bekämpft, aber er hat mit ihm nichts zu tun haben wollen – die Kaiser sollen es auch so machen. Das ist das Beste, was sie tun können.« Ja, dem Raunzer ist gar nichts recht – er weiß nicht, daß auf dieser Welt nur Annäherungswerte an Ideale zu verwirklichen sind, und davon, daß er das nicht zur Kenntnis nimmt, lebt seine Beredsamkeit.

Die große Prozession ist zu Ende. Die Truppen marschieren mit klingendem Spiel ab, und in den Straßen der Stadt sieht man sonderbare Gruppen von geistlichen Herren in goldgestickten Prachtgewändern, die munter plauschend zu ihren Kirchen oder Klöstern nach Hause gehen und sich dabei, um nicht zu stolpern, die Röcke aufheben wie die Damen.

Um elf Uhr ist alles vorbei, und übrigbleibt ein schöner, sommerlicher Feiertag über ganz Wien.

DIE REGIERUNGSMAXIMEN

Als der Kaiser jung war, da hatte er Revolutionen niederzukämpfen und viele
Kriege zu führen. Er hatte in diesen ersten zwanzig Jahren nur gerade Glück
im Unglück gehabt. Sie haben ihn viel gekostet, und er hat aus ihnen viel gelernt – vor allem, daß man keine Kriege führen soll: die Probleme, die man
durch den Krieg lösen wollte, sind nach dem Krieg dieselben, die sie vorher
waren. Ob man nun siegt oder nicht: große historische Tendenzen und Bewegungen kann man nicht besiegen, man kann sie bestenfalls nur zurückdrängen
– aus Kampf und sogar aus Niederlagen gewinnen sie nur Kraft. Wohl aber
kann man alles auswarten – nichts dauert ewig –, die Welle flutet auch wieder
zurück, man muß den Gegner nicht besiegen, sondern überleben – man muß
nur die Ruhe haben, darauf zu warten. Das ist seine Weisheit mit 37 Jahren,
und bei der bleibt er unerschütterlich – er möchte sein Land am liebsten in
einen Schlummer mit schönen Träumen versenken und es schlafen lassen, bis
wieder sein großer Tag kommt. Er kämpft heldenhaft gegen alle Menschen,
die ihn in dieser Politik stören wollen – gegen den eigenen Sohn, gegen den
deutschen Kaiser, gegen Franz Ferdinand, und er hätte bis an sein Ende
durchgehalten, wäre er nicht im Grunde ein Pessimist, hätte er nicht die stille
Überzeugung, daß nicht die Habsburger die bösen Zeiten, sondern die bösen
Zeiten die Habsburger überleben werden.
Er hat etwas erreicht, was noch kaum ein Monarch vor ihm erreicht hat: er ist
unberührbar – er hat einen Wall von Hochachtung um seine Person gezogen,
und dieser Wall schützt sein Reich. Sein Heer ist stark, aber oft besiegt und sicher nicht unbesiegbar. Es ist eine *moralische* Kraft, die von ihm ausgeht, und
mit großer Genugtuung liest er in allen Berichten seiner Botschafter, daß niemand gegen sein Reich die Hand erheben wird, solange er lebt. Die Regierung, die dem Kaiser seine ungeheure Autorität, die Liebe und Verehrung seiner Völker eingetragen hat, hat eine sonderbare Maxime, die dem Gedanken
der Naturheilkunde verwandt ist und auch dem des Liberalismus, der ja auch
so etwas wie eine politische Naturheilkunde ist. Die Maxime lautet: Man
kann Konflikte nicht lösen, man soll sie nur mildern, die Kräfte stärken, die
ihnen entgegenwirken, und lieber dulden als kämpfen. Die Projekte aller seiner Minister und Politiker, die ihm eine aktive Politik anraten und die ihm
Vorschläge zur Lösung der Nationalitätenfrage machen, studiert er und – läßt
sie liegen. *Lösen* kann man das nicht, meint er. Kein Verstand kann Leidenschaft entwaffnen – nur die Zeit kann sie abkühlen.
Dafür unterstützt und fördert er alles, was jenseits und über dem Konflikt der
Nationen steht: die Kirche, das Militär – aber nicht mehr, als es die Finanzen
und die äußere Politik leicht verdauen können –, die Juden, die Volkswirt-
schaft, die Kunst, die Wissenschaft, und seine letzte Hoffnung ist die interna-

tionale Arbeiterbewegung. In der sieht er das erste Anzeichen einer neuen Zeit, die nach dem Zeitalter des Nationalismus anbrechen wird. Um diesem neuen Zeitalter einen breiten Weg zu bahnen, macht er das allgemeine, gleiche Wahlrecht. Mit 76 Jahren ist er kühn genug, an eine gemeinsame Front des Sozialismus, der Kirche und des Großkapitals gegen das nationalistische Bürgertum zu denken. Da sieht er seine Regierungsbasis, und vielleicht behielte er recht, käme nicht der Krieg und wäre nicht das Proletariat vom benachbarten Kleinbürgertum her so stark mit Nationalismus imprägniert.

Der große Einigungspunkt aller österreichischen Nationalitäten ist aber ihre Liebe zu der glänzenden Stadt Wien – zu ihren wunderbaren Hochschulen und Theatern und Konzerten und Bällen, zu ihrem ganzen schönen, frohen, stillen und genußreichen Leben. Wien lieben sie alle: in Prag, in Cattaro, in Bodenbach, in Czernowitz, in Semlin, in Neusatz und in Laibach träumt alles von Wien ... Tschechen, Polen, Rumänen, Kroaten und alle anderen haben nur die eine Sehnsucht: Wien. Die nationale Agitation der Slawen spielt Paris gegen Wien aus; die Deutschnationalen spielen gegen das rote und pfäffische Wien Berlin aus. Aber das hat alles nur wenig Erfolg: in Wien sind die Verwandten, in Wien wird Deutsch in vertrautem Tonfall gesprochen und Tschechisch, Polnisch, Ungarisch verstanden – und Deutsch können die Nichtdeutschen ja alle, Französisch aber nicht, und in Wien sind die guten Ärzte und die guten Theater, man kennt sich dort aus, man weiß, wie man nicht teuer lebt. Die großen Ärzte und Lehrer und Künstler Wiens, die Kaffeehäuser und die gute Wiener Küche, die Frauen in den Provinzen, die alle nach Wien wollen zu den schönen Kleidern und den schönen Festen – die halten das Reich fester zusammen als alle Staatskunst. Der Kaiser weiß, was Wien wert ist.

Er hat es aber auch zu einer der schönsten Städte der Welt gemacht. Sein Leben lang hat er an Wien gebaut. Die alten Leute sehnen sich zwar nach der Promenade auf den Basteien und die jungen schimpfen über die Ringstraßenbaumeister – das ist ein Künstlerschimpfwort geworden wie in Paris »Pompier« ... Aber Wien ist doch so schön und, wenn auch die gescheiten Leute sagen, daß der Heldenplatz nur durch Zufall so schön geworden sei, weil sie dort alles das nicht gebaut haben, was sie bauen wollten – er ist doch einer der bezauberndsten Plätze der Welt: mit Sonne oder mit Wolken, morgens, mittags, abends, immer eine große Symphonie. Mehr als ein Stadtbild: eine Stadtlandschaft. Er ist fast zur Gänze das Werk der Bauepoche Franz Josephs. Die älteren Bauten sind den neuen eingegliedert und untergeordnet.

Gerade dieser Platz ist Franz Josephs Schmerzenkind, denn er haßt die neue Hofburg: Viele Male läßt er von den größten Baumeistern der Zeit die Pläne umarbeiten – nie gefällt ihm der Bau, der nie fertig wird. Einmal will er ihn sogar wieder niederreißen lassen. Gelegentlich soll er gesagt haben: »Weiß Gott, für wen ich die Burg bau.« Schließlich übergibt er die Leitung des ihm verhaß-

ten Baues seinem ihm nicht minder verhaßten Thronfolger Franz Ferdinand. Der soll sich daran die Zähne ausbeißen.

Die Wiener sehen kopfschüttelnd diesen Bau alt und grau werden, bevor er fertig wird. Ganze Berge Marmorquadern verwittern da unbehauen – der Bau ist doch gar nicht so häßlich –, der Kaiser, sagen die Leute, ist geizig geworden – er spart für seine Kinder –, was weiß man, was geschieht. Ja, aber das ist nicht der Grund – er haßt diesen Bau, er mag ihn nicht besichtigen. Seine Adjutanten sagen: er schaut immer weg, wenn er vorbeifährt. Es ist ein Verhängnisbau.

Sonst aber war Franz Joseph ein glücklicher Bauherr. Daß er Wien so schön und glanzvoll gemacht hat, war ein großes Stück seiner Staatskunst. Mit großer Freude hört und liest er, daß alle Welt Wien unvergleichlich schöner findet als das phantasielose, rechtwinkelige Berlin, diese flache, reizlose Steppenstadt mit den endlosen Straßen. Denn Wien soll die glänzendste, weltmännischeste deutsche Stadt bleiben: sein Leben lang gibt Franz Joseph den Traum nicht auf, wieder der Kaiser eines großen deutschen Reiches zu werden. Für die kleineren deutschen Fürsten, die Bayern, die Württemberger, die Sachsen, die Koburger und alle die anderen, ist er ja der legitime Herr geblieben, und die Hohenzollern mit ihrem Bismarck sind für sie Parvenus und Abenteurer. Sie haben alle nicht vergessen, daß sich die Hohenzollern an der geheiligten, alten Welfendynastie vergriffen haben, und sie danken es Franz Joseph, daß er den Welfen Asyl gewährt.

Die kleinen deutschen Fürsten sind oft in Wien. Manche dienen in der österreichischen Armee. Viele alte deutsche Adelsfamilien lassen mindestens jüngere Söhne im kaiserlichen Heere dienen. Sogar Wilhelm I. ist bis an das Ende seiner Tage – ein Monarch muß wohl Legitimist sein – diesen legitimistischen Skrupel nie losgeworden, und Wilhelm II., der immer von mystischen Ideen erfüllt ist, hat diesen Skrupel geerbt.

Er umgibt Franz Joseph mit ergebener, andachtsvoller Verehrung, die dem alten Herrn in Wien recht lästig ist. Einmal, zum Jubiläum des Kaisers im Jahre 1908, führt er sogar alle deutschen Fürsten zu einer Huldigung nach Wien. Damit will er vor allem sein eigenes legitimistisches Gewissen beruhigen, dann glaubt er, damit jeder Demonstration der kleinen deutschen Fürsten für Franz Joseph zuvorzukommen und diesen zu erfreuen. Aber der empfindet das fast als Verhöhnung. Er glaubt an den endgültigen Triumph der Hohenzollern nicht, und daher resigniert er nicht. Mit leeren Gesten kann er nichts anfangen. Er glaubt daran, daß sich vielleicht erst in ferner Zeit, aber endlich doch einmal, der legitime Anspruch der Habsburger auf die deutsche Kaiserkrone erfüllen wird, und diesem Anspruch will er den Weg freihalten. Er sagt: »Ich bin ein deutscher Fürst.« Er hält sich ängstlich von jeder Politik fern, die seine Dynastie in deutschen Augen kompromittieren könnte. So sehr er auch Wilhelm II. haßt, so sehr er die verhängnisvollen Folgen seiner Politik fürchtet, er gibt den Ratgebern nicht nach, die ihm eine Trennung vom Dreibund und eine slawische Orientierung der Monarchie empfehlen. Die Habsburger machen keine Konjunkturpolitik: sie sind deutsche und katholische Fürsten, und mit diesen Grundsätzen stehen und fallen sie, mögen die Versuchungen noch so groß sein. Da gibt es für Franz Joseph keine Kompromisse: er schließt keine Bündnisse gegen die Majorität des deutschen Volkes, und er geht nicht nach Rom, solange Italien mit der Kirche nicht Frieden schließt. Das ist er seiner Dynastie, seinen deutschen und katholischen Untertanen schuldig.

So regiert Franz Joseph, und ein Ziel wenigstens erreicht er damit: die Begrenzung des politischen Kampfes. Mag es in Gemeinderäten, Landtagen, Parlamenten noch so stürmisch hergehen, die Bevölkerung ist ruhig und zufrieden, sie kümmert sich um den politischen Kampf ihrer Führer nur wenig. Das Privatleben bleibt still und friedlich. Tschechen und Deutsche und Ungarn und Polen arbeiten miteinander und heiraten munter untereinander. Sie sitzen am selben Tisch und vertragen sich. Sie verdienen leicht. Sie gehorchen alle ruhig und willig der staatlichen Autorität. Sie schimpfen alle – das dürfen sie, so viel sie wollen –, und sie sind zufrieden.

Diese Politik der weisen, stillen und geduldigen Konsequenz hat nur einen Nachteil: sie ist furchtbar langweilig, und das vertragen vor allem die jungen Leute nicht. Sie sehen glatte, gebahnte Wege vor sich – Wege von aussichtsloser, unentrinnbarer Mittelmäßigkeit. Sie wissen mit zwanzig, wo sie mit fünfzig stehen werden. Kein Abenteuer liegt vor ihnen. Sie sehnen sich nach Ereignissen und Taten. »Alles besser, als dieses geregelte Leben ewiger, dürftiger Langeweile ...« sagen die jungen Leute.

DIE WIENER

I.

In den Straßen gibt es wenig Fuhrwerk, aber viele Fußgänger. Sie haben keine Eile. Sie schauen gerne die schönen Auslagen der Geschäfte an. Oft bleibt einer auch in der klassischen Stellung der Meditation mit der Hand am Kinn eine Weile stehen und schaut vor sich hin. Denn der Wiener ist ein Spazierträumer. Wenn er geht, dann träumt er, und das ist seine große Freude. Viele gehen in der berühmten Haltung Beethovens mit den auf dem Rücken verschränkten Händen. Manche haben auch den Hut in der Hand, manche summen Melodien vor sich her, manche lesen im Gehen, manche sprechen mit sich selber, andere machen mindestens Mimik und Gesten des Sprechens.

Wenn sie so spazierengehen, denken sie meistens an den Urlaub – an den vergangenen oder an den kommenden –, an Wege, die sie gegangen sind oder die sie gehen wollen, an Berge und Städte und Meere, die sie gesehen haben oder die sie sehen wollen. Denn der Wiener lebt von Feierabend zu Feierabend, von Sonntag zu Sonntag, von Urlaub zu Urlaub, und dazwischen wünscht er sich sein Leben weg. Seine Lebensjahre benennt er nach dem Erlebnis seines Urlaubes. Der Wiener lebt für seine Liebhaberei – für seine freie Zeit. Er arbeitet für seine Muße – die ist sein Lebensinhalt: denn Wien ist die Stadt der Menschen, die ihren Beruf verfehlt haben.

Die Menschen leben hier mit ihren Berufen zumeist in kühlen Vernunfts- und nicht in Liebesehen. Ihre Herzensliebe gehört selten ihrer offiziellen und legitimen Tätigkeit, sondern dem Verhältnis zur Liebhaberei der freien Stunden. Das kommt daher, daß die Wiener sehr wenig Selbstvertrauen und daher keinen Mut zu ihren Begabungen haben. Sie glauben an Traditionen, an gebahnte Wege, an Beziehungen und nicht an Leistung. Sie werden Juristen, Kaufleute, Mediziner, Lehrer und so weiter, wenn ihnen dieser Beruf gerade günstige Chancen zu bieten scheint, und sind dann ihr ganzes Leben lang auf diesen Beruf, der sie nährt, böse. Darunter leiden sie selber und natürlich auch ihre Berufsarbeit. Aber darin steckt doch weniger Schuld als Verhängnis, denn die Vorliebe der meisten Wiener treibt sie zur Kunst – in der Regel zur Musik oder zum Theater. Aber so viele Musiker und Schauspieler als Wien hervorbringen könnte und wollte, kann die ganze Welt nicht konsumieren. So muß also diese Liebe meistens unerfüllt bleiben, und sie bleibt eine Quälerei fürs Leben.

Der Wiener ist gewiß künstlerisch begabt, aber nicht eben schöpferisch. Er hat guten Geschmack, und wie alle geschmackvollen Menschen ist er in seinem Urteil sehr unsicher, sobald es sich um etwas handelt, was die hergebrachten Normen überschreitet. Da sagt er mit einem verlegenen Lächeln, daß es ganz lustig ist und überläßt den Berlinern und den Juden die Gefahr, sich zu blamieren. Ja, wenn es keine Berliner und keine Juden gäbe! – Von den Wienern aus könnten alle Künstler, die etwas Neues schaffen wollen, verhungern. Der Wiener kümmert sich um neue Kunst erst, wenn sie sich anderswo durchgesetzt hat, so wie ein großstädtisches Theater erst dann einen Schauspieler engagiert, wenn er sich in der Provinz bewährt hat – nur eben mit dem einen Unterschied, daß nicht alles, was außerhalb Wiens liegt, Provinz ist und daß es Aufgabe eines großen, alten Kulturzentrums wäre, zu führen und mit seinem Urteil nicht immer den anderen nachzulaufen. Dafür hat der Wiener freilich auch eine sehr gesunde Widerstandskraft gegen alle Modeexzesse in der Kunst und hat oft die Genugtuung, wenn draußen in der Welt die Welle wieder zurückflutet, sich sagen zu können, daß er sich von ihr nie hat mitschwemmen lassen.

Dem Wiener macht seine künstlerische Ader gewiß viele kleine und große Freuden, aber sie gibt ihm auch viele Lasten zu tragen: das empfindliche und labile künstlerische Temperament, den anspruchsvollen guten Geschmack, dem das Leben stündlich weh tut, und den ewigen Zwiespalt zwischen dem Beruf, den man verfehlt und dem unrichtigen, den man gewählt hat. Da kommt er schließlich zu einer schmerzlich lächelnden Resignation, die der echten frommen Gottergebenheit sehr nahe kommt, bei der dann auch viele Menschen landen – weit mehr Menschen als es zugeben.

Der Wiener spielt zwar gerne den Freigeist, er hat viel Neigung zu Skepsis und Zynismus, aber in Wahrheit ist er fromm: er ist ein verschämter Gläubiger, und zwar ein wenn auch nicht demonstrativer und buchstabengläubiger, so doch ganz echter Katholik. Er spottet es gerne weg, er will es nicht wahrhaben, aber so wie der Berliner viel gottloser ist, als er selber weiß, so ist der Wiener viel katholischer, als er selber glaubt. Katholisch ist seine Demut gegenüber dem Schicksal und den Ereignissen der Außenwelt, katholisch ist sein Mißtrauen in Verstand und Logik, sein mystischer Glaube, daß eine höhere Macht die Dinge lenkt wie sie will, und daß man diese höhere Macht nur ärgert, wenn man zu viel selbst will. Katholisch ist die Neigung des Wieners, in kritischen Momenten die Augen zuzumachen und die Hände in den Schoß zu legen. Katholisch ist seine Freude an allen irdischen Genüssen und der gleichzeitige Glaube, daß der richtige Weg immer der unerfreulichere sei ... Das ist der Glaube, mit dem der Wiener seinen Beruf und seine Liebe so oft verfehlt – dieser Glaube, daß die Pflicht immer dort ist, wo keine Freude und viel Verzicht liegt. Katholisch ist der große passive Mut des Wieners, seine Fähigkeit, würdevoll und still zu leiden und das Verdienst, das er in solchem Leiden sieht – nicht aber im Kampf gegen das Leiden.

Der Wiener ist aber nicht nur katholisch – er ist mönchisch: Das Ideal jedes Wieners ist ein stilles, beschauliches, fast einsames Leben, begleitet von den einfachsten Genüssen, die das Leben bietet: eine saubere, kleine Wohnung, einfache, gute Kost, gute Luft – und wenn da noch ein wenig Musik, ein Glas

Wein oder Bier und eine leichte Zigarre dazukommt, dann ist fast jeder Wiener zufrieden und verlangt nicht mehr. Er findet tausend kleine Freuden im Alltag und genießt sie dankbaren Herzens. Nur Ruhe will er haben und Einsamkeit, wenn ihn danach verlangt. Stillen und einsamen Liebhabereien gibt er sich mit mönchischem Fleiße hin: er sammelt Briefmarken, Kupferstiche, Viennensia, Porträts, Zeitungsköpfe, Zündholzschachteln, Pflanzen, Insekten und vieles andere.

Und jeder Wiener ist auch ein Lokalhistoriker, der über alle Reste der Vergangenheit wacht. Wenn ein Haus demoliert werden soll, dann regnet es Zuschriften an die Zeitungen: daß Beethoven in diesem Haus gewohnt hat (er hat nämlich in jedem älteren Wiener Haus gewohnt, weil er so viel umgezogen ist), daß ein Fenster im dritten Stock zugemauert ist und warum: daß ein Hauszeichen da ist und was es bedeutet und überhaupt, daß man das Haus stehen lassen soll. Tausende schrullenhafter Einsiedler leben in Wien, die in jeden Stein und jeden Baum der Stadt verliebt sind und die am liebsten ganz Wien unter einen Glassturz stellen möchten und sich selbst dazu und alleweil in der Stadt herumgehen und schauen, daß alles schön bleibt, wie es ist. Schon mit zwanzig Jahren fangen sie an, mit Rührung an ihre Kindheit und Jugend zu denken und mit Sorgfalt alles zu konservieren, was diesen heroischen und poetischen Teil ihres Lebens begleitet hat. Die Wiener sind große Aufheber. Sie umgeben sich gerne mit Reliquien und Andenken, vor allem aus ihrem eigenen Leben und aus dem Leben verehrter Freunde, Lehrer und Frauen, die sie oft unglücklich, oft nur aus der Ferne geliebt haben.

Aber trotz all dieses mönchisch-katholischen Wesens ist der Wiener nicht frei von Stolz, Eitelkeit und Hochmut. Sie dienen ihm vor allem dazu, seine Abgeschlossenheit und seinen ängstlich behüteten Eigenraum zu verteidigen. Alle kleinen Künste der Arroganz beherrscht der Wiener meisterhaft: er kann durch Leute durchschauen, durchhören, über sie weg reden, er kann ihre Namen und Titel vergessen und verdrehen, kann ihren Gruß übersehen oder, wenn er ihn erwidert, jemand anderen dabei anschauen – alles das kann er.

Der Wiener ist auch nicht frei von der großen Krankheit der Jahrhundertwende, vom Snobismus, der um diese Zeit die ganze Welt ohne Unterschied der Nation und der Weltanschauung erfaßt hat. Am wenigsten Snobs sind noch die Franzosen. Sie sind zu leicht von der Persönlichkeit fasziniert, und darum fallen sie auch Schwindlern so leicht hinein. Denn ganz unnütz ist ja der Snobismus nicht. Er richtet Hürden des Mißtrauens auf, und das kann in einer Gesellschaft nicht schaden, die so in Bewegung geraten ist wie die europäische um 1900: Oberklassen steigen ab und verbergen ihren Abstieg hinter einer glänzenden Fassade, die keine Stützen mehr hat. Unter- und Mittelklassen steigen auf und bringen von unten Traditionen und Gewohnheiten mit, die zu ihren schönen Kleidern und Möbeln nicht passen ... Die Ordnung stimmt nicht mehr – eines paßt nicht zum anderen. Der Schein führt oft ganz in die Irre. Da muß man sich mit einigem Hochmut wappnen und sich die Menschen dreimal anschauen, ehe man sich mit ihnen an einen Tisch setzt. Jeder Kreis hat natürlich in Wien seinen eigenen Snobismus, aber vor allem ist Wien doch eine Beamtenstadt. Der Wiener Snobismus geht also in erster Linie auf Rang, Titel und Beziehungen. Die Menschen erstreben amtliche Funktionen oder mindestens Titel, die so klingen wie die der Beamten. Am Abend vor dem Einschlafen reden die Ehegatten von den Titeln, die sie sich wünschen, und sie träumen dann von ihnen. Sie suchen eifrig den Verkehr mit Leuten, die die erwünschten Titel führen, und halten sich von Leuten ohne entsprechende Titel fern. In Wien ist es nicht so wichtig, wie einer heißt, sondern was für einen Titel er hat.

Wien hat kein stolzes patrizisches Bürgertum vom Schweizer oder vom englischen Stil, das auf nichts pocht als auf seinen Namen und seine Bodenständigkeit. Die Wiener sind fast alle nicht bodenständig. Familien werden in Wien nicht alt – über die dritte Generation kommen sie selten hinaus. Die meisten Wiener Bürger stammen von armen Bauern oder kleinen Handwerkern ab. Diese bescheidene Herkunft von kleinen, armen Leuten – diese fehlende Tradition von Wohlstand und Einfluß – macht die ängstliche und schüchterne Kleinbürgerlichkeit der Wiener verständlich. Die Wiener Familien sterben aus, wenn sie einmal gelernt haben, Herren zu sein, und die neu Hinaufgekommenen haben die zaghaften Herzen ihrer geprügelten Vorfahren – sie haben vielleicht Geld, aber keinen Mut und kein Selbstbewußtsein geerbt. Darum haben sie diese Titelsucht und dieses Bedürfnis, sich vom Staate auf dem Wege über die Beamtenstellung das Selbstbewußtsein wenigstens auszuleihen, das sie selber nicht besitzen.

Wenn sie dann einmal irgendeine höhere Stufe erreicht haben, verschanzen sie sich ängstlich nach unten und trennen sich hochmütig von allem, was unter ihnen steht. Kein Kreis fühlt sich in Wien zusammengehörig und solidarisch – jeder Kreis neigt dazu, sich zu spalten. Die Menschen leben auf Inseln, die ihr Hochmut voneinander so gründlich trennt, daß sie keine Ahnung von dem Leben haben, das auf den Nachbarinseln herrscht. Ängstlich weichen die Menschen neuen Bekanntschaften aus, besonders die Frauen, die bissig den Verkehr ihrer Gatten und Kinder überwachen, damit nur um Gottes willen niemand ins Haus kommt, der nicht voll ebenbürtig ist.

Die Männer flüchten vor diesem Snobismus der Frauen ins Kaffeehaus, denn im Kaffeehaus kann man ungeniert Zufallsbekanntschaften machen, die zu nichts verpflichten. Nicht als ob die Männer keine Snobs wären, aber sie wollen doch gelegentlich aus ihrem Kreis wenigstens den Kopf herausstecken. Vielleicht war das alles in Wien einmal anders – um die Jahrhundertwende jedenfalls ist der Wiener ein um seine soziale Position ängstlich besorgter Snob geworden. Einer ist hochmütig, weil er wirklich Grund dazu hat, der andere, weil er glauben machen will, daß er ihn hat, der dritte nur, um seine Ruhe zu haben und allein gelassen zu werden, der vierte aus Angst, daß der andere zu ihm hochmütig sein könnte, der fünfte aus Angst, der andere könnte ihn zu gering schätzen, wenn er nicht hochmütig wäre, und alle zusammen sind hochmütig aus Bequemlichkeit, aus Angst, daß einer sonst am Ende etwas von ihnen verlangen könnte oder daß er sonst glauben könnte, sie brauchen etwas von ihm, und weil sie niemand nachlaufen und sich nichts vergeben wollen: empfindliche, nervöse Menschen mit viel Minderwertigkeitsgefühl und innerer Unsicherheit – hochmütig nicht aus Kraftgefühl, sondern aus Schwäche.

II.

Kaum zwei Städte sind einander ähnlicher als Wien und Paris: Die Stadtanlage in großen Veduten, das Leben in Zinskasernen, das Wohnungselend, das Vorherrschen des mittleren und kleinen Bürgertums, die katholische Denk- und Lebensart, die Liebe zum guten Essen, die Sparsamkeit, die künstlerische Begabung, das Sonderlingwesen – ach Gott! –, die Ähnlichkeiten sind zahllos! Man käme mit der Aufzählung gar nicht zu Ende. Nur in einem unterscheidet sich der Wiener vom Franzosen wesentlich! Es fehlt ihm die Größe – die Größe im Glauben, in der Liebe, in der Vollendung... Der Wiener ist und bleibt immer fragmentarisch – eine Skizze, ein Entwurf, kein Ganzes. Wien ist die Stadt der verkannten Genies – was heißt denn das anderes als der unvollendet gebliebenen Genies?

Zahllos sind die Menschen, die hier große Ansätze nehmen. Jeder Lehrer, der etwa aus dem Reiche nach Wien kommt, ist hingerissen: Was gibt es hier für Begabung! Und ein paar Jahre später sind alle diese großen Begabungen nicht mehr zu sehen: untergekrochen in kleine Ämter, in kleine Lehrstellen – wenn man einen von ihnen einmal daran erinnert, wieviel man von ihm erwartet hat, dann zuckt er nur mit den Achseln und sagt: so ist das Leben...

Nicht an Ideen fehlt es den Wienern, sondern an der Kraft zur Vollendung. Erst die Vollendung gibt ein Recht auf den Ruhm des Werkes – die Idee haben viele. Den halben Weg gehen auch noch manche, aber nur wer bis an das Ende geht, erreicht das Ziel. Aber daran fehlt es den Wienern furchtbar – an der Fähigkeit, bis an das Ende zu gehen. Oft verläßt sie in der nächsten Nähe des Zieles alle Freude an der Sache: sie sehen den Gipfel ohnehin vor sich – viel mehr kann da droben auch nicht mehr zu sehen sein. Da ersparen sie sich lieber das letzte Stück und kehren gleich um.

Vielleicht ist das das Gegenbild ihrer großen Tugend: der Gleichgültigkeit ge-

gen äußeren Ruhm und gegen Reichtum, einer fast ängstlichen Scheu, hervorzutreten oder seine Lebensgewohnheit ändern zu müssen, die Fähigkeit, sich selbst mit dem Bewußtsein des eigenen Wertes zu genügen? Ja, aber warum denn dann die Verbitterung? Die menschenfeindliche Vereinsamung? Denn den Wiener verbittert ja der Mißerfolg – er ist ihm gar nicht gleichgültig. Aber er will sich nie auf den ersten Platz vorkämpfen – er will sich in die letzte Bank setzen, und ein guter Lehrer oder ein Schutzengel soll ihn sehen und ihn sanft bei der Hand nehmen, um ihn an den wohlverdienten Ehrenplatz zu führen ... Errötend und mit niedergeschlagenen Augen will er sich dann gerne führen lassen. Er will immer wieder entdeckt, eingeladen, gebeten werden – er will nicht fordern, begehren und durchsetzen müssen. Er schimpft zwar, er ist enttäuscht, aber doch nicht genug, um ernsthaft zu fordern und für seine Forderungen zu kämpfen. Man hat oft den Eindruck, daß Mißerfolg und Enttäuschung den Menschen hier erwünscht kommen und daß sie gerne Vorwand ergreifen, die Lasten und die Pflichten abzuschütteln, die ihnen ihre Begabung und ihre Erfolge auferlegen.

Ist es zu glauben, daß ein Dichter wie Grillparzer nach dem ersten ernstlichen Mißerfolg sich zurückzieht und der Öffentlichkeit fast für immer aus dem Wege geht? Ist es zu glauben, daß ein Dichter von der Kraft Raimunds sich nicht genug Bildung und Formvollendung erwerben kann, um sich an den Platz zu stellen, der seiner Begabung zukäme? Ist es zu glauben, daß ein genialer Satyriker und Theatervirtuose wie Nestroy nicht die Kraft und den Willen hat, seine Werke über das Niveau von Lokalpossen und Parodien zu heben? Natürlich – da gibt es sofort Leute, die sagen: Wie es ist, ist es recht, und gerade darin besteht der Reiz ... Ja, das ist schon ganz richtig, aber auf diese Art sind zum Beispiel die österreichischen Dichter niemals über eine lokal begrenzte Bedeutung hinausgekommen. Sie haben ihre Eigenart in keine vollendete und endgültige Form zu bringen verstanden, die von der ganzen Welt als musterhaft, als beispielgebend, als »klassisch« anerkannt worden wäre. Die österreichische Dichtung ist eine Heimatdichtung geblieben – ein geistiger Dialekt –, und dieser Dialekt ist keine Weltsprache geworden.

Den Wienern ist es – vielleicht nur mit Ausnahme der Musik – nicht vergönnt, klassische Formen zu schaffen. Talent ist ihnen genug gegeben, aber nicht die Kraft und Leidenschaft der Vollendung. Sie sind nicht stark genug, um Vorbilder zu sein. Ist das nicht sonderbar? Solange war Wien der politische Mittelpunkt des deutschen Volkes, und doch ist nicht die wohllautende, beliebte Mundart des deutschen Südens, sondern der häßliche, bellende Tonfall des deutschen Nordens zum klassischen Akzent der deutschen Sprache geworden. Was nützt aller Wohllaut, wenn er nichts Vollendetes, Klassisches zu sagen hat!

Es handelt sich hier um den tragischen Defekt des Wienertums: Mangel an

Selbstbewußtsein? Minderwertigkeitsgefühl? Ja! Aber mehr als das – es ist ein tiefer moralischer Defekt: Fatalismus im Sittlichen. Der Wiener kennt die Leidenschaft nicht, mit der etwa der Franzose Wahrheit, Recht, Schuld und Verantwortung erforscht. Er hat sich einen simplen Skeptizismus und Relativismus zurechtgelegt. Seine Weltanschauung ist ein resigniertes Achselzucken geworden, er wundert sich über nichts und begrüßt Enttäuschungen mit der Freude des Mannes, der es schon immer gesagt hat. Mit einer solchen Lebensweisheit kann man nicht kämpfen und nicht arbeiten. Sie führt zu einer maßlosen Toleranz und Gleichgültigkeit. Man kommt im Leben nicht ohne Wertmaßstäbe und Zurechnung aus. Je lockerer man sie anwendet, um so beiläufiger wird alles, was man selber leistet und alles, was die anderen für einen leisten. Wahrheit, Recht, Schuld, Verantwortung sind notwendige Hilfsziele bei der Konstruktion sittlicher Werturteile. Wendet man sie nicht an, dann geht einem jedes Werturteil verloren, dann urteilt man nur mehr instinktiv, konventionell oder nach einem ganz opportunistischen Nützlichkeitsprinzip, das man nach Geschmack mit einem bitteren Lächeln würzen kann. Pilatus! »Was ist Wahrheit?« Das ist das Motto des Wieners.

Zu diesem sonderbaren Fatalismus gehört es auch, daß für den Wiener jedes Problem damit erledigt ist, daß er es in gesprochenen oder geschriebenen Worten darzustellen oder zu lösen gesucht hat. Mehr will er nicht, Konsequenzen zieht er nicht und nennt jeden einen Schmock und lächerlichen Prinzipienreiter, der nun tatsächlich hergeht und eine gewonnene Erkenntnis in die Tat umsetzen will. Denken und Reden hat für den Wiener mit dem wirklichen Leben nichts zu tun. Das wirkliche Leben wird durch Tradition und Gewohnheit bestimmt, und es ist und bleibt so, wie es ist. Das Denken beschäftigt sich mit dem, was sein sollte oder sein könnte – das eine hat mit dem anderen nichts zu tun. Die Trägheitshemmung des Wieners, neue, ungewohnte Erkenntnisse zu verwirklichen, ist fast unübersteiglich. In der Tiefe seiner Seele ist der Wiener eben zweiflerisch, gleichgültig, glaubenslos. Die wunderbare, törichte Kraft des Glaubens, der Berge versetzen kann, fehlt ihm, und ohne die gibt es hier auf Erden keine Größe. Wien ist nicht die Stadt der großen Bekenner, Heiligen und Ketzer.

III.

Körperlich ist der Wiener kein Riese: selten mehr als mittelgroß, in der Jugend überschlank mit flacher Brust und schmalen Schultern. Die Ärzte nennen diesen Typus asthenisch, und sie wissen, daß diese Astheniker in der Regel nervös und Lungenkrankheiten ausgesetzt sind. Das ist der Wiener auch in hohem Grade. Er hat auch den Charme und die Grazie, die diesen überschlanken, zarten Menschen eigen sind. Er tanzt gut; er hat hübsche Bewegungen; er sieht ohne viel Bemühungen elegant aus. Wenn er seine Jugend glücklich überlebt hat, wird er rasch dick. Dann werden seine Lungen und Nerven gesund. Kein Mensch glaubt dem dicken, kleinen Vierziger, wie zart und anfällig er mit zwanzig Jahren war. Die Astrologen sagen, daß dieser Körpertypus für die Waagemenschen charakteristisch sei, und tatsächlich gilt seit jeher die Waage als das Himmelszeichen Österreichs. Viel hält der Wiener aber auch nicht aus, wenn er dick und gesund geworden ist. Arbeit, Sorgen, Hetzerei zermürben ihn rasch. Hat er ein mühe- und sorgenvolles Leben gehabt, dann bekommt er mit fünfzig plötzlich einen Knacks – das Herz oder die Nieren oder die Arterien lassen aus, und dann wird er nicht mehr der alte. Das starke und fruchtbare Greisenalter, das wir bei den romanischen Völkern so oft bewundern, findet man in Wien fast niemals. Vielleicht ist dieser wenig widerstandsfähige Körper an vielen Mängeln des Wieners schuld.

Es gibt in Wien allerdings auch eine ganz andere Rasse. Die muß von irgendwelchen Völkern übriggeblieben sein, die früher in Österreich gesiedelt haben. Das sind die starken Männer. Wien ist seit jeher in der ganzen Welt für seine Schwerathleten bekannt. Nur die berühmten Hamals im Hafen von Stambul leisten Ähnliches. Vielleicht sind die starken Männer aus der Türkenzeit übriggeblieben. Kommen Fremde in Wien an, dann sind sie immer ganz weg, wenn sie sehen, wie ein Träger einen Koffer, den anderswo zwei kaum erschleppt haben, mit Grazie allein auf den Rücken schwingt und damit leicht einhergeht, als ob es ein kleiner Rucksack wäre.

Draußen in Vorstadtwirtshäusern haben diese starken Männer ihre Klublokale. Da vertilgen sie die Fleisch- und Biermengen, die sie zur Erhaltung ihrer Kraft für erforderlich halten, da trainieren sie und treffen sich mit ihren Sportmäzenen – Fleischhauern oder sehr hohen Herren. Die feinen Leute verachten natürlich diesen rohen Sport, dem wirklich nicht die vornehmsten Leute huldigen: Fleischhauergehilfen, Möbelpacker, Schwerfuhrwerkskutscher, Gepäckträger – ein eigenes Volk im Volk: die starken Männer. Alt werden auch sie nicht. Auch für sie sind die Fünfzig eine böse Schwelle, aber Athleten werden ja nirgends in der Welt alt.

Der Wiener liebt sein Leben, er fürchtet den Tod, er weiß sein Leben mit so vielen kleinen Freuden der Augen, der Ohren und des Herzens auszustatten, daß er am Leben wirklich etwas zu verlieren hat, aber er klammert sich nicht an sein Leben. Es fällt ihm nicht ein, mit seiner Gesundheit Geschichten zu machen. Er steht mit seinem Körper auf einem ewigen Ultimatumsstandpunkt: biegen oder brechen – wenn der Körper das nicht hergeben will, was von ihm verlangt wird, dann soll er halt draufgehen. Auf Ärzte hat der Wiener gar kein Vertrauen. Wenn es in Wien keine Juden gäbe, hätten die Ärzte ein schlechtes Leben. Der Wiener geht in der Regel zum Arzt, wenn es schon zu spät ist. Solange es geht, schleppt er sich mit seinem Leiden herum. Auch die Hypochonder unter den Wienern stellen lieber ihre eigenen Diagnosen und behandeln sich selber, als daß sie zum Arzt gehen.

Auch sonst klammert sich der Wiener nicht ängstlich an sein Leben. Es ist ihm natürliche, körperliche Tapferkeit gegeben. Er fordert den Tod auch ohne Not heraus. Er macht gerne schwere Bergtouren als Alleingänger, er steigt oft ganz leichtsinnig, ohne Training, ohne zureichende Ausrüstung, auf Berge, von der schwierigsten Seite, nicht aus sportlicher Eitelkeit – einfach aus Laune, weil es ihn lockt. Und sonderbar! Dieser tollkühne Mensch, der sein Leben für eine Laune riskiert, wird kleinwinzig und demütig vor seinem Vorgesetzten – auch wenn der im Unrecht ist –, vor jedem Wachmann, vor seinem Hausmeister, vor allem, was wie Obrigkeit oder Behörde aussieht.

Physischer Mut vereinigt sich da auf das sonderbarste mit moralischer Mutlosigkeit. Das ist schon nicht mehr Gottergebenheit, sondern Unglauben an den Geist, an das Recht, an alle moralischen Kräfte. Das ist im Grunde nichts als ein desperater Materialismus, der die Gewalt anbetet und ihr kampflos weicht, weil er nicht daran glaubt, daß das Recht im Himmel einen Bundesgenossen hat und der sich mit diesem Unglauben noch sehr gescheit vorkommt. Da zeigt sich wieder die Kraftlosigkeit des Wieners im Sittlichen. Dem Wiener fehlt die heroische Kraft des Glaubens. Das ist sein Verhängnis.

IV.

Überall im Ausland glaubt man, daß der Wiener ein sehr heiterer, lebensfroher und unbeschwerter Mensch sei. Das Bild, das sich das Ausland von einem Volk macht, ist in der Regel darum falsch, weil es veraltet ist. Auch der Wiener hat solche veraltete Vorstellungen von anderen Völkern: für den Wiener sind die Franzosen noch immer leichtsinnig, wankelmütig und verschwenderisch, die Engländer steif und wortkarg. Er hat eben schon lange keine richtigen Franzosen und Engländer mehr gesehen und sie keine Wiener. Denn Wien ist ja seit der Kongreßzeit immer mehr an den Rand der großen Welt geraten, so weit, daß man es vom Zentrum kaum mehr sieht. Seit es Eisenbahnen gibt, ist Wien entlegener geworden, als es früher war.

Es ist der Geist und nicht die Eisenbahn, die Verbindungen herstellt, und der Geist des Westens ist Wien nicht freundlich gesinnt. Für ihn ist Wien der Hort der Reaktion, der Sitz einer bösen Tyrannei, deren Existenz in diesem aufgeklärten zwanzigsten Jahrhundert eigentlich eine Schande ist. Keineswegs nur im Westen, auch im Deutschen Reich denkt man nicht viel anders. Liberale,

Protestanten, Demokraten aller Schattierungen hat Österreich gegen sich, und die beherrschen heute die Weltmeinung. Man mag die Wiener ganz gern, aber man will von dem Geist, der bei ihnen herrscht, nichts wissen. Mit mokantem und herablassendem Lächeln sieht das Ausland auf das heitere Wiener Volk herab, das nur durch seinen genießerischen Leichtsinn von der schweren Schuld entlastet wird, ein solches Regime zu dulden, das der ganzen Welt ein Dorn im Auge ist. Und weil das Ausland die weinselige Heiterkeit des Wieners braucht, um die Sympathie zu begründen, die es trotz allem für ihn empfindet, kann es seine Meinung über den Wiener nicht ändern und will es auch gar nicht. Es ist ihm auch nicht sehr wichtig.

Indessen haben sich im neunzehnten Jahrhundert die Charaktere aller Völker ganz beträchtlich geändert; in allen Ländern sind neue Schichten hochgekommen, die dem Land ein neues Gesicht gegeben haben. Die Deutschen sind keine Dichter und Denker mehr, die Engländer sind freundlich und gesprächig geworden und die Franzosen sparsam und verdrießlich. Auch an den Wienern ist das neunzehnte Jahrhundert nicht spurlos vorübergegangen. Provinzler sind in Massen zugewandert, Kleinbürger sind in die Höhe gekommen, alten Oberschichten wankt der Boden unter den Füßen – sie sinken oder fürchten sich, zu sinken –, sie alle fühlen sich in ihrer neuen Lage noch gar nicht behaglich und begegnen ihrer Umgebung mit mißtrauischer Zurückhaltung. Die Mechanisierung des Gewerbes ist dem Wiener, der so gar nicht Kaufmann und Unternehmer ist, schlecht bekommen, und die liberale Welle hat ihm die sichere Ruhe im Glauben gestört, die bei allen katholischen Völkern die nie versiegende Quelle des frohen Gleichmuts ist. Der Wiener ist mißmutig und verdrossen geworden.

Zur Kongreßzeit und im Vormärz war das ganz anders. Das war die Zeit von Lanner und Strauß Vater, da hatte Wien das Tanzfieber, das die ganze Welt angesteckt hat. Nie war der Wiener so übermütig wie unter dem Polizeiregime des guten Kaisers Franz und seines Metternich. Ballsäle von märchenhaftem Luxus schossen damals aus dem Boden. In den Stammbäumen der besten Wiener Familien findet man die Spuren dieser ausgelassenen Zeit: unehelich geborene Vorfahren, Frauen, die nie oder sehr spät verheiratet waren, die Kinder von den verschiedensten Männern haben und die sich in jedem Taufschein ihrer Kinder einen anderen Namen beilegen. Die Enkel erinnern sich dieser heiteren Frauen als frommer, wohlhabender Matronen, die in hohem Alter noch immer gerne gut gegessen haben und schließlich hoch geachtet und tief betrauert gestorben sind. Im alten Wien war man gar nicht prüde. Ganz selbstverständlich war es damals, daß ein Mann mit seiner Geliebten hauste. Diese Frauen müssen bequem gewesen sein und nicht gar zu viel Raum im Leben ihrer Gönner beansprucht haben, denn fast keine von ihnen hat in der Literatur oder in der Politik irgendwelche bemerkenswerte Spuren hinterlassen.

Das war einmal. Der Wiener von 1900 ist gar nicht mehr übermütig. Sein Witz ist gallig und wehleidig geworden. Er schimpft und murrt. Ihm ist trüb, bitter und angstvoll zumute. Er muß sich die Stimmung antrinken, und auch seine Weinlaune ist weinerlich.

Freilich, jede Verallgemeinerung ist falsch. Es gibt natürlich noch die jungen Mädchen, die sich zu Tode tanzen, die jungen Leute, die ein Vermögen in ein paar Jahren verjubeln, die alten Herren, die nicht aufhören können – aber erstens: wo gibt es die nicht? und dann: die Wehmut, die immer an Abschied und Tod denkt, ist bei all diesem Leichtsinn immer dabei: »einmal noch leben, eh' es vorbei, einmal noch leben, lieben im Mai . . .«, heißt es im »Walzertraum«. Dieses »einmal noch« beherrscht die Stimmung des Wieners von 1900. Es geht durch die ganze Wiener Literatur der Zeit, und, wenn der Wiener es auch versteht, allerlei sentimentale Genüsse aus dieser Wehmut zu destillieren, sie bleibt doch als dumpfer Druck auf seinem Gemüt lasten: Von irgendwoher droht ein dunkles Schicksal, das jeden Augenblick eintreten kann. Es kann der Tod, es kann auch irgend etwas anderes Unvorstellbares sein, das das Schicksal im Schilde führt; das Schicksal wartet nur. Ungewiß wann, aber einmal wird es sicher eintreten. Dieses Warten auf das Ungewisse ist quälend wie alles Warten. Wenn es doch nur schon käme! Indessen sagt man zu jedem Genuß: »einmal noch . . .« Das ist die Stimmung, aus der der ungeheure Jubel beim Kriegsausbruch entsteht: endlich ist es da – endlich! –, das Warten ist zu Ende, denn der Wiener sieht im Krieg weit weniger den Kampf als den Tod. Er geht nicht kämpfen, er geht sterben. »Weil es bequemer ist«, sagen die Raunzer.

Der Raunzer ist ein Typus, den es in Wien schon immer gegeben hat, aber um 1900 ist er in den Vordergrund geraten. Der Raunzer ist ein bitterer Entzauberer aller Phrasen, aller großen Worte und aller selbstgefälliger Sentimentalität, aber auch er hat dabei eine Träne im Auge, er ist ein Enttäuschter, der im innersten Herzen hofft, daß einmal der Tag kommen wird, der seine bittere Skepsis widerlegt. Er raunzt oft nur, weil irgendein kaum bewußter Aberglaube ihm die Hoffnung gibt, daß er mit seinem Geraunze das Schicksal zum Widerspruch reizen könnte. Es ist oft nur eine Pose: Bitterkeit ist bei Leuten, die für gescheit gelten wollen, eine Mode – oft ist sie auch ein Trost für Mißerfolge –, aber doch ist sie immer nur eine andere Form der tiefen Wehmut, die hier in den Leuten wohnt, die sie ewig Abschied nehmen und »einmal noch . . .« sagen läßt. Ist diese ewige Wehmut der Wiener eine Vorahnung? Vielleicht. Gewiß aber kommt sie aus dem Gefühl des Wieners, daß er vor den Anforderungen dieser Zeit völlig versagt, daß alles schwindet, was ihm das Leben lebenswert macht und daß er sozusagen zum Aussterben verurteilt ist.

Es ist nicht wahr, daß der Wiener faul ist. Er kann mit wahrem Mönchsfleiß arbeiten – er darf nur nicht gehetzt und gestört werden. Er geht gern auf gewohnten Wegen. Diese Zeit mit ihrer stets wachsenden Eile, ihren ewigen Neuerungen, die nichts zur Gewohnheit werden lassen, ihren ewigen Störungen, macht ihn müde und nimmt ihm jede Arbeitslust. Er ist gescheit genug, um sein Versagen einzusehen – er kämpft gar nicht; es wäre zwecklos.

Aber allen Groll gegen diese Zeit, der er rettungslos erliegt, faßt er in ein Wort zusammen: die Juden. Sie stellen für ihn alles das dar, was er an dieser Zeit haßt. Und das muß man sagen: die Juden bringen in diese Zeit alles mit, was sie verlangt. Der Wirbel, den der Wiener nicht verträgt, ist ihr Lebenselement. Wenn rechts das Telephon geht und links ein Telegramm kommt, von vorn einer »Herr Chef« ruft und von rückwärts einer die Tür aufreißt, dann ist ihnen wohl – das ist ihr Betrieb. Sie haben keine Zeit, sich stundenlang an irgendeine Fleißarbeit zu setzen. Sie disponieren und telephonieren. Das Telephon muß für sie erfunden worden sein; es ist das richtige Instrument ihrer nervösen Ungeduld, mit dem sie jeden Menschen direkt anspringen und ihn nicht nur beim Knopf, sondern gleich beim Ohr packen können. Diese Klingel, die dem Wiener, der seine Gedanken schwer genug konzentriert, das Gehirn zermartert, ist ihr Stimulus; je öfter ihr Gedanke zerrissen wird, um so klarer und schärfer wird er. Nur Ruhe vertragen sie nicht. Diese ewig vibrierenden, zappelnden, schreienden, schlampigen und hastigen Menschen hat das Schicksal den Wienern auf den Hals gesetzt – den Wienern, deren Lebenselement die Ruhe, das Zeithaben, die Geduld ist, die sorgsam ihr Eigentum und ihren Eigenraum von dem des Nebenmenschen distanzieren und eine schrullenhafte, pedantische Ordnung um sich aufbauen.

Die österreichischen Bauern, von denen der Wiener stammt, sind Einzelsiedler. Nur dort, wo die Verteidigung ihrer Sicherheit sie dazu gezwungen hat, siedeln sie in Dörfern und Märkten. Von ihnen hat er die Neigung zum Distanzhalten geerbt. Der Wiener ist gerne allein, noch lieber ist er freilich zu zweien. Zu einer Tarockpartie oder zur Kammermusik gehören drei oder vier, und größere Gesellschaft freut ihn nur mit alkoholischer Unterlage und völliger Zwang- und Formlosigkeit, die bis zur derben Unmanier reicht. Feine, kultivierte Geselligkeit im größeren Kreis ist für ihn mehr Plage als Vergnügen. Zu zweien wird der Wiener leicht sehr mitteilsam, kindlich mitteilsam, er sagt alles, was ihm durch den Kopf geht, er denkt laut und schaut sich gar nicht recht den Mann an, dem er so viel Vertrauen schenkt, denn dieser Mann ist ihm mehr oder minder gleichgültig, er ist ihm nur Anlaß zu sich selbst, er dient ihm als sein Spiegel, als sein Publikum – er denkt nicht an ihn, er denkt nur an sich. Wenn ihm der andere gut zuhört, wenn er ihn geschickt und schmeichelhaft fragt, dann hat er kein Geheimnis mehr vor ihm.

Denn der Wiener ist ein Egoist, er interessiert sich nur für sich selber, niemals für den anderen Menschen, mit dem er zu tun hat. Er weiß nur, welche Gefühle der andere in ihm hervorruft, was in dem anderen Menschen vorgehen mag, was er denkt, ist ihm ganz gleichgültig. Darum ist der Wiener auch so wunderbar natürlich: er spricht nie in einer Absicht, er gibt sich so, wie er ist, ohne jede Pose. Nirgends auf der Welt hört man Menschen freier und unbeherrschter reden als in Wien. Der Wiener hat nur einen Wunsch: sich auszudrücken. Und weil er nur immer an sich und seinen Ausdruck denkt und gar nicht an den Zuhörer, ist er auch ein schlechter Menschenkenner. Er ist imstande, lange mit jemand zu verkehren, ohne irgend etwas von ihm zu wissen. Wer immer nur sich sieht und niemals die anderen, muß ja ein schlechter Menschenkenner sein. Egoismus ist eine Art von geistiger Blindheit – Nächstenblindheit.

So erlebt der Wiener an seinen Freunden und Bekannten fortwährend peinliche Überraschungen und Enttäuschungen, die ihn kränken, denn er ist auf sie so gar nicht gefaßt, und da er, wie jeder Egoist, sich selber schrecklich ernst und wichtig nimmt, fehlt ihm jede heitere Alltagsweisheit, jedes lächelnde Verständnis für die begreiflichen Schwächen des Mitmenschen. Verbittert und gekränkt laufen hier die Leute herum und beschweren sich, daß sie von ihren Freunden verraten, enttäuscht und gekränkt worden seien und von den Frauen natürlich auch. Da fehlt ihnen jeder Humor, da fragen sie sich niemals, ob nicht sie auch den anderen etwas schuldig geblieben sind. Immer fühlen sie sich verkannt und nicht hinreichend gewürdigt, immer bedauern sie sich.

Da haben sie ein eigenes Wort erfunden: das österreichische Schicksal, das in Wahrheit gar nichts anderes ist als die Folge maßloser Ichbesessenheit und ebenso maßloser Empfindlichkeit und der Versuch, alle Ursachen erlittenen Mißgeschickes den anderen Menschen aufzubürden. Der Wiener liegt förmlich auf der Lauer nach Kränkung und Zurücksetzung. Diese ewige Bitterkeit und Gekränktheit ist oft gar nichts anderes als eine raffinierte Form der Selbstgefälligkeit – ein Umweg, sich selber das Lob zu spenden, das die anderen niemals ausreichend spenden wollen, ein ewiges Werben um Mitleid und Teilnahme, ein Versuch, wenn schon nicht durch Erfolg, so doch wenigstens durch Mißerfolg Aufmerksamkeit zu erzielen – eine Form des krankhaften Egoismus, die jeder Nervenarzt gut kennt.

Der Wiener ist nicht etwa ein moralischer oder geistig minderwertiger Mensch – im Gegenteil! Er ist gut veranlagt, er hat gute Instinkte – das goldene Wiener Herz ist sprichwörtlich geworden, aber auch in seiner Gutmütigkeit ist der Wiener ein Egoist. Wenn er gerade gerührt ist, dann kann er zart und gütig sein, aber wenn er in seinem Egoismus gestört wird, dann kann er überraschend roh werden ... Nicht etwa in Geldsachen – am Geld hängt das Herz des Wieners nicht –, aber wenn seine Ruhe, seine Gewohnheiten, seine Bequemlichkeit beeinträchtigt werden, dann kann er wütend und grausam werden – sogar gegen Kinder. Mit Erstaunen hört man immer wieder in Prozessen über Kindermißhandlung, warum die Leute die Kinder mißhandeln: »Weil's alleweil g'schrien hat ...«, oder ein Mann erschlägt seine Frau »weil's ihm keine Ruh' geben hat ...« Das sind natürlich Ausnahmefälle, aber doch sehr charakteristisch für das, was den Wiener außer Rand und Band bringen kann.

Besonders mit Kindern ist der Wiener furchtbar ungeduldig. Er ist daher auch ein schlechter Erzieher – immer viel zu nervös und unbeherrscht. Wie wenig gut es die Kinder in Wien haben, sieht man erst, wenn man in Länder kommt, wo man Kinder liebt, wie zum Beispiel in Italien. Der Wiener hat Kinder schon gern, solange sie herzig und lustig sind, aber er hat bald genug von ihnen, wenn sie mühsam werden. Den kindlichen Stolz, erwachsen zu sein, wird er sein Leben lang nicht los, und er muß immer die Kinder seine Überlegenheit fühlen lassen. Jeder Mensch fühlt sich berufen, Kinder anzuschreien oder ihnen irgend etwas zu verbieten, auch wenn es gar nicht notwendig ist, nur um zu zeigen, daß er erwachsen ist und es daher darf. Kinder sind in Wien ausgesprochen unbeliebt: Hausherren nehmen, wenn sie es vermeiden können, keine Parteien mit Kindern. Überall wird den Kindern das Spielen verboten, sogar in den öffentlichen Parks haben sie nur begrenzte Plätze zum Spielen. Der Anspruch der Erwachsenen auf Ruhe und Ungestörtheit hat überall den Vorrang. Es ist an sich kein Vergnügen, in der Stadt ein Kind zu sein, aber in Wien schon gar nicht, wo die Erwachsenen das Recht des Stärkeren den Kindern gegenüber rücksichtslos in Anspruch nehmen.

Der Güte des Wieners fehlt die Erziehung – das grundsätzliche Gerüst. Grundsätze mag der Wiener nicht. Er hält sie teils für sinnlose Phrasen, teils für Worte, die zu groß für seine Bescheidenheit sind – auch sind ihm Grundsätze einfach unbequem, und er glaubt nicht an sie: wer richtet sich schon nach Grundsätzen, da macht man sich nur lächerlich, meint er. So läßt er sich eben von seinen Impulsen treiben, ohne jemals ernsthaft zu versuchen, sie zu beherrschen. Das macht nicht allzuviel, da der Wiener keine starken Leidenschaften und keine bösen Instinkte hat; er geht nicht weit fehl, wenn er sich von seiner Natur treiben läßt, aber allen kleinen, häßlichen Versuchungen erliegt er leicht, und so kommt es, daß mit dem Wiener Wesen Nachlässigkeit und Rücksichtslosigkeit unzertrennlich verbunden zu sein scheinen. Die Impulse des Wieners werden nur durch Schüchternheit, Angst und Schwäche eingedämmt, nirgends ist bei ihm der bewußte Wille zu Maß und Form zu spüren. Er ist unbearbeiteter Rohstoff – ein guter Rohstoff. Aber immer hat man das Gefühl: es ist um diesen guten Rohstoff schade – er wird vergeudet.

Einen Vorteil hat diese Unerzogenheit wohl: der Wiener hat den Charme ungebrochener Natürlichkeit und Wahrhaftigkeit wie die Kinder, aber man kann wohl nicht sein Leben lang ein Kind bleiben – oder vielleicht doch? Heißt es nicht: »Wenn Ihr nicht werdet wie die Kinder ...«? Soll man also den Wienern mehr Erziehung und eine festere sittliche Form wünschen? Ach Gott, nein! Aber diese Menschen sollen der Kopf eines der größten Reiche Europas sein. Sie sollen dieses Reich beherrschen, gestalten, mit ihrem Geist erfüllen. Das ist am Ende doch eine Aufgabe für Erwachsene, für Männer, für starke Charaktere, die beherrscht sein und nicht nur beherrscht werden können. Hätte das Schicksal den Wiener nicht vor diese große historische Aufgabe gestellt, man würde vielleicht diesen Mangel gar nicht bemerken – man würde vielleicht nur seine reizvolle Seite sehen. Aber diese große Aufgabe macht ihn dem Wiener zum Verhängnis.

Die Wiener sind sich dieses Mangels wohl bewußt, sie wollen sich ihn daher auch operieren lassen wie einen kranken Blinddarm, und daher sagen sie: »Eine starke Hand g'höret halt her, ein preußischer Feldwebel oder ein Krieg – da möcht' gleich all's anders werden . . .« Sie glauben an die blutigen Methoden, weil ihnen die unblutigen zu mühsam sind. Sich selber weh tun? Nein! Wenn es schon weh tun muß, dann soll ihnen lieber ein anderer weh tun.

DAS MILITÄR

Die romantischeste Lektüre, die es im alten Österreich gibt, ist der Heeresschematismus und der »Streffleur«, das Armeeverordnungsblatt. Was gibt es da für Namen! Das ist, als ob man die Personenverzeichnisse aller historischen Schauspiele des Burgtheaters zusammengestellt hätte. Die Namen glänzen und klingen: Cornaro, Grimani, Kalergi, Labia (man ist am Canal Grande, in Cypern, bei Othello, bei Tizian . . .), Colonna und Orsini (»sind nicht mehr« – singt Rienzi – »Santo spirito Cavaliere« . . .!), Sforza, Medici (quant'e bella giovinezza . . . Verpflegsakzessist ist der Johann Medici – komisch! –, der ist vielleicht gar nicht der Richtige . . .), Pozzo di Borgo (der hat was mit Napoleon zu tun und wird von Brandeis a. d. Elbe nach Stanislau versetzt – der wird keine Freud' haben), Ponce de Leon (ist der nicht mit Columbus nach Amerika gefahren?), und Franzosen!: Noailles, Bombelles, Gondrecourt, Vrécourt, Segur Cabanac, Chamarré (auch auf der Guillotine ist es nicht vornehmer zugegangen), dann kommt der Graf Egmont persönlich – er dient zusammen mit dem Freiherrn von Berlichingen bei den Sechser Dragonern. Dann kommen die baltischen Uexkülls, Sackens, Keyserlings und die Ungarn! Hunyadi, Bathory, Bethlen (Alpträume von Geschichtsstunden: ich frage Sie zum letztenmal: wer war Ladislaus Hunyadi? – Ladislaus Hunyadi war Johann Hunyadi, Johann Hunyadi war Ladislaus Posthumus und später als Matthias der Erste König von Ungarn – Setzen Sie sich! – Ein ewiger Maturatraum!). Dann kommen griechische Ypsilantis und Mavrogordatos, da ist man bei Lord Byron – aber auch Schiller kommt nicht zu kurz: da gibt es Waldsteins und Gordons und Macdonalds und Buttlers und Wrangels – einst Feinde wohl, doch friedlich jetzt vereint, und was ist das? Sind Schweizer gar im Habsburgischen Dienst? Wirklich, da steht es: Salis-Soglio, Salis-Samaden, Sprecher von Bernegg – sogar Generale sind sie –, für die hat Tell umsonst gekämpft; ob das Schiller gewußt hat? Ach, das ist noch lange nicht zu Ende. Da kommen noch die Iren – sie haben O'Donells, O'Flanagans und Taafes in Österreich zurückgelassen; aus den kaiserlichen Niederlanden sind Croys, van der Straatens, Bouquoys übriggeblieben, und dann noch die Polen! – Die Potockis, die Lubomirskis und wie sie alle heißen –, dann die Kroaten; friedlich steht hier ein Jellacic neben einem halben Dutzend Görgeys – da ist der Graf Pejacsevic – das muß der sein, der die hellen Hosen erfunden hat – da sind noch Klementi und Kastrati aus Albanien und dann führt einen endlich ein Achmed Beg Suleimanovic bis mitten in Tausendundeine Nacht.
Und erst die Titel! Ein Trödelladen – sagen die Raunzer. Herzoge, Großherzoge, Erzherzoge, Prinzen, Erbprinzen, Fürsten – das kennt man alles, aber was ist ein Schillingsfürst? Und was es erst für Sorten von Grafen gibt, das ahnt man gar nicht: Reichsgrafen, Burggrafen, Landgrafen, Markgrafen, Alt-

grafen – und was sie alles sonst noch sind!: Herr und Landmann in Tirol, Patrizier von Trient, Grande von Spanien, Erlaucht, Marquis und Marchese, Don und Dom – was ist da der Unterschied? – Magnat von Ungarn, Herold und Truchseß, Geheimer Rat, Erblandstallmeister; Generalerbreichspostmeister ist einer und Fürst noch dazu und wird zum Rittmeister a. D. ernannt; hat der das nötig? Und was ist er im Dienst, wenn er Rittmeister außer Dienst ist? – Da kommen dann noch Ritter vom Goldenen Vlies und Großkreuze, Großkordons, Großoffiziere, Komture – da klirrt es von Wappenschildern, da wehen Helmzieren – die Ritterorden: Malteser, Johanniter, Ehrenritter, Baillis – das schimmert und knistert und klirrt – eine Welt des Glanzes und der Ehren (die Raunzer sagen: eine Welt der Burgruinen und des Burgtheaterfundus).

Und zwischen all dem Glanze tummelt sich munter das heitere Zwergenvolk der Dokupil und Sedlak, der Horvath und Kovacs, der Huber und Müller, der Jankowich und Popovici – Deutsche, Ungarn, Tschechen, Polen, Armenier, Kroaten, Rumänen –, das kaiserliche Heer – das Heer der abendländischen Christenheit.

Aber es ist nicht ganz so, wie es aussieht: die Träger des historischen Glanzes der schönen Namen und der hohen Titel sind gar nicht selten ganz arme Teufel, auch geistig und körperlich verarmt. Man trifft sie als überalterte Hauptleute oder gar als Militärbeamte in abgeschabten Uniformen in irgendeiner armseligen Provinzgarnison, struppige mürrische Junggesellen oder kleinbürgerlich verheiratet, Väter von Söhnen, die nicht einmal die Mittelschule bewältigen und die Versicherungsagenten, Postbeamte oder Heiratsschwindler werden. Die Töchter gehen ins Kloster.

Oder man trifft sie in Militärkurhäusern – ausgemergelte Figuren in viel zu weiten Uniformen, deren harter Stoff die Falten ehemaliger Fülle bewahrt. Der struppige Kopf wackelt auf dünnem, faltigem Hals in einem dreimal zu weiten Kragen.

Oder man trifft sie in Provinzstädten als Pensionisten in Steieranzügen, unförmig dick oder mit einem großen Kropf, Eichhörnchen fütternd und an spiritistischen Zirkeln teilnehmend – arme Teufel. Und ihre Ahnen hat Tizian oder Rubens gemalt. Das ist lange her. Erst wenn über ihrem Sarg der Maltesermantel und das Wappen liegt, dann fällt auf sie ein letzter Widerschein vom Glanz der Ahnen.

Das Militär ist der erste Stand im Staate. Bei allen Aufzügen und Festlichkeiten hat das Militär den Vortritt. Der jüngste Leutnant geht vor dem höchsten Zivilbeamten. Der jüngste Leutnant kann zum Hofball gehen. Der Kaiser trägt immer die Uniform. Daß das einen Sinn hat, haben die Wiener freilich längst vergessen. Sie denken, daß die Uniform eben das Dienstkleid des Kaisers sei. Sie haben es nie anders gesehen, und es lebt kaum mehr ein Greis im Versorgungshaus, der noch den Kaiser Franz mit seinem Zylinder gesehen hat.

Die österreichische Armee hat die schönsten Uniformen. Es ist wirklich schwer zu sagen, welche österreichische Uniform die schönste ist, und dabei sind sie mit wenigen Ausnahmen ganz, ganz einfach: keine Epauletten, keine Posamentrie, keine glitzernden Gürtel – nur gute Schnitte und gut zusammengestellte Farben, gerade nur mit Andeutungen von Gold, wie etwa der kleine goldene »Wasserfall« am Rücken des Ulanenrockes oder die goldene Fangschnur am Kavalleriepelz. Die braune österreichische Artillerieuniform hat auf der Pariser Weltausstellung von 1900 den Preis als schönste Uniform der Welt bekommen. Es wird einem so wie bei der Aufzählung der besten Wiener Speisen schwer, auch nur annähernd ein Bild von der reichen Menge der eleganten und geschmackvollen Uniformen des österreichischen Heeres zu geben: der schokoladebraune Kavalleriemantel mit lichten Passepoils, der himmelblaue kurze Pelz, der glatte Waffenrock mit einer Knopfreihe, der ganz schmucklos wie ein Handschuh am Körper anliegt – der bringt einen gut gewachsenen jungen Menschen zur Geltung, jeder Muskel modelliert sich da heraus –, die schwarze Salonhose, der Ulanenrock mit den vielen kleinen Bauernknöpfen, die hechtgraue Kaiserjägeruniform mit den grünen Lampas – das schmeckt alles auf der Zunge, so schön, so harmonisch ist es. Tänzerisch leicht und jugendlich ist die österreichische Uniform – ein Kleid für Florettfechter, für Fußspitzengeher, nicht für Fersentreter. Man sieht auch überall die Uniform: auf der Straße, in Gesellschaft, im Theater, denn der österreichische Offizier muß immer die Uniform tragen – nur mit besonderer Bewilligung darf er Zivilkleidung anlegen –, und er trägt die Uniform gern. Bunt und lustig machen die Uniformen jedes Gesellschaftsbild. Jeder gesunde junge Mann darf und muß einmal die Uniform anlegen, und es ist eine Offenbarung, eine Enthüllung, wenn er zum erstenmal in Uniform daherkommt. Plötzlich ist er ein Mann oder eben kein Mann. Viele junge Leute schämen sich zuerst, sich in der Uniform zu zeigen, so sehr unterstreicht sie die Männlichkeit und den Sex-Appeal. Die Uniform ist eine strenge Prüfung: wer ein Mann ist, den hebt sie ins Dionysische, wer keiner ist, für den ist sie ein qualvolles Folterwerkzeug.

Aber nicht nur die schönsten Uniformen hat das österreichische Heer, es hat auch die schönsten Signale. Sie sind von Michael Haydn, dem Salzburger Domkapellmeister. Die Haydns haben dem Österreicher seinen musikalischen Ausdruck geschenkt: die Volkshymne und die Signale. Ein sonniger, feierlicher und befreiender Ton erfüllt sie. Beethoven hat sie geliebt: ein österreichisches Hornsignal kündigt im »Fidelio« Freiheit und Erlösung an. An einem ehrenvolleren Platze kann ein militärisches Hornsignal nicht stehen. Es ist eine hohe Auszeichnung für Haydn, für Österreich, für sein Heer. Für ewig singt im »Fidelio« ein österreichisches Hornsignal den Menschen das Lied der Freiheit. So soll und so wird Österreich auf die Nachwelt kommen: sonnig, hell, befreiend, heiter – denn das ist es im Grunde. Nicht sein fades Bürgertum ist sein Wesen, sondern sein juchzendes, dankbares Genießertum, seine Liebe zur schönen Oberfläche, zum guten Geschmack, zum schönen Klang und seine heitere Gottergebenheit, mit der es leidet und stirbt und der Welt adieu sagt.

Ja, die Signale! Da ist das in Musik gesetzte Rekeln und Gähnen der Reveille, der helle Generalmarsch, der ohne jedes Phatos festlich schmettert und sich so herrlich mit Pferdegetrappel, Sonnenschein und Glockenklang verbindet, der langweilige Fußmarsch, in den alle Ödigkeit des Marschierens auf gerader staubiger Straße liegt, das atemlose Herzklopfen des Sturmsignals, der musikalische Rippenstoß des »Habtacht«, das so echt österreichische, heiter resignierte Achselzucken des Abblasens und endlich die schöne fromme Gottergebenheit des Zapfenstreiches. Ein paar Töne genügen zu einem für jedermann verständlichen Ausdruck so vieler Stimmungen. Wie wunderbar mild und fromm klingen sie, wenn man sie etwa mit dem wilden feurigen Klang der französischen vergleicht.

Und wenn wir schon bei der Musik sind, muß man auch sagen, daß Österreich die besten Militärmusiken der Welt hat und die schönsten Märsche. Da sucht man immer echte Volksmusik – da ist sie: der geniale Radetzkymarsch, in dem der einfache Trommelmarsch zur Melodie wird, und eine österreichischere Geschichte kann man doch gar nicht erfinden als die des Deutschmeistermarsches, der seinem Komponisten einfiel, als er in der Regimentskanzlei eine Menge Formulare abzustempeln hatte. Ein Land, in dem aus dem Duft von Stempelkissen, Schuhschmiere und Lysol noch Musik wachsen kann, das hat ein Stück unzerstörbarer ewiger Seligkeit in sich, und ein Militär, das diese innere Seligkeit nicht zertrampeln kann und will, das gibt einem Volk mehr als eines, das im Krieg das beste und stärkste der Welt ist. Die Dirigenten der österreichischen Militärmusiken heißen Lehár, Ziehrer, Komzák – ihre Melodien werden wahrscheinlich länger leben als die Namen der österreichischen Generale. Die Musik wird den Glanz der österreichischen Armee noch lange verkünden, wenn die Taten an Siegen reicherer Armeen vergessen sein werden.

Wunderbar festlich und volkstümlich versteht das österreichische Militär sein Auftreten zu gestalten. Wie dramatisch und gefällig verlaufen die Quadrillefiguren einer Wacheablösung! Wie menschlich und festlich wirkt das Eichenlaub und Reisig, das sich die Soldaten bei feierlichen Anlässen auf den Tschako stecken! Wie wundervoll spannend ist das kleine Trommelvorspiel vor dem Einsatz der Marschmusik:

Zwölf Takte tiefe Trommel, zwölf Takte höhere Trommel, sechs Takte hohe Trommel und dann fünf mächtige Paukenschläge, und dann geht's los. Da springt auch ein Alter noch vor kindischer Ungeduld!

Ja! – Das Militär ist der erste Stand im Staate, es hat prachtvolle Uniformen, es macht die schönste Musik, aber die Bürger und die Beamten schätzen das Militär gar nicht hoch ein, und auch die Soldaten erkennen vorbehaltlos die Überlegenheit des Zivils an. Ja, sie geben zu, daß sie ungebildet und dumm sind. Sie sind rührend bescheiden und gar nicht stolz. Mich hat einmal ein junger Leutnant gefragt: »Sag einmal, du bist ein Studierter, du mußt es wissen: gibt es eigentlich einen Gott?« Ich höre noch das verschämte Armeedeutsch dieses Knaben. Wenn das nicht Demut ist! »Wenn ihr nicht werdet wie die Kinder...« Sie sind wie die Kinder: in strenger Zucht erzogen, in strenger, oft demütigender Disziplin lebend, sind sie doch moralisch ungeheuer verwöhnt und verweichlicht durch die liebevolle Kameradschaft, die sie ihr Leben lang umgibt, und durch die Stütze, die der Vorgesetzte bedeutet, denn er sagt ihnen in jedem Augenblick, was sie zu tun haben. Sie brauchen nur brav ihre Aufgabe zu machen. So leben sie ihr ganzes Leben als Schüler und Söhne in einer mutterlosen Familie, sie haben viele Brüder und Onkeln, mit denen sie sich gut oder schlecht vertragen, denen sie aber auf immer und unwiderruflich »Du« sagen und mit denen sie auf Gedeih und Verderb zusammengehören. So bleiben sie ewige Kinder und leben wie die Lilien auf dem Felde: sie säen nicht und ernten nicht, und der Kaiser nährt und kleidet sie.

Das Heer ist nicht nur eine große, es ist auch eine sehr glückliche Familie. Pedanten sagen, daß die Kameradschaft ihnen wichtiger geworden sei als der Dienst, daß sie sogar Spione und Defraudanten in übergroßem Korpsgeist decken, aber so etwas wie die Affäre Dreyfus – sagen die Leute – ist bei uns nicht möglich. Frankreich befindet sich eben in Niedergang und Zersetzung, während bei uns eine gesunde Ordnung herrscht. Aber man soll das lieber nicht verschreien – denn zu dieser Zeit verrät ein hoher Offizier im Generalstab an Rußland alles, was es wissen will, und die Kameraden »spannen« was, aber man kann doch nicht gegen einen lieben Kameraden einen so häßlichen Verdacht..., nicht einmal andeuten so was...! Zwölf Jahre lang »spannen« sie was und trauen sich nicht, und wie er überführt ist, wollen sie ihn noch decken und alles vertuschen. So kann die Tugend zum Laster ausarten, aber darum bleibt sie doch eine Tugend, und Kameradschaft ist eine große Tugend.

Die Offiziere leiden ständig an Hunger und an Liebe, und sie schämen sich gar nicht, das einzugestehen. Sie sind für ein gutes Essen maßlos dankbar und schauen nicht erst lange, ob der Tisch, an dem es das gute Essen gibt, in einem mehr oder weniger vornehmen Hause steht. Sie bringen auch sehr bald liebe Kameraden mit. In einem Haus, in dem man viel und gut zu essen kriegt, verkehren bald viele Offiziere. Mein Gott – gegen das, was sie aus Zlozow und Stanislau und Neusatz und Banjaluka gewöhnt sind, ist jedes Wiener Bürgerhaus ein Paradies, auch wenn es gesellschaftlich nicht erstklassig ist. Wenn man von einem Hause sagt: es verkehren dort viele Offiziere, so schwingt da ein leiser Nebenton von Ironie mit. Offiziere sind glänzende, bunte arme Teufel, die gerne gegen gutes Essen einen Salon mit ihrer schönen Uniform schmücken, fleißig tanzen und Konversation machen – eine andere Revanche wird nicht erwartet. Immer sind sie liebenswürdig, galant, gefällig, bescheiden – rührende Menschen. Wenn man plötzlich entdeckt, daß man dreizehn zu Tisch sein wird, wenn ein Tänzer zu wenig ist, dann sagt man einfach dem lieben Major Kutschera: »Gehn S', helfen S' uns aus der Verlegenheit, bringen S' einen jungen Kameraden mit!« Und der Herr Major bringt seinen hübschesten Leutnant. Das Regiment läßt sich nicht spotten: »Also, nimm dich z'samm', jetzt hast du Gelegenheit – ein sehr ein feines Haus«, sagt der Major zum Leutnant, und der nimmt sich zusammen und schaut aus . . . in einer Salonhose, die anliegt wie ein Balletttrikot, mit einer Taille wie ein junges Mädchen, mit braungebrannten rosigen Wangen – zum Hineinbeißen. Stolz wie eine Mutter schaut das Regiment durch Major Kutschera auf seinen Leutnant. So hat schon mancher Roman begonnen.

»Ein fescher Mensch war der junge Leutnant heut – nicht wahr?« sagt die Dame des Hauses beim Schlafengehen zu ihrem Mann, der gähnt und die Uhr aufzieht. »Aber die Karolin'«, sagt sie, »die hat kokettiert mit ihm – daß sie sich nicht geniert in ihrem Alter mit große Kinder.« – »Eine Witwe«, meint der Gatte. »Aber so ein junger Bursch«, sagt sie, »der fast ihr Sohn sein könnt'. Ein Skandal! Sie könnt' wirklich schon wissen, wo sie hingehört.«

Am nächsten Nachmittag erscheint mit drei Rosen in der Hand der Herr Leutnant bei der Karolin' zum Tee, ganz allein, und die Karolin' weiß anscheinend wirklich nicht, wo sie hingehört.

Drei Rosen kosten 1 fl. 50, aber dafür war der Tee so reichlich, daß man sich das Nachtmahl erspart. So rechnet ein Leutnant.

Ja mit der Liebe haben es die Offiziere immer, teils mit kleinen Gelegenheitsabenteuern, vor allem aber mit der großen romantischen Tristan-Liebe zur prachtvollen Frau. Ach, fragt nicht, wie die prachtvolle Frau aussieht – sie ist nicht prachtvoll: hochbusig, knallblond, geschnürt, geschminkt, gar nicht jung, unverstanden, verlassen, vernachlässigt (sagt sie) – für ihn aber, der sie liebt, ist sie das herzlichste, edelste Wesen, die Quelle beseligender und herzzerreißender Erlebnisse. Er macht für sie Schulden, er setzt die Karriere aufs Spiel, das ganze Regiment ist an dem Roman mit Rat und Hilfe beteiligt, bis eines Tages der Herr Oberst zu seinem Adjudanten sagt: »Weißt, den Czerny muß ich versetzen lassen, sonst richt' er sich mit dem Weib noch ganz zugrund'.« Dann kommt also der Czerny nach Großwardein, wenn er sich nicht erschießt oder den Dienst quittiert, sie heiratet und Versicherungsagent wird. Ja, schlimm ist das bei den Offizieren mit dem Heiraten. Einmal kommt doch der Tag, an den sie von Tristan-Liebe, von Reiseabenteuern mit seltsamen Frauen und von polnischen Mägden genug haben, und dann müssen sie halt anfangen, sich in wohlhabenden Bürgerfamilien beliebt und unentbehrlich zu machen. Dann müssen sie langweiligen Müttern, mißtrauischen Vätern und reichen Tanten den Hof machen. Sie müssen ihre Frauen wahrhaft erobern. Sie können ja nur reich heiraten – wegen der Kaution. Der Kaiser zahlt seinen Offizieren kaum genug, daß sie selber leben können, wenn sie nichts von »zu Hause« haben. Damit, daß der Leutnant von »zu Hause« 50 Gulden im Monat hat, wird geradezu gerechnet. Will er eine Familie gründen, dann muß er eine Frau heiraten, die Geld genug hat, das zu bestreiten. Wohlhabende Mädchen gibt es im Kreise der Vorgesetzten und der Kameraden nicht – die sind nur bei den Bürgern zu finden. Die Meinungen darüber, ob das in der Provinz leichter ist oder in Wien, sind verschieden. Hier und dort sind Kaufleute und Industrielle von einem Offizier als Schwiegersohn nicht entzückt. Offiziere, sagen sie, bringen kein Geld ins Haus, sondern tragen Geld fort, sie haben Schulden, man muß immer noch und noch nachschießen, denn sie kommen nie aus, sie betrügen ihre Frauen, nie haben sie eine ruhige Wirtschaft, alle paar Jahre müssen sie umziehen, dazu noch Kinder und nie ein Geld, das richtet die Frauen zugrunde. Und mit den Frauen der Vorgesetzten ist das Leben schwer – kurzum: Kummer, Not, Ärger und noch dazu (leise ins Ohr): Offiziere sind oft nicht gesund. Diesen Berg von Gegengründen und Vorurteilen muß der arme Offizier übersteigen, bis er seine Frau und seine Kaution bekommt. Das erreicht er natürlich nur, wenn das Mädchen in ihn wirklich verliebt ist oder wenn die Eltern schon Angst haben, daß sie sitzenbleibt. Da geben sie sie dann schon lieber einem Offizier. Dann kommt es manchmal vor, daß der zukünftige Schwiegervater zu dem glückliche Bräutigam sagt: »Sag einmal, möchtest du nicht eigentlich lieber quittieren und in mein Geschäft eintreten?« Da sagt der Offizier nicht immer nein, denn, man kann es nicht leugnen: unter den Offizieren herrscht eine gewisse Rastlosigkeit und Berufsverdrossenheit. Sie sagen: »Ist ein Beruf nicht sinnlos, in dem man sich mit viel Mühe und Plage fortwährend auf einen Ernstfall vorbereitet, der doch niemals eintritt und nie mehr eintreten wird?«

Sie halten fast alle den Militärberuf für einen Beruf der Vergangenheit. Viele Offiziere suchen ihren Trost in Liebhabereien, die sie mit viel Lust und Liebe in ihrer reichlichen freien Zeit betreiben, und mit denen sie auch in langweiligen kleinen Garnisonen den Kameraden Freude machen.

Viele Offiziere sind gute Musiker, Sänger, Schauspieler, Maler, Photographen, andere treiben Physik, Chemie, historische Wissenschaften, viele sind Dichter und Schriftsteller – gar nicht zu reden von denen, die irgendeinen Sport zur vollendeten Meisterschaft ausbilden – bis aus der Liebhaberei der Hauptberuf wird. Die Hackländer, Torresani, Scapinelli, Bartsch, Rilke, Ginzkey, Roda

Roda waren alle österreichische Offiziere, und eine Menge bekannter Sänger, Schauspieler, Forschungsreisender, Gelehrter aller Fakultäten, Geistlicher, Diplomaten, Ingenieure, Sportchampions waren es auch. Die Raunzer sagen: »Nur die Trotteln bleiben dabei; alle, die was können, tun was Gescheiteres.« Aber das ist, wie alles, was die Raunzer sagen, nur halb wahr. Denn einmal gibt es enthusiastische Soldaten, und dann sind es am Ende auch nicht die ganz Dummen, die sehen, daß der Ernstfall gar nicht so ausgeschlossen und der Beruf daher gar nicht so sinnlos ist. Aber jedenfalls, eine Flucht aus dem Offiziersstande findet statt, und Jahr für Jahr sickern Offiziere, die sich begabt genug fühlen, aus dem Heer ins bürgerliche Leben.

Es wird auch kaum jemand ohne Not Soldat. Zum Militär gehen Söhne von Offizieren und armen Beamten, weil die Ausbildung nichts kostet und die Eltern ein anderes standesgemäßes Studium nicht erschwingen könnten; Söhne von Kleinbürgern, für die das Militär sozialen Aufstieg bedeutet, und Buben, die in der Schule nichts lernen wollen und denen man es in der Kadettenschule schon beibringen wird; dann natürlich Aristokraten, die der Familientradition zuliebe ein paar Jahre dienen; jüngere Söhne ohne Vermögen bleiben auch ganz dabei. Den Kindern droht man als Strafe, daß man sie zum Militär geben wird – für so wenig wünschenswert hält man diesen Beruf.

Wenn ein junges Mädchen sich mit einem Offizier verlobt, dann ähneln die Gratulationen eher Kondolenzen: »Das ist wohl eine große Liebe«, sagt die liebe Tante und meint damit, daß so einen Unsinn nur eine große Liebe entschuldigen kann. »Da ist die Reserl wohl sehr glücklich«, sagen sie und meinen damit, daß die Eltern wohl nicht sehr glücklich sind. »Das Schönste ist doch, aus Liebe zu heiraten, da vergißt man alles andere«, sagt die liebe Tante, worauf die Antwort der Mutter der Braut merkwürdigerweise lautet: »No, sie werden ganz genug zu leben haben, er steht vor dem Avancement und hat auch selber bissel was von zu Haus, und wir haben (bedeutungsvoll lächelnd) unser möglichstes getan«, worauf die liebe Tante das Gespräch mit dem tröstlichen Hinweis schließt, daß ein Offizier immer »etwas Elegantes ist«.

Ja, arme Teufel sind die Offiziere. Den nüchternen Bürger kann die schöne Uniform nicht blenden, er weiß, daß ein Offizier nichts hat und niemals zu was kommt. Und doch haben die Offiziere den Bürgern so viel voraus – nicht nur die glänzende Uniform, das gesunde Leben, den durchgebildeten kräftigen Körper – nein! Vor allem die sorglose, ehrenvolle Armut, die wunderbare Armut der Mönche und Soldaten, die unter einem sicheren Dach bei kargen regelmäßigen Mahlzeiten Kopf und Herz freihält – die Armut, an die Rilke denkt, wenn er sagt: »Armut ist ein großer Glanz von innen.«

Diesen großen Glanz haben die Soldaten: sie haben immer Hunger, und die Bürger haben immer zu viel gegessen; sie reden ruhig vom Geld, denn sie haben es nicht; es ist nicht ihr Gott, und sie dürfen es ruhig eitel nennen. Sie ken-

nen alles Glück und alle Seligkeit der Liebe, von der der Bürger annimmt, daß sie ein Laster oder eine Krankheit sei. Sie kennen und erleben das ganze wunderbare Riesenreich von den olympischen Felsen von Cattaro bis zu den Urwäldern der Bukowina, von den galizischen Sümpfen bis zu den Dolomiten – während der Wiener Bürger sogar Prag und Budapest nur vom Hörensagen kennt. Sie kennen alle Völker der Monarchie, sie sprechen ihre Sprachen, über die sich der Wiener Bürger nur lustig macht. Sie kennen das Volk – die Söhne der Bauern und Arbeiter, die von ihnen nicht nur marschieren und salutieren, sondern lesen und schreiben, gute Sitten und Zähneputzen lernen. So manchem Offizier ist es gegeben, die Liebe dieser Menschen fürs Leben zu gewinnen – eine Liebe, die ohne Bedenken bereit ist, für den Offizier das Leben einzusetzen, eine Liebe, die diese Burschen, wenn sie schon lange wieder zu Hause sind, noch mit kratziger Schrift an den Offizier Briefe schreiben läßt, in denen sie ihn etwa als »Sehr geliebter kaiserlicher Herr Leutnant« anreden, wenn er schon längst Hauptmann oder Major ist, und ihm mitteilen, daß die Sau geworfen und daß die Frau mit dem dritten Kind im siebenten Monat schwanger ist. So reich ist das Leben der armen Offiziere.

Sie sind Offiziere einer Dynastie, die eine starke Armee hält, weil sie nicht kämpfen will, einer Dynastie, die Werke des Friedens höher schätzt als kriegerische Taten, einer Dynastie, die lieber Verträge schließt als Kriege führt, die lieber auf Gott als auf die Waffen vertraut.

Sie sind Soldaten eines großen alten Herrn, dessen Vorfahren ein Reich beherrschten, in dem die Sonne niemals unterging, und dessen Reich nun nicht mehr ganz von dieser Welt ist. Sie stehen Wache an dem Abgrund, der einmal das, was an diesem Reich irdisch ist, verschlingen wird.

Es wäre aber ganz unmilitärisch, mit so pathetischen Gedanken ein Kapitel über das österreichische Militär abzuschließen. Beim Militär muß alles einen heiteren Ausklang haben – sogar beim Heimmarsch vom Leichenbegängnis muß ein froher Marsch gespielt werden. Also wollen wir auch jetzt noch von etwas Erfreulichem und Munterem reden – von den Töchtern der Offiziere, von den »ärarischen Mädeln«. Sie sind eine eigene Sorte von Mädchen, und in den »Wiener Bildern« ist ihren Streichen und Abenteuern jede Woche ein eigenes Feuilleton gewidmet. Es sind aber auch hübsche, liebenswürdige Mädchen, die es verdienen, daß man von ihnen redet.

In Zara oder in Orsova oder sonstwo, wo sich die Füchse gute Nacht sagen, ist so ein ärarisches Mädel geboren, in Trient und Krakau in die Schule gegangen, in Czernowitz, als sie vierzehn Jahre alt war, hat ein parfümierter Bojar im Zobelpelz und mit Brillanten an den Fingern sie verführen wollen, in Budapest, auf ihrem ersten Ball, hat ein junger Erzherzog mit ihr getanzt. Mit zwölf Jahren hat sie dem Kaiser ein Gedicht aufgesagt und ein Bukett überreicht – das goldene Herzerl mit den Initialen des Kaisers in Brillanten, das sie dafür bekommen hat, trägt sie immer, und es ist ihr einziger Schmuck. Sie kann Reiten und Fechten und Tennis spielen. Ihre Kleider und Hüte muß sie sich selber machen. Sie kann das Nötigste von sechs Sprachen, und auf ihr Deutsch haben alle diese Sprachen abgefärbt. Den Verkehr mit jungen Männern ist sie von Kindheit an gewöhnt. Was hat sie nicht alles schon erlebt und mitangesehen! Schulden, Intrigen, Ehebruch, Selbstmord, Eifersucht, Laster, Duelle – das Leben der Offiziere ist nicht arm an dramatischen Verwicklungen –, ihr ist nichts Menschliches fremd geblieben. Sie kennt das Leben, die Sorgen, die Arbeit, und sie weiß, was sie vom Leben will.

In Scharen brechen sie zum Schrecken der Mütter wohlhabender Bürgersöhne in die Wiener Ballsaison. Die Mütter wissen schon ganz gut, was diese koketten und frechen Mädchen wollen, deren einwandfreie Tugend sie sehr bezweifeln: sie wollen sich mit ihren wohlerzogenen Bürgersöhnen verheiraten und sich in warme Nester setzen. »Das könnte einer so passen, ohne einen Kreuzer Geld und mit einer Menge Anhang, den man dann am End' auch noch versorgen soll. Schöner Unsinn wär' das, so eine heiraten, und kein Mensch weiß, wo sich die überall schon herumgeschmiert hat mit alle die jungen Offiziere – die kennt man ja. Nein, das ist nichts für unseren Rudi – er ist ja, gottlob, vernünftig und weiß, was er seinen Eltern schuldig ist.«

Ja, was sollen denn diese Mädel sonst wollen? Kaution haben sie keine, da können sie doch nur einen Zivilisten heiraten, und vom Herumzigeunern, von den armseligen, vom vielen Umziehen ewig zerkratzten Soldatenmöbeln und von selbstgenähten Kleidern haben sie bis zum Hals hinauf genug. Sie müssen ihre Männer erobern, so wie seinerzeit ihre Väter ihre Mütter mit den Kautionen den Drachen aus den Fängen reißen mußten. Mit dem kindlichen Freimut, den sie von ihren Vätern gelernt haben, sagen sie gleich einem jeden, daß sie für Flirt und andere Dummheiten keine Zeit haben. Es ist ihnen nur eine Saison gegeben – sie dürfen keine Zeit verlieren. Sie haben schon genug mitangesehen, um zu wissen, daß die Liebe nur ein Aufsitzer ist. Wenn *er* nur verliebt ist – sie beißen schon in den sauren Apfel. Was bleibt sonst übrig? Lehrerin, Erzieherin, ein Büro? Man kann auch zum Theater gehen, aber da muß man Talent haben und Glück dazu. Die anderen Mädel sind keine arge Konkurrenz – diese blöden blassen Bürgermädel, die nichts reden können und noch an den Storch glauben und alleweil rot werden oder kichern und hinter denen fort eine Mama mit dem Schal herläuft. Was weiß denn so eine von einem Mann! Wie kann denn da ein Mann warm werden? Aber Geld haben sie halt, Geld, Geld, Geld. Das muß man eben haben und will es auch haben. Ach, der Teufel hol' die Liebe: Liebe vergeht, Schönheit vergeht – Geld besteht.

Dösend sitzt der Gott des bürgerlichen Wohlstandes im Fauteuil, die Hände über dem Bauch gefaltet, und murmelt schläfrig vor sich hin: »Geld allein macht nicht glücklich, aber ohne Geld geht es auch nicht.«

DIE BEAMTEN

Das Militär ist der Mantel des Staates – ein Fest- und Galakleid –, man muß diesen Prunkmantel haben, da ihn alle anderen auch haben, aber alle Welt jammert, daß dieser Mantel so schwer und so kostbar und so heikel ist: alleweil kommen Motten hinein, alleweil muß er repariert werden, und dabei ist er heutzutage schon ganz überflüssig ... Kein Mensch mag heute mehr so ein Prunkstück – es ist nur teuer und zu nichts gut.

Die Beamten aber sind Kopf und Rückgrat des Staates. Der Kaiser selber ist ein Beamter: von fünf Uhr früh bis acht Uhr abends sitzt er am Schreibtisch – kaum nimmt er sich Zeit zum Essen und zu seinen täglichen Spaziergängen im Freien. Sein Leben sind die Akten und der Parteienverkehr – die Audienzen nennt man das bei ihm, weil er doch der Kaiser ist –, sogar sein Privat- und Familienleben ist auf die Minute begrenzt in die Audienzen eingebaut.

Die Beamten nimmt der Kaiser sehr ernst. Soldaten, die ihr Geschäft für gar zu wichtig halten, mag er nicht. Beamte müssen jung und arbeitskräftig sein – seine Generale läßt er gerne auf ihren Posten steinalt werden. Seine militärischen Bedürfnisse sind leicht befriedigt: tadellose Adjustierung, die Burgmusik, die Parade auf der Schmelz und die Kaisermanöver – das genügt ihm vollauf. Daß er immer die Uniform trägt, ist schon längst eine Falschmeldung. Einmal hat er viele Kriege führen müssen, einmal wollte er das Ansehen der Armee dadurch heben, daß er selber immer die Uniform trug, einmal war das auch in einem Zusammenhange, den man heute nicht mehr versteht, eine demokratische Geste. Heute trägt er sie wohl nur mehr darum, weil er es seit jeher so gewöhnt ist, weil sie seiner schönen Figur gut steht, weil man sie so rasch anzieht und weil man bei der Uniform kein zeitraubendes Gefrett mit der Krawatte hat; denn er hat nie Zeit, sein Tag ist auf die Minute eingeteilt. Viele Stunden sitzt er jeden Tag am Schreibtisch, und er hat mit den Jahren die hohe rechte Schulter und die schief vorgeneigte Haltung der alten Schreibtischarbeiter bekommen.

Die Beamten sind die Kerntruppe des Kaisers. Sie sind seine Hände, seine Augen, seine Ohren. Jeden höheren Beamten kennt er mindestens dem Namen nach. Die vom Hofrat aufwärts kennt er auch persönlich, denn sie müssen zu ihm kommen, für Ernennungen und Orden danken, und mit dem guten Gedächtnis der gescheiten Menschen, die nicht viel Phantasie haben, merkt er sich die Leute alle.

Wenn man Bücher über Österreich liest, dann muß man den Eindruck haben, daß jeder zweite österreichische Beamte ein Hofrat und daß Hofrat der Titel des kleinen längerdienenden Aktenschreibers ist. Das ist aber ganz unrichtig. Hofrat ist der Rang und Titel, mit dem eine sehr erfolgreiche und verdienstvolle Beamtenlaufbahn abschließt. Nicht einmal ein Hundertstel aller Beamten erreicht diesen Rang, und nur ganz wenige Auserlesene steigen zu den wenigen Posten auf, die über dem Rang liegen. Die Hofräte sind die Spitzen der österreichischen Beamtenschaft – um jeden Beamten, der diesen Titel trägt, ist ein Nimbus von Macht und Einfluß und in der Regel nicht nur ein Nimbus. Wer es in Österreich zum Hofrat gebracht hat, der gehört zu den Spitzen der Gesellschaft. Er ist von Respekt umgeben. Millionäre sind sehr geehrt, wenn sie mit ihm verkehren dürfen, und sogar echte Aristokraten markieren deutlich Achtung vor einem so hohen und verdienstvollen Beamten. Denn ohne Verdienst und sehr viel Können wird einer nicht Hofrat. Wenn einer – was hie und da vorkommt – diesen Rang in jungen Jahren, das heißt etwa mit vierzig Jahren, erreicht, dann weiß jeder: das ist ein zukünftiger Exzellenzherr, Minister, Mitglied des Herrenhauses – je jünger der Hofrat, um so größer der Respekt vor ihm.

Ja! – es gibt in Österreich immer Wunderkarrieren. Der Kaiser läßt sich nicht an ein starres Anciennitätsschema binden. Immer wieder werden junge Gelehrte oder Fachleute, die Besonderes geleistet haben, in die Ministerien einberufen und mit bestimmten Spezialaufgaben betraut. Wenn sie das Vertrauen ihrer Entdecker nicht enttäuschen, dann sind sie zehn Jahre später mit Großkreuzen behängte Exzellenzen. Kein Vorgesetzter verlangt von diesen bürokratischen Wunderkindern Routinearbeit oder Einhaltung von Amtsstunden. Man erwartet von ihnen nur Leistungen. Wenn sie die erbringen, um so besser für sie, wenn nicht, dann werden sie sanft abgeschoben. Besonders aristokratische Chefs lieben es, ihre Ministerien mit solchen Wunderkindern aufzuputzen, und diese hochgeborenen Chefs räumen ihnen auch am besten die Prügel weg, die ihnen natürlich die eifersüchtigen Kollegen, über deren Köpfe hinüber sie Karriere machen, zwischen die Füße werfen. Das verstehen die hohen Herren, mit Intriganten fertig zu werden – das können sie von ihren Familien und ihren Klubs her –, das ist bei ihnen ererbte Staatskunst. Und dann hat man gegen alle Intrigen auch an dem stets loyalen Kaiser einen immer verläßlichen Bundesgenossen.

Loyal ist der Kaiser, aber nicht treu. Darüber klagen alle seine Beamten. Keine Intrige verfängt bei ihm, aber plötzlich einmal, ganz ohne recht begreiflichen Anlaß, läßt er die Leute fallen – nicht hart –, man kann es kaum Ungnade nennen. Der Fall wird mit schönen Orden oder Titeln garniert, und irgendein dekorativer und nicht sehr wichtiger Posten findet sich auch für den Kaltgestellten! »Austragstüberl« nennen die Beamten diese Posten ... Warum der Kaiser die Leute so fallen läßt? Alle Welt zerbricht sich oft den Kopf darüber. Niemand soll sich unentbehrlich vorkommen, meinen die Leute. Vielleicht tut er es auch nur darum, weil ihm die Leute langweilig werden. Er ist ein Kaiser und ein wenig Fatalist. Die Dinge schauen für ihn nicht viel anders aus, ob sie der eine oder der andere macht. Er sieht die Menschen nicht so wichtig, wie sie sich selber vorkommen. Wenn er den einen lange genug gesehen hat, dann will er eben gerne einmal einen anderen sehen. Es ist ja begreiflich, daß dem alten Herrn die Leute, die sich selber für so wichtig und originell halten, rasch langweilig werden. Seit dem Jahre 1848 hört er über dieselben Probleme mit geringen Variationen die gleichen Meinungen und Ratschläge, und jeder trägt sie immer wieder mit dem Stolz des Entdeckers und Erdenkers vor. Es ist ja ein Wunder, daß er das überhaupt aushält. Man muß das nur einmal mit seinen Augen und nicht mit denen des Betroffenen sehen. Aber diese Untreue des Kaisers, die ja nur die Höchstgestiegenen trifft, die längst die erreichbaren Höhepunkte der Karriere erklommen haben, ist nicht die einzige Härte des Beamtenberufes. Was manche als die größte Härte empfinden, ist die völlige Anonymität ihrer Arbeit, die von ihnen verlangt wird. Niemand außer den Vorgesetzten und den paar ganz Eingeweihten weiß, wem eigentlich ein Verdienst zuzuschreiben ist. Artikel in die Tagespresse soll der Beamte ohne Auftrag oder Erlaubnis nicht schreiben. Durch nichts kann der Beamte eine erfolgreiche Karriere sicherer abschneiden als durch Hervortreten in der Öffentlichkeit. Höchstens in die Fachpresse kann er schreiben und auch das nur mit großer Vorsicht und viel Takt. Es läßt sich natürlich doch nicht vermeiden, daß manche große Persönlichkeiten aus der Beamtenschaft dem Publikum bekannt werden und auch eine gewisse Popularität erlangen, besonders dann, wenn diese Beamten auch akademische Lehrer sind, aber nützlich ist das diesen Herren niemals. Kollegen und Vorgesetzte werden eifersüchtig, und auch der Kaiser sieht es nicht gern.

Überhaupt ist der Stil des österreichischen Amtes unpersönlich: Niemand spricht in der ersten Person, niemand wird angeredet: – »Es wird ersucht« – »es ist verboten« – »es wird mitgeteilt« – »es ist sich zu wenden« . . . Das erste, was der Vorgesetzte dem jungen Beamten sagt, ist: »Sie sind niemand – Sie haben gar keine Macht – das Amt hat Macht, und Sie üben nur die Macht des Amtes aus – Sie haben daher niemals ›ich‹ zu sagen – Sie haben niemand was zu befehlen – das Amt befiehlt – sonst könnt' ja einer sagen: wie kommt denn der dazu, mir was anzuschaffen? Und recht hätt' er, aber das Amt, das is' ganz etwas anderes – das Amt darf anschaffen.« Das lernt der junge Mann, und sein anonymer und unpersönlicher Amtsstil erinnert ihn immer wieder daran. Das ist sehr gesund – da kann er nicht so leicht den Größenwahn bekommen. Aber die Raunzer natürlich finden diesen österreichischen Amtsstil feig und verantwortungslos. Es soll einer den Mut haben und »ich« sagen und mit seinem Namen vor die Leute hintreten und sich nicht feig hinter den Kittelfalten des Amtes verstecken, sagen sie – aber für die armen kleinen Staatsbürger ist es schon viel gesünder, wenn der Beamte weniger Mut hat.

Es ist eine Art Mönchsgelübde, das vom österreichischen Beamten verlangt wird: Armut und Gehorsam, Verzicht auf vielerlei weltliche Eitelkeit, und bei vielen kommt dann auch noch die Keuschheit von selber dazu. Wer ein so ernster, entsagungsvoller Arbeiter ist, der hat meistens auch für sinnliche Genüsse nicht viel übrig. Viele hohe Beamte sind Junggesellen. Der Beamte ist auch sehr bescheiden gezahlt. Ein paar Dutzend Beamte nur im ganzen Reich, die im Range gleich unter den Ministern stehen, verdienen im Jahr eine Summe, die zwar nicht dem Betrag, aber der Kaufkraft nach tausend Pfund entspricht. Der Hofrat erhält nur drei Viertel dieser Summe. Und so bescheiden sind diese Leute, daß sie sich von diesen kargen Gehältern oft noch ganz ansehnliche Vermögen ersparen. Vom Beamten verlangt auch niemand irgendeine Repräsentation. Den jungen Beamten stehen zwar alle Türen offen, und sie bekommen mehr Einladungen, als sie annehmen können, aber niemand erwartet von ihnen eine andere Revanche als höchstens ein paar Blumen zum neuen Jahr. Heiraten sie endlich, dann verschwinden sie in der Regel aus dem gesellschaftlichen Leben. Manche gehen auch nach ihrer Verheiratung in Gesellschaft, als ob sie noch Junggesellen wären, und lassen einfach ihre Frauen zu Hause – man weiß nicht einmal recht, sind sie verheiratet oder nicht? So bescheidene und anspruchslose Frauen gibt es in Wien. Einer oder der andere Beamte, der ein bißchen Geld und eine ehrgeizige Frau hat, führt auch selber Haus. Aber das ist selten und nützt ihm weder in seiner Karriere noch bei seinen Kollegen, die er mit seinen Einladungen, die sie doch nicht gut ablehnen können, in die Verlegenheit der Revanche und der Toilette für die Frau bringt.

Die meisten Beamten leben in den denkbar einfachsten Wohnungen in alten unkomfortablen Häusern der Inneren Stadt oder der Josefstadt. Wer im städtischen Museum die zwei Grillparzer-Zimmer mit ihrer kargen, mönchischen Behaglichkeit gesehen hat, hat Hunderte österreichische Beamtenwohnungen gesehen. Viele sind bei weitem nicht so sauber und wohlgehalten. Man wundert sich oft, in welcher Unordnung und Ungepflegtheit hochgestellte, in ihrem Amt sicher pedantische Beamte wohnen. Daran sieht man, aus wie verschiedenen Kulturmilieus die österreichischen Beamten stammen. Aus Zolkiew oder aus Suczawa bringt man zwar Intelligenz und Ehrgeiz, aber keine hohen Ansprüche an den Lebensstandard mit.

Nur auf Kleidung legen die Beamten Gewicht. Solange sie viel in Gesellschaft gehen, bemühen sie sich, besonders die jungen Statthalterei- und Ministerialbeamten und die, die dafür gehalten sein wollen, um Eleganz. Manche aber tun auch das nicht und gefallen sich in einem akademischen Geniestil, besonders die rötlich angehauchten. Und auf dem Land draußen fängt es an, Sitte zu werden, daß die Beamten Demokratie und Volkszugehörigkeit dadurch markieren, daß sie zwar nicht im Dienst, aber auf der Straße im Steireranzug gehen. Besonders die adeligen Herren tun das gern; die spielen überhaupt mit Vorliebe die ländlichen Grundbesitzer, und das wären sie wohl auch lieber – wenn sie Geld hätten.

Die Genugtuungen des Beamtenlebens liegen nicht in plumpen irdischen Genüssen, sondern in den subtileren jener anonymen Macht, die einer ausübt, ohne daß jemand es ahnt. Die Anonymität hat auch ihre Reize: den stillen Hochmut, den die Kenntnis verborgener Zusammenhänge nährt, das Eingeweihtsein in die Banalität von Ursachen und treibenden Kräften, in denen der Außenstehende mystische Staatsweisheit vermutet. Aus alldem wächst dann die boshafte Überlegenheit und Ironie des Wissenden, der kopfschüttelnd sieht, wie leicht sich die Welt betrügen läßt und wie gerne sie betrogen wird. Das sind Freuden, die man sich um alles Geld der Welt nicht kaufen kann, und dem Schätzer solcher Freuden ist die Sparsamkeit des stoischen oder zynischen Weltverächters nur natürlich.

Sparsamkeit ist nicht nur im Privatleben die große Tugend des österreichischen Beamten. Er spart auch für sein Amt mit asketischem Trotz, mit Verbissenheit, mit einer gewissen Freude, die Leute zu ärgern. Es gibt keinen noch so bescheidenen Voranschlag, von dem nicht abgestrichen wird, und jeder Vorgesetzte, der den Akt unterschreibt, hält es für seine Pflicht, noch etwas abzustreichen. Dadurch kommt in alles, was der Staat unternimmt, eine gewisse Dürftigkeit – ein freudloser klösterlicher Stil. Gerichte, Postämter, Schulen sehen häßlich und unfreundlich aus – schmucklos oder frostig repräsentativ, damit nur jeder gleich sieht, daß hier keiner unsachlichen Eitelkeit, sondern nur der Würde des Staates die unerläßlichen Konzessionen gemacht werden. Aber auch die Qualität leidet unter dieser trotzigen Sparwut: der Unterbau der Bahnen ist nicht stark genug, die Profile der Schienen sind zu schmal, Postämter und Bahnhöfe sind zu eng – nun gut, das sind noch Ersparnisse. Warum aber sind alle Aufschriften so klein, daß man sie nicht lesen kann, warum sind Türen verschlossen, die offen sein könnten? Warum läßt man große, helle Räume leer stehen und drängt sich in engen unzureichenden? Warum werden zeitraubende Korrespondenzen über Gutschriften von zwei Hellern geführt? – Das sind doch keine Ersparnisse mehr! Das ist nur mehr die Freude des Asketen und Pedanten, sich selbst zu quälen und andere seine Tugend fühlen zu lassen. Es ist eine große Tugend, denn in keinem anderen Land der Welt wird mit Steuergeldern gewissenhafter gewirtschaftet als in Österreich. Nirgends wird der Staat mit geringerem Personalaufwand verwaltet, und dennoch wird gut verwaltet. Große Leistungen werden vollbracht, ohne daß die Staatskasse viel davon spürt. Wenn der österreichische Beamte ins Reich hinaus kommt, dann kann er es gar nicht fassen, mit wieviel mehr Leuten sie da draußen dieselbe Arbeit bewältigen wie in Österreich. Gewiß, es geht manches rascher und exakter, aber es gibt auch vieles, was bei uns mit weniger Aufwand sogar besser gemacht wird.

Trotz aller nationalen Reibungen ist dieser österreichische Verwaltungsapparat wunderbar ökonomisch und leistungsfähig und tut dabei den Leuten nicht weh. Es herrscht allgemein Entgegenkommen und Toleranz, die sich manchmal in Schlamperei, aber niemals in sinnlose Härte wandelt. Boshaft, ironisch, weltkundig reden die Beamten mit den Leuten, lassen sich gerne etwas erzählen, was sie nicht glauben, um die Wünsche der Leute erfüllen zu können, und sind nicht abgeneigt, den Leuten sogar gelegentlich selber anzudeuten, wie sie sie überlisten sollen. Daß die erste Antwort eines Amtes fast immer »nein« lautet, schreckt niemand. Das ist nur der Beginn der Konversation, sozusagen die Wahrung des prinzipiellen Standpunktes und der staatlichen Autorität. Ist dieses Stadium überwunden, dann kann man gemütlich weiterreden, und dann kommt man schon irgendwie zusammen. Aber dieses Entgegenkommen kann man um alles in der Welt nicht kaufen: der österreichische Beamte kennt keine Korruption, es kommt ihm nicht einmal der Gedanke daran – er hält es geradezu für unglaubhaft, daß es das in irgendeinem zivilisierten Staate geben könne. In Jahrzehnten hat es in Österreich bei Beamten keine Korruptionsfälle gegeben. Eher vergreift sich ein Beamter, der in Not gerät, an staatlichem Geld, als daß er sich kaufen läßt. Er hat in dieser Beziehung geradezu ein pedantischen Gewissen und wittert auch geschickt verhüllte Versuche, ihm materielle Vorteile zuzuwenden. Die stolze Genugtuung, mit der er solche Versuche ablehnt, macht ihm mehr Freude als alles Geld.

Neben ihrem Berufe haben fast alle österreichischen Beamten eine Liebhaberei, der ihr Herz und ihre freie Zeit gehört. Sie musizieren, sie dichten, sie schreiben Stücke, sie rezitieren, sie spielen Theater, sie komponieren. Im Kreise ihrer Freunde und Kollegen singen sie heitere Couplets und ernste Lieder, oder sie kopieren den Kainz und den Sonnenthal. Manche kleinere Karriere ist solchen kleinen Künsten zu verdanken. Doch gibt es unter den Beamten auch wirkliche Künstler, vor allem Musiker, die sich sogar gelegentlich einmal ins Opernorchester setzen und einen Abend lang da mitgeigen, und wirkliche Dichter, die gedruckt und aufgeführt werden. Fast alle österreichischen Literaten sind Beamte. Will der Staat einen Dichter fördern, dann verleiht er ihm eine Beamtenstelle. Grillparzer und Bauernfeld und viele andere waren Beamte. Die großen, die geborenen, die ehrgeizigen Beamten aber machen aus ihrem Beruf auch ihre Liebhaberei, sie widmen ihm auch ihre freie Zeit und die Liebe ihres Herzens. Das aber sind die Ausnahmen. Das Herz der meisten gehört ihrer Liebhaberei, und das Herz der dichtenden Beamten gehört einem Traum: So wie der kleine Mann in Wien vom Lotteriegewinn träumt, so träumt der dichtende Beamte davon, Direktor des Burgtheaters zu werden. Das ist so selten wie ein richtiger Haupttreffer, aber es ist schon vorgekommen, und es kann wieder vorkommen. Man ist daher kein Narr, wenn man davon träumt. Ihr Leben lang bereiten sie ihr Programm vor, sie kennen jedes Stück und jede Besetzung, denn sie wollen doch nicht wie die Dilettanten aussehen, wenn es einmal dazu kommt. Das sind die Ehrgeizigen, die

Phantasten. Aber dann gibt es wieder andere stille, einsame Leute – die Sammler. Geld haben sie keines. Da sammeln sie also Dinge, die kein Mensch schätzt, und bauen aus ihnen mit Fleiß und Sachkenntnis kostbare Archive auf, die dann oft in öffentlichen Sammlungen landen. Sie sammeln nicht nur, sie erfinden Sammlungen und freuen sich ihr Leben lang auf ihren Ruhestand, in dem sie dann ihre ganze Zeit der geliebten Liebhaberei werden widmen können – aber, unähnlich den Offizieren, denken die Beamten nie daran, aus ihrer Liebhaberei ihren Beruf zu machen. Sie dienen aus, und es fällt ihnen nicht ein, dem Staat auch nur einen Heller zu schenken. Erbost und erbittert kämpfen sie um jeden kleinen Vorteil, um so verbissener, je ehrlicher sie ihren Brotberuf hassen. Jeden Vorteil, den sie für sich erbetteln und erlisten, empfinden sie mit tiefer Genugtuung als einen Sieg über einen widerlichen Gegner. Es freut sie nicht nur der errungene Vorteil – es freut sie die dem Feind beigebrachte schmerzhafte Verletzung ...

Sein Liebhaberei ist die schwache Seite des österreichischen Beamten. Zu bestechen ist er nicht, aber zu gewinnen. Wenn ihm jemand geschickt und sachkundig von seiner Liebhaberei zu reden weiß und es versteht, ihn zum Reden zu bringen, dann kann er von ihm haben, was er will – dann empfindet er ihn als Bruder im Geiste ...

Kein anderer Beruf kommt dem Wesen des Österreichers so entgegen wie der des Beamten. Da gibt es ruhige Arbeit ohne Hetzerei, da kann er allen seinen Sonderlingsneigungen frönen, da kann er fleißig und pedantisch sein, da hat er ausreichende freie Zeit und regelmäßigen Urlaub, da gibt es ein bescheidenes, aber ein sicheres und sorgloses Einkommen. Geldgierig sind ja die Leute hier nicht. Ja, das ist ein Beruf für einen Österreicher! Was man als Beamter nur für Beziehungen bekommt und wie sich alle Welt um einen Beamten reißt! Wenn man einmal ein Beamter ist, dann kann man leicht ein Snob sein, da gehört man ohne Zweifel zur Herrenklasse. Und wenn man als Beamter arm ist, muß man sich nicht genieren, denn Armut ist für den Beamten nur ehrenvoll, und schließlich: ein kleines Vermögen hat ja jeder anständige Mensch, nicht der Rede wert, halt so 20 000 Gulden – das hat doch jeder ältere Dienstbote. Das hinterläßt ein besserer Junggeselle seiner Wirtschafterin – und, solange einer unverheiratet ist, kann er ja dazusparen, wenn er Lust hat. Wenn er heiraten will, dann ist jeder Vater glücklich, einen Beamten zum Schwiegersohn zu haben ... Das läßt er sich gerne eine anständige Mitgift kosten, vorausgesetzt natürlich, daß der Beamte nicht gar zu hoch hinauswill: ein Millionär will schon einen Schwiegersohn im Ministerium haben. Ein wohlhabender Fleischhauer aus der Vorstadt aber ist schon mit einem Beamten von der Steuer ganz zufrieden, ein kleiner Fabrikant hat mit einem Bezirksrichter Freude. Ein Beamter ist nie in Verlegenheit, eine gute Partie zu finden, in der Provinz noch weniger als in Wien. Die paar jüngeren Beamten in

einer Kleinstadt sind ja sozusagen die einzig möglichen Partien für die Töchter der dortigen Fabrikanten und reichen Gewerbsleute. Da können sogar die sonst nicht sehr hoch im Kurs stehenden Mittelschullehrer Haupttreffer machen, und sie machen sie auch.

Es ist natürlich zwischen den einzelnen Beamtenberufen ein großer Unterschied in der Wertung: Am höchsten stehen die Ministerien im Kurs, über allen natürlich das »Äußere«; dann kommen die sogenannten politischen Beamten bei den Statthaltereien, dann kommen Richter, Finanzbeamte, Lehrer. Einen Grundunterschied aber gibt es natürlich: Konzepts- und Kanzleibeamte. Da liegt eine Welt dazwischen. Die einen haben Hochschulstudien und die anderen nicht. Wer keine Hochschulstudien hat, kann niemals in die höheren Ränge aufsteigen, er bekommt niemals einen höheren Titel, mit dem er sich sehen lassen kann – er geht bestenfalls mit dem Titel eines Regierungsrates in Pension, und auch das ist selten. Meistens bleibt er sein Leben lang ein armer Aktenschmierer. Aber einflußlos sind auch diese Unterbeamten keineswegs, und man kann oft durch so einen bescheidenen kleinen Mann mehr erreichen als durch einen Hofrat. Wenn so einer intelligent und fleißig ist und einen faulen, untüchtigen Chef hat, dann kann er tun, was er will, so wie nicht selten der Feldwebel in der Regimentskanzlei das Regiment führt und nicht der Oberst.

Der intelligente Kanzleibeamte kann natürlich auch gut heiraten, wenn er in seinem kleinbürgerlichen Kreis bleibt, bei den wohlhabenden kleineren Lebensmittelhändlern und Kleinkaufleuten in der Vorstadt, die auf einen k. k. Beamten, der ihnen allerhand »richten« kann, stolz sind. Die Kanzleibeamten sind die Spitze des Kleinbürgertums, so wie die Konzeptsbeamten die Spitze des Großbürgertums sind.

Alles in allem sind die Beamten in Österreich die einzige Klasse der Bevölkerung, die man herrschende Klasse nennen kann. Aber eine Klasse oder Kaste sind sie nun doch wieder eigentlich nicht, denn sie rekrutieren sich aus allen Nationen und Klassen der Bevölkerung. Die Beamtenlaufbahn ist wie die geistliche eine Wunderleiter, auf der einer aus der untersten Tiefe der Gesellschaft zu Macht und hohem Ansehen bis an die Stufen des Thrones steigen kann. Mit dem Kaiser, der ihr direkter Chef ist, beherrschen die Beamten tatsächlich das Land. Auch die Aristokraten sind ohne die Beamten machtlos. Seitdem sie selber zu bequem geworden sind, sich mit Beamtenposten zu plagen, müssen auch sie zu den Hofräten gehen, schön bitten, wenn sie etwas brauchen, und so ein Hofrat kann störrisch sein wie ein alter Esel, auch wenn er gar keiner ist. Er redet in seinem ironischen Ton, daß man niemals weiß, meint er es ganz ernst oder nicht. Er ist ein Künstler darin, Sachen, die er nicht verstehen will, dauernd mißzuverstehen und dafür nach allen Richtungen entgegenkommend zu sein, in denen man kein Entgegenkommen braucht.

Höflich temporisieren – das ist ein großer Teil der österreichischen Staatskunst. Der Kaiser Franz hat das erfunden und die boshafte Liebenswürdigkeit
dazu. Das haben sie gut von ihm gelernt, obwohl sie selbstverständlich alle
den Kaiser Franz mit seinem Metternich und seinem Vormärzregime ablehn-
nen (freilich weiß man auch da nicht recht, meinen sie es ernst oder nicht).
Der österreichische Beamte ist eigentlich »Josephiner«. Die Gesinnung des
großen Reform- und Wohlfahrtskaisers Joseph II. ist die Gesinnung des österreichischen hohen Beamten geblieben: allen Fortschritten zugetan, deutsch gesinnt, möglichst gerecht, überzeugt davon, daß die Bevölkerung zu ihrem
Glück sanft gezwungen werden muß und daß der politische Einfluß der Kirche nicht zu groß werden darf. Natürlich sind sie dem Großkapital nicht sehr
freundlich gesinnt, besonders seit Anton Menger von der Wiener Universität
aus die jüngeren Juristen zu halben oder ganzen Sozialisten gemacht hat. Die
jüngeren Beamten sind alle rötlich angehaucht, seitdem es Wunderkarrieren
gegeben hat, die diese Farbe in die Mode gebracht haben. Das paßt aber ganz
gut zum Josephinismus – es ist eine natürliche Fortentwicklung, und hätte der
Kaiser Joseph im Jahre 1890 noch gelebt, dann wäre er sicher ein Schüler Anton Mengers gewesen.
Wenn der Kaiser Franz Joseph überhaupt je Zeit genug hatte, zu einer bewußten Gesinnung zu gelangen, so ist Josephinismus, gemildert durch die bürokratischen Künste des Kaisers Franz, auch seine Gesinnung. Der Name Franz
Joseph drückt das ganz gut aus. Vielleicht hat er mit Absicht diesen Namen so
gewählt – er hätte sich ja auch nur Franz oder nur Joseph nennen können.
Vielleicht war dieser Doppelname sein Programm. Dann ist es ihm jedenfalls
sehr gut gelungen, dieses Programm in seinen Beamten zu verwirklichen.
Man kann übrigens nicht sagen, daß der Kaiser seinen Beamten eine Gesinnung aufzwingt. Er ist in dieser Hinsicht ungemein tolerant, und er trägt vor
allem den Leuten ihre Jugendsünden nicht nach. Der Einfluß, den er auf seine
Beamten ausübt, ist ein unausgesprochener. Er versteht es, durch seine ruhige
überlegene Majestät die Leute zu bändigen und einzudämmen, und auf diese
Kunst verläßt er sich offenbar auch. Er hat nicht die panische Angst des Kaisers Franz vor dem Genie. Daß der sie hatte, ist ja kein Wunder: er hat fast
zwanzig Jahre lang mit dem Genie Napoleon zu kämpfen gehabt, und er hatte
einen Bruder, der ein Genie war – den Erzherzog Karl –, und mußte alle Tage
hören, was für ein Jammer es sei, daß er und nicht dieses Genie Kaiser sei. Da
kann einer schon einen Zorn auf die Genies bekommen. »Mit den Genies
kann man nur mit einem Körperteil fertig werden – mit dem Sitzfleisch«, soll
er gesagt haben – so überzeugt war er von der Vergänglichkeit alles »genialen
Schwindelgeistes«. Auch dieses Wort hat er geprägt. So mißtrauisch gegen die
Genies ist Franz Joseph nicht. Er hat unter seinen Beamten eine Menge ganz
hervorragender gehabt, deren Werke und Namen heute noch leben und denen

gewiß all die Unstetigkeit und Launenhaftigkeit der genialen Naturen eigen war. Er ist mit ihnen ganz gut fertig geworden. Er hält sie wie unverläßliche Pferde fest im Zügel und läßt sie nicht gar zu hoch steigen. Seine höchste Leistung war die Bändigung des wilden Demagogen Karl Lueger zu einem richtigen Staatsmann. Der aber war kein Beamter.

Wenn der Kaiser keine gar so große Angst vor Genies hat und kein Gesinnungsschnüffler ist, so kommt das eben daher, daß er sich die suggestive Kraft einer starken Persönlichkeit zutraut, und daß er die hat, das streitet ihm niemand ab, nicht einmal die Leute, die täglich mit ihm verkehren. Immer wieder erlebt er es, daß sehr selbstbewußte und wortgewandte Politiker, wenn sie vor ihm stehen, ins Stammeln geraten. Jeden Tag verlassen hochgestellte, reife und stolze Männer sein Audienzzimmer mit Tränen der Ergriffenheit in den Augen; alte Exzellenzen, die schon hunderte Male vor dem Kaiser gestanden sind, haben vor jedem Vortrage bei dem allerhöchsten Herrn Lampenfieber wie die Schulbuben vor der Matura – also der Kaiser weiß schon, warum er sich die Kraft und den Einfluß zutraut, widerstrebende Naturen zu bändigen, und warum er daher nicht gar zu pedantisch die Gesinnung seiner Beamten zu kontrollieren braucht. Aber ob er sich nicht doch vielleicht etwas zu sicher fühlt?

Entgeht es ihm oder hält er es nicht für sehr wichtig, daß in der hohen Beamtenschaft eine innere Veränderung vor sich geht – äußerlich ist sie kaum wahrnehmbar –, ein leichtes Schwanken der Reichs- und Kaisertreue? Zu Phrasen und Beteuerungen ist ja der österreichische Beamte nie geneigt. Er ist zu Skepsis, Nüchternheit und Sachlichkeit erzogen. Er liebt es, sich über jeden Gefühlserguß zu mokieren, er macht seine boshaften Witze über alles. Nein, das ist es nicht – diese Außenseite war immer die gleiche und hat sich nicht verändert – die Jungen lernen den Stil von den Alten und beherrschen ihn nicht schlechter als sie. Aber das, was unter dieser Oberschichte liegt, hat sich geändert.

Immer dringen in die hohen Ämter mehr und mehr die fleißigen und tüchtigen Deutschböhmen und Deutschmährer ein, die man heute Sudetendeutsche nennt – gescheite und anständige Menschen, da läßt sich nichts sagen, die in die Tradition des österreichischen Beamtentums gut hineinpassen. Aber sie bringen aus ihrer Heimat einen anderen Begriff von Loyalität mit, als er in Wien üblich ist. Sie kommen aus einem Land des nationalen Kampfes, sie kommen aus der Provinz und von den nationalen Burschenschaften, nicht von den Schotten und vom Theresianum... Bei ihnen steht die Treue zum Deutschtum und zu den gleichgesinnten Kommilitonen an erster Stelle – noch vor der Treue zum Reich. Aus dem nationalen Kampf, in dem sie aufgewachsen sind, haben sie eine eigenartige ethische Wertskala mitgebracht, auf der die nationalen Ziele über allen sittlichen und religiösen Pflichten stehen, und nicht nur die Wertskala bringen sie mit, sondern auch die Methoden und die

Taktik, die die Kampfgewohnheit in den Menschen erzieht. Sie sind schon gescheit genug, den Menschen nicht ihr Herz zu öffnen. Sie reden so, wie es sich gehört, sie passen sich dem Milieu äußerlich völlig an – mancher tut es auch innerlich und wird im Ministerium in Wien auch im Herzen ein guter Österreicher. Aber die meisten sind in ihrem Herzen und Gewissen nur mit Vorbehalt Österreicher: solange der alte Kaiser lebt, solange es für das Deutschtum keine bessere Lösung als die kleindeutsche Bismarks gibt. Bis dahin ist man ein Kämpfer im bedrohten Land, der nicht so sehr Österreich als die Interessen des Deutschtums zu verteidigen hat.

Das tun sie vor allem, indem sie darauf schauen, daß der Nachwuchs der hohen Ämter aus den nationalen Burschenschaften kommt. Sitzt in einem Ministerium einmal einer aus diesem Kreise an einer hohen Stelle, dann gehört es zehn Jahre später diesem Kreise ganz. Und dabei vernachlässigen die Herren auch die niederen Stellen der Kanzleibeamten nicht. Es gibt ja in der Heimat eine Menge gleichgesinnter armer Teufel, die nicht studieren können und auch Beamte werden wollen. Die kann ein einflußreicher Landsmann in Wien unterbringen. Man muß das einmal erlebt haben, wie rasch diese Herren aus einem Amt in Wien eine Reichenberger oder Bielitzer Kolonie machen können. Und wenn sie einmal unter sich sind, dann fangen sie ein wenig zu zaubern an. Dann entdeckt man in Gesetzen und Verordnungen ungeahnte Möglichkeiten der Auslegung, dann werden sie schon so stilisiert, daß die Eingeweihten wissen, was sie damit zu machen haben.

Die Tschechen und die Slowenen und alle die anderen Nationalitäten sind nicht faul und lernen die Methode auch, und so zersetzt der nationale Kampf das Beamtentum von innen heraus. Äußerlich bleibt es völlig intakt. Innerlich werden die Beamten immer weniger Österreicher und immer mehr nationale Kämpfer. Die Bevölkerung verliert das Vertrauen zur Objektivität der Beamten – gerade in den national erregten Ländern, in denen es am nötigsten wäre. Der Beamte fängt an, Partei zu werden, und er hört auf, der objektive Richter und Schlichter zu sein. Es gibt schon Beamte, die zu dem Zweck in einzelne Ämter zugeteilt werden, um die Rechte und Ansprüche ihrer Nation zu vertreten, die also schon gar nicht mehr zur Objektivität, sondern zum Gegenteil verpflichtet sind. Es gibt Ämter, die auf der beliebten via facti »nationaler Besitzstand« geworden sind. So »gehört« zum Beispiel das Finanzministerium den Polen. Man muß sich nur wundern, daß unter diesen Verhältnissen die Verwaltung eigentlich nur wenig leidet, und das kommt daher, daß die hohen Beamten ganz hervorragende und bedeutende Fachleute sind, daß bei solchen Menschen das fachliche Können und der Stolz auf die Qualität ihrer Leistung immer stärker ist als alle politischen Gesinnungen und daß diese Leute daher in erster Linie doch fachlichen Ehrgeiz haben. Daß aber an alle diese hohen und höchsten Posten immer wieder nur hervorragend befähigte Männer sauberen Charakters kommen, dafür sorgt der Kaiser. Er versteht nicht alles, aber er hat doch natürliche und erlernte Menschenkenntnis, und er hat vor allem »Niveau« – jenen sechsten Sinn, der dem Aristokraten das Genie ersetzt –, jene Witterung für Wert und Qualität, jenen guten Geschmack des Geistes, der Schwindel, Phrase und Falschheit sofort spürt. Dieses Niveaugefühl des Kaisers erhält der Beamtenschaft durch alle Wirren des nationalen Kampfes hindurch ihre Qualität.

Die Habsburger waren immer große Beamte, die lieber verwaltet und verhandelt als Krieg geführt haben. Joseph II. hat sich den ersten Beamten seines Staates genannt, Kaiser Franz war es nicht minder, wenn auch sein Einfluß kein sehr glücklicher war, Franz Joseph aber ist der ideale Beamtenkaiser – der Virtuose der kleinen Regierungskünste. Das lernen sie alle von ihm: wie er sorgsam die Worte wägt, welche kleine Wunder er mit Titeln und Orden tut, wie überlegen er immer jenseits aller Vertraulichkeit steht, wie jedes persönliche Wort, das er an jemand richtet, eine sorgsam erwogene und dosierte Auszeichnung bleibt. Immer ist er beherrscht, und dabei ist er natürlich und ungekünstelt. Er ist ein Kaiser, er spielt ihn nicht, und er bleibt Kaiser in jeder Lage.

Ein erbitterter Wahrer der Tradition muß wohl der Mann sein, der dieses Reich gegen den Strom der Zeit 68 Jahre lang zusammenhält. Er ist es auch, der der Beamtenschaft durch allen nationalen Kampf ihre Tradition erhält. Die ist ein großes Kapital, und an einem solchen Kapital kann man lange zehren. Aber vom Zehren nimmt es natürlich nicht zu, und daran, daß gezehrt und nicht vermehrt wird, kann kein Zweifel sein. Die Politik frißt diesen großen Brocken auf. Daß er das nicht hindern kann, das wirft man dem Kaiser vor: er verwaltet, er herrscht nicht, sagen die Leute. Aber daß er verwaltet und gut verwaltet, das lassen ihm auch seine schärfsten Kritiker. Der Zukunft seines Reiches bleibt er vielleicht viel schuldig, aber der Gegenwart nichts.

In diesem vom alten Kaiser und seinen Beamten verwalteten Staate zu leben ist eine Freude, vielleicht eine wehmütige Freude, denn die Leute denken: das kann doch nicht alleweil so fortgehen! Eine Regierung, die so wenig wehtut wie die des alten Kaisers, hat es noch nicht oft in der Welt gegeben. Er unterschreibt jahrelang kein Todesurteil, er duldet nicht, daß auf die Bevölkerung geschossen wird, und wenn es noch so schlimm zugeht: der Minister, der schießen läßt, der geht, und zwar nicht sehr gnädig. Es ist ein gutes Leben unter dem Kaiser und seinen Beamten, die er erzogen hat.

Nicht die Minister sind es, die eigentlich in Österreich regieren, sondern die Beamten mit dem Kaiser – eben darum, weil der Kaiser mehr verwaltet als herrscht. Ihn interessiert nicht die große Konzeption, der weitausschauende politische Plan – ihn interessiert der Alltag des Regierens bis zum Kleinkram hinunter, die Personenfragen, die greifbaren täglichen Aufgaben, die man mit rasch sichtbarem Erfolg rasch lösen kann. Das alles beherrschen die Beamten natürlich besser als die Minister, die oft nur Politiker sind und von ihren Ressorts wenig oder gar nichts verstehen. Die Minister wechseln rasch – die Beamten bleiben.

Die Sektionschefs mit dem Kaiser zusammen sind die Herren des Landes. Die Sektionschefs sind die höchsten Beamten der Ministerien, erprobte, gediegene Fachleute, Klassiker ihres Faches; manche von ihnen haben Weltruf. Oft sind das Männer bescheidener Herkunft, Söhne von kleinen Beamten und Offizieren, aber auch manchmal Autodidakten aus entlegenen Provinzen, Söhne von armen Bauern und kleinen Handwerkern, die als Studenten vom Stundengeben gelebt haben – arme Teufel, die sich mit Fleiß und Begabung zu diesen höchsten Posten im Staate hinaufgearbeitet haben. In diesen hohen Rängen hört in Österreich der Einfluß der Protektion fast ganz auf. Die tobt sich in den unteren Rängen hinreichend aus.

Es ist der ungeschriebene Anspruch der Beamten, ihre Söhne und nahen Angehörigen wieder im Staatsdienste unterzubringen – das hat ja auch sein Gutes. Es ist unter diesen jungen Leuten mancher, der nicht nur die Tradition des Dienstes geerbt hat, sondern der wirklich etwas kann. Freilich schleppt der Dienst da auch manchen recht Ungeeigneten mit. Aber auf die ganz hohen Posten kommen diese Protektionskinder nicht, wenn sie nichts können – das verträgt der Kaiser nicht. Er arbeitet mit diesen Herren täglich zusammen. Leute, die ihre Sache nicht vollendet beherrschen, machen ihn furchtbar ungeduldig. Die Sektionschefs sind seine Elitetruppe. Sie können jeden Augenblick zum Kaiser gerufen werden, und darum haben sie im Kasten in ihrem Büro auch die Uniform und die Orden hängen. Es kommt ja nicht oft vor, daß der Kaiser unvorhergesehen ruft, denn dazu ist er zu rücksichtsvoll, aber ein oder zweimal im Jahr doch, und dann soll man den allerhöchsten Herrn nicht warten lassen. Bei diesen Herren findet der Kaiser die profunde Sachkenntnis und Metiererfahrung, die er liebt.

Nicht selten werden diese Herren auch Minister, denn die politischen Schwierigkeiten bringen es in Österreich oft mit sich, daß Ministerien nicht politisch besetzt werden können. Das ist ein schwarzer Tag im Leben der Sektionschefs, wenn die sehr höfliche und sehr diskrete Anfrage an sie kommt, ob sie Minister werden wollen. Da gibt es für einen pflichttreuen Beamten kein »Nein«. Der Ministerposten ist das Ende der Karriere. War man einmal Minister, dann gibt es keine Rückkehr mehr auf den geliebten Sektionschefposten, und Minister wird einer kein zweites Mal. Der Kaiser hat die Ansicht, daß einer verbraucht ist, wenn er einmal Minister war. Ein »Austragstüberl« ist das Beste, was einer sich erhoffen kann, wenn er einmal Minister war. Minister ist man nicht lange. Die Politik frißt Minister, besonders die Beamten, die keine Partei hinter sich haben, die sie stützt. Die Beamten sind Fachleute, aber keine Redner und keine Kämpfer für den parlamentarischen Boden. Die alltäglichsten kleinen Metierkniffe der Politik kommen ihnen wie groteske Intrigen vor. Sie fühlen sich von lauter Lüge und Verrat umgeben und werden unsicher. Manche finden sich freilich erstaunlich rasch auch auf diesem Boden zurecht, aber die meisten scheitern, manche machen sich sogar lächerlich – ein trauriges Ende für eine verdienstvolle Karriere ...

Dann geht so ein alter Exzellenzherr verdrossen und gekränkt auf der Ringstraße oder im Volksgarten spazieren und ist glücklich, wenn er sich einmal zu einem jüngeren ehemaligen Kollegen tüchtig ausschimpfen kann. Gelegentlich schreibt er noch einen Artikel in einer Fachzeitschrift oder hält eine Rede im Herrenhaus; der Lobmeyr und andere feine Leute laden ihn zu Herrendejeuners ein, und da macht er boshafte Bemerkungen oder hält lange Reden, die jeder schon dreimal gehört hat. Niemand hat weniger Einfluß und Macht als ein Gewesener, von dem ein jeder weiß, daß er doch nie wiederkommt. Kaum gelingt es ihm mehr, seinen Sohn oder seinen Neffen noch irgendwo anständig in einem Ministerium unterzubringen. So geht so ein alter Exzellenzherr schimpfend und dozierend dem Ende entgegen, bis er endlich bei seiner schönen Leiche noch einmal all die anderen Exzellenzen um sich versammelt, die boshafte Bemerkungen machen und einander schon am Heimweg von der schönen Leiche wieder die Vorträge halten, die sie einander schon so oft gehalten haben.

Das sind die Beamten, mit denen der Kaiser sein schönes, weites Reich regiert. Daneben tobt störend der Lärm der Politik. Daneben stürzt das Parlament eine Regierung nach der anderen. Die Minister wechseln, die Beamten und ihr Kaiser bleiben, und sie regieren unbeirrt in der gewohnten Art das große, alte Reich zweckmäßig, vernünftig, sparsam.

So kommt es, daß dieses kranke Reich den Anblick satten Behagens und blühender Gesundheit bietet. So kommt es, daß die Leute an diese blühende Gesundheit und unerschütterliche Festigkeit glauben und ruhig schlafen und alles andere für Geschwätz und Zeitungsmache halten.

»Senilen Kretinismus« nennt der Thronfolger durch den Mund seines Propheten, des niemals ganz nüchternen Grafen Sternberg, diese Regierungskunst des alten Kaisers und seiner tüchtigen Beamten. Wie alles Gute auf dieser Welt ist dieses Regime unvollkommen und unsystematisch. Der edle, milde Geist eines vornehmen alten Herrn erfüllt das ganze Reich mit tiefem, wohligem Behagen und gutmütiger Weisheit, die allen Hader immer wieder achselzuckend vergessen lassen. Die schöne genießende Ruhe gesunden Alters liegt über diesem herrlichen weiten, mit großem Erleben reich gesättigten Staate. Niemand auf dieser Welt hat jemals Gott den Herrn unter den Menschen würdiger vorgestellt als der alte Kaiser – vielleicht war er es, und die Finsternis hat ihn nicht begriffen. Es war zu gut für die Menschen – so gut wollen sie es auf die Dauer gar nicht haben ...

DIE KIRCHE

Der Kirche geht es in Österreich gut. Von Gesetz, Sitte und Tradition beschützt, führt sie ein ruhiges Leben. Der Staat zahlt die Kosten der Kirche – nicht lange, aber doch. Außerdem erhält die Kirche private Spenden – nicht viel, aber doch. Dann vermacht zuweilen eine alte Dame der Kirche ein Legat – nicht oft, aber doch. Kurzum, die Kirche hat keine Sorgen, außer denen, die sie sich selber macht – und das merkt man ihr an.

Sie wirbt nicht, sie rennt den Leuten nicht nach – das hat sie nicht nötig – sie wartet, daß die Leute zu ihr kommen. Die gute Meinung des Herrn Pfarrers ist für viele Dinge sehr nützlich, und der Widerstand der Kirche kann recht unangenehm werden. Aber sonst merkt man nicht viel von der Kirche. Man kann in einem Pfarrsprengel jahrelang wohnen, ohne von dem Pfarrer auch nur ein Wort zu hören: keine Werbeschrift, kein Flugblatt. Katholiken, die zum Beispiel aus dem Rheinland kommen, sind über die Untätigkeit der Kirche ganz erstaunt – sie sind das anders gewohnt. Aber in Österreich hat die Kirche eben nicht zu kämpfen. Sie kann darauf warten, daß man zu ihr kommt.

Kommt man zum Pfarrer, dann findet man einen sehr geschäftigen Beamten, der sich von anderen seiner Art fast nur durch den Kragen unterscheidet. Die Alten sind noch dick, die Jungen auch das nicht mehr. Sie sind sehr jovial und weltlich. Mit jedem Wort betonen sie: Sie können mit mir reden wie mit einem gewöhnlichen Menschen.

Der Pfarrer ist meist sehr beschäftigt. An der Wand hängt neben dem Kruzifix das Telephon, vor ihm liegt ein sehr ausgefüllter Vormerkkalender. Dort wo bei anderen Beamten Postsitzung oder Bürobesprechung vorgemerkt sind, steht beim Pfarrer zum Beispiel Segenmesse. Die Vormerkungen fangen schon um fünf Uhr früh an. Man liest auf dem Kalender: Kirchenbauverein, Lehrlingsheim, Pressekomitee, Ortsschulrat, Religionsunterricht, Kirchengesangsverein, Jugendhort, Waisenstiftung, Sparverein, Statistik, Bezirkswahlkomitee und plötzlich mitten drin: Rosenkranzandacht... Von fünf Uhr früh bis acht Uhr abends ist der Tag des Pfarrers besetzt – Standesbeamter ist er ja auch – man ahnt gar nicht, wieviel ein Pfarrer zu tun hat. Von Versammlung zu Versammlung, von Komitee zu Komitee sind sie unterwegs – ins Parlament, ins Ministerium, zum Bischof, zum Magistrat.

Die Seelsorge schaut heute anders aus als früher einmal. Man muß Massenseelsorge betreiben. Und man tut, was heute alle Welt tut – man macht Statistik und Tabellen: Zahl der vollzogenen Meßopfer, Frequenz der Sakramente, der Exerzitien, Zahl der Religionsstunden. Das wird dem Bischof gemeldet, und der läßt in seinem statistischen Büro Diagramme machen: Zahl der Kommunikanten pro Monat und pro Jahr auf je 1 000 Köpfe der Bevölkerung,

Zahl der Taufen, der Beichten, der Sterbesakramente, absolut und relativ. Das wird dann kommentiert und nach Rom gemeldet – ein moderner Riesenbetrieb. Die Schreibmaschinen klappern in allen Pfarrkanzleien, und eine Rechenmaschinenfabrik hat in ihrem Prospekt ein Anerkennungsschreiben vom fürsterzbischöflichen Ordinariat.

In Rom ist man ganz modern geworden. Da hält man auf gute Organisation, soziale Arbeit, Presse, Vereine, Versammlungen, Vorträge, Unterricht ... Man glaubt auch in Rom an den Fetisch der neuen Zeit – an die Zahl. Man denkt modern, sachlich – ein Großbetrieb. In Wien geht alles im stillen. Man kann diese ganze große Aktivität der Kirche übersehen – so unauffällig ist sie. Vielleicht will man Angriffen aus dem Wege gehen, oder vielleicht kommt das nur daher, daß der Wiener lautes, demonstratives Gehaben nicht mag.

Es gibt schon noch die alten Pfarrer mit weißen Haaren und rosigen Wangen, die jedermann im Bezirk kennt und zu denen die Kinder Hand küssen laufen, wenn der alte Herr mit dem altertümlichen Zylinder seinen Spaziergang macht. Die Hausmeister, die vor ihren Türen sitzen, stehen auf und nehmen die Pfeife aus dem Mund, wenn der Hochwürden kommt, alle Leute kennen und grüßen ihn. Der alte Herr schnupft noch. Sein lila Plastron und sein schwarzer Rock sind immer mit Tabak bestreut. Den Kindern schenkt er Heiligenbilder, und den Erwachsenen bietet er aus einer Horndose gelbe, durchsichtige Hustenzuckerln an, denn heutzutage schnupft kein Mensch mehr, und man bringt jemand nur in Verlegenheit, wenn man ihm eine Prise offeriert. Der alte Herr ist freundlich und leutselig – er riecht ein wenig in den Händen. Er kommt aus einer anderen Zeit: er hat noch Würde – so wie der alte Kaiser.

Wer nach 1840 geboren ist, hat keine Würde mehr. Heute sehen alle Menschen gleich aus. Bei den Alten da sieht ein Pfarrer wie ein Pfarrer und ein Kaiser wie ein Kaiser aus. Was ist denn Würde als die Einheit von Mensch und Amt – die zweifelsfreie Sicherheit im Amt? Die Sicherheit, die fehlt den Jungen. Sie haben nicht mehr die einfache Gläubigkeit. Ihre Überzeugung kommt auf logischen und philosophischen und historischen Umwegen – aus dem Verstand und nicht aus dem Herzen – und diese Verstandes-Katholiken sind fanatisch, nachsichtslos, hart aus Angst. Denn was der Verstand gebaut hat, kann Verstand widerlegen, und gegen diese mögliche Widerlegung stehen sie immer ängstlich auf der Wacht. Sie sind Gläubige ohne die Gnade, denn aus dem Verstand kommt die Gnade nicht, und erkämpfen kann man sie auch nicht. Sie kommt, wenn Gott will – und seit vielen Jahren scheint Gott fast gar nicht mehr zu wollen.

Die Welt ist voll Zweifel und Unglauben. Dann und wann hört man gar, daß ein katholischer Priester das geistliche Kleid auszieht, heiratet und einen bürgerlichen Beruf ergreift. Mancher von diesen Leuten schreibt sogar ein Buch, um sich vor der Welt zu rechtfertigen und die Kirche anzugreifen. Was er da sagt, ist meistens nicht neu und nicht erschütternd, aber daß ein Priester...

Der gläubige Laie ist entsetzt und fragt sich: Denken am Ende alle so und haben die anderen nur nicht den Mut, es zu sagen? Ist es vielleicht mit dem Katholizismus wirklich aus? Und mit dem Christentum? – Denn was bleibt denn vom Christentum, wenn einmal die Kirche nicht mehr ist? – Ein paar Sekten, die von der Negation des Katholizismus leben und die mit ihm sterben. Was wird aus unserer Kultur, die doch ganz auf dem Christentum fußt, wenn es einmal zusammenbricht oder langsam dahinschwindet? – Wie soll dieser Katholizismus, an den sogar manche seiner Priester nicht mehr glauben, die Monarchie zusammenhalten können? – Ist das ein Typus oder eine Ausnahme – dieser katholische Priester, der einen bürgerlichen Beruf ergreift und der heiratet? In einer Zeit, in der die Menschen ein solches Bedürfnis nach Seelsorge haben, daß an allen Ecken und Enden neuartige Ersatzseelsorger auftauchen: Psychoanalytiker, Nervenärzte, Magnetiseure, Hypnotiseure, Astrologen, indische Jogis, Atemgymnastiker... Die Kirche ist nicht imstande, dieses ungeheure Bedürfnis nach Seelentrost zu befriedigen.

Die Kirche ist in einer großen Krise. Sie kämpft gegen diese sonderbare Insuffizienz, deren Ursache sie unter anderem im Modernismus zu finden glaubt.

Eine sonderbar lahme und leidenschaftslose Ketzerei ist der Modernismus, ohne große Lehrer und ohne erschütternde Lehre. Jeder Katholik hat seinen eigenen Modernismus. Er ist im Grunde nichts als eine Lust- und Freudlosigkeit am Glauben und an der Kirche. Die Gleichgültigkeit des Kleinbürgertums gegen alle geistigen Werte, sein banaler und mißmutiger Wirklichkeitssinn, seine Abneigung gegen Phantasie und Schönheit, Würde und Autorität – das ist der Modernismus. Im Grunde leidet die ganze Kirche, Priester und Laien, mehr oder minder am Modernismus: die Modernisten und ihre Gegner – sie haben alle ein wenig das Bewußtsein für die Erhabenheit, für die höhere, mystische Ebene verloren, auf der sich die Kirche über der banalen Wirklichkeit des Alltages erhalten muß. Sie wollen im Leben stehen, in dem Leben, in dem es Politik und Wirtschaft und Statistik gibt. Sie denken nicht daran, daß sie damit ihre Unnahbarkeit und Unparteilichkeit, ihre Hoheit und Würde aufgeben, die die Vertraulichkeit entfernt. Sie wollen heruntersteigen, sie *wollen* die Vertraulichkeit gar nicht entfernen. Die Soutane auf dem Fahrrad ist das Symbol der Kirche geworden. So sieht die Kirche heute aus. Wer kann da noch aufstehen und sich verneigen und dem Hochwürden die Hand küssen? Sie möchten am liebsten so etwas wie Religionsingenieure sein, mit Meßinstrumenten, Diagrammen und physikalischen Seelenheilmethoden.

Durch die Kirche geht auch ein politischer Riß: der hohe Klerus – die Bischöfe und die alten Herren –, das sind feudale, konservative Herren, streng in den Grundsätzen, aber mild, tolerant und reich an Auswegen im Einzelfalle. In Wesen und Denkungsart sind sie zwar kampflustiger, aber sonst doch recht ähnlich dem hohen Adel. Der junge Klerus jedoch steht im Gefolge oder an der Spitze moderner politischer Massenparteien. Wäre die Sozialdemokratie nicht kirchenfeindlich, dann wären sie alle Sozialdemokraten. Sie sind im Gefolge Luegers Christlichsoziale, oder sie schließen sich den nationalen Volksparteien an. Aus dem katholischen Pfarrklerus dieser Zeit sind die Pfarrer auf der Ministerbank hervorgegangen. Der Hohe Klerus steht dieser politischen Aktivität des jungen Klerus unwillig, aber machtlos gegenüber. Am Ende findet man sich damit ab und sagt sich, daß so wenigstens diese großen, neuen Volksbewegungen in Fühlung mit der Kirche bleiben. Da wird die Kirche nicht volksfremd. Freilich: was dann, wenn die Welle zurückflutet? Wird dann nicht die Kirche mit jenen Parteien leiden, für die ihre Priester gekämpft haben? Was kann man da machen? Die Kirche lebt eben in der Zeit – sie ist in die irdische Welt gesetzt, und sie muß in ihr und mit ihr kämpfen und leiden so wie ihr göttlicher Stifter, der sich auch den Wirren und Konflikten seiner Zeit nicht entzogen hat.

In Österreich ist auch die Führung der katholischen Kirche weniger geneigt zu führen, als sich dem Schicksal zu ergeben und mit ihm, wenn möglich, Kompromisse zu schließen. Die Kirche denkt sogar schon über die Monarchie hinaus. Der fromme Kaiser Franz Joseph muß gegen die Wahl des Kardinals Rampolla zum Papst sein Veto einlegen, denn so eifrig sympathisiert dieser Kardinal mit den Feinden der Monarchie. Die Kirche ist eben ewig, und sie zweifelt nicht daran, daß sie auch die Habsburger überleben wird. Sie verläßt nicht gerade das sinkende Schiff, aber sie denkt an ihre Rettungsboote. Sie weiß, daß sie weder einem Lande noch einer Dynastie gehört – sie gehört der ganzen Menschheit. Immer deutlicher orientiert sich die Kirche nach links, immer entschlossener kehrt sie sich den Volksschichten zu, von denen sie ihren Ausgang genommen hat. Sie ist vom bevorstehenden Zusammenbruch aller alten Machtsysteme überzeugt. Sie kennt den ungeheuren Vorteil, den ihr die Demokratie mit ihren Freiheiten bietet. In der Demokratie kann sie unbehindert organisieren und ihre Lehre propagieren. Die Kirche wird ganz demokratisch.

Von allen diesen großen Krisen und Kämpfen in der Kirche merkt das breite Publikum nicht viel – vielleicht nur das eine, daß die Predigten in der Kirche immer farbloser und konventioneller werden, denn der Kampf gegen den Modernismus hat die Pfarrer eingeschüchtert. Immer sitzen unter den Hörern Pedanten und Denunzianten, die dem Prediger Verstöße gegen die Dogmen vorwerfen oder unwürdige Ausdrucksweise, wenn er zum Beispiel ein wenig volkstümlicher reden will, oder gar Mißbrauch der Kanzel zu politischen Zwecken, wenn er in seiner Predigt Tagesereignisse bespricht. Da hält er sich lieber an approbierte, ungefährliche Schablonen. Ein paar große Kanzelredner genießen größere Redefreiheit, und zu denen drängen sich die Leute auch. Aber die meisten geistig regen, ehrgeizigen jungen Priester müssen in Vereins- und Wahlversammlungen gehen, wenn sie nach ihrem Herzen frei reden wollen. Es fehlt der Kirche nicht an begabtem, kampflustigem Nachwuchs, aber die Krisen in der Kirche sind so schwere und die Disziplin ist daher so streng, daß die begabten, lebendigen jungen Priester sich schon außerhalb der Kirche austoben müssen.

Sind die Wiener fromm und gläubig? Nun ja, im Grunde ihres Herzens und wenn es darauf ankommt, sind sie es sicher. Ein Volk, das seit jeher so vom Schicksal gebeutelt wird wie die Wiener, kann gar nicht anders als fromm sein, und ein Volk, das tausend Jahre lang sein Christentum gegen Heiden und Türken verteidigt hat, hat zu dem Glauben, dem es solche Opfer gebracht hat, schon ein sehr starkes Verhältnis, denn es hat doch für dieses Christentum gekämpft (nicht für eine nationale Idee, die es bewußt erst seit Napoleons Tagen gibt), es hat zusammen mit allen seinen christlichen Nachbarn – mit Tschechen, Slowenen, Magyaren, Kroaten, Slowaken und Polen – für das ihnen allen gemeinsame Christentum gekämpft. Freilich, im Laufe der Zeit und mit dem Sieg des Christentums ist dieser Kampfgeist langsam eingeschlafen, hat sich das Zusammengehörigkeitsgefühl mit den andern christlichen Nachbarn gelockert, das aus gemeinsamer Bedrängnis entstanden war. Der Sieg hat die Leidenschaft abgekühlt, aber ich würde niemand raten, diese Leidenschaft wieder zu wecken. Er würde vielleicht seine Wunder erleben.

So um 1900 freilich ist die Zeit der Religion nicht günstig. Die Wissenschaft reißt scheinbar breite Breschen in den Glauben, und es braucht lange, bevor die Menschen daraufkommen, daß es gar nicht die wesentlichen Lehren des Glaubens sind, die die Wissenschaft erschüttern. Aber das ist natürlich alles nicht leicht. Die Kirche selbst braucht lange Zeit, bevor sie mit der modernen Wissenschaft ihren Frieden und bevor sie ihre eigene Sicherheit wiederfindet.

Der technische Fortschritt absorbiert die Menschen ganz. Sie sind von den Maschinen fasziniert, und dann geht es den Menschen zu gut: Zeiten des großen Wohlstandes sind niemals Zeiten des Glaubens, sondern des Materialismus. Die Menschen fühlen sich sicher. Gegen alle Tücken des Schicksals sind sie versichert. Sie haben ihr Geld gut angelegt. Sie haben gute Ärzte – es kann ihnen mit und ohne Gott nicht mehr viel geschehen, und das wenige, was ihnen noch geschehen kann, gegen das wird man in ein paar Jahren auch ein Mittel finden. Gott, sagen sie, ist der Name für alles, was man nicht versteht und beherrscht – der Fortschritt macht Gott jeden Tag kleiner und schwächer. Das ist der kühne Jargon von 1900. Aber den Leuten ist nicht ganz wohl dabei – sie fühlen: Die Rechnung stimmt nicht. Sie haben innerlich Angst und ein schlechtes Gewissen – sie schleichen in schwachen Stunden in die Kirche.

Es ist die Zeit der verschämten Frömmigkeit. Freisinn ist der gute Ton der Gebildeten, und das sind schon ganz Raffinierte, die in Paris waren, die Maeterlinck und Huysmans gelesen haben und die schon wieder fromm sind. Sie betonen auch sehr nachdrücklich, daß sie nicht am Ende so wie die Naiven noch fromm sind, sondern schon wieder. Ja, in Paris, da ist die Kirche wieder lebendig und modern geworden. Da wird sie wild bekämpft – nichts tut ihr so gut wie der Kampf. Im Kampf ist sie groß geworden, und in jedem Kampf lebt in ihr die alte Kraft wieder auf. Nur wohlhäbigen Frieden verträgt sie nicht. Da wird sie matt, und die Gläubigen werden gleichgültig. Die Kirche hat in Österreich zu viel Ruhe und Frieden gehabt – das hat ihr nicht gutgetan.

Aber jenseits aller Probleme der Kirche, jenseits des Freisinns der großen Städte, weit, weit draußen in der Provinz, in grünen, fruchtbaren Tälern, liegen einsam und still die hohen, prächtigen Stifte – majestätische Bauten, Kinder vom Geist Michelangelos und Berninis – Bauten mit mächtigen hohen Hallen, in denen Schritte und Worte hohl dröhnen, Hallen voll Licht, die dennoch nach Schatten und Feuchtigkeit riechen. Kinder fürchten sich dort, und Erwachsene dämpfen die Stimme. Fresken erhöhen die Wölbung und lassen die Wände vergessen, endlose Fluchten von Sälen führen weiter zu hohen Terrassen, von denen der Blick hell in die Ferne über Täler und Hügel sich weitet. In diesen Stiften erziehen Benediktiner und Jesuiten die Söhne der Wiener Bürger – dort wächst in ihnen die einsame mönchische Seele, ohne daß sie selber recht wissen, wie ihnen geschieht, denn sie haben, wie alle Buben, ihre Lehrer gar nicht ernst genommen und ihre Weisheit verspottet. Diese Stifte prägen den Menschen unmerklich. Wer in diesen einsamen, majestätischen Kirchenschlössern aufgewachsen ist, wer täglich den Eindruck dieser römischen Größe in sich aufnehmen muß, der kehrt nie mehr ganz in den Alltag und in das irdische Leben zurück. Sein Herz ist an der heiligen Würde dieser stillen, einsamen Höfe und Hallen, die Frauen und Kinder nicht kennen, hängengeblieben. Sein Geist ist für Lärm und Banalität unempfindlich geworden. In Glück und Unglück lebt in ihm der frohe Frieden dieser Stätten, und er kann nie mehr vergessen, wo Gott wohnt.

Und erst im Unglück lernt er kennen, welch einen Schatz er von dort mitgenommen hat – einen Schatz, der nie kleiner wird, sondern den jede Prüfung, jede Enttäuschung vergrößert. Was ist denn die Weisheit, die diese Priester lehren? Sie warnen vor allem vor großem weltlichem Ehrgeiz. Was nützen denn alle Erfolge, wenn man dabei das Glück und den Frieden der Seele verliert? Sie mißtrauen dem vielgepriesenen Fortschritt, der so ungeheure Anforderungen an die geistige und sittliche Kraft der Menschen stellt. Sie sagen Prüfungen und schlimme Zeiten voraus, in denen der Mensch nur durch die Kraft des Glaubens bestehen wird. Sie erziehen zum Mißtrauen gegen Schlagworte, skeptische Menschen, die großen Worten und Gesten nicht trauen.

Dabei lassen sie ihren Schülern alle mögliche Freiheit und verkümmern ihnen die Lebensfreude nicht. Sie selber sind lebensfroh und gar nicht menschenscheu. Sie wandern und reisen, sie jagen und fischen, sie sind Lehrer und Landwirte, Gelehrte und Gärtner. Sie sehen aus wie Bilder von van Eyck oder von Dürer – ganze Männer –, lebensfroh, aber weltabgewandt.
Ich kannte einmal einen Benediktiner – er sah aus wie ein Bruder von Dante oder vom heiligen Franziskus –, der war ein großer Astronom. Eine berühmte Universität bot ihm einen Lehrstuhl an. Er aber sagte: »Ich bleib lieber hier – ich möcht ein freier Mann bleiben.« Und weil er ein freier Mann bleiben wollte, ist er ein Mönch geblieben und nicht Professor geworden. Er ist schon lange tot. Im Beinhaus seines Stiftes liegt sein Schädel, auf dessen Stirn in schöner Rondschrift sein bäuerlicher Name und seine Lebensdaten stehen. Der Fachmann kennt noch heute seinen Namen. Er wollte Mönch bleiben, um ein freier Mann zu bleiben.
Die Kirche läßt eigentlich ihren Priestern eine ganz erstaunliche Freiheit persönlicher Entfaltung: lebensfrohe Benediktiner, kämpferische Jesuiten, asketische Franziskaner, politische Weltpriester, nationale Revolutionäre, Gelehrte, Diplomaten, Minister, Landwirte, Bierbrauer, Weinhändler, Likörfabrikanten und weiß Gott noch was sind ihre Priester, und das alles hat in der Kirche Platz – man kann nicht sagen, daß die Kirche engherzig ist. Vielleicht muß man wirklich ein Mönch sein, um ein freier Mann zu bleiben.

DIE ARISTOKRATEN

Die Aristokraten leben im Himmel. Sie genießen alle denkbaren Freiheiten. Für sie gibt es keine Gesetze, sondern nur gute Formen und gute Manieren. Sie tun, was sie wollen, sie sind immens reich. Sie haben alle Macht, wenn sie wollen, aber sie wollen nicht – es liegt ihnen gar nichts daran –, sie lassen die Macht ruhig denen, die sich darum reißen: »Aber bitte...« Ihnen ist es nur eine Last. Gelegentlich üben sie ihre Macht andeutungsweise aus – die Leut', die es angeht, merken's schon und die, die es nicht angeht, wissen gar nichts davon. So regiert auch der Kaiser – ein großer Herr, kein Gendarm. Niemand spürt, daß er regiert wird – am Ende wird gar nicht regiert. Die Gesetze haben auch gegen die Bürger keine Schärfe. Sie werden elastisch angewendet, und es gibt so viele Ausnahmen – Gesetze haben in Österreich noch niemand weh getan. Immerhin – die Aristokraten stehen über dem Gesetz (nicht der Verfassung nach, aber in Wirklichkeit). Der Wachmann ist für sie kein Gott. Sie reden mit ihm, wenn nötig, höflich, aber bestimmt, wie ein Major mit seinem Wachtmeister.

In der ganzen Monarchie gibt es keine zweihundert Familien, die man zu den Aristokraten rechnet. Von Adel sind ja in Österreich zahllose Menschen – jeder dritte Beamte, jeder zweite Offizier. Aber zum Aristokraten gehört nicht so sehr der hohe Titel – es gibt einfache »von«, die Aristokraten sind – als großer Reichtum, ein fürstlicher Lebensstil und internationale Position und Verwandtschaft. Noch unter den zweihundert gibt es Abstufungen.

Alle diese Abstufungen des Ranges von den Höhen der Aristokraten bis in die Niederungen der Truppenoffiziere und Beamten sind eine ganze historische Wissenschaft. Die verschiedenen Rangleitern laufen parallel, konkurrieren und überschneiden einander – was gibt es da für schöne Spiele! Ein eigenes Departement bei Hof, mit Hofrat Nepalleck an der Spitze, tut von früh bis abends nichts anderes, als Rangfragen lösen und alle Menschen, die mit dem Hofe zu tun haben, richtig ihrem Range nach einordnen.

Die Aristokraten spielen dieses Rangspiel mit unermüdlicher Passion, und sie haben die Nachschlagewerke immer zur Hand: den Gotha, den Amtskalender, den Heeresschematismus – sogar der Kaiser spielt das Rangspiel gerne, und seine auf ein ungeheures Gedächtnis und Nepalleck gestützte Autorität ist weltweit anerkannt. Was dem Juden der Talmud, ist dem Aristokraten das Rangspiel, es wird auch mit ähnlicher Logik gespielt. Schon dieses Spiel macht dem Aristokraten jeden Verkehr mit Bürgerlichen unmöglich; die können das Rangspiel schon darum nicht mitspielen, weil es sie mangels persönlicher Beteiligung nicht interessiert und dann, weil es unter den Berufenen mit lauter Vornamen gespielt wird. Was ist zum Beispiel »der Titi«? Das kann ein Hund, ein Mann, aber auch eine Frau sein, denn Frauen haben oft männliche

»pet-names«. Das kann drei Jahre und siebzig Jahre alt sein. Man kann sich da schrecklich blamieren; es wird von einem »Titi« ein Ausspruch kolportiert. Man glaubt, es ist ein Kindermund, und es ist das historische Wort eines Staatsmannes.

Aber es ist nicht nur der Gesprächsstoff, der den Aristokraten vom Bürgerlichen trennt: es ist der Lebensstil.

Der Aristokrat ist ein freier Mann, seine Zeit teilt er allein ein, er allein ist Herr seiner Zeit, er hat die Zeit, die er haben will. Seine Zeit gehört ihm. Das muß man viermal sagen, sonst verstehen es die Leute nicht: für den Aristokraten ist die Uhr kein Zwang – für ihn ist Pünktlichkeit kein Muß, sondern eine Höflichkeit. Er gehorcht der Uhr, so wie er dem Wachmann gehorcht, nicht weil dieser ihn zwingen könnte, sondern gerade weil er ihn nicht zwingen kann – aus Ritterlichkeit. Und weil der Aristokrat frei ist, hat er auch nur ein Ich – der Bürger hat ein Dutzend Ichs, die Ichs aller seiner Knechtschaften: Ich als Kaufmann – Ich als Staatsbürger – Ich als Familienvater – Ich als Soldat ... Der Aristokrat ist alles zugleich und auf einmal – er teilt sein Leben nicht in Beruf und Privatleben, er versteht auch diese sonderbare Teilung nicht. Er kann auch gar nicht sagen, wo bei ihm Beruf und Privatleben aneinandergrenzen. Die Aristokraten haben kein Privatleben – nein! Sie haben nur ein Leben, so wie der Bauer nur ein Leben hat: seine Ehe und seine Kinder gehören so gut zum Betrieb wie sein Vieh und die Felder. Er sperrt nie seinen Betrieb zu und sagt: Jetzt geh ich nach Hause und darf Mensch sein. Er darf und muß immer Mensch sein. Und so einheitlich ist auch das Leben der Nomaden und der Jäger – aller primitiven Lebensformen. Das Leben der Aristokraten ist ein primitives Leben in grandioser Form. Der Aristokrat spürt: Das kann sich nicht so halten. Primitive Lebensformen haben in dieser Welt keinen Platz mehr, Aristokraten so wenig wie Nomaden und Jäger. Die wirtschaftliche Möglichkeit und die moralische Grundlage dieses Lebens schwindet dahin – ein Herr zu sein, der nur mehr glänzt und nicht mehr herrscht und einen »herrlichen« Lebensstil mit sich zu schleppen, der für den, der nicht mehr herrscht, ein sinnloser Luxus wird ... Der Aristokrat ist weit entfernt davon, das nicht zu wissen. Er weiß es, daß er ein Glück auf Kündigung genießt. Es ist ihm schon gekündigt. Da tut er eben, was alle Menschen in solcher Lage tun: er lebt und läßt leben und macht die Augen zu.

Auch über seinen Reichtum hat er keine Illusionen ... Er weiß ganz genau, daß Geld nicht Macht ist, sondern von Macht kommt. Wer Macht hat, zu dem kommt Geld von selber, und wer Geld ohne Macht hat, dem nimmt man es einfach weg. Was nützen da alle Rechtstitel? Wer die Macht hat, hat das Recht. Wie sind denn seine Vorfahren zu ihrem Reichtum gekommen? Erkämpft, erbeutet, erlistet haben sie ihn, das ist lange her, aber doch nicht gar so lange, daß diese Geschichten ganz vergessen wären.

Die Aristokraten wissen über die Familien ihrer Standesgenossen viel zu erzählen – jeder weiß eine Skandalgeschichte über die Vorfahren des anderen, und sie erzählen mit Freude: den Tratsch und den Skandal von Prag oder Bergamo aus dem 17. oder 16. Jahrhundert. Da erzählen sie von einem, sein Vorfahre sei ein venezianischer Wucherer gewesen, ein anderer stamme von einem Armeelieferanten, ein dritter gar von einem kaiserlichen Hofjuden ab. Die Stammutter eines anderen Geschlechtes sei eine Genueser Hafendirne gewesen, in die sich ein König verliebt und die er dann mit einem Grafen verheiratet habe. Und nicht schöner sind die Geschichten, die die Aristokraten einander darüber nachsagen, wie ihre Vorfahren zu ihrem Reichtum gekommen sind. Da soll ein achtzehnjähriger Knabe mit einer siebzigjährigen Erbin oder ein gelähmter Greis mit einem taubstummen Kind verkuppelt worden sein. Viele Vermögen sollen durch politische Denunziationen entstanden sein – da bekam dann der Denunziant die Güter des Denunzierten zum Lohn. Da soll es Virtuosen der Denunziation gegeben haben, die unschuldigen Leuten kompromittierendes Material ins Haus schmuggelten, um ihre Güter einzustecken. Eine Zeit, die sich ganz sicher fühlt, daß so etwas heutzutage nicht mehr vorkommen kann, findet solche Menschen imposant und reizvoll und hat für diese sympathischen Erscheinungen das Wort »Renaissancemenschen« geprägt. Nun – die Aristokraten sagen einander gerne nach, daß ihre Vorfahren Renaissancemenschen waren. Wie gesagt, sie haben keine Illusionen über die Herkunft ihres Reichtums und über das Recht und seine Kraft. Sie sagen einander gerne Skandalöses über ihre Ahnen nach – Ahnentratsch ist ihnen eben so teuer wie Rangspiel. Auch das trennt sie von den Bürgern. Was soll ein Bürger mit einem Florentiner Skandal von 1670 anfangen? Damals sind die Vorfahren der Bürger, wie man in Wien sagt, noch auf den Bäumen gesessen, und damals hat es, nach der Meinung der Bürger, ohnehin nur Renaissancemenschen und Maler gegeben.

Den maßlos reichen Wiener Aristokraten sieht es kein Mensch an, daß ihre Vorfahren einmal vielleicht schmutzige oder blutige Hände hatten. Sie sind die hübschesten, elegantesten Menschen, die es auf der Welt gibt, eine lustige Mischung aller europäischen Rassen – wunderbare majestätische Frauen und zarte Botticelli-Figuren, großäugige Brünette, kleine, knabenhafte Kalmückinnen ... Und erst die Männer! Blonde Märchenprinzen und römische Cäsaren, mongolische Tamerlangesichter, schwere, riesige Bojaren, und alle wunderbar gepflegt und angezogen – Auslagestücke von Menschheit. Es ist ein Anblick, wenn sie in den Logen der Oper sitzen: die schönen alten Damen – kerzengerade aus der Taille heraus sitzen sie da – das macht ihnen keine Bürgersfrau nach – die Corsage voll mit etwas zu viel Schmuck – Vorrecht des Alters – und daneben die gottvoll schönen jungen Mädchen und Frauen, die in der Loge erst nach vorne schlüpfen, wenn es schon finster ist, denn sie wollen sich nicht anstarren lassen. Dahinter leuchtet dann eine Frackbrust, ein blauer Dragonerrock – die Wiener Bürgersöhne trinken diesen Anblick, sie können sich von soviel Schönheit und Würde gar nicht losreißen. Sie verstehen nicht, daß den glücklichen Männern, denen solche herrliche Frauen gehören, die Ballettmädchen mit ihren dicken Beinen und gar Vorstadtmädchen gefallen können. Jeden Tag hört man von solchen Liebesgeschichten. Ist das nicht unbegreiflich, wenn man Göttinnen in den Armen halten kann? Wie so eine Frau nur sein muß? Hat sie einen warmen Körper wie andere Frauen mit Haut und Haaren oder steckt am Ende in diesen göttlichen Kleidern nur ein kühler, keuscher Hauch, der verfliegt, wenn man sie entkleiden will? Solche Frauen kann es doch gar nicht geben! Heiße Wellen phantastischer, unerfüllbarer Sehnsucht fluten aus den Herzen der Bürgerknaben und -jünglinge zu diesen unerreichbaren, kühlen, herrlichen Frauen. Die blassen, formlosen Bürgermädchen merken diesen Enthusiasmus der Jünglinge und sind eifersüchtig und machen damit die Jünglinge glücklich: Man traut ihnen eine so herrliche Frau zu! – »Sag's noch einmal!« möchten sie schreien. Am Ende liegt es wirklich nur am Frack oder am Dragonerrock – man könnt' ja bei den Dragonern dienen, da lernt man dann die Brüder dieser Frauen kennen und dann am Ende die Frauen selber ... Was diese Grafen nur machen, daß sie keine Wimmerln haben? Aber Grafen hat ja so eine alle Tage, vielleicht sucht sie nur reine Liebe und Treue, vielleicht ist sie betrogen und enttäuscht und wartet nur auf ein edles, verstehendes Herz. Da steht man und weiß es nicht, und vielleicht wartet sie auf einen ...

»Was starrst du denn alleweil da hinüber die an? Hast du denn gar keine Manieren? Glaubst, die wart' auf dich? Man muß sich wirklich genieren mit dir.« Und schon steht sie auf und ist draußen, und er muß sie eine halbe Stunde lang versöhnen und geht glücklich nach Hause: sie war auf ihn wegen einer blonden Prinzessin eifersüchtig – wegen einer Prinzessin auf ihn. Vielleicht ist er wirklich zu bescheiden – wer weiß ...? Am nächsten Tag bestellt er sich einen neuen Frack ... Am Ende liegt es doch nur am Frack ... Nein, mein Lieber, es liegt an deinem unsicheren, zaghaften Bürgerherzen, du hast halt keine Renaissancemenschen zu Ahnen, deine Vorfahren haben immer nur gesponnen und gewoben und viel gegessen und viel Geld gezählt – sie haben nie etwas gestohlen, höchstens ist ihnen etwas gestohlen worden. Du glaubst, es muß überallhin einen Promenadenweg und einen Eingang mit Kassenschalter geben, wo man seine Karte löst und ehrlichen Preis für ehrliche Ware zahlt – du weißt nicht, daß es Dinge gibt, die man nur rauben kann. Eines Tages wirst du in der Zeitung lesen, daß deine herrliche, blonde Prinzessin, die vielleicht gar keinen Körper mit Haut und Haaren hat, mit einem italienischen Krawatteltenor, der im »Trocadero« aufgetreten ist – nicht der Caruso, nein! ein ganz

ordinärer O-sole-mio-Tremolierer –, durchgegangen ist. Du wirst dir denken: »Mein Gott! Wenn ich das gewußt hätte! Kann man so was ahnen?«
Und deine Frau, die es nun schon seit Jahren ist, sagt triumphierend über den Frühstückstisch: »Da siegst es – deine Prinzessin –, da siegst es, was das für eine is! San alle so – außen hui, innen pfui.«
Du hörst nur »deine Prinzessin – *deine* Prinzessin« und küßt sie dankbar auf die Stirn, gehst dann ins Büro zu Fuß – es ist heute so schönes Wetter! Kommst halt paar Minuten zu spät: »Mein Gott – wenn man das gewußt hätte!«
Und wenn du es schon gewußt hättest – mach dir doch keine Illusionen! Auch wenn sie damals herübergeschaut hat – sie hat nicht auf dich, sie hat auf deine Braut geschaut und gedacht:
Was können Männer an solchen Frauen finden? Wie sie nur angezogen sind! Die dummen Rüscherln und Mascherln! Wenn man denkt, daß Männer sich in solche Frauen verlieben! Kunstreiterinnen, Tänzerinnen – ja! Wenn sie wenigstens ordinär wären! ... Aber so kraft- und blutlos – komisch ist das mit der Liebe ...
Ein tiefer, breiter Strom trennt die Aristokraten von den Bürgern. Die Prinzessinnen sehnen sich nicht nach wahrer Liebe und trautem Glück, nach Jünglingen mit heißem Herzen und feuchten Händen. Ihre Vorfahren waren Helden, Spieler, große Abenteurer, und vom großen, gefährlichen Abenteuer, von der Liebe am Rande des Todes träumen diese Frauen ... Leonore und Florestan – gerade spielen sie im dunklen Opernhause die Leonoren-Ouvertüre ... Wie das gelbe Licht des aufgehenden Mondes leuchten die Lämpchen aus den Logenhintergründen über Frauenhaare, blitzende Brillanten, nackte Schultern und bunte Waffenröcke in den dunklen, warmen, menschenvollen, von Tönen vibrierenden Abgrund. Eine magische Hand zieht aus dem Orchester diese schimmernden, leuchtenden Töne, die wie heiß besonnte Luft erzittern, eine scharfe Brille glänzt auf, ein Haarschopf fliegt zwischen erhobenen Händen in die Höhe und eine Trompete, die von weiter Ferne, Sonne und blauem Himmel leuchtet, kündigt Florestans Erlösung an – Erlösung vom Rande des Grabes. Von solcher großer, gefährlicher Liebe träumen Prinzessinnen – vom großen Abenteuer ...
Louise von Coburg zieht mit Geza Mattachich durch die Welt, und er ficht für sie Duelle, und er fälscht für sie Wechsel und geht für sie ins Gefängnis und befreit sie aus dem Irrenhaus. Louise von Toscana flieht mit dem Lehrer Giron und dem Virtuosen Toselli – nach solcher Liebe sehnen sich die Prinzessinnen. Wenn es sein muß, dann muß es die große, tödliche Liebe sein – kein Idyll! Ein Panther, ein Löwe, ein Wolf – nur kein guter, treuer Hund.
Ja, das beiläufig hat die Prinzessin gedacht, als sie während der Leonoren-Ouvertüre das reizlose, blasse Bürgermädchen ansah – sofern man das, was Prinzessinnen tun, denken nennen kann: Sie sehen Bilder, sie schauen nach innen, sie träumen, sie lassen sich auf den Eindrücken treiben ... Ihr Denken

99

ist eine Art Andacht zu sich selbst. Kein Ort ist besser dazu als das dunkle, von Tönen bebende Opernhaus.

Im Vestibül der Oper, unter der großen Freitreppe, sitzen auf langen, roten Plüschbänken in ihren drapfarbenen Livreemänteln mit Livreezylindern auf dem Kopf die Lakaien der Herrschaften und halten Pelze und Decken auf den Knien. Sie haben rosige, runde Gesichter wie Weihnachtsmänner ohne Bart. Wo man nur die Leute mit diesen Gesichtern findet? Dazu muß eigens wo eine Rasse gezüchtet werden. Hört man ihrem Reden zu, dann reden sie wie alles Wiener Personal tschechisch oder böhmisch-deutsch.

Plötzlich hört man eine Tür klappen, und eine eilige Stimme ruft: »Aus is!« und plötzlich rufen Frauen- und Männerstimmen aus allen Winkeln »Aus is!« – Hundert Türen klappen, eine Welle Applaus schnappt eine Sekunde lang ins Vestibül, ein paar Leute, die es eilig haben, schießen vorbei. Die Lakaien fangen gemächlich an, aufzustehen und dann tröpfeln nach und nach die Leute in Pelzen und Theatermänteln über die große Treppe herunter, und jetzt kommen auch langsam die Herren im Frack und die Damen mit den Abendkleidern und Brokatumhängen, auf die unten die Lakaien mit den Mänteln warten. Die hohen Herrschaften haben gar keine Eile. Sie gehen in munterem Gespräch langsam die Treppe herunter, sie reden laut und ungeniert, sie stellen mitten in der Treppe animierte Gesellschaftsbilder, und die Bürger drücken sich halb unwillig und halb bewundernd an diesen Leuten vorbei, die sie kennen, von denen sie aber nicht gekannt werden. Sie genießen den prickelnden Reiz, diese hohen Persönlichkeiten einander du sagen und beim Vornamen nennen zu hören, sie sehen zu, wie die Lakaien sie in ihre Pelze wickeln, sie hören, wie die Equipagen mit den glanzvollsten Namen gerufen werden und suchen zu erraten, zu wem diese Namen gehören. Sie sehen in die offenen Coupés hinein, sehen wie diese Herren und Damen geschickt auf ihre Sitze im Wagen schlüpfen und wie die Diener sie sorgsam zudecken. Sie hören noch ein Endchen einer Weisung, die dem livrierten Lakaien gegeben wird, haben einen Blick in den Himmel getan und fragen sich still: »Wie machen das diese Menschen nur?« Ob sie sich leicht oder schwerfällig bewegen, ob sie gerade gehen oder hinken, sie machen alles vollendet. Wenn sie dick sind, sehen sie monumental wie Jupiter aus, wenn sie schlank sind wie Apollo oder Dionysos. Ist einer klein, dann sieht er wie ein Ritter aus oder wie ein Dämon, nie aber sehen sie banal aus, niemals stolpern sie über ihre Füße, und wenn sie es tun, wird es zu einem kapriziösen Tanzschritt. Sie fühlen sich eben sicher. Sie haben Mut zu sich selber, sie führen ein gesundes Leben, so sagen die Bürger. »Woher aber sollen wir es denn haben? Erst sind wir verprügelte Kinder, und dann werden wir an Schreibtischen und Kontors und lauwarme Ehebetten geschmiedet – wie sollen wir denn jemals schön und sicher werden?«

Ja, es ist eine andere, eine schönere, eine edlere Welt – vielleicht bilden wir es uns auch nur ein, vielleicht spielen es uns die Aristokraten nur vor, aber wir Bürger glauben gerne daran, daß es einen Himmel auf Erden gibt, wenn wir auch gar keine Hoffnung haben, jemals in diesen Himmel zu kommen. Aber wir schauen wenigstens gerne in diesen Himmel hinein und können dort sehen, wie man es denn eigentlich macht, und uns dann den ganzen Tag über unsere Mitbürger ärgern, die in kleinbürgerlichem Unverstand so gar nicht wissen, wie man es macht, die immer das falsche Kleidungsstück anziehen: das Jackett am Abend und den Smoking zu Mittag – die sich mühevoll und keuchend in einen Wagen zwängen – die nicht wissen, wie man Krebse ißt – die überhaupt nie wissen, was man tut, und die immer wissen, daß sie es nicht wissen, und die daher alles erst recht dumm machen.

Tausende Stunden und Tage werden im Leben der Bürger sinnlos mit Debatten darüber vertan, was man zu tun hat, was man anzuziehen hat. Hat man Besuch zu machen – einzuladen – Karte abzugeben ...?

Und an all dieser verdammten Unsicherheit der Bürger, die ihnen das Leben vergällt, ist nur der Blick in den Himmel schuld.

Viele tausend Bürger opfern den Frieden ihres Familienlebens und ihre Lebensfreude dem Wunsche, ihr Leben dem irdischen Himmel der Aristokraten wenigstens ähnlich zu gestalten und sich einen halbwegs gelungenen Ersatzhimmel bei sich zu Hause einzurichten, in den dann immer wieder ihre Verwandten und Mitbürger eindringen, die ihre Rollen nicht können und ihnen ihren ganzen Ersatzhimmel verpatzen, weil sie zu Mittag den Smoking und am Abend den Cut angezogen haben.

Und das kommt alles daher, weil die Bürger nicht wissen, wohin sie gehören. So wie sie ihre Wohnungen in allen Stilen der Welt modern einrichten, nur nicht mit dem Möbeln, die sie von Eltern und Großeltern geerbt haben, so leihen sie sich von überall Grundsätze, Formen und Manieren aus, als ob Formen vom Inhalt loszulösen wären. Sie sind solide Kaufleute und wollen nicht, daß man ihnen das ansieht; sie erziehen ihre Kinder zu Aristokraten, sind aber dann sehr erstaunt, wenn die Kinder das Geschäft nicht freut und wenn sie als vollendet erzogene Aristokraten in der bürgerlichen Ratlosigkeit des Elternhauses unglücklich sind. Wenn ihnen dann die Kinder die Wahrheit über den inhaltslosen Unsinn dieses ausgeborgten, dilettantischen Lebensstiles sagen, dann sind sie unglücklich und sagen:

»Solche Opfer haben wir für dich gebracht, damit du es einmal besser haben sollst, als wir es gehabt haben, und das ist nun deine Dankbarkeit!«

»Die Opfer«, erwidern die Kinder, »die habt ihr nicht uns, sondern eurem Snobismus gebracht, wir haben sie nie verlangt. Ihr habt uns für unseren Stand und unseren bürgerlichen Beruf verpatzt. Wir haben Freunde und Lebensgewohnheiten erworben, die über unserem Stand sind – und das ist eure Schuld und unsere Last –, darum können wir euch nicht dankbar sein.«

Die Aristokraten haben keine Ahnung davon, welche Verheerungen sie im bürgerlichen Leben anrichten. Sie kennen die Bürger gar nicht – sie sind ja auch so wenig in Wien ...

Im November kommen sie von ihren Jagden in ihre Wiener Palais und bleiben da bis nach den beiden Hofbällen. Dann fahren sie an die Riviera und von dort nach Paris. Dann kommen sie Mitte Mai nach Wien zurück, wenn die Bürger schon ihre Familien aufs Land schicken und ihre Wohnungen verhängen. Sie sind dann über die Derbysaison in Wien, und Mitte Juni fahren sie zur Saison nach London und dann auf ihre Güter nach Böhmen, nach Mähren, nach Galizien, nach Ungarn oder gar in die wilde Bukowina. Die bürgerlichen Sommerfrischen kennen sie kaum. Wer nicht aus irgendwelchen Gründen der kaiserlichen Sommerhofhaltung in Ischl oder den Höfen, die in Gmunden residieren, nahe sein muß oder will, der kommt zur Jagdsaison im Herbst ins Salzkammergut, wenn die Bürger ihre Koffer packen und nach Hause fahren. Sie gehen immer aneinander vorbei: Der Bürger hat keinen Grund, im Sommer nach Mähren oder nach Ungarn zu fahren. Dort mag es fruchtbar sein, aber dort ist es nach des Bürgers Meinung nicht schön. Er geht hin, wo die Natur ihre lauten Effekte spielt – nach Tirol, ins Salzkammergut ... Für ihn ist die Natur ein sommerliches Theaterstück: die Natur spielt ihr Stück, so gut sie kann, und er schaut zu und spendet Beifall, wenn die Natur ihn verdient hat. Er sät nicht, er erntet nicht. Er spinnt und webt, er kauft und verkauft, er schreibt Akten und Fakturen, und ob die Ernte gut oder schlecht ist, das geht ihn nur wenig an. Wenn auf dem Land nur die Luft gut und die Aussicht schön ist, damit er sich freut und gut erholt – das ist alles, was er von der Natur verlangt.

So leben Aristokraten und Bürger in jeder Hinsicht auseinander. Der Aristokrat ist ein halber Bauer und ein ganzer Jäger – der Bürger ist ein ganzer Städter und höchstens ein Sonntagsjäger.

In Wien geht der Bürger ins Kaffeehaus, der Aristokrat geht in seinen Klub – in den Jockeyklub.

Der Jockeyklub ist mehr als ein Klub, in dem man hoch spielt. Das tut man nämlich auch – Sagen gehen von Millionenpartien. Das ist kein Wunder, denn da sind ja ein paar Herren Mitglieder, die zu den reichsten der Welt gehören. Der Klub veranstaltet aber auch die großen Galopprennen, und außerdem ist er eine große politische Macht – sogar eine Weltmacht, denn seine Mitglieder sind mit allen hohen Aristokraten der Welt verwandt und befreundet. Sie können in Berlin, in London und Paris allerlei stillen Einfluß ausüben. Mystischer Respekt umgibt den Jockeyklub, und viele Leute sagen: Eigentlich regiert der Jockeyklub in Österreich – halt so, wie die Aristokraten alles tun: andeutungsweise, verborgen – Gewisses weiß man nicht. Die Aristokraten lieben es nicht, hervorzutreten, sie tun alles hinter verschlossenen Türen, sie lassen sich nicht in die Karten schauen. Sie sagen auch nicht gerne die Wahrheit. Im Ton naiven Freimuts lügen sie; mit der ergriffenen Stimme vertraulichen Bekenntnisses täuschen sie ihren Zuhörer. Sie nennen das diplomatisches Vorgehen oder, wenn sie sich selber darüber ärgern, »finassieren« ... Es macht jedenfalls den Umgang mit ihnen für normale Menschen sehr schwer. Viele Politiker und Finanziers wollen um keinen Preis mit Aristokraten zu tun haben. So schalten sie sich durch ihre eigene Taktik aus dem modernen Leben aus, das zwar immer brutaler, aber auch immer direkter und klarer wird.

Im Jockeyklub hinter verschlossenen Türen machen sie – wenn sie in Wien sind und wenn sie nichts anderes zu tun haben – ihre undurchsichtige Politik, die keine andere konsequente Linie hat, als das Bestehende zu erhalten. Das sind natürlich vor allem ihre riesigen Besitzungen und die niederen Löhne der Landarbeiter. Sonst sind ihnen besonders Personalfragen wichtig. Der Jockeyklub ist eine große Macht im Lande – zweifellos. Er hat den kürzesten Weg zum Kaiser, denn einige seiner Mitglieder sind mit dem allerhöchsten Herrn in täglichem Kontakt. Der Kaiser hört die Meinung des Jockeyklubs gewiß immer an, aber er kann sich nicht immer nach ihr richten. Große, richtunggebende Köpfe sind im Jockeyklub noch seltener als anderswo. Die Herren haben immer nur Wünsche und Meinungen, die man sich schon im voraus vorstellen kann, und selten Ideen. Es liegt ihnen auch zu wenig daran. Sie haben Frauen und Jagden und Reisen im Kopf, und für ihre Zukunft sind sie allesamt Pessimisten.

Es gibt unter ihnen zwei Sorten von Pessimisten. Die einen sagen: So geht es nicht weiter. Die anderen sagen: So geht es immerhin noch am weitesten.

Die So-geht-es-nicht-weiter-Sager halten ihren Standesgenossen vor, daß sie sich aus Trägheit und Passivität aus allen hohen Stellungen verdrängen lassen. Immer mehr dringen Bürgerliche in Verwaltung, Militär, Justiz an die höchsten maßgebendsten Stellen vor – die Aristokraten verlieren den Kontakt mit den Machtmitteln des Staates.

Aber die andern sagen darauf, man müsse dem Ehrgeiz der Bürgerlichen möglichst freien Raum geben. Wenn man ihnen die hohen Posten wegnähme, dann würden sie einfach revoltieren, und dann sei es ganz aus.

Sie sind alle miteinander gar nicht so dumm, sie kennen die Gefahren ihrer Lage genau, aber sie sind halt pessimistisch und gar nicht tatenlustig. Sie schließen ihren Kreis ängstlich ab, obwohl sie alle sagen, daß das ein Fehler sei und daß man, wie in England, die starken Köpfe aus allen Lagern in ihren Kreis einbeziehen sollte. Sie sagen es und tun nichts – warum? Weil sie im Grunde doch Wiener sind, die sich gerne auf einer Insel einsperren, wie es alle Wiener tun, und weil sie nichts so scheuen wie Publizität und öffentliches Hervortreten – wie alle Wiener.

Nicht einmal die Ministerposten, die sie aus irgendwelchen Gründen erhalten, nehmen sie gerne an. Sie lassen sogar in die Zeitung schreiben, ein wie großes Opfer sie bringen, wenn sie Minister werden. Der Kaiser hat gerne ein paar aristokratische Minister in seinem Kabinett, denn mit ihrer Ehrgeizlosigkeit wirken sie ausgleichend. Die bürgerlichen Minister, die von unten kommen, können nie genug Lorbeeren sammeln – sie sind auf ihre Ministerkollegen und auf ihre Beamten eifersüchtig und gönnen niemand ein Bröcklein Erfolg. Die Aristokraten, die schon von Geburt aus alles haben, was die neuen Männer haben wollen, wirken da dämpfend, und vor allem sind sie ein wahrer Segen für ihre Beamten. Ein aristokratischer Minister faßt sein Amt wie ein Theaterdirektor auf: Er *sucht* Stars, aber er konkurriert nicht mit ihnen. Er ist stolz, den Star gefunden zu haben, und gönnt ihm allen Ruhm. Nichts ist angenehmer, als einem aristokratischen Chef zu dienen. Sie entdecken gerne Genies und haben auch den Mut und die Macht, einem außerordentlichen Kopf eine außerordentliche Karriere und Stellung zu machen. Das können sie. Sie sind gute Menschenkenner. Sie haben einen geschulten Jägerspürsinn, eine gute Sammlernase und sicheren Geschmack. Das alles gehört zum Entdecken von Talenten und vor allem die Neidlosigkeit. Sie sind Protektoren, Wegbahner, Helfer. Der Beifall, der ihrem Schützling gilt, fällt auf sie zurück.
Wenn sie wollten, dann könnten sie mit ihrer Macht und ihren Fähigkeiten viel leisten, aber sie wollen nicht, es liegt ihnen gar nichts daran, sie lassen die Macht gerne denen, die sich darum reißen – ihnen ist sie nur eine Last. Sie leben ohnehin im Himmel, und daß sich das nicht halten kann, das wissen sie. Da tun sie eben, was alle Menschen in solcher Lage tun: Sie leben und lassen leben und machen die Augen zu.

DIE MILLIONÄRE

Millionäre gibt es in Wien eine ganze Menge – vielleicht tausend, vielleicht auch mehr –, denn zu den Wiener Millionären kommen ja noch die aus der Provinz, die auch in Wien ihre Wohnungen und ihre Häuser haben. Die Millionäre haben viel Geld – das ist ihr Beruf und ihr Schicksal. Aber sie sind nicht schön, sie sind auch nicht elegant, und kein Mensch mag sie recht. Gewiß sind sie umworben, und sie spielen in den Träumen der Menschen eine große Rolle, aber nicht eigentlich sie, sondern nur ihr Geld. Alle Welt denkt darüber nach, wie man ihnen dieses Geld abnehmen könnte – nicht am Ende auf gewalttätige Art, sondern je nach Möglichkeit und Begabung durch Geschäfte, durch Schwindel, durch Liebe und das ihr eng benachbarte Laster, durch Kunst und die damit verbundenen erotischen Genüsse, durch Wohltätigkeit und die damit verbundenen Titel und Würden, durch Kuren und Operationen ... Wer sich nicht mindestens alle drei Jahre operieren läßt, ist kein Millionär. Das ist gar nicht zum Lachen, denn die armen Millionäre sind wirklich fast alle leidend, mindestens sind sie Hypochonder, und das ist genau so schlimm.

Wenn der Millionär den Verfolgungswahn hat, so ist das eigentlich keine Krankheit, sondern die richtige Wahrnehmung eines wirklichen Zustandes: er ist wirklich ein Verfolgter, ein Ausgebeuteter – alle Welt hat sich verschworen, ihm sein Geld abzunehmen. Jeder will etwas, wenn er zu ihm freundlich ist, und da soll er nicht mißtrauisch werden und ängstlich und sich von Feinden umgeben fühlen!

Der Millionär ist ein Mann, dessen Leben das Gleichgewicht verloren hat. Reich sein ist nämlich eine große Kunst, die man im Laufe einer Generation lernt. Weit leichter findet sich der reiche Mann in der Armut zurecht, als der arme im Reichtum. Man muß einmal reich gewesen sein, um mit Grazie und Geschick arm sein zu können, aber umgekehrt geht es viel schwerer, und die Millionäre sind alle Anfänger in der Kunst des Reichtums, denn sonst würde man sie ja nicht Millionäre nennen. Millionär ist ein Anfängertitel.

Wenn man von jemand noch nichts zu sagen weiß, als daß er Geld hat, dann nennt man ihn eben einen Millionär.

Die Millionäre sind keine Führer und Vorläufer, sondern fleißige, ängstliche Nachahmer und Nachläufer. Ihre Schmarotzer zeigen ihnen den Weg: Es ist immer das gleiche Bild seit dem »Bourgeois Gentilhomme« oder auch, wenn man will, seit Petronius. Die Figur ist gar nicht neu. Neu ist nur der breite Raum, den sie in der Gesellschaft einnimmt. Das ganze wirtschaftliche Leben Wiens ist auf der Ausbeutung der Millionäre aufgebaut. Nach dem Kriege, als die Millionäre abwanderten oder verarmten, geriet eine ganze Legion von Wiener Gewerben und Industrien in Verfall. Daran war freilich nicht nur die

Dezimierung der Millionäre, sondern auch das Verschwinden des Hofes, der Botschaften und des Reichtums der Aristokraten schuld, aber diese hohen Herrschaften waren es nicht, an denen die Lieferanten verdienten – an denen kann man nicht reich werden. Die wissen ganz genau, was sie als Reklamefiguren wert sind, sie wissen, daß ihnen die ganze reiche Kundschaft nachläuft und daß sich der Geschäftsmann von diesen gutzahlenden Nachläufern hundertmal das holen kann, was er an ihnen nicht verdient hat. Es gibt gewiß noble Herren, die zu vornehm sind, um von ihrem Reklamewert, den sie für den Kaufmann bedeuten, Gewinn ziehen zu wollen, aber manche tun das ganz ungeniert. Auch diese hohen Herren profitieren also indirekt vom Reichtum der Millionäre. Keine soziale Klasse verschmäht es, in irgendeiner Form an diesem fetten Bissen zu nagen. Sogar der Kaiser nagt und verkauft ihnen schöne Titel und Orden. Benagt zu werden ist offenbar die soziale Funktion der Millionäre.

Die Wiener Millionäre sind meistens zweite Generation – jene Generation, die den Übergang in das Stadium des Ausgebeutetwerdens vollzogen hat –, sie sind also der harmlosere, oft sogar recht arme und bemitleidenswerte Typus von Millionären.

Um 1900 ist die Zeit der Entstehung der großen Vermögen schon vorbei – da erhalten sie sich eben noch ganz gut, aber sie keimen und wachsen nicht mehr. Es sieht alles noch so sicher aus, daß die reichen Leute die Problematik des Reichtums nicht gerne an sich herankommen lassen oder höchstens als eine ferne Möglichkeit, wie den Tod oder den Weltuntergang. Die großen Vermögen sind zwischen 1830 und 1870 entstanden bei den großen Eisenbahnbauten, der Stadterweiterung, der Mechanisierung der Industrie.

Der bodenständige Wiener Reichtum stammt meistens von Brot, Fleisch, Bier und der Bodenspekulation. Spekulation ist eigentlich schon zuviel gesagt, denn der Wiener ist kein Spekulant. Auch in Wien spielt natürlich die Börse ihre Rolle, aber das Börsenspiel beschränkt sich auf einen engen Kreis, es greift nicht ins Volk wie etwa in Frankreich oder in England, wo jedermann spielt und wo man Laufburschen über Börsenkurse diskutieren hören kann. Auch der Gewinn aus der Bodenspekulation ist hier eher eine gebratene Taube, die den Leuten in den Mund fliegt. Im Anfang des 19. Jahrhunderts, als ein Staatsbankrott dem anderen folgte, gewöhnten sich die Wiener daran, ihre Kapitalien in den wertbeständigen Grundstücken der Vororte sicher und mit geringem Ertrage anzulegen. Als nun die Stadterweiterung kam, stiegen die Werte dieser Grundstücke auf das Vielfache und machten ihre Eigentümer zu reichen Leuten. Hinter diesem Reichtum steckt nicht mehr Arbeit und Verstand als hinter einem Lotteriegewinn.

Die anderen großen Wiener Vermögen sind auch eine natürliche Folge des Wachsens der Stadt. Die Zahl der Einwohner und mit ihr der Konsum wächst rascher als die Zahl der Gewerbetreibenden und Kaufleute – da kommt dann auf jeden Geschäftsmann mehr Umsatz und mehr Verdienst. Das ist das ganze Geheimnis des bodenständigen Wiener Reichtums. Weder kühnes, einfallsreiches Unternehmertum noch abenteuerlicher Spielergeist wächst auf Wiener Boden.

Nein! – Wien ist nicht der Boden, auf dem Reichtum gedeiht! Der wächst in der Provinz, und die meisten Millionäre sind zugewandert – vor allem aus Böhmen und Mähren und Schlesien, wo die Menschen hart arbeiten, offene Köpfe haben und keine Träumer, Spaziergänger und Musikanten sind. Prag, Brünn, Bielitz, Mährisch-Ostrau – da kommen die Wiener Millionäre her. Auch von den galizischen Petroleumquellen und von den Urwäldern der Bukowina und Kroatiens kommen sie. Zum ganz großen Teile sind sie Juden. Das kommt weniger daher, daß die Juden so besonders schlau oder schlecht sind, als daher, daß nicht nur die Wiener, sondern die Österreicher im allgemeinen keinen kaufmännischen Geist haben und die kommerziellen Möglichkeiten, die auf der Straße liegen, einfach nicht sehen.

Der Wiener ist eine verspielte Natur. Das Wesen des Spieles aber ist, daß es nicht zu einem Zweck, sondern nur zur Freude des Spielers getan wird. Das genaue Gegenteil ist der Geist des Kaufmannes: Er denkt und handelt nur zu Zwecken und schaltet aus seinem Denken bewußt alles aus, was dem Zweck seines Handelns fremd ist. Das kann der Wiener nicht, und die meisten Österreicher können es auch nicht. Man nennt sie gerne zerstreut, das heißt, sie sind nicht auf Zwecke konzentriert, sondern auf ihre Freuden, und zu diesen Freuden gehört das Geldverdienen nicht oder doch nur ganz ausnahmsweise. Denn Geld ist dem Wiener nur Mittel zum Zweck. Die Sehnsucht des Wieners ist der Genuß, den man sich um das Geld beschaffen kann, und nicht das Geld selber. Denn, was ist denn Geld? Geld ist Macht, und an nichts liegt dem Wiener weniger als an Macht. Er sehnt sich nicht im mindesten danach, seinen Nebenmenschen zu beherrschen – er läßt ihn gerne in Frieden und wird gerne von ihm in Frieden gelassen. Aber ohne ein wenig Freude an der Macht wird man kein reicher Mann. Darum wächst der Reichtum in Österreich mehr an der Peripherie des Reiches als in seinem Kern, wo die echten Österreicher wohnen.

Die Millionäre kommen also, ob sie nun Deutschböhmen oder gar Deutsche aus dem Reich, Juden, Griechen, Armenier oder Spaniolen sind, von außen nach Wien herein als Träger einer fremden Geistes- und Wesensart. Denn wäre sie nicht fremd, denn wären ihre Träger ja so wenig Millionäre wie die Wiener. Sie sind in dieser Stadt, die von ihnen zum großen Teil lebt, Fremdkörper.

Ihre großen Vermögen haben sie nicht anders verdient als alle reichen Leute ihrer Zeit: durch die Mechanisierung der Erzeugung und die niederen Löhne.

Das war nicht gar so mühelos, wie es sich jetzt schreibt. Es gehörte schon einiges Urteil dazu, um die Möglichkeiten zu sehen, einiger Mut, um die wahrgenommene Möglichkeit auch auszunützen, Fähigkeit zu organisieren, und Zähigkeit, Rückschläge auszuhalten. Kurzum, gebratene Tauben, wie die Wiener Hausherrenmillionen, waren die Millionen der damaligen Industriellen keineswegs. Die Konjunktur kam ihnen wohl zu Hilfe, aber sie hatten alle das Gefühl, ihr Geld rechtschaffen mit ehrlicher Arbeit und Verstand verdient zu haben. Sie rühmten sich mit Recht, für viele tausend Menschen Arbeit geschaffen zu haben – ganze Städte wuchsen rings um ihre Fabriken in die Höhe. Aus Gegenden, in denen es einmal nichts als arme Bauern gegeben hatte, flossen nun der Regierung ganze Goldströme an Steuern zu. Das alles war, so sagten und glaubten sie, ihr Verdienst.

Die erste Generation, die den Reichtum geschaffen hat, hat also ein gutes Gewissen. Sie sind ehrlich entrüstet, wenn jemand sie Ausbeuter nennt, sie, die zehnmal soviel Arbeiter beschäftigen und besser bezahlen als ihre Väter – hat vielleicht jemand ihre Väter Ausbeuter genannt? Ist es vielleicht ein Verbrechen, Erfolg zu haben und seinen Betrieb groß zu machen? Soll man vielleicht ewig ein Krämer und Handwerker bleiben? Wo bliebe denn dann der Staat und seine Steuern? Wer zahlt denn die meisten Steuern – die kleinen Leute oder die großen? So ein Unsinn! Ausbeuter!

Die erste Generation ist auch noch nicht unsicher. Sie bleibt bei ihren Lebensgewohnheiten – man kann Frauen von böhmischen Großindustriellen Boden reiben sehen. Sie machen eigentlich von ihrem Reichtum gar keinen Gebrauch. Sie sagen, das viele Geld gehöre nicht ihnen, sondern den Betrieben. Sie haben die Betriebe aufgebaut – die großen Reserven blenden sie nicht –, sie wissen, daß ein paar schlechte Jahre auch große Vermögen aufzehren können. Die großen Vermögen imponieren einem gleich nicht mehr, wenn man sich vorstellt, daß ein größerer Unternehmer im Jahre zwei bis drei Millionen Kronen für Löhne und Gehalte bar auf den Tisch legen muß. Wie lange kann denn das auch ein reicher Mann, wenn er eine Weile nichts verdient oder gar daraufzahlt? Die alten Leute bleiben der Lebensweise wohlhabender Handwerker treu. Sie verkehren mit ihresgleichen, sie sitzen an ihren provinziellen Stammtischen und sie wollen nicht mehr. Aber natürlich – die Kinder sollen es besser haben! Das ist ein guter Vorsatz, aber es ist leichter, Millionen zu verdienen als eine Familie zu gründen. Nichts ist schwieriger als der Aufstieg in eine höhere soziale Klasse. Es ist vielleicht eines der größten Probleme des 19. Jahrhunderts: alle Eltern wollen, daß ihre Kinder es einmal besser haben sollen als sie. Keiner ist mit dem Ort zufrieden, wo er steht, und so steht schließlich keiner mehr an dem Ort, für den er geboren und geeignet ist.

Die Kinder der braven böhmischen Handwerker, die so viel Geld verdient haben, werden also gut erzogen, und sie ziehen in die Stadt. Aber schon bei der

Erziehung stellt sich heraus: sie sind zum Studium oft gar nicht geeignet. Niemals hat einer von den Vorfahren studiert oder auch nur Lust und Neigung dazu verspürt – sie waren ganz brave Weber oder Schmiede auch ohne alles das und haben sich mit vierzehn Jahren schon ihr Brot verdient und mit zwanzig Frau und Kinder erhalten. Sie halten es ihren Kindern, die so schlecht studieren, immer wieder vor, und sie sagen, daß man von ihnen weit weniger verlangt und warum sie dieses wenige, dieses bisserl Studieren, nicht bewältigen. Ja, vielleicht würden sie mit der schweren Arbeit, die der Vater in seiner Jugend geleistet hat, weit eher zurechtkommen, als mit dem Studieren. Sie studieren ja nicht, weil sie dazu begabt sind oder Lust haben, sondern nur, weil ihre Väter Geld haben. Und sie nicht studieren lassen? »Ja, was würden denn dann die Leut' sagen, wenn unser Sohn nicht studiert – die würden sich schön das Maul zerreißen, wenn unser Pepi als Mannschaft dienen müßt' ... Was so viel Buben können, wirst du auch noch können.« Ja, das Freiwilligenrecht! Das bringt alles durcheinander mit seinem dummen Zwang, sich durch die Mittelschule durchzudienen, ob man dazu taugt oder nicht.

Mit dem Studieren fängt also das Unglück der zweiten Generation an, aber es hapert nicht nur mit dem Studieren, es hapert, wie gesagt, leider auch an der Gesundheit. Was das nur ist? Der Vater war immer kerngesund und hat zwölf lebende Geschwister, der Großvater ist 84 und geht noch stramm wie ein Junger, und die Mutter ist gesund, aber die Kinder kränkeln herum. Ja, da kommen sie also nach Wien, wo man den guten Ärzten, den guten Schulen und allen um Geld käuflichen Genüssen nahe ist. Es gehört sich ohnehin, daß ein erstklassiges Haus in Wien durch Familienmitglieder vertreten ist, und der alte Herr wird die heranwachsenden Kinder gerne los, denn er mag es gar nicht, daß man ihm in die Karten schaut. Wie alle Könige ist er auf den Kronprinzen eifersüchtig – er denkt nicht gerne an den Tod, und die Gegenwart des Erben erinnert ihn alleweil ans Sterben. Dann ist auch der ganze Betrieb auf sein Maß zugeschnitten – wenn da ein anderer was veranlaßt, empfindet er es wie einen falschen Ton: »Wenn ich einmal nicht mehr bin, sollen sie tun, was sie wollen, aber so lange ich leb, will ich mein Geschäft nach meinem Kopf führen.« So sind die Millionenverdiener – sie umgeben sich mit einem mystischen Nebel. Frauen und Kinder dürfen nicht wissen, was sie tun und wieviel Geld sie haben. Wenn einer etwas wissen will, sagen sie: »Was geht das dich an – hast du vielleicht an etwas Mangel? Geb ich euch vielleicht nicht genug Geld?« Sie freuen sich, wenn sie sehen, daß sie in der Familie zu richtigen Orakelgöttern heranwachsen. Besonders Töchter sind für diese rätselhaften Vatergiganten empfänglich. Sie sind imstande, sie regelrecht anzubeten und ihnen ihr Leben zu weihen. Dann ist es noch ein Glück, wenn sie nicht heiraten, wenn sie es aber tun, dann erlebt der Gatte ein wahres Martyrium: seine Frau findet es ganz selbstverständlich, daß er sich in eine kleine dienende Nebenrolle neben dem Vatergiganten hineinfindet, und wenn er das nicht tun will, dann empfindet es die Gattin wie Gotteslästerung.

Wenn dann der mystische Gottahne stirbt, steht die ganze Familie ratlos da: jedem hat der alte Herr immer nur ein kleines Stück seiner Arbeit anvertraut, keiner kennt das Ganze – da werden natürlich dann Angestellte allmächtig, und die künstlich unmündig erhaltenen Erben sind noch glücklich, daß der Prokurist des alten Herrn sie tyrannisiert. Ein paar Jahre geht es ja auch so, bis zur nächsten großen Krise – dann überläßt der tüchtige Direktor alle verantwortlichen Entscheidungen natürlich den armen Chefs. Er gibt seinen Rat, aber die Entscheidung will er nicht beeinflussen, da sei Gott vor. Die armen Herren, denen man künstlich die Knabenhirne erhalten hat, die nie etwas entscheiden durften, müssen nun die Verantwortung auf sich nehmen, denn der Direktor ist nur ein Angestellter – der deckt sich.

Ein wenig machen es die großen Selfmademen alle so: sie halten gerne die Zügel allein in der Hand, und gar nicht selten machen es ihnen die Kinder leicht, wenn sie unbegabt, faul, leidend oder einfach leichtsinnig sind, und das sind sie oft.

Wie immer – die zweite Generation entfremdet sich der Quelle ihres Reichtums und damit beginnt ihre falsche Rechnung. Sie messen ihr Vermögen nicht mehr an dem Bedarf und den Gefahren ihres Unternehmens, sondern an dem Lebensbedarf ihrer Familie, und da sie zunächst jedes Jahr ein Vielfaches dessen verdienen, was man in einem Jahr verbrauchen kann, fangen sie an, sich sehr reich vorzukommen, und da sie zu diesem riesigen Einkommen nicht viel eigene Arbeit und Geist beitragen, wächst in ihnen langsam das schlechte Gewissen. Sie geben es nicht zu – sie haben ihre Trostansprüche. So zum Beispiel: »Wenn ich heute mein Vermögen unter alle Leute aufteile, dann bekommt ein jeder nur ein paar Groschen, und die verzehrt er ohne jeden Nutzen für die Gesamtheit, während Tausende Menschen von meinem Geld dauernd leben, wenn es in meinen Betrieben angelegt ist. Mein Gott, keine Gesellschaftsordnung ist ganz gerecht . . . Ich zahl ohnehin Steuern genug. Ich bin nicht zum Weltverbesserer geboren.«

Aber aus dieser Mischung von falscher Rechnung mit einem Stückchen schlechten Gewissens entsteht ein sonderbares Verhalten; die Millionäre der zweiten Generation fangen an, ihr Geld aus den Betrieben herauszuziehen, als ob es nicht dem Betrieb, sondern ihnen gehörte. Mit weiter Hand zahlen sie Mitgiften und Erbteile und Schulden von Schwiegersöhnen und Witwengüter und weiß der Himmel was noch aus. Wenn aber dann der Betrieb einmal eine Investition braucht, dann ist nichts da.

Man sieht auch nirgends so viele veraltete und vernachlässigte Betriebe wie in Österreich. Wenn dann die Konkurrenz aus dem Reich oder aus Amerika bessere und billigere Ware bringt, dann fällt den guten Wiener Wirtschaftskapitänen nichts Gescheiteres ein, als um Zölle zu schreien, denn ihr Geld haben sie nicht, um es in die Betriebe hineinzustecken, sondern um es aus ihnen herauszuziehen.

Alle diese unmündig gebliebenen Söhne, denen die Gründungen ihrer heroischen Väter in die Hände gefallen sind, haben nämlich im Grund eine furchtbare Angst vor diesen gefahrvollen und tückischen Industrieungetümen, die bald Geld in Massen speien und bald wieder Geld in noch größeren Massen fressen. Sie möchten schon gerne Geld haben, viel Geld sogar, aber schön regelmäßig und sorglos, wie die Beamten. Natürlich mehr! – Dazu ist man doch ein Industrieller! Da muß man doch mehr verdienen als ein Beamter! Der hat ja auch kein Risiko und keine Verantwortung. Das möchten sie zwar auch nicht haben oder halt nur so, daß es ihnen nicht weh tut – aber das geht eben bei der heutigen unvollkommenen Wirtschaftsordnung nicht. »Bitte sehr, ich leugne ja gar nicht, daß unsere heutige Wirtschaftsordnung reformbedürftig ist, aber ich sage: solange die Gefahren und Verlustquellen des Unternehmers so groß sind, kann man nichts Besseres tun, als sein Geld und besonders das von Witwen und Waisen aus dem Betrieb herausziehen und es in sicheren Papieren anlegen – sollen die Banken die Risken tragen, die können sie ja auf mehr Köpfe verteilen.« Das ist die Gesinnung der Millionäre von 1900: Viel verdienen, aber regelmäßig und ohne Risiko. Sie geben gerne Stein und Eisen für Papiere. Sie veraktionieren ihre Vermögen und werden Präsidenten und Verwaltungsräte – das macht sich auch viel besser. Es ist ja überhaupt ein Skandal, daß es für Millionäre keine ihrer sozialen Stellung entsprechenden Titel gibt. Sie möchten gerne Regierungsrat oder Ministerialrat oder gar Geheimer Finanzrat heißen – warum denn nicht . . .? Geben sie vielleicht der Regierung keine Ratschläge . . .? Warum sollen sie denn immer nur Kaiserlicher Rat oder Kommerzialrat heißen . . .? Oder sollen sie sich vielleicht wie alle Welt Herr Müller oder Herr Mayer nennen lassen? Wo wäre denn da der Unterschied?

Die soziale Stellung – die ist der ewig nörgelnde Schmerz der Millionäre . . . Immer jammern sie um Titel und Orden. Führende Stellungen wollen sie im Industrieverband und in der Handelskammer haben – man kann gar nicht so viele Verbände gründen, wie man brauchen würde, um sie alle zu Präsidenten zu machen, denn darum handelt es sich ja. Und dann werden es in der Regel die wenigst Geeigneten, denn die, die was können, haben mit ihren Geschäften so viel zu tun, daß sie zu all den Sitzungen und Enqueten und Deputationen keine Zeit haben. Man kann schon fast sagen, daß der gesellschaftliche Ehrgeiz der Herren im umgekehrten Verhältnis zum Zustand ihrer Betriebe steht. Je mehr Würden einer bekleidet, um so trauriger schaut in der Regel sein Geschäft aus, wenn er überhaupt noch wirklich eines hat und nicht in Wahrheit schon längst ein Rentier ist, dessen Fabriken einer Bank gehören.

Sie sagen immer: In Österreich ist der Staat so karg mit Anerkennung für die Verdienste der Wirtschaft. Ist das wahr? Nun ja – es mag wirklich für einen älteren angesehenen Mann, der Herr über tausend Menschen ist, keine Freude sein, wenn er einen Orden bekommt, den in gleicher Güte auch ein bescheidener Registraturbeamter aus Anlaß seiner Pensionierung erhält... Was die Herren nur vergessen, ist, daß dieser arme Aktenschreiber außer dem nackten Leben nichts bekommt als diesen Orden, während ihnen die Ordnung und die Gesetze dieses Staates es ermöglicht haben, ihre Millionen zu erwerben und sicher zu besitzen. Sie haben wirklich ihren Lohn dahin und, wenn ihnen der Staat noch einen Orden dazu anhängt, dann ist es wahrhaft schon mehr, als er ihnen schuldig ist. Und was wird ihnen denn schon vorenthalten? Sie werden Ritter und Barone. Ins Herrenhaus beruft man sie – mehr als Lord wird ein Bankier auch in England nicht –, sogar bis zum Exzellenztitel hat es der eine oder der andere irgendwie gebracht... Es ist ihnen alles nicht genug. An ihrer Eitelkeit und ihren Ansprüchen gemessen, sind diese Herren die ersten Kaufleute der Welt, leider aber nicht in ihren Leistungen. Was böte dieses riesige, zum großen Teil noch unerschlossene Reich für Möglichkeiten! Wie rar sind unter den Unternehmern die »Merchant Adventures«, die echten Pioniere! Die meisten tun doch nichts als einfach den Rahm abschöpfen.

Das ist im Reich draußen oder in England oder in Amerika ganz anders. Wenn man ihnen das vorhält, dann sagen sie: »Ja, wo sollen wir uns denn betätigen? Wir haben doch nicht einmal Kolonien.« Ja, hat denn in England die Regierung die Kolonien erobert und dann ihren Kaufleuten gesagt: »Bitte, hier betätigt euch!« – oder war es nicht am Ende umgekehrt? Und hat Österreich wirklich keine Kolonien? Fangen nicht vielleicht die österreichischen Kolonien an der March und an der Leitha an? Da liegt die große Schuld der österreichischen Unternehmer. Die Dynastien, die Soldaten, die Beamten sind in dieser Zeit allein nicht mehr stark genug, ein Reich zu formen und zu halten – auch in England und in Deutschland sind sie es nicht allein, die dem Reich Leben und Inhalt geben. Die Wirtschaft schafft und hält die großen Reiche. Es ist keine gute Zeit für ein Volk, dessen Talente mehr im Traum und im Glauben als in der Wirklichkeit liegen. Es ist keine Zeit für die Lilien auf dem Felde, die nicht säen und nicht ernten, mindestens sind ihnen die Reiche dieser Welt nicht gegeben. Hier liegt ein Grund des österreichischen Pessimismus: sie sehen, daß sie vor den Forderungen dieser Zeit versagen. Sie können glauben und sparen und dienen und träumen und sich bescheiden, aber Macht und Reichtum schaffen können sie nicht – doch das gerade ist die Aufgabe, vor die sie diese Zeit stellt...

Aber so pessimistisch sind nur die anderen – die Millionäre sind ganz zufrieden mit sich und finden sich immer zu wenig geehrt und belohnt. Warum sind sie denn aber auf Titel und Würden gar so versessen? Weil sie vergessen ma-

chen wollen, daß sie von kleinen Leuten abstammen, die noch selber in der Werkstatt gestanden sind, um mit ihrer eigenen Hände Arbeit sich ihr tägliches Brot zu verdienen. Wir leben in einer Zeit, in der die feinen Leute so tun, als ob ihnen das zum Leben nötige Geld durch irgendeinen mystischen Vorgang ohne jede Arbeit zuflöge. Über Geld und über die Arbeit, mit der man es verdient, spricht man ebensowenig wie über Vorgänge des Sexuallebens. Darum vermeiden es Kaufleute und Fabrikanten sorgsam, außerhalb ihres Geschäftes von den Geschäften zu reden, von denen sie leben. Das ist auch einer der Gründe, warum sie sich von ihren Geschäften loszulösen suchen und die unpersönliche Form der Aktiengesellschaft bevorzugen: es ist feiner. Es gilt als die größte Taktlosigkeit, im privaten Verkehr mit Kaufleuten und Fabrikanten auf ihren Berufen irgendwie, und sei es auch in der anerkennendsten Weise, anzuspielen. Sie sind Kunstfreunde, Sammler, Rennstallbesitzer, aber um Gottes willen keine Geschäftsleute – sie wollen nur als Geldausgeber und nicht als Geldverdiener erscheinen. Sie sind nicht einmal stolz darauf, Selfmademen zu sein – sie wollen ihre bescheidenen Anfänge viel lieber vergessen, als ihre große Leistung bewundern lassen. Sie wollen feine Leute sein.

Da hielt einmal beim Jubiläum eines großen Industriellen sein Direktor eine Festrede, in der er den Jubilar an seine bescheidenen Anfänge erinnerte, um dadurch seine großen Erfolge ins rechte Licht zu setzen. Da aber fuhr ihm der Gefeierte vor allen Festgästen unwillig dazwischen und rief: »Aber hören Sie doch mit diesen alten Geschichten auf – die interessieren doch unsere Gäste gar nicht!« Oder ein anderes Beispiel: Im Hause eines großen Schokoladefabrikanten werden nie Schokoladebonbons oder mit Schokolade gemachte Speisen serviert, damit nicht jemand vielleicht sage, das sei die gute Schokolade, die der Hausherr erzeuge. Das wäre doch zu peinlich. Alles, was an Arbeit und Geschäft erinnert, ist nicht fein. Das Geld ist da, aber der Weg zum Geld wird keusch verhüllt, und es ist bei diesen Auffassungen doch nur natürlich, daß man zwar das Geld zu behalten, aber von dem unfeinen Weg dazu sich ehestens zu trennen sucht.

Es gibt freilich auch in Österreich Leute, die über das alles anders denken, zum Beispiel den Bösendorfer, der, obwohl er im Viererzug fährt und in der Oper in der zweiten Reihe sitzt, sich ruhig »Bürgerlicher Klaviermacher« nennt. Die höchsten Herrschaften und die größten Künstler verkehren dennoch mit ihm von gleich zu gleich. Ebenso hält es der Lobmeyr, der Mann, der mit den herrlichen Gläsern handelt, die nach ihm heißen. Aber sie machen keine Schule – im Gegenteil! Es gibt Leute, die sie Poseure nennen und die ihr Benehmen für eine ganz raffinierte Eitelkeit halten, während sie ihre eigene drollige Manier, ihr Geschäft sorgsam zu verstecken und die Kavaliere zu spielen, bescheidener und unauffälliger finden. Sie haben nicht einmal gar so unrecht, denn jedenfalls ist ihr Benehmen das übliche, das man von einem rei-

chen Manne erwartet. Sehr behaglich ist dieses Leben, bei dem man fortwährend eine Rolle spielen und irgendeinen Makel verstecken muß, gewiß nicht,
aber die Aufrichtigkeit ist überhaupt nicht der Stil der Zeit: Jeder spielt
irgendeine Rolle – nichts geht natürlich vor sich, angefangen von der Liebe,
die auf das sorgsamste in Symbolen und Andeutungen verhüllt, mit Poesie
garniert und pathetisch aufgeblasen wird.

Nicht die reichen Leute haben sich diesen gezwungenen und falschen Lebensstil geschaffen, sondern er ist ihnen von der Zeit aufgenötigt worden – sie haben ihn vorgefunden und so genommen, wie er war. Unsicher, wie sie sind, fügen sie sich und trauen sich nicht, dagegen aufzumucken, auch wenn sie gerne
möchten.

Glücklich sind die reichen Leute dabei bestimmt nicht. Sie sind Entwurzelte
der Umgebung, die ihnen natürlich ist, Entzogene. Es fehlt ihnen vor allem
der behagliche, vertraute Kreis von Menschen, mit dem sie ungezwungen um-
gehen können. Aus ihrem eigentlichen Kreis hat sie der Reichtum herausgeho-
ben – der ist nicht mehr gut genug, und mit den Verwandten sind sie in der
Regel böse, denn das Familienleben der reichen Leute ist gar nicht glücklich.
Immer müssen sie miteinander streiten und natürlich um Geld. Reiche Leute
sind nämlich immer mit Erben beschäftigt, und einer beschuldigt den anderen, daß er ihn bei der letzten Erbschaft betrogen habe. Dann sind sie natürlich bös aufeinander. Gewiß verdirbt das Geld den Charakter, und man
glaubt gar nicht, wie geldgierig reiche Leute sind und was sie alles angeben,
um noch mehr Geld zu bekommen, aber der ewige Erbstreit hat doch auch andere Ursachen. Da stoßen die Interessen der Erben, die den Betrieb erhalten
wollen, mit denen der Erben, die nur Geld wollen, zusammen. Nichts natürli-
cher, als daß sich die Erben, die den Betrieb weiterführen sollen, alle Mühe geben, den Gelderben so wenig als möglich auszuzahlen, denn die Gelderben
wollen ihr Erbteil nie im Betrieb stehenlassen. Sie haben Angst vor den Gefahren des Betriebes. Sie wissen, daß bei Schwierigkeiten Familiengläubiger immer am schlechtesten wegkommen. Sie wollen ihr Geld bar auf den Tisch haben. Kein Wunder, daß bei einer solchen Erbteilung die Leute aneinanderge-
raten und, wenn sie wieder gut miteinander sind, dann gibt es schon wieder
eine Erbteilung. Der Streit um das Geld hört nicht mehr auf – bis man endlich
aus dem ganzen Vermögen eine Aktiengesellschaft gemacht hat. Dann hat der
Streit bald ein Ende, weil dann der Reichtum rasch zerflattert und vergeht.

Aber der ewige Familienzwist der reichen Leute hat auch noch andere Ursachen – vor allem das Heiraten. Nie wollen Söhne und Töchter so heiraten, wie
es die Eltern wollen. Sie wollen aus Liebe heiraten, und diese Liebe zieht sie
fast immer dorthin, woher sie eigentlich stammen – ins Kleinbürgertum. Mit
Entsetzen sehen die Eltern da den Kreis wieder auftauchen, aus dem sie ihr
ganzes Leben lang fortgestrebt haben. Da gibt es natürlich Skandal ohne

Ende, Flüche, Enterbungen, Versöhnungen und wieder – alles mündet dahin – Streit um Geld, um Mitgift, um Erbteile... Sonderbare Ehen schließen die Kinder der Millionäre – gar nicht abenteuerlich –, sie wollen nur aus ihrem Milieu heraus. Die Töchter heiraten Künstler, Offiziere, Mittelschullehrer, Advokaten – nur heraus aus den Millionen! Die Söhne heiraten Kleinbürgertöchter, Schauspielerinnen. Die Chefs der Firma aber sagen sorgenvoll: »Alle tragen Geld weg, keiner bringt eines herein, wohin soll das führen?« Denn auch Millionen sind nicht unerschöpflich...

Zu all dem Zwist über Erben und Heiraten kommen dann noch die ewigen Beleidigungen der Verwandten mit dem Leitmotiv: Wir sind euch wohl nicht mehr gut genug. Ach Gott, man kann doch wirklich nicht bei jedem Anlaß alle Verwandten einer zahlreichen Familie heranziehen. Man kann sie nicht immer alle gleichzeitig von allen mehr oder minder wichtigen Ereignissen verständigen, und alle diese kleinen Ursachen sind Anlaß genug für lang ausgesprochene Beleidigungen, die hundertfachen Ärger verursachen. Das alles ist nur eine Folge der ewig nörgelnden Unsicherheit, in der diese Leute leben – die macht sie so empfindlich und ängstlich. Immer fühlen sie sich zurückgesetzt. Das ist übrigens ein Zustand, der weit über die Millionäre hinaus breite Schichten des Bürgertums erfaßt hat. Die ganze soziale Ordnung ist in Fluß geraten: niemand fühlt sich genügend geehrt und geschätzt, niemand findet mehr seinen Platz gut genug, und das Beleidigtsein ist eine bürgerliche Epidemie geworden.

Die meisten Beleidigungen stammen natürlich aus dem geselligen Leben mit seinen vielen ungeschriebenen Gesetzen, die jeder anders liest und versteht. Bei Leuten, die sich in ihrer gesellschaftlichen Stellung nicht sicher fühlen, wird natürlich aller gesellige Verkehr zu einer Quelle von Problemen. Nicht etwa, daß es den Millionären an geselligem Verkehr fehlte – nein, daran fehlt es ja reichen Leuten nie! Es gibt so viele Leute, die ganz ungeniert dem Geld nachlaufen: Politiker, Künstler, arme Adelige, heiratslustige Offiziere – da sind die Salons ja bald gefüllt. Den Politikern folgen bald auch die Minister. Dann kommen doch auch schließlich die hohen Beamten – die Stars der Wiener Gesellschaft, denn die machen sich sehr rar. Sie vereinigen akademischen Hochmut mit dem der Macht. Sie haben einen gewissen Asketenstolz – sie laufen dem Kapital nicht nach, von dem sie nichts wollen und das sie nicht gerade schätzen. Aber politische Rücksichten... Und die Frauen und die Töchter erweichen auch diese Katonen... Nein, an Gesellschaft fehlt es den Millionären nicht – nur einen *Kreis* haben sie nicht, denn ein Kreis hat die Eigentümlichkeit, daß er einen Mittelpunkt braucht, und der fehlt bei den Millionären.

Wenn man als Fremder zu einem Gesellschaftsabend in ein solches Haus kommt, dann kann es leicht passieren, daß man stundenlang nicht daraufkommt, wer eigentlich die Gastgeber sind. Freundlich grüßend gehen sie wie die Geschäftsführer in einem Kaffeehaus von Tisch zu Tisch, und niemand schenkt ihnen besondere Aufmerksamkeit. Die Gäste unterhalten sich miteinander sehr gut oder sie langweilen sich. Der Hausherr tut nichts dazu und nichts dagegen – das ganze Fest findet sozusagen ohne ihn statt. Ein bißchen besser treffen die Juden den geselligen Betrieb. Sie haben oft schöne oder gescheite Frauen, die Männer für sich zu interessieren verstehen ... Dann sind die Juden überhaupt lebhafter, redefreudiger, aufgeschlossener, sie haben eine Menge geselliger Talente – mindestens sind sie gute Kartenspieler. Dafür sind sie aber leicht allzu zutunlich oder gar aufdringlich. Sie meinen es nicht schlecht – sie wollen den Leuten gerne Freude machen, aber sie tun es ein bißchen zu intensiv. Ihre Freundlichkeit wird leicht als indiskret empfunden.

Diese ganze Geselligkeit der reichen Leute steht unter einem schlechten Stern. Was sie ihren Gästen bieten, ist sehr teuer, aber gerade das verursacht oft Unbehagen. Man kann dem Gedanken nicht aus dem Wege gehen, wieviel echter Genuß und wirkliche Freude mit all dem Geld geschaffen werden könnte, wenn hinter all der Geselligkeit mehr Phantasie, Temperament und gesunde Lebensfreude steckte. Wie wenig verstehen die Leute nur vom Essen! Wer kann denn auch für vierzig oder sechzig Personen gut kochen – da muß doch die Hälfte aller Speisen aufgewärmt oder ausgekühlt sein. Die meisten machen es sich gar leicht und bestellen, um allem Risiko aus dem Weg zu gehen, das ganze Menu beim »Sacher« ... Das ist dann ehrlich aufgewärmt, denn der liefert es fertig ins Haus. Ist man viel eingeladen, dann kann man ein paarmal in der Woche dasselbe Menu vom Sacher essen. Vom Trinken verstehen sie schon gar nichts (besonders die Juden nicht, die selber sehr selten Freude am Trinken haben). Da werden die Weine also nach dem Preis und dem Namen bestellt – teuer müssen sie sein. Kein Wunder, daß sich da die Gäste nach einem Viertel Alten in ihrem Stammbeisel sehnen. Überall fehlt der eigene Geschmack – die persönliche Note. Auf der Tafel exerzieren Blumen und Gläser wie die Rekruten im Kasernenhof – alles ängstlich nach den besten Vorbildern ausgerichtet. Nichts ist leicht und locker – alles teuer und kompakt. Berge von dicken, dunklen Zigarren, Batterien von schweren Schnäpsen – wer verträgt das schon? Das sind Sitten, die von anderswo kommen, denn die Wiener haben empfindliche Mägen und Nerven – nur sehr junge Leute trauen sich an diese schweren Genüsse, und am meisten Freude haben an ihnen die soliden Konstitutionen der Diener. Bald fangen die Augen des Personals an, in feuchtem Glanz zu schwimmen, und nicht selten kommt es bei solchen Festen, die für die Gäste oft recht langweilig verlaufen, zu Trunkenheitsexzessen in der Küche. »Die Polizei ham s' holen müssen«, erzählt am nächsten Morgen aufgeregt die Hausmeisterin.

Das Ödeste aber an diesen Millionärsfesten sind die künstlerischen Darbietungen, denn ohne die geht es natürlich nicht ab. Beim Diner sitzt irgendein berühmter Musiker oder Sänger, von dem sich bald herausstellt, daß weder der Hausherr noch die Gäste ihn näher kennen und der sich daher recht heimatlos vorkommt, denn er kann mit niemand gemütlich reden, wenn er überhaupt Deutsch kann und er nicht gar das Unglück hat, daß neben ihm lauter Leute sitzen, die seine Sprache nicht verstehen... bis dann glücklich der Moment kommt, in dem alle Anwesenden der spontane Wunsch erfaßt, den Meister zu hören, der sich zunächst ein wenig ziert. Dann legt er los und stört alle Gespräche, die glücklich in Gang gekommen sind, stört die Spieler, die endlich bei den Karten angelangt sind, stört Flirts, enttäuscht Leute, die sich aufs Tanzen gefreut haben und erfreut nur die alten Herren, die ungeniert nach der Mühe des Essens in einem stillen Winkel dösen wollen. Niemand ist da für Kunst recht dankbar – dem Künstler liegt nicht viel daran, denn sein Ruf hängt nicht davon ab, ob er gerade da Erfolg hat. Sein Auftreten ist natürlich gar nicht improvisiert, allerdings bekommt er des Dekorums halber keine richtige Gage, sondern ein kostbares Geschenk. Es gibt auch manche, die auf dieses Dekorum nichts halten und schlankweg Geld verlangen. Kurzum, alles bei den Millionären ist teuer und viel: das Essen, die Zigarren, die Weine, die Kunst... Es wird sogar alles mit Eifer und Freude dargeboten, nur läßt es kalt, es ist peinlich wie die Avancen einer Frau, die einem nicht gefällt... Man wirft sich Undankbarkeit vor, man ärgert sich über sich selber, daß man sich an all dem Guten, das da mit offenen Händen geboten wird, nicht mehr freuen kann, aber es nützt nichts.

Man täuscht sich, wenn man glaubt, daß den Millionären mit ihrer Hypochondrie, ihren Erbstreitigkeiten, ihren beleidigten Verwandten, ihrer Titeljagd und ihrer faden Geselligkeit wohl zumute ist. Eine Revolution liegt bei ihnen immer in der Luft, und in der dritten Generation bricht sie auch aus: die jungen Leute entwickeln einen stürmischen Haß gegen all diese Unnatur und gegen die Überfülle an Materie, in der sie leben. Sie drängen mit Gewalt ins Geistige, sie werden Musiker und Dichter, Advokaten und Politiker und natürlich – das liegt in der Luft – Sozialisten. Nur eine Schwäche haben diese jugendlichen Aufrührer. Von ihrem Geld wollen sie sich nicht trennen – die Idee kommt ihnen gar nicht. Sie finden ihren Reichtum so selbstverständlich wie den Besitz ihrer Gliedmaßen. Aber der Reichtum trennt sich mit der Zeit von ihnen. Kein Vermögen hält ewiges Erbteilen und Auszahlen aus, und mit einem Male beginnt auch unter den reichen Leuten das Gespenst des Zugrundegehens umzugehen. Es wird sehr schonungsvoll vor Frauen und Kindern verborgen. Es gibt eben wegen dieses Geheimtuns viele Konflikte, denn Frauen und Kinder sehen nicht ein, warum sie denn plötzlich weniger brauchen sollen, aber es wäre doch ganz gegen die gute Ordnung, ihnen am Ende gar die Wahrheit zu sagen. Manche Familien erfahren die Wahrheit erst, wenn

der Papa tot am Schreibtisch aufgefunden wird, und zwischen Rettungsgesell-
schaft und Leichenbegängnis sagt man ihnen dann schonungsvoll, daß nichts
mehr da ist – das heißt, dieses »nichts« ist nicht wörtlich zu nehmen!
»Nichts« im vollen Sinne des Wortes gibt es für reiche Leute vor 1914 gar
nicht, denn gottlob hat die Mama ihr sorgsam angelegtes eigenes Vermögen,
und auch die Kinder haben von irgendeiner Erbschaft her eigenes Geld, und
eine Versicherung ist auch da. Die Gläubiger finden zwar, es sei unrecht, daß
die Familie ihr ganzes Privatvermögen behalte, denn das gehe doch aus dem
Betriebe hervor, aber da wachsen plötzlich der Mama Riesenkräfte. Die untröstliche Witwe schreit und weint und redet von wehrlosen Frauen und hilf-
losen Waisen. Niemand hat jemals dieser eher beschränkten Dame solche
Suada und solchen Mut zugetraut – mit den gefürchtetsten Herren der Bran-
che nimmt sie es auf. Die sagen schließlich achselzuckend: »Mit Frauen kann
man nicht reden . . .« Denn sie verschanzt sich hinter Dummheit – Dummheit
ist eine ungeheure Waffe. Sie erwidert auf kein Argument – sie schreit nur und
weint, bis die Gläubiger die Waffen strecken, denn sie wollen sich nicht nachsagen lassen, daß sie gegen Witwen und Waisen kämpfen. Am Ende könnte
gar auch sie sich noch umbringen, und man kann doch nicht wissen: Vielleicht trifft es einen auch einmal . . . Ihr ganzes Leben lang erzählt dann die
untröstliche Witwe, wie heroisch sie ihren Kindern ihr Vermögen gerettet hat.
Und wenn nun alle diese Aufregungen überstanden sind, dann ist zwar noch
»hübsch was da«, aber man muß sich freilich einschränken, das heißt den Wagen aufgeben und die Loge in der Oper und fünf Zimmer nehmen statt neun
und zwei Dienstleute statt fünf. »Man muß sich nach der Decke strecken«,
sagt die Mama und wird von allen ihren Freundinnen umarmt, geküßt, bedauert und bewundert.
So gehen Millionäre im Jahre 1900 zugrunde – das richtige Zugrundegehen,
bei dem keine energische Mama mehr hilft, das erleben erst die Kinder, und
die schütteln dann den Kopf, wenn sie daran denken, wie froh sie wären,
wenn ihre Lage annähernd so gut wäre, wie die ihres Vaters damals, als er sich
umgebracht hat . . .
Es ist ein Verhängnis mit den Millionären: wenn die Kinder einmal gute Manieren und Bildung und Lebenskunst, und was halt sonst zum Reichtum gehört, haben, dann ist in der Regel kein Geld mehr da . . .
Aber das Geld, das so oft schlecht riecht, solang es neu ist, und reich fließt,
hinterläßt im Schwinden denen, die es einmal gehabt haben, oft einen Blüten-
duft vom Baume der Erkenntnis, und dieser sich verflüchtigende Reichtum
wirkt eigenartig befruchtend. Die dritte Generation des schwindenden Reichtums hat uns Peter Altenberg, Karl Kraus, Alfred Grünfeld, Viktor Adler,
Hugo Hofmannsthal und noch manchen geringeren gegeben. Es ist, als ob die
Produktivität der Väter, die sich nur im grob Materiellen betätigen konnte,

sich bei den Enkeln ins Geistige sublimiert hätte. Vielleicht ist es doch gar kein Mangel der Wiener, daß sie mit dem Reichtum so wenig anzufangen wissen – vielleicht ist es ein großer Vorzug, daß sie den Reichtum so rasch überwinden und von ihm ins Sublimere aufzusteigen imstande sind. Auch die Millionäre haben hier im Grunde keine tiefe Liebe zum Geld – sie würden es sonst eifriger und mit mehr Erfolg verteidigen. Es ist doch eine große innere Gleichgültigkeit gegen den Reichtum, der sie das Geld auf Mitgiften und Erbteile verzetteln läßt, anstatt es zweckmäßig zusammenzuhalten. Sie sehnen sich nicht nach der Macht, die das Geld verleiht. Sie ist ihnen nur eine Last – sie lassen sie gerne denen, die sich um sie reißen ... Es ist kein machtfrohes Volk – große Reiche gehen nicht ohne Grund zugrunde.

Aber das wäre doch ein zu sentimentaler Schluß für dieses lange Kapitel von den Millionären. So sympathisch sind sie wieder nicht, daß man mit einem nassen Auge an sie denken solle. Wie heißt es? »An ihren Früchten sollt ihr sie erkennen.« Na, was sind denn also die Früchte, die uns diese Leute und ihr vieles Geld hinterlassen haben? Daß die Industrien zum größten Teile nicht gerade ruhmreich aussehen und daß sie mehr gemolken als genährt wurden, ist eine Tatsache. Was aber haben die Leute nun mit dem vielen entnommenen Geld gemacht? Wo sind die herrlichen Baudenkmale, die großen Kunstwerke? Die Medici und die Strozzi, die Pisani und die Cornaro waren ja auch nur Kaufleute. Also, wo sind die Tizians und die Michelangelos der Wiener Millionäre? Was bleibt von ihnen für die Ewigkeit? Nichts. Ein paar Spitäler und ein paar Waisenhäuser haben sie gestiftet – gerade so das Notwendigste, daß die Leute nicht schimpfen, aber sonst? Die Künstler ihres Herzens waren ihre Tapezierer. Nichts Schlimmes soll diesen Gewerbetreibenden nachgesagt werden, die ihr Handwerk sehr gut verstehen und die auch gar keinen so schlechten Geschmack haben, wenn man sie gewähren läßt. Sie können nichts dafür, wenn ihre Kundschaften verlangen, daß sie ihnen die Zimmer mit Möbeln und Vorhängen und Gegenständen so vollstopfen wie eine Pfeife mit Tabak. Sie liefern solides Handwerk, ihre Fauteuils halten Generationen durch, die Stoffe, die sie verwenden, sind unverwüstlich – was kann man von einem Tapezierer mehr verlangen? Sie haben natürlich nichts dagegen, daß die Millionäre ihr Geld so gerne zum Tapezierer tragen. Tausend Gulden für Salonvorhänge geben sie gerne aus und noch einmal tausend Gulden für echte Spitzenstores. Echte Perserteppiche können sie gar nicht genug haben und Brokattapeten und Kristalluster. Da gibt es Herrenzimmer, in denen steht, auf arabischen Lanzen aufgerichtet, ein orientalisches Zelt aus Karamanien, und dazu gibt es Taburetts aus Eseltaschen und arabische Paravents und Rauchtische und Wasserpfeifen, daneben einen Louis-XV.-Salon, in dem die Möbel von drei Salons stehen, und einen altdeutschen Speisesaal, in dem jede Kredenz von oben bis unten geschnitzt ist, und dann ein Empiredamenzimmer ...

Nur an Kunst trauen sich die Millionäre nicht gerne heran. »Das ist nichts für uns bürgerliche Leute«, sagen sie, »davon verstehen wir nichts.« Das Bedürfnis, sich unsterblich zu machen, haben sie gar nicht. Wenn sie sich porträtieren lassen, zeigen sie dabei Selbstüberschätzung nur bei der Wahl des Formats: das Bild muß immer lebensgroß sein. Sie denken nicht daran, um wieviel leichter kleine Formate den Nachkommen die pietätvolle Bewahrung machen. Sie denken auch viel zu wenig daran, daß à la longue der Maler eines Bildes interessanter ist als der Dargestellte. Sie sind bei der Auswahl der Künstler, von denen sie sich malen lassen, viel zu wenig sorgsam – oder sie verstehen es nicht. Sie ahnen glücklicherweise nicht, wie rasch man an ihren Porträts die Leinwand höher schätzen wird als das Bild ... Sie sind eben keine Medici – sie bauen sich auch keine Paläste ... Sie wohnen in Zinshäusern, die oft nicht einmal ihnen gehören, in teuren Wohnungen, die ihnen gekündigt werden können. Sie bauen ganze Straßen von scheußlichen Kasernen, in denen niemand gerne wohnt und die nur darum noch immer stehen, weil sie doch zu schade zum Niederreißen sind. Was in dieser Zeit Großes geschaffen wurde – die Ringstraße und ihre Bauten, die schönen neuen Theater, die Museen, das Parlament, kurz alles, was Jahrhunderte überdauern wird –, das hat der Kaiser mit seinen Beamten gebaut ... Sie sind die letzten in diesem Land, die Sinn für Dauer und Ewigkeit haben. Die reichen Leute haben offenbar nicht den wahren Glauben an ihre Größe und dauernde Bedeutung, wenn sie an ihr nicht etwa gar zweifeln. Den Mut und den Wunsch, sich zu verewigen, haben sie jedenfalls nicht. Sie wohnen zur Miete, sie lassen sich in gemieteten Gräbern begraben. Sie hinterlassen keine Paläste, keine Mausoleen. Daran sieht man, wie sie sich selber einschätzen. Weise Bescheidenheit? – Die wahre Größe ist niemals so bescheiden, und man verzeiht ihr ihre Unbescheidenheit so gern ...

Das sind die Millionäre: körperlich dekadente Söhne kleiner Leute, deren Nerven empfindlich geworden, deren Sinne und Gefühle aber grob und primitiv geblieben sind – kleine Leute mit viel Geld ... Keine Stammväter eines neuen Adels.

DIE JUDEN

Das Gegenteil der Aristokraten sind die Juden: Wo sie stehen, stehen sie im Wege, wo sie gehen, treten sie wem auf die Füße. Fortwährend schauen sie Sympathie und Nachsicht werbend um sich, fortwährend klagen sie an oder entschuldigen sich. Ihr Verhältnis zur Umwelt ist immer Reibung, niemals Glätte und Unauffälligkeit.

Die Juden sind Redner. Ihnen ist die Gnade des Wortes gegeben, so wie den Aristokraten die Gnade der schönen Erscheinung und Bewegung.

Die Juden sind rund. Wenn sie auch noch so gut angezogen sind, ihre Mimik und ihre Rundungen sind die Feinde aller Schneiderkunst. Am schönsten sind sie noch mit Bärten und Kaftan.

Immer sind sie von nervöser Hast bewegt. Wenn einer fortwährend zappelt und strampelt, steigt das Gilet, rutscht die Krawatte. Kein Ärmel hält es aus, daß einer dauernd beschwört und beschwichtigt. Die Juden reden eben mit den Händen. Haben Demosthenes und Cicero vielleicht nicht mit den Händen geredet? Mit dem Mund spricht, mit den Händen zaubert der Redner. Alle großen Rednervölker reden mit den Händen. Für solche Temperamente sind englische Kleider nicht geschnitten.

Sowie der Jude zu reden beginnt, fällt alles Lächerliche und Häßliche von ihm ab, und ein großer Zauber geht von ihm aus. Die Leute sagen: »Es wird einem ganz anders, wenn so ein Jud' red't – er red't einen ganz dumm.«

Die Juden sind magische Sprecher. Sie zaubern mit Worten. Sie sind oft Magier, ohne es selbst zu wissen. Sie sind oft selbst von der Wirkung überrascht, die sie mit ihren Worten erzielen, und haben sie einmal diese magische Kraft entdeckt, dann erliegen sie leicht der Versuchung, sie zu mißbrauchen.

Die Leute haben Angst vor den Juden – nur die Aristokraten nicht, denn erstens sind sie zu selbstbewußt dazu, und dann sind sie selber Magier. Nicht umsonst sind sie die Nachkommen von Helden und großen Abenteurern. Wie oft geschieht es ihnen, daß sie durch ihr bloßes Erscheinen faszinieren, wie oft erzielen sie durch Worte und Gebärden, bei denen sie kaum etwas denken, tiefen Eindruck! Die Juden zaubern? Sie zaubern zurück, und gar nicht selten zaubern die Aristokraten stärker und besser als die Juden. Man redet oft von dem vielen Geld, das die Juden an den Aristokraten verdienen, aber man redet wenig von dem vielen Geld, das die Juden an ihnen verlieren. Schon das zeigt, daß die Aristokraten vielleicht sogar die besseren Zauberer sind. Die Aristokraten sind das Laster der Juden. Die Juden sind von ihnen fasziniert. Sie finden tausend Vorwände, um ihnen finanzielle Vorteile zuzuschieben, die nichts als verhüllte Geschenke sind. Ihren Frauen erzählen sie dann, wie klug und weitschauend das ist; so eine aristokratische Beziehung sei unschätzbar. Sie wissen selber nicht, was wahr ist: Verdienen sie letzten Endes an diesen

Geschäften, dann sind sie stolz, wie klug sie waren, und haben sie draufgezahlt, dann wissen sie, daß sie schwärmerische Idealisten waren.

Aber sind denn die Aristokraten nicht immens reich? Haben sie es denn nötig, sich etwas schenken zu lassen? Ja, auf dem Papier haben sie Hunderte Millionen, aber mit dem Einkommen hapert's. Von Palais und Schlössern, von van Dyks und Tizians kann man nichts abbeißen. Wälder tragen nur alle dreißig oder vierzig Jahre, Ackergüter nur zwei Prozent und das nicht immer; ein Graf kann auch Pachtzinse nicht mit Härte eintreiben. Und was nur Palais und Schlösser und Pferde und Jagden kosten! Hat einer ein Palais in Wien und eines in Budapest und ein paar Schlösser am Land, dann kostet ihn dieser Train mit Dienerschaft allein zwei- oder dreimal hunderttausend Gulden, bevor er nur einen Kreuzer in der Tasche hat. Da muß eben der jüdische Kopf helfen, und er hilft: er legt Spiritus-, Stärke- und Zuckerindustrien und Brauereien auf den Gütern an, gründet dafür Aktiengesellschaften und läßt den Herrn Grafen am Emissionsgewinn profitieren und macht ihn zum Präsidenten der Gesellschaften und läßt ihn mit seinen Aktien spekulieren. Ein Strom von Tantiemen und Pachtzinsen und Dividenden und Differenzgewinnen ergießt sich in die gräflichen Kassen, und der Graf ist zufrieden.

In einer eigenartigen Symbiose leben die Aristokraten und die Juden: die Juden beten die Aristokraten an, und wie alle Priester machen sie einerseits mit ihrem Gott Geschäfte, andererseits opfern sie sich für ihn auf. Aber auch die Aristokraten können ohne ihre Juden nicht leben. Sie sind ihre Advokaten – sogar der Kaiser hat für schwierige Dinge einen jüdischen Advokaten. So machen sie es alle: für Repräsentationszwecke haben sie ihren feinen, alten, christlichen Advokaten, aber wenn es wirklich ernst ist, dann muß der jüdische Kopf her. Aber die Juden sind auch ihre Bankiers, ihre Güterverwalter, ihre Ärzte, ihre Spiritisten und Astrologen, sogar ihre Hofmeister. Manche hohe aristokratische Familien lassen ihre Kinder von jüdischen Hofmeistern erziehen, besonders in Mähren und in Galizien kommt das vor. Es gibt Aristokraten, die nicht nur vom jüdischen Verstand die höchste Meinung haben, sondern auch vom jüdischen Charakter. Von niemandem kann man so enthusiastisch von Juden schwärmen hören wie von dem oder jenem Aristokraten, aber sie verkehren mit ihnen nicht – das heißt nicht offiziell. Sie vertrauen ihnen ihre Geheimnisse und ihr Geld an, sie führen mit ihnen die intimsten Gespräche, aber sie laden sie nicht ein – alles andere nur nicht das: Orden, Titel – was sie wollen; sie haben sogar nichts dagegen, daß gelegentlich einer ihrer jüngeren Söhne eine Jüdin heiratet – aber verkehren tun sie nicht mit ihnen. Höchstens zum großen Rout laden sie sie ein unter ein paar hundert Menschen oder bei einem offiziellen Anlaß ins »Sacher« oder ins »Imperial«. »Mein Gott«, sagen sie, »ich lad doch auch meinen Schneider nicht ein, und er ist ein sehr anständiger Mann – sehr wohlhabend.« Die Juden zählen für die Aristokraten zu den geschätzten Lieferanten – Lieferanten von Geist, Verstand und Welterfahrung –, sehr wichtig für Leute, die im Himmel leben.

Abgesehen davon, daß die Juden von den Aristokraten fasziniert sind, stützen sie sich auf sie. Die Juden wissen genau, wie prekär ihre Lage ist – sie wissen das sogar viel genauer als die Antisemiten –, aber gestützt auf Macht und Einfluß der Aristokraten, fühlen sie sich einigermaßen gesichert. Auch die Aristokraten wissen, wie unsicher ihre eigene Lage geworden ist – aber beschützt vom jüdischen Verstand, fühlen sie sich recht geborgen. Was sie aber beide nicht wissen, ist, daß sie beide schief stehen und sich aufeinander stützen und daß der Jude nach muß, wenn der Graf fällt, und umgekehrt.

Die großen jüdischen Häuser sind der gesellschaftliche Mittelpunkt des gebildeten und wohlhabenden Wiener Bürgertums. Sie sind es nicht nur, weil sie die Begabung und die Mittel mitbringen, um diesen Platz richtig auszufüllen, sondern auch darum, weil niemand ihnen diesen Platz und seine Freuden streitig macht. Für Kunst und Wissenschaft haben die wohlhabenden Wiener Bürger nur selten Interesse, aber immer völlig zugeknöpfte Taschen. Und vor allem tut ihnen jeder Heller leid, den sie für Gäste und Geselligkeit ausgeben. Dann sind sie auch schrecklich empfindlich und vertragen die kleinen Nadelstiche nicht, die mit dem gesellschaftlichen Leben unvermeidlich zusammenhängen: die Absagen, die verspätete oder gar ausbleibende Revanche und alle die anderen kleinen Quälereien, die einem gastfreundlichen Haus das Leben schwermachen. Nein! Sie wollen niemand nachlaufen. Die Juden dagegen bringen alles in reichstem Maße mit, was das gesellschaftliche Leben erfordert: sie haben die dicke Haut, die dazugehört, sie geben gern und mit vollen Händen, sie haben oft schöne und gescheite Frauen, mit denen auch ein bedeutender Mann gern spricht, sie haben ein ganz echtes, geradezu leidenschaftliches Interesse für Kunst, Musik und Wissenschaften, sie lieben gutes Essen und verstehen es, ihre Freunde zu bewirten, und sie spielen alle Kartenspiele geradezu mit Meisterschaft. Karg, sparsam und auf ihren Vorteil bedacht sind sie nur im Geschäft. Es sind nicht gerade die reichsten Juden, die die schönsten Häuser führen, denn zu einer interessanten Geselligkeit gehört mehr als Geld und Freude, es auszugeben. Dazu gehört Geist und Geschmack, und es sind nur ausnahmsweise die reichsten Leute, die diese Eigenschaften haben. Große Ärzte und Juristen, wohlhabende Sammler, Gelehrte und Kunstfreunde sind es – abgeklärter Reichtum der zweiten und dritten Generation –, die können es am besten. In diesen Häusern trifft man in Wien alles, was Rang und Namen hat: die Minister, die Politiker, die hohen Beamten und vor allem die Dichter, die Musiker, die großen Schauspieler und natürlich die Offiziere und alle die eleganten älteren und jüngeren Herren des kleinen und mittleren Adels – ja gelegentlich verirrt sich in so einen Salon auch ein oder das andere Exemplar von richtigen Aristokraten. Und wenn Fremde nach

Wien kommen – Politiker, Künstler, Gelehrte –, dann trifft man sie auch nur bei den Juden, denn die haben in der ganzen Welt Verwandte und Freunde, die ihnen ihre Freunde schicken, während die Wiener Bürger außerhalb von Wien keine Seele kennen. Und diese hervorragenden Fremden werden dann wieder zu Stufen weiterer gesellschaftlichen Aufstieges für den Gastgeber, der, um die Fremden zu treffen, große Wiener Persönlichkeiten einzuladen wagen darf, die ihm sonst unerreichbar gewesen wären und die er auf diese Art für den Verkehr seines Hauses gewinnt. Für den Außenstehenden ist die gesellschaftlichen Stellung der Juden in Wien ein fleckenloses Bild von Glanz und Macht, für die Gastgeber aber hat es schon auch seine Schattenseiten: Manche hohe Herren kommen zwar sehr gern, aber ohne ihre Damen, die Künstler, die Beamten, die Offiziere, die Junggesellen revanchieren sich nur durch kleine Aufmerksamkeiten, bei vielen anderen Leuten läßt die Revanche auf sich warten oder sie ist nicht entfernt gleichwertig – manche geben gar Gesellschaften, zu denen sie nur ihre jüdischen Freunde und niemand anderen laden, kurz: die Leute essen schon gern in den guten jüdischen Häusern, und sie gehen auch gern hin, aber sie bekennen sich nicht immer gern dazu und tun so, als ob sie nicht hingingen, obwohl nicht einzusehen ist, vor wem sie sich denn genieren, da doch alle anderen auch hingehen. Es gibt in Wien schon Leute, die grundsätzlich mit Juden nicht verkehren, aber das sind nur wenige und nicht sehr bemerkenswerte: deutschnationale Professoren und Beamte – fast alles Leute provinzieller Herkunft, deren Fehlen man ebensowenig bemerkt, wie man ihr Dasein bemerken würde. Die tun der Eitelkeit der Juden nicht weh, aber diese kleinen Revanchestacheln, die schmerzen die Getroffenen weit über jeden Begriff. Und diese Stacheln sind nicht die einzigen. Fortwährend müssen minder wünschenswerte Verwandte und alte Freunde versteckt werden, dann müssen sie bei jeder Gesellschaft immer ängstlich rechnen, daß nicht zu viele Juden kommen. Das gesellschaftliche Leben der Juden, und das ist sein Fehler, wächst nicht aus dem eigenen Kreise der Freunde und Verwandten natürlich heraus, sondern es ist erworben und sorgsam aufgebaut. Da gibt es oft gezwungene Situationen und Verlegenheiten. Da platzen etwa an einem Familiengedenktag, von dem man die Verwandten und die weniger präsentablen Freunde doch nicht fernhalten kann, plötzlich ein paar von den Nobelfreunden herein, die besonders nett sein wollen und die von dem sorgsam geheimgehaltenen Gedenktag doch irgendwie erfahren haben. Das ist eine maßlose Verlegenheit, die ganz übertrieben empfunden wird, denn die Nobelgäste finden in der Regel weiter nichts daran. Daß sie in einem jüdischen Haus verkehren, wissen sie ja, und daß es in jedem Haus Freunde und Verwandte gibt, die nicht zum Herzeigen sind, wissen sie auch. Aber was wird für Scharfsinn darauf verwendet, um solche Verlegenheiten zu vermeiden! Da läßt bei den Juden ihr berühmtes Selbstbewußtsein ganz aus. Sie laufen immer mit einem schauerlichen Gefühl gesellschaftlicher Minderwertigkeit herum, und sie haben sonderbarerweise keine Ahnung davon, wie sehr sich die feinen und die feinsten Leute um den Verkehr mit ihnen reißen und was für kolossale Vorteile sie sich von guten jüdischen Beziehungen versprechen. Die Juden und die feinen Leute haben voneinander eine höhere Meinung, als sie beide verdienen: die feinen Leute überschätzen die Macht der Juden und stellen sich nicht vor, wie sehr die Juden sie zu dieser Macht brauchen, und die Juden überschätzen den Stolz und die Exklusivität der feinen Leute. Kaum, daß in einem Beruf Juden hineingekommen sind, steht ihre Leistung sofort auf dem besten Niveau dieses Berufes. Das kommt natürlich auch daher, daß man an die Juden einen viel strengeren Maßstab anlegt als an die Nichtjuden, aber die Juden werden eben auch mit diesem strengeren Maßstab fertig. Ihnen machen die Hindernisse, die man ihnen in den Weg legt, geradezu Spaß. Je mehr man von ihnen verlangt, um so mehr leisten sie. Und dabei steigt natürlich ihr Selbstbewußtsein, das schon von Haus aus nicht klein ist. Aber soll es denn nicht? Es sieht ja aus, als ob ihren Fähigkeiten gar keine Grenzen gesetzt wären. Immer hat man sich über ihre körperliche Ungeschicklichkeit und Faulheit lustig gemacht – mit vollem Recht, aber sogar das überwinden sie, und jetzt gibt es schon vorzügliche jüdische Reiter und Tennisspieler und Eisläufer und Bergsteiger. In Ungarn ist sogar ein General jüdischer Herkunft Landesverteidigungsminister geworden ... Erschauernd steht der Wiener vor diesem jüdischen Triumphzug; die Hälfte der Wiener Advokaten und Ärzte und die Mehrzahl aller Schriftsteller, Bankiers und natürlich aller Kaufleute und Fabrikanten sind Juden. Sogar in die geheiligte Monopolstellung der christlichen Industriellen – in die Schwerindustrie – sind die Juden eingedrungen. Sie sind eben die besseren Spieler, sie sind imstande, auch aus schlechten Karten ein gutes Spiel zu machen – und wen freut es schon, immer mit besseren Spielern zu spielen und rettungslos auch mit den schönsten Blättern zu verlieren? Man spielt gerne mit Spielern von der gleichen Spielstärke, aber immer zu verlieren ist entmutigend, und – was schlimmer ist – es ist langweilig. Ein Trost allein wäre bei dieser aussichtslosen Konkurrenz zwischen Juden und Wienern: die Juden verlieren in Wien ihre überlegene Begabung rasch mit dem Fortschritt ihrer Assimilierung. Schon die zweite Generation ist nicht mehr so hoch überlegen, und die dritte ist schon ganz verwienert und genauso verträumt und langsam und nervös, wie es die Wiener sind. Das wäre ein Trost, käme nach Wien nicht immer neuer Zustrom der ursprünglichen, völlig unverbrauchten Begabungen aus dem Osten und dem Norden, denn von denen kommen ja die Wunderkarrieren, nicht von den bequem und müde gewordenen Assimilierten. Aber gerade diese Ostjuden bringen aus dem Osten nicht nur Begabung, sondern auch schlechte Sitten, unsaubere Lebensgewohnheiten und revolutionäre Gesinnung. Wären sie nicht Revolutionäre, dann kämen sie gar nicht nach Wien, denn nur mit einem revolutionären Akt konnten sie sich von zu Hause losreißen. Dort im Osten lebt nämlich eine Art von Juden, die sich eine fanatische Rechtgläubigkeit zurechtgelegt hat. Sie schließen sich streng von der nichtjüdischen Außenwelt, die sie hassen und verachten, ab. Wenn einer aus diesen Gemeinden in die große Stadt geht, dann hat er mit seinem Glauben und seiner Familie gebrochen, und Flüche folgen ihm nach, weil er unter die Ungläubigen geht, denn das kennen sie schon: wenn er die rechtgläubige Gemeinde verläßt, dann legt er bald den Kaftan ab, läßt sich die Locken schneiden, dann ißt er auch bald nicht mehr koscher, und dann ist er ein Verlorener, ob er Christ wird oder nicht. Der Einwanderer aus dem Osten hat also schon eine revolutionäre Tat hinter sich: er hat alle Brücken hinter sich abgebrochen, er hat alle Hemmungen des Gewissens und der Liebe zur Familie überwunden, er hat das Ärgste hinter sich, er schreckt jetzt vor nichts mehr zurück. Er hat vor keiner Tradition mehr Respekt – hätte er den, dann wäre er ja zu Hause geblieben. Die Traditionen, die er in Wien findet, imponieren ihm nicht – mit denen wird er viel leichter fertig als mit denen zu Hause. Dieser Ostjude ist der Revolutionär an sich: er hat nichts zu verlieren, er hat keine Hemmungen mehr zu überwinden, er hat vor nichts mehr Respekt, und er hat Verstand für drei. Er ist lebender Sprengstoff – wenn ihn nicht der Erfolg bändigt –, aber es kann doch nicht jeder Erfolg haben, und wenn er ihn nicht hat, dann wird er gefährlich. Die harmlosesten sind die, die einfach Verbrecher werden. Gewiß, es gibt auch unter ihnen brave Leute: bescheidene Kürschner und Schneider und Trödler, die nur die Not von zu Hause vertrieben hat, die fromm bleiben und vom heiligen Land träumen; aber die Mehrzahl träumt nur von raschen Erfolgen um jeden Preis. So kommt es, daß die Assimilation die Kluft zwischen Juden und Wiener Christen nie überbrücken kann, denn die Zuwanderung reißt die Kluft immer wieder auf: der Gegensatz kann nicht sterben – er verewigt sich. Das ist ein Zustand, der einer tragischen Lösung zutreibt.

Die Juden haben auch in Wien einen Propheten, der ihnen die drohende Gefahr ihrer Lage klarmacht. Die Juden haben immer Propheten, aber wenn ihnen diese Propheten etwas Unangenehmes sagen, dann glauben sie ihnen heute so wenig wie vor dreitausend Jahren. Denn die Juden sind unerhörte Optimisten.

Der Prophet heißt Theodor Herzl und ist Feuilletonredakteur der »Neuen Freien Presse«, und er prophezeit die große kommende Judenverfolgung und die Notwendigkeit eines wenn auch noch so kleinen international garantierten nationalen Judenstaates – einer jüdischen Schweiz. Kein Schimpfwort ist den feinen, arrivierten Wiener und Prager Juden gemein genug für diesen Propheten. Er ist nach ihrer Meinung am Antisemitismus schuld.

Der Antisemitismus der Wiener ist sehr launenhaft, aber er ist allgegenwärtig und immer sprungbereit – kein gemütlicher Zustand für die Betroffenen, die noch dazu deutlich fühlen, daß das alles nur die Vorboten schlimmerer Dinge sind. Wenn sie dann erwachsen zur Berufswahl kommen, dann hören sie: in dem Beruf haben Juden keine Chancen und in dem anderen gibt es schon zu viele Juden. In keinem Beruf haben die Juden ein selbstverständliches, leichtes Vorwärtskommen mehr. Überall finden sie Hindernisse. Sie werden mit ihnen in der Regel fertig, aber es ist so ermüdend, so niederdrückend, immer mit diesem Makel herumzulaufen, mit diesem verborgenen Handicap, von dem man nie spricht. Der Jude liebt Wien und seine Eigenart wirklich, er wird, zuerst bewußt und mit Vorsatz und mit der Zeit unbewußt, wenn schon kein echter, so doch ein virtuoser Wiener. Hunderte Wiener Lieder und ihre Texte sind von Juden, und kein Mensch empfindet sie als unwienerisch. Eine Menge Wiener Volkssänger sind Juden, und die meisten jüdischen Jargonschauspieler sind vollendete Wiener Dialektkomiker, die den Wienern fast besser gefallen als die herberen und spröderen echten. Der jüdische Jargon hat auf den Wiener Dialekt sehr stark abgefärbt. Die sentimentalen »Drucker« auf den Vokalen und der »patzweiche« Ton sind jüdisch und nicht wienerisch, und dieser Dialekt beherrscht heute den Wiener Film und die Operette, und er ist es, der die Welt erobert hat.

Es gibt Assimilation in jeder Gesellschaftsklasse, in jedem Beruf – am meisten im mittleren Gewerbe und im Lebensmittelhandel. Da haben die Leute oft selbst ganz vergessen, wer ein Jud' und wer ein Christ ist, und da wird ziemlich hemmungslos durcheinandergeheiratet. Auf den obersten und auf den untersten Stufen der Gesellschaft ist die Differenzierung stärker. Die kleinen Leute schleppen die Traditionen des galizischen Gettos mit, aus dem sie stammen, und bei den ganz feinen Leuten ist das Judentum eine sorgsam gepflegte aristokratische Tradition geworden, die mit einem gewissen Snobismus zur Schau gestellt wird wie von den anderen Aristokraten ihr Katholizismus. Sie sagen damit deutlich: wir sind so groß, daß wir uns sogar das leisten können.

Die Wiener sind große Antisemiten, aber ihr Antisemitismus hat ein großes Loch: sie verlieben sich so leicht in Juden oder Jüdinnen. Jeder Wiener hat seinen jüdischen Freund, den er enthusiastisch liebt und auf den er grenzenloses Vertrauen hat – und jeder Wiener ist in eine Jüdin verliebt. Die Wiener, von ihren geistig schwerfälligen und oberflächlichen Frauen nicht verwöhnt und auf inhaltsreichere Liebesbeziehungen heißhungrig, verlieben sich rettungslos in die gescheiten, lebendigen, charakterstarken Jüdinnen. Für den Wiener ist die Jüdin eine ungeheure Sensation: da steht eine Frau, die denkt, die Ziele hat, die weiß, was sie will, die vielleicht eine Bestie ist, aber dann wenigstens auf interessante, persönliche, reizvolle Art – mit Ausdruck in jedem Wort, in jeder Geste. Der Wiener hat viel zuviel Geist und Geschmack, als daß da sein Antisemitismus lang standhielte. Da ist er einfach wehrlos.

129

Das sind die Siege, die die Juden täglich und stündlich über den Antisemitismus feiern, und sie haben noch die Genugtuung, daß ihre Beziehungen zu ihren christlichen Freunden fast niemals gleichgültig und oberflächlich sind, sondern besonders tiefe und starke gerade darum, weil ihnen Hindernisse und Vorurteile entgegenstehen, die überwunden werden müssen, und alle Opfer den Menschen, für den sie gebracht werden, dem, der sie bringt, besonders lieb machen. So strafen die Juden im kleinen Tag für Tag den großen Antisemitismus Lügen. Tun sie das wirklich? Werden ihre christlichen Freunde aus Liebe zu ihnen nun plötzlich Judenfreunde? Nein – keineswegs! Sie bleiben Antisemiten und – sie bekehren ihre jüdischen Freunde und Frauen zum Antisemitismus. Sie sagen: mein Freund ist eine Ausnahme, und der Freund widerspricht nicht – im Gegenteil! Er gießt Öl ins Feuer und stimmt eifrig zu – besiegte Sieger. Sie gewinnen Freundschaft und Liebe für sich, aber nicht für ihr Volk – ein interessantes psychologisches Problem, über das man Bände schreiben könnte. Natürlich gibt es auch unter den Christen ausgesprochene Judenfreunde, aber sie sind sehr selten. Im allgemeinen ist es schon so, daß jeder Wiener in seinem Kreis ein paar Juden zu Ehrenchristen ernennt, ohne sich in seinem Antisemitismus dadurch beirren zu lassen. »Wer ein Jud' ist, bestimm ich«, hat der Dr. Lueger gesagt ...

Die Juden haben Glück bei Frauen, obwohl sie nicht schön sind, obwohl man viele Vorurteile gegen sie hat und obwohl ihnen zu ihrem großen Schmerz die natürliche heitere Grazie abgeht, die der Wiener in der Liebe hat. Die Juden sind auch in der Liebe schwerblütig, schwermütig, schwerfällig. Die Antisemiten sagen: »Ach Gott, die Juden haben das Geld – das ist das ganze Rätsel –, und die Weiber fliegen aufs Geld.« Das ist aber doch eine zu geringe Auffassung von den Frauen und von der Liebe. Vor allem sind die Juden Erotiker – keine Art und keine Abart der Liebe ist ihnen fremd. Sie sind von sinnlicher Lust und Liebe völlig erfüllt – vielleicht kommt gerade ihre schwerfällige Ungeschicklichkeit in Liebesdingen daher, daß sie mit Liebessehnsucht und Leidenschaft überladen sind. Leichte spielerische Zärtlichkeit wäre kein Ausdruck für diese rasende dunkle Macht, aber die Frauen spüren diese Macht trotz dieses plumpen Ausdrucks, und sie erliegen ihr oft – nicht selten sehr gegen ihren Willen. Die Juden sind zu Frauen zärtlich und aufmerksam – sie sind in der Liebe keine Egoisten –, der andere Mensch ist für sie immer interessant. Das sind die Wiener Frauen gar nicht gewohnt, die immer nur mit Männern zu tun haben, die sich nur für sich interessieren. Die Frau ist für den Juden wichtig. Er kümmert sich um ihr Urteil und ihre Meinung. Das ist er von Kindheit an nicht anders gewöhnt. Dann ist er überhaupt ein Familienmensch. Er ist treu, er betet seine Kinder an, nie empfindet er seine Familie als eine Last, immer nur als ein Glück. Von solchen Männern fühlen sich die

Frauen natürlich gehoben, und sie sind dankbar für so viel Schätzung. Die Mischehen zwischen Juden und Wienern gehen auch in der Regel sehr gut aus, besonders die zwischen christlichen Frauen und jüdischen Männern, denn die Wiener Frauen lassen sich natürlich gerne von dieser unerschütterlichen Güte, Nachsicht und Zärtlichkeit verwöhnen. Bei christlichen Männern und jüdischen Frauen geht es etwa schwerer. Die Männer ertragen nicht leicht das Selbstbewußtsein der jüdischen Frauen und ihren Anspruch, bei allem ihre Meinung gelten zu lassen. Aber die Wiener Männer sind bequem: wenn sie einmal draufkommen, daß ihre Frauen gescheit und tüchtig sind, dann laden sie gern alle Arbeit und Verantwortung ihnen auf und stellen sich spottend und räsonierend daneben. Viele Männer sind auch wirklich dankbar für diese tüchtigen, gescheiten Frauen. Unter den jüdischen Frauen gibt es aber auch welche, die gar nicht gescheit und tüchtig sind, sondern die nur verwöhnt werden wollen, die immer nur Geld ausgeben und faul dahinleben. Jüdische Männer lassen sich auch das beglückt gefallen, aber bei einem christlichen Mann hat sie in der Regel damit nicht viel Glück. Da verstehen die Männer keinen Spaß, und entweder muß sie nachgeben oder das Haus wird zur Hölle; aber in der Regel gibt sie nach.

Der Wiener hängt nicht sehr an seiner Familie, aber der Jude liebt und preist sie: seinen Bruder, der ein Trottel ist, nennt er »wunderbar einfältig«, seine Schwester, die schiach wie die Nacht ist, ist »ein Wesen von kostbarer, herber Eigenart«. Seine Mutter ist die hingebungsvollste und edelste Frau, sein Vater (Strumpfwarengrossist seinem Berufe nach) ist für ihn ein großartiger Mann von genialer Konzeption. Man braucht nur auf dem Friedhof die Grabschriften der Christen und der Juden miteinander zu vergleichen, und man weiß gleich, wie verschieden Juden und Christen ihre Familien einschätzen: Bei den Christen steht meistens nur »Unvergeßlich« oder »Auf Wiedersehen« oder »Ruhe sanft«, aber bei den Juden wimmelt es von Attributen, von guten Engeln und angebeteten Gattinnen, von geliebtesten Kindern und edelsten Vätern – ohne Superlativ geht es nicht und ohne Verse auch nicht, in denen sich der Comptoirstil mit biblischem Pathos vermählt –, und so rührend alle diese Liebe ist, es ist doch ein sanft komischer Eindruck, wenn man denkt, daß all dieser poetische Aufwand für Leute gemacht wird, die im irdischen Leben Vertreter, Grossisten, Advokaten und Sensale waren und das doch im allgemeinen keine heldischen und poetischen Berufe sind. Aber wahr ist, was für wahr gehalten wird – sie glauben an ihre Familien.
Die Juden treten immer in Horden auf: Auf einer Bank im Stadtpark sitzt niemals ein Jude, sondern es sitzen da gleich vier, und ein fünfter steht vor ihnen und redet mit ihnen; und ein sechster kommt um die Ecke und winkt schon mit beiden Händen. Wenn in eine Sommerfrische Juden kommen, dann kom-

men nicht ein paar, sondern gleich ein paar Dutzend, und im nächsten Jahr dann noch dreimal so viel. Sie sind nie allein, sie finden es ganz selbstverständlich, daß jemand, mit dem sie befreundet sind, auch die ganze Verwandtschaft kennenlernt und mit ihr befreundet ist. Mit einem Wiener Christen kann man lang verkehren, bevor man überhaupt erfährt, daß er einen Bruder oder einen Vater hat. Mit jedem Fremden befreundet sich der Wiener eher als mit Verwandten – er sagt das auch. Brüder trennen sich, sobald sie erwachsen sind, und sehen und schreiben einander oft jahrelang nicht wieder. Der Wiener ist kein Familienmensch – er hat eher ein Vorurteil gegen als für seine Verwandten. Es fällt auch einem Wiener nicht so leicht ein, für seine Verwandten etwas zu tun, wenn er es zu Geld oder hoher Stellung bringt – für seine Freunde viel eher: »Die hab ich mir auch ausgesucht«, sagt er, »die Verwandten aber nicht.« Vielleicht ist das eine ganz vernünftige Nüchternheit – aber dafür kennen auch die Wiener Christen das Gefühl der Sicherheit und Geborgenheit nicht, das die Juden in ihren Familien haben.

Die Juden sind ein geselliges Mittelmeervolk. Auf dem Markt, dem Korso, der Agora in und vor der Öffentlichkeit zu leben ist ihnen ein Bedürfnis. Sie interessieren sich für ihre Nebenmenschen und sind davon überzeugt, daß diese sich für sie genauso interessieren. Sie agieren immer vor einem Publikum. Ob sie im Kaffeehaus ein Gespräch führen oder im Stadtpark ihre Kinder erziehen – es ist immer eine Vorstellung für ein Publikum. Immer ist ihr erster Gedanke: Was werden die Leute dazu sagen? Und es ist wichtiger, daß sie etwas sagen, als was sie sagen, und damit sie etwas sagen können, müssen sie es erfahren, und dafür muß man sorgen. In Freud und Leid sucht der Jude die Teilnahme der breitesten Öffentlichkeit. So ergießt sich ein Strom von Publizität aus der jüdischen Gesellschaft in die Öffentlichkeit. »Alle Welt wird sich interessieren«, sagen sie und glauben es wirklich. Und so strotzen die Wiener Zeitungen von Nachrichten, die nach Meinung der nicht zu ihrem Kreise gehörigen Leute jüdische Privatangelegenheiten sind: Todesnachrichten, Nachrufe, Jubiläen, Personalnachrichten (gleich nach den Hofnachrichten), Auszeichnungen und Ernennungen ... Und der Wiener, der sich nur für sich interessiert und nicht einmal sehr für seine Familie und schon gar nicht für die Juden, findet zu seinem Verdruß jeden Morgen beim Frühstück seine Zeitung voll von aller Freud und Trauer, die seine jüdischen Mitbürger in den letzten vierundzwanzig Stunden erlebt haben und die sie ihm mitzuteilen für nötig halten.

Im Grunde ihres Wesens sind sie schwerfällig und schwermütig – ganz anders als die Wiener, die immer leicht und naiv, natürlich und gewinnend sind, auch wenn sie sich gar nicht manierlich benehmen. Um ihre natürliche Grazie und Gelöstheit beneiden die Juden die Wiener leidenschaftlich. Es ist ihr Schmerz bei Tag und bei Nacht, daß ihnen die versagt ist. Sie möchten gern ein gutes Stück von ihrem jüdischen Verstand und allen ihren heroischen Kräften für ein Stückchen von dieser heiteren Natürlichkeit der Wiener hergeben. Der Jude ist nie heiter. Wenn er es versucht, und er versucht es oft, ist es nur peinlich. Es ist immer absichtlich, es ist immer eine Pose; niemals machen Juden einen traurigeren Eindruck, als wenn sie leichte Heiterkeit spielen. Auch ihr Witz ist nicht heiter. Aus jüdischen Witzen könnte man ein philosophisches Werk zusammenstellen. Sie sind oft Meisterwerke der Epigrammkunst. Für die jüdischen Witze hat der Wiener unermüdliche Würdigung. Jedes Gespräch in Wien schließt mit der Mitteilung der neuesten jüdischen Witze, und jeder Wiener erwartet mit Sicherheit, wenn er einem jüdischen Bekannten begegnet, eine neuen jüdischen Witz zu hören. Die Wiener, die selber geborene Wortspieler und Witzemacher sind, lieben alle Spiele mit Worten und Doppel- und Nebensinnen unendlich. Damit kann man sie ewig unterhalten. Manchmal verstehen sie den Witz langsamer, als es der jüdische Freund erwartet, aber dankbar sind sie immer. Manche notieren die neugehörten Witze sorgsam auf, um sie noch frisch weiterzugeben – eine ewige Quelle der Wiener Heiterkeit. Die Wiener Börsenwitze werden nach Paris und London sogar gekabelt und telephoniert. Und der Wiener liebt auch den jüdischen Jargon. Der Jude ist ein Pointierer. Er spricht immer dramatisch, und er hat sich eine Sprache für sein Pointenbedürfnis geschaffen. Witze lassen sich überhaupt nur jüdeln. Manche Urchristen haben solchen Spaß an der Melodik des Jargons, daß man sie für Juden hält, weil sie sich das Jüdeln so sehr angewöhnt haben. Jüdische Jargonvorträge in den Unterhaltungslokalen haben immer Riesenerfolg. Das Jargontheater von Heinrich Eisenbach ist jeden Abend ausverkauft, und nirgends sieht man ein feineres christliches Publikum. In dem uralten Hotelsaal in der Taborstraße, der seit Lanners Zeiten nicht restauriert worden ist, in dem dicken Dunst von Zigarrenrauch, Fett- und Zwiebelduft sitzen Aristokraten, Diplomaten, Offiziere, feine Leute und unfeine Leute. Den Vorführungen des jüdischen Geistes erliegen die Wiener immer wieder leicht und gern. Sie lieben die Juden als Schauspieler, sie lieben die Musik, die die Juden machen, die Stücke, die sie schreiben. Die große Kraft der Juden liegt nämlich in ihrem Geist und nicht in ihrem Geld. Das Geld ist eine der Formen, in denen ihr Geist kristallisiert – eine der niederen Formen. Die wahre Liebe und Leidenschaft der Juden gehört den reinen Werken des Geistes: der Philosophie, der Mathematik, der Musik, der Dichtkunst, der Geschichte, dem Theater – allen Künsten und Wissenschaften –, je abstrakter, desto besser. Hätten sie die Wahl, dann würden sich von allem Anfang an die meisten Juden den Studien widmen. Seit jeher schätzt der Jude den Gelehrten unvergleichlich höher als den Kaufmann. Die reichste Familie ist auf einen Gelehrten viel stolzer als auf ihr Geld. Diese leidenschaftliche und völlig ungekünstelte Liebe zum Geist und ihr ewig lebendiger, ewig hungriger und ewig tätiger Verstand ist es, der die Juden immer wieder faszinierend macht.

Ja, die Juden sind sinnenfreudige und lebensgierige Menschen, und da die Juden gerne leben und ihr Leben genießen, sind sie große Hypochonder. Sie bevölkern ständig die Wartezimmer der Wiener Ärzte. Wenn es keine Juden gäbe, hätten die Ärzte ein schlechtes Leben. Für die Gesundheit ist ihnen nichts zu teuer. Sie gehen von einem teuren Kurort in den anderen, und dabei fehlt ihnen in der Regel nicht anderes, als daß sie zuviel essen. Gläubig folgen sie den Vorschriften ihrer Ärzte. Wenn ihnen aber einer vorschreibt, daß sie weniger essen und viel Bewegung machen sollen, dann gehen sie lieber zu einem anderen Arzt, der ihnen etwas vorschreibt, was bequemer ist und mehr Geld kostet. Sie reden viel und gerne von ihren Leiden und hören auch gerne von den Leiden anderer und versuchen auf gut Glück die Medikamente der anderen und gehen zur Abwechslung auch zu ihren Ärzten. Dabei haben sie in der Regel eine zähe Gesundheit. Sie sind bei weitem nicht so anfällig wie die Wiener, sind sehr widerstandsfähig gegen Infektionskrankheiten und werden oft sehr alt. Die Wiener sagen: »Drei Ärzte sind nötig, um einen alten Juden unter die Erde zu bringen – bei unsereinem genügt schon einer...« Damit bringen die Wiener sowohl ihre geringe Achtung vor der ärztlichen Kunst als auch ihre hohe Einschätzung der jüdischen Lebenszähigkeit zum Ausdruck.

Verletzend und aufreizend empfindet der Wiener den oft maßlosen Ehrgeiz, der nahezu allen, auch den edelsten Juden eigen ist. Jeder Tag muß einen Fortschritt bringen. Sie wollen immer nur weiter – jeden Tag einen Schritt. Es ist nicht, wie die Antisemiten sagen, Macht- oder Habgier. Ja was ist es denn dann? Verfolgungswahn! Nach zwei Generationen der Sicherheit und des Aufstieges fühlen die Juden noch immer die Verfolger hinter sich auf den Fersen, und darum können sie gar nicht hoch genug steigen und nicht Geld genug verdienen, nur um einen möglichst breiten Raum und möglichst viele Hindernisse zwischen sich und ihre Verfolger zu legen. Und dann ist es die Eitelkeit, einfache kindische Eitelkeit: sie wollen geehrt werden. Sie wollen Verehrer um sich sehen, die sie bewundernd umringen, Reihen sich verbeugender Menschen, Leute, die in Respekt ersterbend ihren Worten lauschen, ja sie wollen womöglich so groß sein, daß sie alle diese Ehrenbezeigungen gleichgültig ignorieren können. Die Wiener, allem »Pflanz« abgeneigt, verachten an den Juden nichts mehr als diese Eitelkeit. Sie ist aber auch ein furchtbarer Fehler, denn sie kompensiert fast ihren überlegenen Verstand, den der Jude fast immer verliert, wenn seine Eitelkeit berührt wird. Der Jude ist um Geld sehr schwer käuflich – er verdient es im normalen Geschäft zu leicht, als daß Bestechung für ihn großen Reiz hätte. Das hat er nicht nötig. Aber vor Orden und Titeln und Würden wird er klein wie ein Kind, dem man irgendeine geliebte Süßigkeit verspricht.

Die Juden sind die Träger des letzten Glanzes von Wien. Eine unendliche Fülle glänzender Begabungen gießen sie über diese Stadt aus: Philosophen, Juristen, Mathematiker, Mediziner, Naturforscher, Dichter, Schauspieler, Philologen, Musiker, Politiker, Polizisten, Journalisten, Kritiker, Mäzene, Sammler, Bankiers, Fabrikanten, Modekünstler, Tapezierer, Juweliere, Kürschner und Kunsthändler – sie können alles, sie machen alles, und wie König Midas machen sie aus allem, was sie anrühren, Gold. Aber die Antisemiten sagen: »Ja, ja, sie gedeihen, sie blühen, sie wachsen wie eine Krebsgeschwulst – wir gehen dabei zugrunde – kein Gedanke, kein Ton, den sie schaffen, ist von ihnen – alles gestohlen – sie leben von unseren Gedanken, von dem, was ihnen unsere Luft, unser Milieu gibt – sie geben nichts dazu als ihren Schwindel und ihren Lärm und ihre Frechheit – sie münzen Gold aus dem Blut, das sie uns aus den Adern saugen, und das Geld stecken sie dann in ihre Tasche . . .« So sprechen die Antisemiten, und was sagen die Juden dazu? Sagen sie entrüstet nein? Die Juden zucken die Achseln und sagen: »Die Leute haben natürlich ganz recht, aber sie sind so unbegabt, daß sie nicht einmal, wenn sie schon einmal recht haben, es anständig begründen können. Also passen Sie auf, hören Sie zu – *Ich* wer' Ihnen jetzt sagen, was gegen die Juden vorzubringen ist . . .« Und nun beginnen sie selber Argumente gegen sich zu suchen und zu finden, und sie liefern den Antisemiten die feinsten, mit allem jüdischen Scharfsinn zubereiteten Motive für ihren Kampf gegen die Juden – mit der Freude an ihrem überlegenen Verstand, mit der sie als die guten Advokaten, die sie sind, ihren Klienten das Beweisgerüst zu ihren Behauptungen liefern.

Seit den Zeiten des Alten Testaments ist vernichtende Selbstkritik die besondere Eigenart der Juden. Jedes andere Volk lobt sich selbst in seiner Mythologie und gibt den Göttern und seinen Feinden alle Schuld an seinem Mißgeschick – die Juden aber haben in ihren heiligen Schriften immer sich selbst und ihren Fehlern alle Schuld an ihrem Unglück gegeben und ihren Gott gelobt. So machen sie es auch jetzt: sie geben den Antisemiten recht und sagen: »Wir sind an allem schuld.« Die Konsequenz, die sie aus dieser Erkenntnis ziehen, ist nicht einheitlich. Aber alle Juden sind mit den Antisemiten einer Meinung, daß es so wie bisher nicht weitergeht.

Was sind diese lärmenden, nervösen Juden für eine Dissonanz im sonntäglich stillen Wien, der Stadt der Lieder, der asketischen, ewig anonymen Beamten, die nie ein Wort in die Zeitung schreiben dürfen, der Stadt der bequemen, boshaft räsonierenden Kaffeehausbesucher, die in Ruhe ihren Kaffee trinken und ihre Zigarre dazu rauchen wollen, in der Stadt der fleißigen tschechischen Handwerker, die ihr Leben lang still zufrieden zuschneiden und nähen, hobeln und polieren!

Im laut und schamlos renommierenden und aufschneidenden Berlin, im reklametollen Amerika – da distonieren die Juden weit weniger, aber in Wien ist die Verschiedenheit der Temperamente verhängnisvoll – sie muß einmal zu einem tragischen Ausbruch führen.

Die Juden sind die einzigen Bewohner Europas, die keine Christen sind und die die Schulung der Geister und Gewissen durch das Christentum nie an sich erlebt haben. Sie bringen ein Stück vom ungebrochenen Geist des Altertums in unsere Zeit: von seiner Sinnenfreude, seiner Hybris und seiner Tragik. Sie führen uns jeden Tag vor Augen, wieviel wir durch das Christentum gewonnen haben und um wieviel es uns ärmer gemacht hat. Wir sind vom Geist des Altertums immer wieder gepackt und hingerissen, aber von seiner Maßlosigkeit, seinem Größenwahn, seiner Gleichgültigkeit gegen die Besiegten und Erfolglosen auch immer wieder abgestoßen. Bewunderung und Abscheu sind auch die Gefühle, die wir dem letzten unsterblich lebenden Rest des Altertums – den Juden – entgegenbringen, und gar nicht so selten überwiegt die Bewunderung:

»Denn das ist kein schlechter Baum, der gute Früchte trägt. An seiner Frucht kennt man den Baum.« (Lukas 6, 43, 44)

DIE TSCHECHEN

Damit der Wiener sein verträumtes, unpünktliches, an kleinen Freuden und Genüssen so reiches Leben führen könne, arbeitet unauffällig und still eine Präzisionsmaschine, deren rastlose und fleißige Arme die Tschechen sind. Sie sind unsere Schneider und machen unsere schönen Kleider; sie sind unsere Schuster und machen unsere schönen Schuhe; sie geigen und blasen unsere schöne Musik; sie kochen unser gutes, gesundes Essen; sie zimmern und polieren unsere schönen Möbel; sie kutschieren unsere schönen Equipagen; sie sind die umsichtigen und verläßlichen Feldwebel unserer Armee; sie tragen die prächtigen Livreen des Kaisers und der hohen Herrschaften, und die milchstrotzenden Brüste der böhmischen Ammen nähren die Wiener Kinder.

Inniger Dank gebührt diesen braven, fleißigen Menschen, die so viel Gutes und Nützliches um bescheidenen Lohn tun und die so oft mit treuer, ergebener Liebe ihr Leben lang ihren Herrschaften zugetan bleiben. Im Himmel muß Tschechisch eine Weltsprache sein, denn daran, daß diese guten, treuen Seelen alle in den Himmel kommen, kann kein Zweifel sein. Sie werden dort vielleicht zu ihrem Schmerze nicht alle ihre geliebten Herrschaften finden, für die sie so viel genäht und gewaschen, gebügelt und poliert haben – diese treuen, fleißigen Seelen.

Wenn der Wiener gerne Witze über die Tschechen macht, so ist das gar nicht bös gemeint – es ist mehr ein zärtlicher Spott. Die Tschechen sind nämlich unfreiwillige Komiker. Komisch ist der ewige Singsang ihrer Sprache, den sie auch haben, wenn sie Deutsch reden, und der immer beschwichtigend klingt wie ein Wiegenlied. Für den Wiener ist dieser böhmische Singsang so sehr mit Heimat und Kinderstube verbunden, daß er sich geborgen und zu Hause fühlt, wenn er ihn hört. Naive Kindlichkeit liegt in dieser Sprache.

Komisch sind auch die Gesichter der Tschechen mit ihren dicken Nasen, den immer zerrauften, in die Stirn hängenden Haaren und den dicken Schnurrbärten. Ein breites, freundliches Grinsen liegt immer auf den runden Gesichtern. Schief hängt die billige Brille – sie sind unglaublich sparsam – auf der Nase. Alles an ihnen ist immer schief: die Krawatte, der Kragen – teils, weil es ihnen gleichgültig ist, teils weil ihre Körperlichkeit der geradlinigen Kleidung unserer Tage widerstrebt. Nichts ist schwerer, als einen tschechischen Diener zu eleganter Erscheinung zu erziehen. Die härteste Arbeit ist ihm lieber. Viele lernen es nie. Beim Militär kostet es viele Mühe, ihnen tadellose Adjustierung beizubringen und das freundliche Grinsen beim Salutieren abzugewöhnen. Auch die Strammheit wird bei ihnen nicht leicht zur zweiten Natur. Ihre angeborenen Bewegungen sind rund, ihr Schritt ist unregelmäßig, schlürfend, hinkend und manchmal ist eine Art von Sprung darin. Man kennt den Tschechen sofort an diesem drolligen Gang. Der Komiker Eisenbach hat dieses »Böhmakeln mit den Füßen« auf die Bühne gebracht. Es muß sehr schwer sein, denn keiner hat es ihm nachgemacht.

Am schönsten sind die Tschechen in ihrer Arbeitskleidung, im blauen Schlosseranzug oder mit der grünen Tischlerschürze. Wenn sie sich aber schön und städtisch anziehen, dann steht ihnen das gar nicht. Auf ihrem runden, unförmig großen Kopf sitzt kein Hut, die Frisur kann keine Pomade halten, denn sie haben einen zweiten Wirbel vorne über der Stirn, und da fallen ihnen die Haare immer ins Gesicht. Ihre Schultern sind schmal und ihre Hüften breit. Wenn sie in die Jahre kommen, dann wächst ihnen ein plötzliches kleines Bäuchlein unter der schmalen, flachen Brust.

Nein! Schön sind die Tschechen nicht, aber fleißig, bescheiden, tüchtig und gutmütig sind sie. Hunderttausende Tschechen leben in Wien. Jeder dritte Wiener stammt von Tschechen ab – nützliche, kleine Leute, die niemand zur Last fallen, die still ihre Arbeit tun und die zufrieden sind, wenn sie sich ein ruhiges, sorgloses Leben auf dem bescheidensten Fuße errungen haben. Ihr Ehrgeiz ist ein geduldiger, langsamer. Es ist ihnen ganz genug, wenn der Sohn es um eine Stufe weiter bringt als der Vater. Sie sind nicht wie die Juden, die sich einbilden, daß jeder Tag einen Fortschritt bringen muß und daß sie in einem Sturmlauf zu den Höhen des Erfolges aufsteigen müssen.

In dieser frommen Bescheidenheit passen die Tschechen gut zu den Wienern. Die Wiener können sie auch gut leiden. Der Dr. Lueger sagt: »Laßts mir meine Böhm in Ruh!« Nur müssen sich die Wiener alleweil über sie lustig machen und das kommt, wie gesagt, vor allem von ihrer unsagbar komischen Sprache. Das böhmische Deutsch hat nämlich die eigentümliche Eigenschaft, auch die erhabensten Worte und Gedanken rettungslos zu ernüchtern und zu entzaubern. Es genügt, irgendeine hochtrabende Kundgebung zu böhmakeln, um sie zu parodieren. Diesem sonderbaren Tonfall hält keine Phrase stand. So wie das Jüdeln zum Witzeerzählen, so gehört das Böhmakeln zum Parodieren. Es ist ein unentbehrlicher Bestandteil im Arsenal der schauspielerischen Mittel des Wieners.

Aber die Wiener machen sich dummerweise auch über etwas an den Tschechen lustig, über das sie sich eigentlich freuen sollten, nämlich über ihr Streben, so rasch als möglich Wiener, echte bodenständige Wiener, zu werden. Mit unendlichem Eifer lernen die Tschechen Deutsch reden und schreiben, ohne je im Leben ihr wunderbares Böhmisch-Deutsch zu verlieren. Die Gebildeten unter ihnen sind fanatische Verehrer der deutschen Sprache und Literatur. Die Lehrer werden, wählen mit Vorliebe die Germanistik als ihr Fach, und fast jeder junge Wiener hat im Gymnasium einen tschechischen Deutschprofessor erlebt. So oft er an »Hektors Abschied« denkt, hört er Hektor und Andromache böhmakeln. Es ist gewiß dumm und häßlich, daß wir alle darüber gelacht haben – aber was kann man tun: es ist doch so schrecklich komisch. Wir haben ihre überzeugte, ehrliche Liebe zu unserer Kunst und Dichtung in unserem Unverstand schlecht gelohnt und haben dadurch braven guten Menschen oft weh getan, aber wir haben es wirklich nicht bös gemeint.

Die Tschechen haben eine Schwäche: sie sind den Frauen verfallen. Weiblichen Reizen und Verführungen erliegen sie rettungslos. Nicht einen Tag können sie ohne Frau leben. Sie sind gut, lieb und zärtlich zu ihren Frauen – die geborenen Pantoffelhelden. Sehr treu sind sie aber nicht, weil sie eben so leicht zu verführen sind. Ihre Frauen sind brav und anständig, aber nicht umsonst sind sie Slawinnen: es gibt unter ihnen dämonische . . . Von dieser Seite kommen die tragischen Möglichkeiten in das Leben dieser braven, den Frauen verfallenen Männer.

Die Tschechen haben aber auch eine Leidenschaft: ihr Nationalgefühl. Das tragen sie an sich wie eine offene Wunde. Es ist furchtbar empfindlich, und diese guten, ruhigen Menschen sind sehr reizbar, wenn man sie an dieser Wunde berührt. Aber wie ist denn das: die Tschechen werden doch so rasch Wiener, und sie sind solche Bewunderer der deutschen Sprache und Dichtung? Ja, das ist schon richtig – ihr Nationalgefühl hat nämlich die sonderbare Eigenschaft, daß es wandlungsfähig ist. Sie können es umstellen, und über Nacht wird dann aus dem leidenschaftlichen tschechischen Nationalisten ein ebenso leidenschaftlicher Deutschnationaler. Es gibt eine Menge Familien, in denen ein Bruder Deutscher und der andere Tscheche ist – Kinder derselben Eltern –, nicht etwa aus Nützlichkeitserwägungen, sondern aus Überzeugung. Es ist kein Spaß, sondern eine Tatsache, daß fast alle Deutschnationalen, die es in Wien gibt, tschechische Namen haben. Die erzählen einem dann wilde Geschichten über die deutsche Herkunft ihrer tschechischen Namen.

Ein rechtes Durcheinander gibt es schon unter Deutschen und Tschechen, weil diese feindlichen Nachbarn auch immer durcheinander geheiratet haben. Den Wienern liegt der Nationalismus gar nicht. Erst die Tschechen bringen die leidenschaftliche Temperatur des nationalen Kampfes nach Wien. Die Söhne der braven tschechischen Handwerker werden nämlich in der Regel in Wien mit allem nationalen Furor – Deutschnationale . . . Ein Rätsel! – Wie überhaupt das Seelenleben dieser gutmütigen, harmlosen Menschen für uns ein verschlossenes Buch ist. Sie fassen plötzlich unverständliche Beschlüsse . . . Ein Rätsel! Die Slawen sind schwer durchschaubare Charaktere. Sie verschließen ihr Innenleben sorgfältig vor jedermann. Sie fressen alles in sich hinein. Niemand kennt ihre Pläne, ihre Wünsche, ihre geheimen Hoffnungen . . . Sie sind scheue, verschämte Menschen, ganz anders als die Wiener, die kein Geheimnis bei sich behalten können, und die zwar auch mit ihrem Vertrauen den Leuten nicht nachlaufen, denen man aber mit den gewöhnlichsten Lockmitteln alle Würmer aus der Nase ziehen kann. Die Wiener sagen: Die Slawen sind falsch. Na ja, Überraschungen kann man mit ihnen schon erleben:

Zwanzig Jahre ist die Anna jetzt bei der gnädigen Frau. Sie ist als Kindermädel ins Haus gekommen, gleich nach der Amme, wie die junge Frau, die jetzt gerade das erste Kind bekommen hat, noch kein Jahr alt war. Sie hat die anderen Kinder zur Welt kommen sehen, die Kinderkrankheiten mitgemacht, dann ist sie Köchin geworden und eine gute noch dazu. Die Kinder sagen ihr du und sie sagt den Kindern auch du, sogar der jungen Frau noch immer, denn die hat darauf bestanden, daß sich das nicht ändern darf. Die Anna gehört zum Haus und der Familie, so wie der Papa und die Mama. Es ist für die gnädige Frau immer ein schöner Moment, wenn in der Früh die Anna, breit über das ganze Gesicht lachend, mit dem Frühstück ins Zimmer kommt. Da fühlt sich die gnädige Frau so behütet und geborgen. Wenn die Anna da ist, kann nichts geschehen. Sie behütet alle wie eine gute Henne ihre Jungen.
Und wie so eines schönen Morgens die Anna mit dem Frühstück ins Zimmer kommt, sagt sie plötzlich: »Ich hätt' der gnä' Frau a Mitteilung zu machen.« Na, denkt die Gnädige, was wird denn das schon sein? Sie wird halt aus irgendeinem Grund auf zwei Tage nach Hause fahren wollen. Der gnädige Herr hat den Zwicker auf der Nase, liest seine Zeitung und hört gar nicht hin. Die Gnädige ahnt nichts Schlimmes, aber da sagt die Anna: »Gnä' Frau, ich mach meine vierzehn Täg« und macht dabei ein böses, verschlossenes Gesicht. Die Gnädige wird blaß. Es ist ihr nicht anders zumute, als wenn ihr plötzlich ihr Mann gesagt hätte, er wolle sich von ihr scheiden lassen. »Aber Anna...« bringt sie nur heraus. Aber der Anna laufen schon die Tränen die Wangen herunter, und sie sagt nur: »Gnä' Frau, es is nix mehr zu machen, ich hab schon die Karte.« – »Ja, was denn für eine Karte?« will die Gnädige wissen, und nun kommt langsam die ganze Geschichte heraus. Die Anna hat einen Bruder in Amerika. Der ist Schneider in Chikago. Das hat man schon immer gewußt, aber die Anna hat nie viel von ihm geredet. Geschrieben hat er, scheint es, auch nicht oft. Bei der Anna zu Hause waren sie neun Kinder, und die Anna war mit sechzehn Jahren in den Dienst gegangen – wie das schon ist. Sie hat vielleicht den Bruder kaum gekannt. Der Bruder taucht nun plötzlich auf, will sie hinüberkommen lassen und hat ihr schon die Schiffskarte geschickt, denn da ist ein Freund von ihm, ein gewisser Nowak, ein Tischler, der möchte gern eine gute, brave Frau von zu Hause, weil drüben (so sagt er) die Frauen nichts wert sind. Da soll also jetzt die Anna hinüberkommen, damit sie sich der Nowak anschauen kann, und wenn sie einander nicht gefallen, ist es auch kein Unglück, denn die Arbeit braver Tschechinnen wird drüben mit Gold aufgewogen, sagt der Bruder.
»Aber Anna«, sagt die Gnädige unter Tränen, »auf Ihre alten Tag wollen Sie sich in Abenteuer einlassen – nach Amerika? Sie verstehen ja doch kein Wort von der Sprache – und was wird denn die junge Frau sagen, die Sie so gern haben...?« Was man halt so sagt in solchen Fällen.

Auch der gnädige Herr legt sich ins Mittel. Aber es nützt nichts. »Böhmischer Dickschädel«, sagt der gnädige Herr, denn das sagt der Wiener immer, wenn der Tscheche nicht so will, wie er gern will. Aber die Anna hat ihren Beschluß schon gefaßt, und die Karte hat sie auch schon. Sie weint sehr, aber es ist nichts mehr zu machen.

Warum eigentlich nicht? denkt die gnädige Frau, wie sie wieder ruhiger geworden ist. Tüchtig und gesund ist die Anna, und so alt ist sie eigentlich auch noch nicht, sie ist sogar um zwei Jahre jünger als ich – 38 oder 39. Sie ist nur uns so alt vorgekommen, weil sie eben immer da war. Mein Gott, und ich hab geglaubt, die Anna lebt und stirbt mit uns. Zwanzig Jahre! – Nein, daß einmal die Anna gehen wird, das hätt ich nie gedacht . . . Und sie muß es doch schon lang gewußt haben – ja, mit den Tschechinnen kennt man sich nie aus . . . Die haben immer einen verborgenen Winkel in ihrem Herzen. Ich hab ihr eigentlich immer mehr von mir erzählt, als sie mir von sich . . . Und den Männern ihrer Kategorie hat sie gut gefallen – den Briefträgern und dem Gasmann. Da hat sie doch einmal die Geschichte mit dem Wachmann gehabt, der sie um das Sparkassabüchel mit den tausend Gulden betrogen hat . . .«

Es gibt noch viele Tränen, aber sechs Wochen später ist die Anna auf dem Weg nach Amerika. Ein paar Wochen später kommt eine Ansichtskarte aus Chikago, auf der sie alle unterschrieben sind – auch der Nowak. Und wieder ein paar Wochen später kommt ein Brief aus Amerika: ein langes, schmales Format, raschliges, blaues Überseepapier, und auf diesem weitgereisten mondänen Umschlag die gute alte Schrift von der Anna, die die gnädige Frau jeden Tag mit Mühe und Gelächter im Küchenbüchel entziffert hat. Die gnädige Frau hat Tränen in den Augen, wenn sie sich an Annas Orthographie erinnert: Schbinaad, Gohl – das ging ja noch –, aber mehr Phantasie gehörte schon zu Attapfeln! Ah, und ihr berühmtes Gelbernes, das offenbar die Gelbsucht hatte, wie der Papa sagte, oder gar ihr Schwannanes, das in ihrer Schreibweise eine Kreuzung von Schwan und Ananas zu sein schien! Ja, das war eine ewige Quelle der Unterhaltung für jung und alt. Der große Stolz der Anna war: sie konnte »deutsch« schreiben, das heißt mit deutschen eckigen Buchstaben und nicht mit den runden lateinischen, mit denen man Tschechisch schreibt. Also der Brief lautet:

Gneddige Frau!

Sind Sie mir hoventlich nicht merr beese und ich bin God sei Dang gut ankommen und gett mir natierlich gut und hoventlich denen hohen Herrschaften auch. Mir sind gfarren mit serr eine große Schief so wie is abgebilt in die Picha fon jungen Herrn und ale am Schief ham bemmisch gret auch da Schduad was si nennen in Gelna und a hate uns glei gsagt mir soln gan Angs ham wemme net kennen amerikanisch redn weil ale Welt in Amerika kan eh bemmisch und so is auch. Scho die Biamte bei Zoll kenan bemmisch und a bemmische Fara is auch mitgfarn und hate im Schbeiszima bemmisch Mes glesn und bredig natierlich. Un mei Bruda in New York hate af mi gwart und glei na Chicago gfirt was is greste schdad da Welt vil me als Wien und a had a schene agene Haus mit Gaden und Bazima un a schene Gscheft und a Frau auch a Bemmin un drei Gilfen in Gscheft und ale Leit hir kenen bemmisch a di Wachmena und was is da Nowak so ise a statliche man a Witwe 55 oda so was aba no fesch is scho 30 Jar hir und i hab im glei gfragt weil gnä Frau gmeint ham ob i net scho zu alt bin un schiach. Hat e gmant so schlimm is e net und er is a nima da jingste und er mecht haraten auch in teifel sei grosmuda wehn si nur red bemmisch und gan bemmisch kochn! So hame recht glacht und a hate mi glei neie Klade machn lassn das i sagta ausschau wi Amerikanerin aba ameriganisch gan i net weil red me alewal natierli nur bemmisch wo i erst gor nimma als ferstanden hab zwanzig Jar kaum a Wort mer gred. Aba deitsch wer i bal ham ganz vagessen und Kinda had da Nowak kane und sagte mir missen dazuschaun. A hate ane schene Gscheft als mit Schbiglscheim und Wergschdad dabei vir Gilfen in Wergschdad und drei in Mebelgscheft ale bemmisch ane dabei aus mane Hamad redn abe ale amerikanisch und a große agene Haus hata gresa wie Bruda so wi gnä Frau Tante Minna ire Haus in da Kotäsch mit elektrische Licht und Wasa eingleit in ale Zima und Mebel was a hat selba gmacht in sagt ma Koloniale Style ser schen. Hab i gsagt zu im das is vill Arbat sagte i gan ma halten Madl wan i nur koch und zwa Bazima natirlich mit Gas ganz kachelt als ser schen wi ma gar net hat in Wien . . .

Ja, so geht der Brief lang noch weiter auf dem raschelnden mondänen Überseepapier und eine Photographie liegt bei vom Nowak. »With best compliments from Anthony J. Nowak« steht darauf mit einer flüssigen Kaufmannschrift geschrieben, die ganz gut zu dem raschelnden mondänen Papier paßt.
Mein Gott, die Anna, denkt die Gnädige, kaum sechs Monate ist es her, da sind wir hier beisammen gesessen, wie mein Enkerl auf die Welt gekommen ist und haben uns umarmt und geküßt und geweint miteinander. Ich hab nie daran gedacht, daß die alte Anna uns jemals verlassen könnte. Dabei muß sie es damals vielleicht schon gewußt haben und nichts hat sie merken lassen. Ja, diese Böhminnen! Und jetzt ist sie eine junge Frau die alte Anna, bei der man nie daran gedacht hat, daß sie eigentlich jung ist, und eigentlich ist sie jetzt mehr als ich geworden – eine wohlhabende Amerikanerin –, eine junge Frau in der großen Welt, und ich bin hier eine alternde Frau in unserem alten Wien, das von der großen Welt so weit weg ist.
Ein paar Wochen später kam eine gedruckte Hochzeitsanzeige – englisch und böhmisch –, dann kam ein gedruckter Glückwunsch zum neuen Jahr, nur eng-

lisch, und wieder ein paar Monate später eine gedruckte Anzeige über die glückliche Geburt eines Knaben: Anthony John – auch wieder nur englisch. Das ist doch sonderbar, denkt die gnädige Frau, die Anna und ich, wir haben doch die letzten zwanzig Jahre Tag für Tag und Stunde für Stunde miteinander erlebt, und die Anna hat sich bei Gott nicht geschont. Sie ist kaum jünger als ich und fühlt sich noch stark und gesund genug, in einem neuen Lande ein neues Leben anzufangen mit einem Mann, den sie gar nicht kennt, und gar in ihrem Alter noch ein Kind zu bekommen, und ich bin eine Großmutter. Ich bekomme graue Haare, und meine Beine sind nichts mehr wert. Wir Wiener sind halt doch ein müdes Volk, aber diese Tschechen sind robust und gesund. Ein paar Wochen später kommt ein Brief von der Anna. Sie schreibt englisch, mit einer ganz anderen Schrift, fast wie eine feine Dame. Stil und Rechtschreibung sind ziemlich korrekt.

Jetzt ist sie kaum ein Jahr in Amerika, denkt die gnädige Frau, und sie hat schon anständig Englisch und schön schreiben gelernt. Intelligent war sie ja immer – wahrscheinlich hätte sie auch korrekt Deutsch gelernt, wenn man es sie hätte lernen lassen ... Statt dessen hat man sich nur immer über ihre Sprache und ihre Schreibfehler amüsiert und ist sich überlegen vorgekommen, statt sich zu genieren. Zwanzig Jahre hab ich neben der Anna gelebt, hab sie vom Herzen gern gehabt und hab sie eigentlich doch gar nicht gekannt. Immer hab ich mir eingebildet, ich bin gut zu ihr, und sie macht einen schrecklichen Unsinn, daß sie von mir weggeht, und sie wär' doch zu kurz gekommen, wenn sie nicht nach Amerika gegangen wäre. Aber ich gönn ihr ihr Glück ...

Von da an kamen nur mehr gedruckte Weihnachtskarten mit »the greetings of the season«. Dann kam 1914 – der Krieg; da kam natürlich gar nichts mehr. Im Krieg ist der Sohn der gnädigen Frau gefallen, ihr Mann ist an der Grippe gestorben, und ihr Vermögen ist den Weg aller österreichischen Kriegsanleihen gegangen. Sie ist kaum über fünfzig Jahre alt, aber ganz grau und mager. Ihrem Schwiegersohn geht es auch nicht gut. Seine Firma, bei der er Direktor war, ist nach Prag verlegt worden. Da ist alles unsicher. Es kann jeden Tag aus sein und was dann? Von vorne anfangen, in diesen schweren Zeiten?

Im Frost- und Hungerjahr 1920 kamen durch eine katholische Hilfsaktion Lebensmittelpakete von der Anna, und von da an kamen dann wieder Weihnachtsglückwünsche.

Die gnädige Frau lebt so wie alle Damen ihrer Art von einer kleinen Witwenpension. Die große alte Wohnung hat sie behalten und vermietet Zimmer und plagt sich. Am Nachmittag geht sie dann in ein Kaffeehaus und spielt dort mit anderen Damen ihrer Art – auch Baroninnen und Exzellenzen sind dabei – Bridge und feine Gesellschaft.

Einmal plötzlich im Frühling des Jahres 1927 läutet es an einem Vormittag bei der gnädigen Frau an. Sie macht nicht gerne auf, wenn sie allein zu Hause ist.

Man hört so viel von Überfällen auf einsame alte Frauen. Vorsichtig schaut sie durch das Guckloch. Da steht draußen, schnaufend vom Stiegensteigen, ein feiner alter Herr mit einer anscheinend viel jüngeren Frau. Sie sehen wie Ausländer aus; vielleicht wollen sie mieten. Ängstlich macht die gnädige Frau ein wenig auf, da sagt der alte Herr: »I am Nowak from Chicago and this is Anna.«

Die gnädige Frau wird leichenblaß, aber es ist die Anna, sie erkennt ihre Stimme. Sie sieht aus, als ob sie nicht viel älter als vierzig wäre und muß doch schon – die gändige Frau rechnet rasch – im Jahr 8 ist sie hinüber, da war sie 38 –, sie muß jetzt 56 sein! Sie ist schlank, sie trägt kurze Röcke, ihr Gesicht ist rosig kosmetisiert, ihre Haare sind gewellt, ihre Kleider sind aus einer ersten Hand – das kennt die gnädige Frau auf den ersten Blick. Die Anna hat Tränen in den Augen, wie sie die unveränderte, alte, schäbig gewordene Wohnung wiedersieht, die sie so oft ordentlich und fleißig aufgeräumt hat, und die arme gnädige Frau, die kaum älter als sie und so elend beisammen ist. Die Verständigung ist schwierig, denn die Anna hat fast ihr ganzes Deutsch – es war nie viel – verlernt. Ihr Mann redet nur englisch, und die gnädige Frau hat fast alles Englisch, das sie einmal konnte, vergessen. Aber irgendwie geht es schon.

Der Nowak hat ein großes Möbelwarenhaus in Chikago. Er macht alles: Louis-XVI-Salons und komplette moderne Weekendhäuser, antike und moderne Möbel, Vorhänge, Teppiche, Installationen ... Sie zeigen Bilder von ihrem Warenhaus, von ihrem eigenen Haus, von ihrem erwachsenen Sohn, der jetzt auf der Universität studiert ... Sie sind mit ihrem eigenen Wagen da und wohnen im »Grand Hotel«. Sie sind zur Beethoven-Feier nach Wien gekommen, weil auch der Nowak zu den Mäzenen der Philharmonischen Gesellschaft in Chikago gehört. Die hat eine Gesellschaftsreise nach Wien veranstaltet, und auch ihr Sohn hat sich für Wien interessiert, für das »social work« der Gemeinde, die Volkswohnhäuser und für Psychoanalyse.

Und sie nehmen die arme gnädige Frau gleich zum Mittagessen ins »Grand Hotel« mit. Da ist auch der Sohn, groß und schlank in seinem grauen Flanellanzug. Die gnädige Frau muß an ihren armen Buben denken, der irgendwo in Galizien – kein Mensch weiß wo – im Massengrab liegt. Die gnädige Frau kann nicht viel essen, obwohl alles so gut ist, und hat sie immer Tränen in den Augen. Am Nachmittag fahren sie dann mit Nowaks großem Packard spazieren, und Annas Sohn chauffiert.

Die gnädige Frau schüttelt immer nur den Kopf. Sie gönnt ja der Anna ihr Glück. Ein toller Traum ist das, ein toller Traum ist das ganze Leben. Immer muß sie daran denken: sie hat als Kind eine Wiener Lokalposse gesehen, die hat »Der Böhm in Amerika« geheißen. Was drin vorgekommen ist, weiß sie nicht mehr. Wir haben immer viel über die Tschechen gelacht, wir haben es bestimmt nicht bös gemeint und haben sie immer recht gern gehabt. Sie sind ja doch so tüchtig – aber ganz richtig verstanden haben wir sie anscheinend doch nie . . . Und vielleicht sind wir ihnen nicht ganz gerecht geworden?

DIE UNGARN

Wien ist voll von Ungarn. An jeder Straßenecke hört man Ungarisch – jenes eigentümliche Holzklopfstakkato, das es möglich macht, Worte mit vierundzwanzig Silben auszusprechen, die gedruckt ganze Zeilen füllen. Auch Deutsch sprechen sie mit diesem eigentümlichen Akzent. Sie sprechen von niemand, ohne in »der liebe« oder »der teure« zu nennen. Sie haben die liebe Tante Berta besucht und den teuren Dr. Mayr konsultiert wegen, bitteschön, Hartleibigkeit – ja ohne »bitteschön« geht es nicht und ohne Hartleibigkeit geht es auch nicht, denn, bitteschön, die teuren Ungarn essen und trinken viel, sozusagen den ganzen Tag, wenn sie nicht schlafen oder rauchen. Sie vertragen auch nicht, daß jemand neben ihnen sitzt, der nicht ißt oder trinkt oder raucht, und sie bieten daher unausgesetzt das an, was sie gerade zu sich nehmen. Scharen von Wiener Ärzten leben von der Behebung der Folgen dieser ungarischen Diät, und die lieben Ungarn loben dann in hohen Tönen die teuren Wiener Ärzte, die ihnen je nach Zahlungsfähigkeit mit Operationen, Sanatorium, Kuren oder Purgiermitteln Erleichterung verschaffen. Sie erzählen dann stundenlang ihren Wiener Freunden teils vom Essen, teils von den Details ihrer Verdauung – »naturalia non sunt turpia« –, sie lieben lateinische Zitate – von den Mitteln, die ihnen die langersehnte Öffnung verschafft haben und von der Art, diese Mittel zu nehmen. Seit Generationen pilgern sie zu diesem Zweck zu den Wiener Ärzten, und sie erzählen Sagen von einem Wiener Professor Aristoteles, der die Verdauung ihrer Väter behandelt hat. Daß Sodbrennen, Magendrücken, Blähungen und Aufstoßen ergiebige Gesprächsthemen sein können, lernt man erst von den lieben Ungarn.

Wenn sie vom Essen und von der Verdauung genug geredet haben, dann erzählen sie Witze, die sich auch zunächst mit der so wichtigen Verdauung, dann aber mit der der Verdauung so eng benachbarten Liebe beschäftigen – also ziemlich drastische Witze, die, wie sie sagen, für die zarten Ohren der schönen Weiblichkeit nicht bestimmt sind. Für die scheuen und sexuell nach jeder Richtung schwer gehemmten Wiener mit ihren musikalisch zartbesaiteten Seelen und ihrem dünnen, lyrisch gestimmten Liebesleben ist diese freudig animalische Sinnlichkeit der ungarischen Freunde und Verwandten eine Seelenpein und eine wahre Heimsuchung. Die lieben Ungarn merken nichts davon. Sie lieben das schöne, teure Wien und die lieben Wiener. Sie sind so viel in Wien, als es geht, obwohl doch Budapest eine sehr schöne Stadt ist, in der es sich gut leben und lieben läßt – sogar leichter und billiger als in Wien. Dennoch fahren die Wiener eher nach Paris oder nach Rom als nach Budapest, obwohl man bequem zum Mittagessen in Budapest sein kann, wenn man nach dem Frühstück in Wien in den Zug steigt, und obwohl Budapest zweifellos eine der malerischesten, prächtigsten, lebendigsten Städte der Welt ist. Der

Wiener fährt ohne Not nicht nach Osten, es ist auch nicht nötig, denn Tante Barbola und Onkel Jenö kommen gerne nach Wien.

Die Verwandten in Wien üben für diesen Besuch Freudengeheul, denn normale Herzlichkeit genügt zum Empfang der Ungarn nicht. Jeder muß jeden umarmen und wiederholt küssen. Jeder muß jedem sagen, daß er wie das Leben aussieht und daß er zugenommen hat (das ist ein wichtiges Kompliment, denn da hat man Gott sei Dank was zum Zusetzen, wenn man krank werden sollte). Dann sagen die Ungarn, daß die liebe Marianne süß und gut aussieht wie ein Apferl zum Hineinbeißen und daß der liebe Franz, der wie zwanzig aussieht, um den Genuß dieses Apferls zu beneiden ist. Die lieben Kinder sehen wie Maschanskeräpfel aus – kurzum, alle poetischen Vergleiche kommen vom Essen.

Die Mama hat für die Ungarn doppelt einkaufen lassen, aber die zwingen es, denn das verlangt die Höflichkeit vom Gast ebenso wie sie vom Wirt verlangt, viel aufzutischen. Tante Barbola findet alles sehr gut zubereitet, sie sagt nur, daß sie alles mit Schmetten macht, das ist mit süßem Rahm, damit es nahrhafter wird, denn groß ist die Angst der Ungarn, daß eine Speise nicht nahrhaft genug sein könnte. Daher gießen sie also auf einen fetten Bratensaft noch Schmetten. Nach dem Essen nehmen sie, natürlich begleitet von erläuternden Gesprächen, Natron, Salzsäure, Pepsin und Kohlepulver, denn sonst können sie doch um fünf Uhr nicht jausnen, und das muß man doch, weil man sonst von Kräften kommt.

Ja, wir sind alle mit Ungarn verwandt oder verschwägert, immer sind die Ungarn in Wien, und doch sind uns diese ewig freß- und liebeslustigen, laut und viel redenden Menschen sehr, sehr fremd. Sie interessieren sich leidenschaftlich für Politik und für Pferde. Aus heiterem Himmel fallen sie einen mit der Frage an, ob »Ksiaze-Pan« es machen wird, und unsereiner weiß nicht, daß »Ksiaze-Pan« ein Pferd ist, was es machen soll und ob die Freudenau heute »tief« ist ... Sie reden vom König und meinen unseren Kaiser ... Sie sind ein fremdes Volk: unsere saubere klare Musik finden sie langweilig, aber sie sitzen stundenlang mit halbgeschlossenen Augen bei dem monotonen Gedudel der Zigeuner, als ob Musik ein Rauschmittel wäre. Sie *trinken* Musik und wir *sehen* sie wie eine farbig angelegte, reichgegliederte, geometrische Konstruktion mit Hunderten dünnen Hilfslinien ... Sie sind Rhetoriker und Pathetiker, wir sind Träumer ... Wir seufzen und sie schluchzen ... Wir summen und sie singen ... Wir nippen und sie trinken ... Sie lieben uns, und wir haben sie schon ganz gern, aber halt nicht immer und ein bißchen weiter weg. Sie sind gesünder als wir, aber dem nicht ganz Gesunden gehen die ganz Gesunden immer ein wenig auf die Nerven.

Es ist merkwürdig: die Vorstellung, wie sie die Ausländer von den Wienern haben, von ihrer ständigen Wein- und Sanges- und Liebesseligkeit, von ihrer

Essensfreude und jauchzenden Sentimentalität – die trifft weit besser für die Ungarn zu als für die Wiener. Wenn man jemand mit dem berühmten Stößer, aufgedrehtem Schnurrbart und Pepitahosen, mit weinseligen Äuglein und runden, roten Wangen sieht – halt so, wie sich der Fremde den Wiener vorstellt –, dann ist es meistens ein Ungar und kein Wiener. Der Wiener ist ein lyrisches, dekadentes, einsames Wesen, mit sich und der Welt höchst unzufrieden, weit eher bitter und still als laut und liebenswürdig: Schubert, Nestroy, Beethoven, Grillparzer – das sind etwa die Elemente des Wiener Wesens.

Im Leben der Wiener Jünglinge spielen aber die Ungarn eine wichtige Rolle. Wenn der Wiener Jüngling blaß und schmal nach der Matura zum Militär kommt, um dort ein Mann zu werden, dann führen ihn die Ungarn in die Geheimnisse der Weiber und der Pferde ein, so nachhaltig, daß sich dem Wiener sein Leben lang mit dem Klang der ungarischen Sprache die Vorstellung des Stallgeruches und der Funktionen des Sexuallebens verbindet. Dicke, dunstende Weiberschenkel, Brüste zum Anhalten, stampfende, wiehernde Pferde, animalischer Schweißgeruch – das ist die Vorstellung, die im Wiener aufsteigt, wenn er ungarisch reden hört. Von Zeit zu Zeit ist das eine betörende und berauschende Vorstellung, aber der Wiener verträgt diese Atmosphäre auf die Dauer nicht gut.

Ein sonderbares Land ist dieses Ungarn, das der Welt die Husaren, die Zigeuner und das Gulasch gegeben hat und das ihr fortlaufend Jahr für Jahr Tausende muntere Mädchen liefert. Überall riecht es nach Suppe, Zwiebel und Pferdemist. Die Viehhirten reiten ohne Sattel und ohne Zügel auf dem nackten Rücken der Pferde. Die Straßen sind maßlos breit und so hoch mit Staub oder dünnem Sand bedeckt, daß die Wagen neben der Straße auf der Wiese fahren, Ziehbrunnen und Windmühlen stehen am Horizont, und im Sommer soll man eine richtige Fata Morgana sehen können. Wüste Plätze liegen in der Mitte der Dörfer, über die schnatternde Prozessionen von Tausenden weißen Gänsen an ein paar staubigen Akazien und einer Dreifaltigkeitssäule vorbeiwatscheln. Es gibt ein dumpf riechendes Kaffeehaus, nieder und dunkel, leer von Menschen und voll von summenden Fliegen, das Nachtlokal, Gasthaus und Weinschenke zugleich ist. Die Fußbodenbretter und die Tische wackeln, und wenn der Fremde kommt, setzen in einer dunklen Ecke Zigeuner mit tremolierendem Saitenspiel ein. Ein alter Kellner in einem von Fettflecken starrenden Frack schlurft daher, kann Deutsch und empfiehlt mollerte Schwarze oder blonde Schlanke, sehr jung, gesund und reingewaschen – kann so wie gleich da sein. Indessen reitet über den wüsten Platz auf einem edlen, schlanken Pferd ein Mädchen aus der Feenwelt, schön wie ein göttlicher Knabe, und zehn Schritte hinter ihr reitet ein livrierter Heiduck. Alle Leute beugen sich tief und nehmen vor dem gnädigen Fräulein den Hut ab wie vor dem Allerheiligsten.

Ein sonderbares Volk sind diese Ungarn! Sie sind mit ihrem pantagruelischen Wesen imstande, solchen Lärm zu machen, daß die ganze Welt auf sie schaut und an ihrem Schicksal teilnimmt – weit mehr als an dem der stillen, lyrisch verträumten Österreicher. Wo in der Welt man hinkommt, trifft man Ungarn – nicht wenige, sondern Scharen: in Amerika, in England, in Paris, in Italien ... Wenn in Ungarn die Regierung wechselt, schreiben die Zeitungen in Paris und in London ganze Spalten und bringen Bilder. Ungarn ist headline-value. Die Armeen zweier Großmächte waren im Jahre 1849 nötig, um eine ungarische Revolution zu besiegen, und dabei sind die Ungarn ein kleines, gar nicht zahlreiches Volk. Das sagen die Ungarn selber – jeder kennt den anderen mindestens dem Namen nach. »Wenn ich hör Namen«, sagt der Ungar, »weiß ich gleich, wenn ist Ungar wer ist.« Ja, wie ist denn das möglich? Hat Ungarn nicht zwanzig Millionen Einwohner? Ja, das schon, aber von denen sind zehn Millionen keine Ungarn, sondern Kroaten, Rumänen, Ruthenen, Slowaken, und wollen auch gar keine Ungarn sein. Von den restlichen zehn Millionen bestreitet jeder vom anderen, daß er ein echter Ungar ist, sondern er ist Schwob, das heißt Deutscher, oder er ist Jud, natürlich auch Ungar und lieber, teurer Freund, aber – nicht echter Ungar. Aber diese Adoptivungarn, die mindestens vier Fünftel aller Ungarn ausmachen, sind die enragiertesten, wildesten Magyaronen – so nennt man nämlich die ungarischen Chauvinisten. Mir hat einmal ein echter Ungar das Geheimnis verraten: es gibt beiläufig zweitausend Adelsfamilien – darunter etwa hundert große und reiche –, das sind echte Ungarn. Dazu kommen etwa zwanzigtausend Bauernfamilien – das sind auch echte Ungarn. Im ganzen werden das nicht mehr als zwei Millionen Köpfe sein. Das wird schon stimmen, denn was sind denn zum Beispiel die häufigsten Familiennamen in Ungarn? Horvath und Kovacs! Nicht wahr? Das weiß sogar in New York jedes Kind. Na und Kovacs ist slowakisch und heißt Schmied, und Horvath ist eben ein Horvath – ein Kroate. Also sagt schon der Name, daß diese häufigsten Ungarn keine echten Ungarn sind. Kommt man in Budapest in ein Ministerium, dann traut man seinen Augen kaum, wenn man die Türtafeln liest: Müller Jenő, Niedermeier Tibor, Hofbauer Janos, Eberhardt Ferencz usw. steht da an den Türen – alles nur kein ungarischer Name oder, wenn einmal einer zum Beispiel Szallay heißt, so sagen einem gleich die Kollegen: Er hat noch voriges Jahr Salzer geheißen und ist Schwob. Woher kommt das? Das kommt daher, daß ein echter Ungar nur Landwirt, Politiker oder Soldat wird. Schreiber, Handwerker oder Kaufmann wird er nicht. Da werden eben die Schwoben und die Juden Beamte, Fabrikanten und Händler.

Der echte Ungar ist ein Herr oder ein Bauer und sonst gar nichts. Daß aber diese wenigen echten Ungarn die ihnen an Zahl und Kultur überlegenen Deutschen und Juden zu chauvinistischen Magyaren gemacht haben, ist schon eine Leistung. Dabei muß man denken, daß die magyarischen Herren nicht einen Tag ohne die Arbeit der deutschen Beamten, der jüdischen Kaufleute und der slawischen Handwerker leben können und – sie sind doch die Herren. Ja, Herren sind sie schon – ganz anders als die müden und blasierten österreichischen Aristokraten. Sie herrschen auf ihren Gütern, in ihren Komitaten, im Land, und in der Hofburg sind sie Pairs – pares – Gleiche, die mit ihrem König au pair, das heißt von gleich zu gleich, reden. Sie haben seit tausend Jahren ihr Parlament, und wenn sie Protestanten sein wollen, dann sind sie eben Protestanten, da kann ihnen kein König was dreinreden. Der König kann Katholik sein, wenn er will, darum kümmern sie sich nicht. Sie sind mit Türken und Polen und Tschechen und Serben und Habsburgern fertig geworden – die *paar* Familien, die eine Sprache sprechen, die anderswo kein Mensch versteht und die darum bis vor wenigen Jahren ein wildes Latein geredet haben, wenn sie sich verständlich machen mußten. Noch immer schleudert ihre Politik tolle lateinische Brocken in die Welt hinaus. Ihr Ex-Lex-Zustand hat die Ohren der Menschen in allen Ländern der Erde erfüllt.

Sie sind große, große Herren, die ungarischen Magnaten, große, gewaltige Herren, mächtige Redner, furchtlose Kämpfer – vielleicht die letzten Herren, die es auf dieser Welt gibt. Wenn einer von ihnen in einen von Menschen erfüllten Saal kommt, dann ist jemand hereingekommen, dann schaut sich alles um, dann ist Raum und Stille um den hohen Herrn, einen Menschen nämlich, dem die Größe, die Kraft und die Herrlichkeit der Macht als Gnade von oben gegeben sind – verliehen ohne Kampf, ohne Schweiß, als Auszeichnung und als Aufgabe.

Als Albert Apponyi, fünfundsiebzig Jahre alt, riesengroß, mit seinem mächtigen Prophetenbart, im Jahre 1920 vor dem Hohen Rat in Paris das Wort ergriff, da waren die Berufspolitiker eine Weile blaß und stumm, und die Welt hat aufgehorcht, um die Stimme eines Herrn zu hören – vielleicht des letzten großen Herrn.

Das ist Ungarn: dieses laute Orchester spielt neben den zarten, dünnen Geigentönen Wiens – diese grellbunte Kulisse steht neben den weichen Pastelltönen Wiens. Nachbarn – ganz gute Nachbarn sogar –, aber solche Gegensätze! Der Herrgott hat schon sonderbare Launen!

KLEINE GRUPPEN

Es gibt in Wien ein paar tausend Protestanten. Sie stammen in ihrer großen Mehrzahl nicht aus Wien oder Österreich, sondern aus dem Reich, aus der Schweiz, aus Frankreich von Hugenottenfamilien und aus Ungarn. Kein Mensch denkt heute mehr daran, die Protestanten zu verfolgen oder zurückzusetzen – es gibt hohe Beamte und Offiziere, die Protestanten sind –, aber noch immer bewahren sie eine gewisse Zurückhaltung. Sie bilden einen recht geschlossenen Kreis, sie verkehren und heiraten meist untereinander und sie sind, wie das bei einstens verfolgten Minoritäten nicht selten vorkommt, dazu übergegangen, sich für eine Elite und für etwas Besseres als das übrige Wiener Bürgertum zu halten. Viele von ihnen sind wohlhabende und angesehene Kaufleute oder Industrielle. Armut gibt es unter ihnen kaum, und sie sind nicht abgeneigt, anzudeuten, daß das eben der gerechte Lohn eines sittenstrengen und fleißigen Lebens sei. Es ist ja nicht zu leugnen, daß die protestantischen Länder wohlhabender und blühender sind als die katholischen und, insofern es sehr christlich ist, irdische Güter als Lohn der Tugend anzusehen, können sie sagen, daß Gottes Segen sichtlich auf ihnen ruht. Sie sagen es auch und sehen ein wenig hochmütig auf das in Aberglauben und lockeren Sitten dahinlebende Wiener Volk herab. Sie sind nicht abgeneigt, dem Herrgott zu danken, daß sie nicht so sind wie diese, obwohl das mehr pharisäisch als christlich ist. Sie fühlen sich ganz sicher im Besitze der Wahrheit und sie sind der Meinung, daß auch gebildete und aufgeklärte Katholiken das zugeben müssen, wenn sie ehrlich sind.

Man kann in Wien lange leben, ohne diesen protestantischen Kreis jemals entdeckt zu haben. Sie haben ihre eigenen Schulen, die natürlich viel feiner und exklusiver sind als die gewöhnlichen, und sie haben es nicht gern, daß ihre Kinder mit den schlecht gepflegten und unerzogenen Wiener Kindern verkehren. Sie haben untereinander ihre ein wenig steife Geselligkeit.

Auch dieser Kreis beginnt aber, sich zu verwässern und aufzulösen. Die jungen Leute verwienern immer mehr und mehr, die ernste Würde ihres Kreises wird ihnen langweilig, der Glaube verliert um die Jahrhundertwende auch bei den Protestanten seine Kraft, und die junge Generation ist bei ihnen eher ungläubiger als bei den Katholiken, da ihre Religion ja keine strenge Lehre hat, die genau die Grenzen des wahren Glaubens festsetzt. Der Hochmut des protestantischen Kreises verliert so nach und nach seine innere Basis und wird Snobismus einer Clique wohlhabender guter Bürgerfamilien, die nicht einmal mehr alle Protestanten umfaßt, sondern sich von den vielen neuen Bekennern dieses Glaubens scharf und ablehnend abgrenzt.

Viele Katholiken treten nämlich neuerdings zum Protestantismus über –

die meisten nur aus rein praktischen Gründen, weil sie nämlich die Untrennbarkeit der katholischen Ehe fürchten, andere aus politischen Gründen, weil sie Anhänger Schönerers sind, der von ihnen unter dem Schlagwort »Los von Rom« den Austritt aus der katholischen Kirche verlangt, manche auch nur, weil sie ihren katholischen Glauben verloren haben und das Bedürfnis fühlen, ihm irgendwie abzuschwören. In Österreich wird nämlich Konfessionslosigkeit nicht anerkannt. Jedermann muß sich zu einem Glauben bekennen. Dann werden aber auch noch viele Juden Protestanten, die zum christlichen Glauben übertreten. Das »sacrificium intellectus« scheint ihnen beim Protestantismus geringer zu sein. Es wird überhaupt immer mehr Sitte, den Protestantismus als ein Bekenntnis aufzufassen, das einem zwar erlaubt, sich Christ zu nennen, das aber keinerlei Verpflichtung bedeutet, bestimmte Glaubens- und Sittenlehren anzuerkennen. Für viele von diesen neuen Protestanten ist diese Religion nichts als notdürftig verhüllte Glaubenslosigkeit.

So verliert der alte protestantische Kreis in Wien seinen Sinn. Er verschmilzt mit anderen Kreisen der Wiener bürgerlichen Gesellschaft, die sich für vornehm halten, und büßt zusehends seine Eigenart ein.

Es gibt in Wien ein paar Dutzend griechische Familien. Es wäre nicht der Mühe wert, von ihnen zu reden, wenn sie nicht in der Wiener Gesellschaft einen so ganz hervorragenden Platz einnähmen. Die Wiener Griechen gehören zum alten Wiener Orienthandel. Sie sind Großkaufleute oder Bankiers, manche von ihnen sind auch nur mehr reiche Leute, die sich mit der Verwaltung ihres Vermögens beschäftigen. Den »Fleischmarkt« und seine Seitengassen nennen die Wiener das Griechenviertel, aber dort wohnen die Griechen schon längst nicht mehr, höchstens haben sie dort noch ihre Geschäftslokale. Sie selber wohnen in Ringstraßenpalais oder im Botschafterviertel. Sie gehören zur vornehmsten Wiener Gesellschaft. Sie gehen bei den Aristokraten ein und aus. Ihre Söhne dienen in den exklusivsten Kavallerieregimentern, oder sie werden Diplomaten, wenn sie nicht in das väterliche Geschäft eintreten. Die Wiener Griechen sind nicht nur reiche Leute, sie sind auch sehr vornehmer Herkunft, obwohl sie nur selten adelige Titel führen. Man kennt ihre Namen aus den griechischen Freiheitskämpfen, und von dort beziehen sie einen noch frischen romantischen Nimbus. Manche von ihnen stammen gar von griechischen Kaiserfamilien ab. Diesen Zauber von Ahnenglanz, Reichtum, Freiheitskampf und klassischen Erinnerungen erhöht noch die schöne Kaiserin. Sie ist eine Griechenschwärmerin. Ein griechischer Vorleser begleitet sie auf allen ihren Reisen, und er muß ihr auf stürmender See Homer deklamieren. Sie spricht selber mit Vorliebe griechisch und sie hat sich auf Korfu einen Palast in jenem Stil gebaut, den man damals griechisch nannte. Für den Kaiser hat sie den griechischen Inkognitonamen »Megaliotis« erfunden. Es ist die Zeit Böcklins und seiner »Toteninsel«.

Die meisten Wiener Griechenfamilien kommen aus Triest, das zur Zeit als Griechenland türkisch war, den Griechen als ein Refugium diente, andere kamen aus dem Griechenviertel von Konstantinopel – dem Phanar –, und danach heißen diese auch Phanarioten. Der Handel hat sie alle nach Wien gebracht, aber sie sind wahrhaft internationale Familien. Ihre Verwandten sitzen nicht nur in der Levante, sondern auch in Paris, in London und in New York. Sie machen da überall im stillen große Geschäfte. Das laute Geschäft, das mit viel Lärm und Reklame gemacht wird, das Verdienen an vielen kleinen Geschäften, die sich zum großen Umsatz mit kleinem Gewinn häufen, ist nicht ihr Stil. Die Wiener Griechen sind am liebsten Männer im Hintergrund, die sich nur mit wenigen ganz großen Geschäften befassen.

Trotz ihres internationalen Lebens sind sie erbitterte Patrioten, und vor allem halten sie an ihrem streng organisierten Familienleben fest. Neunzigjährige Großmütter in weißer griechischer Witwentracht beherrschen diese Familien despotisch; sie werden wie die Pythia befragt, und es gibt keine Heirat, aber auch keine größere Vermögenstransaktion ohne ihre Zustimmung. Für Nichtgriechen ist es nur sehr schwer, sich in diesem Familienleben zurechtzufinden, und wer aus dem Milieu herausheiratet, der gerät auch zumeist aus dem griechischen Kreise heraus, denn fremde Frauen vertragen die griechischen Familien nicht, und bei der Familie fängt bei den Griechen jeder nationale Zusammenhang an. Wer sich von der Familie trennt, der trennt sich auch von der Nation. Die Familie hindert die Griechen nicht an einem geselligen Leben. Sie sind sehr gastfreundlich, sie sind große Mäzene und Kunstfreunde. Sie gehören zum Leben dieser Stadt, aber doch nur als Gastfreunde, sie wahren ihre Eigenart – nicht alle natürlich, aber doch die meisten.

Es gibt unter ihnen breitschulterige Männer mit meterlangen Bärten und dröhnenden Baßstimmen, es gibt unter ihnen elegante Kavallerieoffiziere, aber alle zusammen sind doch eine eigene Welt – ein Stück altes Byzanz. Ihre Wohnungen sehen anders aus als die der Wiener – »so russisch«, sagen die Wiener und haben damit recht, weil doch in Rußland die Tradition von Byzanz lebt, aber man sollte richtiger sagen, daß bei den Russen so vieles griechisch ist. Vor allem haben die Russen von den Griechen ihr Christentum.

Die Griechen haben auch in Wien ihre Kirche im alten Griechenviertel am Fleischmarkt – eine kleine Kirche, denn die Gemeinde ist ja nicht groß, und der praktische Sinn der Griechen zeigt sich darin, daß in der Straßenfassade der Kirche Geschäftslokale untergebracht sind, obwohl die reichen Griechen ihrem Herrgott, der selber die Händler zum Tempel hinausgejagt hat, doch wirklich ein Haus gönnen könnten, das er nicht mit Händlern teilen muß. Zu den beliebten Festen der Wiener Gesellschaft gehören griechische Hochzeiten wegen des schönen Gesanges und weil die Brautleute gekrönt werden wie Könige, und die Meßgewänder sind so prächtig und die griechische Sprache klingt so feierlich.

Wien ist eine Kaiser- und Beamtenstadt. Da steht der Handel nicht hoch im Ansehen. Die Kaufleute schämen sich ihres Erwerbes und verstecken ihn hinter klingenden Titeln, die an die der Beamten erinnern. In dieser Stadt sind die Griechen fast die einzigen, die es wagen, vornehme Leute und Kaufleute zugleich zu sein. Sie heißen Aristides, Epaminondas oder Artaxerxes, aber diese romantischen Namen hindern sie nicht daran, an der Börse belangreiche Geschäfte zu machen. Obwohl sie nur Händler sind, gehen sie bei Fürsten und kaierlichen Prinzen, die mit keinem Wiener Kaufmann verkehren, ein und aus. Sie sind eigentlich die einzigen königlichen Kaufleute, die es in der Beamtenstadt Wien gibt.

Die Zahl der Griechen in Wien geht zurück. Die befreite Heimat zieht sie an, der Orienthandel in Wien nimmt ab, das große Geschäft in Amerika lockt diese großen Kaufleute. Ein paar von ihnen sind ganz verwienert, die bleiben übrig: Offiziere, Diplomaten, Großgrundbesitzer – stille Nachkommen großer Geschlechter, die langsam ihre Tradition und ihren Reichtum schwinden sehen.

Der Handel mit dem Orient war einmal sehr schwierig. Da mußte man erst wochenlang mit dem Schiff auf der Donau nach Galatz oder nach Braila fahren. Auf diesem Weg gab es Räuber und gefährliche Stromschnellen im Eisernen Tor. Da mußte ein Kaufmann sich auskennen, um sich und seine Ware gesund durchzubringen. War man glücklich einmal so weit, dann mußte man mit dem Segelschiff oder später mit dem Dampfer nach Konstantinopel. Um dort landen und gar seine Ware verkaufen zu dürfen, mußte einer schon von guten Eltern sein. Und dann kam erst die Rückreise stromaufwärts! Dafür konnte man aber an diesem schweren Geschäft goldene Berge verdienen, und darum hat sich die österreichische Regierung immer sehr bemüht, diesen verlockenden Orienthandel nach Wien zu ziehen.

Seit Maria Theresias Zeiten gibt es in Wien die privilegierten türkischen Großhändler, die in Wien nicht nur ihr Gewerbe ausüben dürfen, sondern fast gar keine Steuern zu zahlen und weder in Österreich noch in der Türkei Militärdienst zu leisten haben. Diese türkischen Großhändler sind fast alle spaniolische Juden oder Armenier aus Saloniki. Die Armenier sind von den Juden dadurch äußerlich zu unterscheiden, daß sie viel jüdischer (nach Wiener Begriffen) aussehen als die Juden. Die Juden, die vor Jahrhunderten aus Spanien nach Saloniki gekommen sind, sprechen noch immer mit Vorliebe spanisch. In diesen Familien herrscht überhaupt ein wahres Sprachenbabel: Spanisch, Italienisch, Türkisch, Griechisch, Arabisch, Armenisch geht immer durcheinander, aber wirklich gut können sie in der Regel nur Deutsch und Französisch. Mit den Wiener Juden haben die türkischen Großhändler nicht viel mehr als geschäftliche Beziehungen. Sie sind Sephardim – orientalische Juden –, ja sie haben sogar einen eigenen Ritus, den türkisch-sephardischen, mit einem eigenen Tempel und einem eigenen Friedhof. So sehr fühlen sie das Bedürfnis, ihre Eigenart zu betonen. Sie sind meist blasse, fette Leute mit dicken Schenkeln und schweren Augenlidern. Es gibt unter ihnen aber auch zierliche, hübsche Menschen mit dieser etwas zu gefälligen levantinischen Grazie, die unsereinem nicht ganz sympathisch ist. In Italien und Spanien sieht man diesen Typ auf jedem Korso und in jedem Kaffeehaus, und wir tun ihm mit unserem Vorurteil, das wir gegen ihn haben, zuweilen sehr unrecht.

Einmal haben die türkischen Großhändler in Wien an ihrem Privileg Millionen verdient, aber seitdem das Geschäft leicht geworden ist, wird die Konkurrenz immer größer, und es ist immer weniger zu verdienen. Heute setzt sich einer einfach in den Zug oder auf das Schiff und fährt nach Konstantinopel oder nach Beirut, und mit Geld und guten Worten findet er dort schon seinen Weg. Gewiß, die alten Händler haben dieser Konkurrenz die Beziehungen voraus. Orientalen sind konservativ. Aber diese neuen Leute schleudern mit der Ware und reißen die Preise herunter. Man verdient heute im Orient am Geschäft schon nicht viel mehr als in Ländern, in denen das Geschäft einfacher ist. So fangen die türkischen Großhändler an, sich auf alle möglichen neuen Branchen zu werfen. Sie werden Fabrikanten, Importeure oder Bankiers. Ihre Verbindung mit dem Orient wird immer lockerer, sie halten nur gerade noch das Privileg aufrecht wegen der Steuerbegünstigung und des Militärdienstes. Die Jungen verwienern schon ganz. Sie werden hier Bankbeamte, Advokaten, Ärzte, Künstler. Manche kommen auch herunter und verarmen: schwindender Glanz des großen 18. Jahrhunderts, nur mehr eine Kuriosität zu Beginn des 20. – ein verblassender Farbenfleck in dem bunten alten Bild von Wien.

WIENER SITTEN

Jeder weiß, wohin er gehört und was ihm zukommt. Ein Bürger, und wenn er auch wohlhabend ist, geht nicht zum »Sacher« oder ins »Bristol« essen, er geht nicht zum »Demel« auf ein Eis, er geht nicht zum Derby, er fährt nicht im Luxuszug und auch nicht erster Klasse, er fährt nicht nach Paris, nach London und an die Riviera. Das kommt alles nur Aristokraten und Millionären zu. Will der Bürger gut essen, dann geht er zum »Meissl u. Schadn« oder zum »Hartmann«, seine Bäckereien kauft er beim »Gerstner« oder bei der »Sluka«, zum Rennen geht er gar nicht oder höchstens zum Traben, und er reist nach Italien, in die Schweiz, nach Helgoland... Die Aristokraten und die Millionäre gehen zwar auch zum »Meissl u. Schadn«, zum »Hartmann« und zum »Gerstner«, sie reisen auch nach Italien und in die Schweiz – ja! – aber nicht umgekehrt: der Bürger respektiert die höhere Sphäre.

So ist es auch im Theater: Es kann sich zwar jedermann Sitze in den ersten zwei Reihen von »Burg« und Oper kaufen, aber er tut es nicht, denn in diese Reihen muß man avancieren. Da sitzen die Aristokraten, die Millionäre und die Persönlichkeiten. Das sind die Geheimen Räte aus dem Zivildienst – bei Gott, nicht jede Stallexzellenz (so nennt man nämlich die höheren Generale) – und sonst eigentlich nur drei Leute: der Dreher, der Lobmeyr und der Bösendorfer.

Wer eine Million Gulden oder gar nur Kronen hat, ist noch kein Millionär. Dem muß man glauben, daß er mehrere Millionen hat. Ein Millionär hat mindestens eine Siebenzimmerwohnung, vier Dienstleute (und zwar eine Köchin, ein Extramädel, ein Stubenmädchen und eine Zofe) und einen Monatsfiaker. Nur ganz große Millionäre – und natürlich die Aristokraten – haben Diener und eigene Equipage. Der Bösendorfer hat einen Viererzug – der ist aber auch eine Persönlichkeit.

Die Parterrelogen in der »Burg« und in der Oper kann kein Mensch kaufen. Man nennt sie nach dem Namen ihrer Inhaber: Montenuovo, Cumberland, Coburg, Liechtenstein, Fürstenberg, Pallavicini, englische Botschaft, Jockeyklub und so weiter – es sind nur sechsundzwanzig. Unter den Logen im ersten Rang gibt es auch solche von Millionären. Die Logen im zweiten und dritten Rang besetzen die wohlhabenden Bürger. Will man in die »Burg« oder in die Oper gehen, dann muß man sich das zwei oder drei Tage früher überlegen, sonst kriegt man keine Karte. Die Aristokraten kommen im Frack, die Millionäre im Smoking, die Bürger im Salonrock, oft mit weißer Krawatte. Die Damen tragen, außer im Fasching, nur kleine Abendkleider. An öffentlichen Orten macht man keine große Toilette, außer eben im Fasching, wenn man nachher »noch wohin geht«. In den Logen tragen die Damen auch Hüte, aber nur zu hochgeschlossenen Kleidern. Wenn eine Dame zu einem dekolletierten Kleid einen Hut trägt, dann ist sie eine Aristokratin oder ein »Frauenzimmer«.

Den hohen Aristokratinnen ist jede Freiheit des Benehmens erlaubt: Sie dürfen so schäbig oder so kühn angezogen sein, wie sie wollen, sie dürfen sich laut und schreiend unterhalten, die Füße übereinanderschlagen, daß man die halben Waden sieht, sich schminken, Verhältnisse haben. Wenn eine bürgerliche Frau solche Dinge tut, ist sie unmöglich und ist eine »Person«. Die Leute, die auf sich was halten, verkehren nicht mit ihr, und die Lieferanten nehmen sich Vertraulichkeiten heraus. Der Mann verliert den Kredit, und die Kinder werden nicht eingeladen. Man muß die »Dehors« wahren. Man kann sich sehr vieles leisten, es muß halt nur in der gehörigen Form geschehen, schon wegen der Dienstleute, die sehr strenge Anschauungen haben und ganz genau wissen, was ein feines Haus ist.

Jeder Mann hat einen Titel. Wer keinen Titel hat, den kann man nicht anreden – da muß man womöglich die Anrede ganz vermeiden. Ältere Leute sagen in solchen Fällen »Herr *von*...« Der Kellner im Kaffeehaus nennt alle Herren, die eher schäbig angezogen sind, »Herr Doktor« und die fein angezogen sind »Herr Baron«. Der Fiakerkutscher versteigt sich bis zu »Herr Graf«. Naive Gemüter sagen: »Ich möcht wissen, mit wem mich der verwechselt.« Dem Hausmeister sagt man »Herr Portier«, in weniger feinen Häusern »Herr Hausbesorger« – durch längere Bekanntschaft erwirbt man das Recht, ihn durch die Anrede »Herr Novotny« zu erfreuen. Die richtige Anrede ist in Wien eine Kunst. Auch das »Du« berechtigt noch nicht in jedem Fall zu titelloser Anrede. »Du, Herr Professor« oder »Du, Herr General« kann man fortwährend hören. Und gar nicht selten gibt man auch jemand einen höheren Titel, als er ihm zukommt. Jeder einfache Adelige wird Herr Baron genannt. Jeden kleinen Kanzleibeamten nennt man Herr Direktor. Die Frauen geben einander die Titel ihrer Männer, und, wenn das aus irgendeinem Grunde nicht geht, dann sagen sie zueinander Frau *von*...

Es ist eben ein Obrigkeits- und Beamtenstaat. Mit der Geburt beginnt die Karriere, und das Leben ist ein Avancement. Der Staat verleiht jedem nach Beruf, Verdienst und Alter seine Etikette. Nicht, wie einer heißt, sondern was er ist, ist wichtig. Es gibt eine Harmonielehre der Titel, es gibt Titelfugen, die so kompliziert sind, daß niemand sie aussprechen kann. Und noch dazu ist alles k. k., und es gibt einen wichtigen Unterschied zwischen k. k. und k. u. k. Schon die Kinder in der Wiege sind k. k. Beamtensöhne beziehungsweise -töchter, die Frauen sind k. k. Hofratsgattinnen. Das sagt man ihnen zwar nicht ins Gesicht – da sagt man Frau Hofrat oder Frau Hofrätin – aber man schreibt es auf Briefe und Grabsteine, die k. k. Hoflieferanten

auf Gräber setzen, die k. k. Totengräber gegraben haben. Es gibt Titelaus-
wüchse – einen k. u. k. Einjährigfreiwilligenkorporaltitularzugsführer-
kadettoffiziersstellvertreter – das gibt es. Das ist aber schon die Entartung,
die dem Ende vorausgeht.

Der Wiener ist sehr höflich. Die Herren grüßen die Damen mit »Küß die
Hand«. Sie sagen es nicht nur – sie tun es auch wirklich. Hausmeisterinnen,
Bedienerinnen, Dienstleute küssen den Herrschaften die Hand, auch die
Frauen den Männern und die Männer den Herren. Die alten Herren nehmen das als schuldige Huldigung an – die jungen bringt es in Verlegenheit,
sie wissen nicht, was sie tun sollen. Ziehen sie die Hand weg, so kann das
leicht beleidigen. Sie werden rot und sagen: »Lassen Sie nur . . .« Die frommen Leute – Frauen und Männer – küssen den geistlichen Herren, die jungen Leute ihren Eltern und Großeltern die Hand, vor allen Leuten, auch
wenn sie schon ganz erwachsen sind. Ergriffen küßt der junge Leutnant
dem alten General die Hand, der ihm eine gefährliche Spiel- und Duellaf-
färe gnädig erledigt hat. An all diesem Handküssen ist nichts Häßliches. Die
freiwillige Demutsgeste eines Mannes, besonders vor dem Schwächeren, ist
immer ein wohltuender Anblick vom Sieg der Moral über die brutale Kraft
– der Ausdruck eines wohlerzogenen und edel beherrschten Herzens. Es ist
nicht Kraft, die sich dieser Demutsgesten schämt, sondern Knabentrotz,
Schwäche – Ausdruck einer Zeit, in der die Knaben alt, aber keine Männer
werden.

Reich und mannigfaltig ist der Wortschatz der Wiener Höflichkeit:
»Oh, ich habe die Ehre, Herr Doktor, meine Verehrung, meine Ergebenheit
– wie steht das werte Befinden? Immer wohlauf, sehen aber vorzüglich aus
– und die hochverehrte Frau Gemahlin? Legen mich ihr gütigst zu Füßen
und meine ergebensten Handküsse – also hat mich wirklich sehr gefreut –
bitte, nochmals meine Handküsse – gehorsamster Diener . . .«

Italien und Spanien haben zu diesen Tropfsteingebilden von Höflichkeit bei-
getragen und ein wenig auch die Zerstreutheit der Wiener, die nämlich,
wenn sie wem begegnen, lange dazu brauchen, um sich zu erinnern, wer es
denn eigentlich ist, und lange brauchen, um aus dem Tagtraum, dem sie gerade nachhängen, in das gegenwärtige Gespräch mit dem Gegenüber hinein-
zufinden. Das sagen sie alles so mechanisch her, mit strahlendem Gesicht
und einem etwas ironischen Tonfall, als ob sie das Gegenüber auffordern
wollten, sich über diese virtuose Koloratur der Höflichkeit mit ihnen lustig
zu machen, aber niemand lasse sich dadurch verleiten, den Verehrungs- und
Ergebenheitsborn zu drosseln, denn wenn er *nicht* strömt, *hört* es der Wiener. Dieser sprudelnde Quell der Wiener Höflichkeit gehört auch zu den vielen Kunstgriffen, mit denen der Wiener Distanz hält: ängstlich, daß er sich
ihm zu sehr nähern könnte, sieht der Wiener seinen Nebenmenschen. Der

strömende Quell der Höflichkeit beruhigt ihn darüber, daß der andere die erwünschte Distanz wahrt.

Das verstehen die Juden nicht. Dieses Distanzhalten mögen sie nicht – sie wollen alle Distanzen überbrücken, und zwar so schnell als möglich. Dem Wiener ist nichts so kostbar, wie die Distanz, in der er die Nebenmenschen von sich hält. Darum ist der Jude ein guter und der Wiener ein schlechter Kaufmann – das ist einer von den Gründen: ein Hauptgrund! Die Juden nehmen es daher mit der Höflichkeit bei weitem nicht ernst genug. Es gibt zwar welche, die alle Register der Wiener Höflichkeit beherrschen. Sie übertreiben sogar so, daß sich der Angeredete denkt: Der hält mich für einen Trottel. Auch mit dem Grüßen nehmen sie es leicht. Sie heben nur ein bißchen den Hut, »als ob sie Angst hätten, sich den Kopf zu verkühlen«, sagen die Wiener.

Der Hut ist eines der wichtigsten Instrumente der Wiener Höflichkeit. Jeder Wiener Hut ist nach kurzer Zeit vom Abnehmen abgegriffen. Wenn man dem Wiener erzählt, daß es zivilisierte Länder gibt, in denen die Menschen auf der Straße einander einfach zuwinken oder gar nur angrinsen, dann lächelt er nur ungläubig und sagt: »Halt wahrscheinlich die Juden – aber es wird auch dort anständige Menschen geben, die wissen, was sich gehört.« Nicht nur zum Grüßen ist der Hut wichtig – er ist ein ganz wesentliches Stück männlicher Repräsentation. In der Stadt geht man nur mit dem Zylinder und dem steifen Hut. Manche tragen den steifen Hut bis auf den Glockner. Auch auf den Kurpromenaden in Meran, in Abbazia, in Karlsbad tragen viele Wiener ihre feierlichen schwarzen Hüte. Erst nach dem Derby, also Anfang Juni, kann man statt des Zylinders einen hellen, weichen Filzhut oder einen Girardihut aus Stroh tragen und dazu natürlich einen lichten Sommeranzug, mit dem man um diese Jahreszeit sogar in die Hoftheater geht. Den Frack und den Smoking kampfert jeder Wiener über den Sommer ein und hört mit Schaudern von mondänen Seebädern im aristokratischen Westen, in denen die Leute auch im Sommer zum Abendessen den Smoking anziehen – nicht vielleicht nur am Sonntag, sondern jeden Tag. Aus eigener Anschauung kennen das die wenigsten Wiener, denn solchen Orten und solchen Hotels weichen sie ängstlich aus. Die sind nicht für solide bürgerliche Leute. Nach der Meinung der Wiener steckt hinter solchen anspruchsvollen Sitten »nix als Wurzerei und schlechtes Essen«, und das erträgt der Wiener nur in seinem heimischen Salzkammergut, wo es schon immer dazugehört hat und wo man dabei wenigstens den Steireranzug tragen und seine Entrüstung in urwüchsigen Worten herausbrüllen darf. Sich »anschirren«, das heißt einen Abendanzug anziehen, mag der Wiener nie gern, und gar im Sommer auf dem Land!

Aber sonst spielt die Kleidung in Wien bei den Herren eine ganz große

Rolle, und viel Geld nimmt alle Jahre den Weg zum Schneider und zum Hemdenmacher. Es gibt auch wohl nicht bald in einer Stadt so viele Herrenmodegeschäfte wie in Wien, und sie haben herrliche Ware. Da gibt es Krawatten- und Hemdenstoffe, die so schön sind, daß sie eigentlich nur ein junger Gott tragen dürfte, oder man sollte sie in einer Vitrine wie Kunstwerke sammeln.

Der Wiener liebt schöne Kleider. Wenn er ins Ausland kommt, dann bewundern alle Leute immer seine Wäsche. Wenn einer nicht gerade ein Asket ist und es sich leisten kann, dann hat er viele sehr schöne Hemden und Dutzende schöner Krawatten, und es ist für ihn ein lustvolles Morgenvergnügen, Hemd, Anzug und Krawatte zusammenzustimmen. Und erst die Anzüge! Wien hat wunderbare Schneider. Aus einem dicken kleinen einen eleganten Herrn machen, das kann nur der Wiener. Der König Eduard VII. hat schon gewußt, warum er sich in Wien Kleider machen ließ.

Der Wiener hat gern neue Anzüge. Er teilt nicht den Aberglauben des Beau Brummel, der seinen Diener seine neuen Anzüge tragen ließ, weil ein Herr keinen Anzug trägt, der neu aussieht. Der Wiener mag im Gegenteil einen Anzug nicht, der nicht mehr neu aussieht. Auch der bescheidene Mann läßt sich wenigstens einmal im Jahr einen neuen Anzug machen, und zwar zu Ostern. Den muß man schon Ende Jänner bestellen, damit man ihn rechtzeitig bekommt, denn zur Auferstehung muß man ihn haben. Am Karsamstag trägt ganz Wien neue Anzüge. Wohlhabendere Leute lassen sich auch im Herbst einen Anzug machen. Wer aber gut angezogen sein will, und das wollen in Wien gar nicht wenige Leute, der läßt sich zu jeder Saison einen oder zwei neue Anzüge machen. Da wird natürlich der Kleiderkasten rasch zu voll, und dann schenkt also der feine Herr seine älteren Anzüge weg. Ganze Bevölkerungsklassen in Wien tragen getragene Kleider und kaufen sich nie einen Anzug, zum Beispiel Hausmeister. Die bekommen oft so viele getragene Anzüge geschenkt, daß sie mit ihnen Handel treiben, denn so ein Anzug, den ein feiner Herr weggibt, ist oft gerade in dem Zustand, in dem der Beau Brummel ihn angezogen hätte. Ja, die Wiener Männer sind gut angezogen. Die Raunzer sagen zwar: »Schöne Anzüg', schlechte Wohnungen, Dunstobstflascheln in der Badewanne und Wanzen im Bett« – aber das ist, wie alles, was die Raunzer sagen, übertrieben, wenn auch zugegeben werden muß, daß der Wiener auf schöne Kleider viel mehr Gewicht legt als auf Komfort des Wohnens. »Das glaub ich«, sagt der Raunzer, »ein halber Orient.«

Jeder Mann hat einen Bart. Wer keinen Bart hat, ist ein Schauspieler. Auch manche Aristokraten und Offiziere tragen keinen Bart, aber die tragen wenigstens kleine Koteletten an den Wagen. Aber »das paßt sich nicht für uns bürgerliche Leut'«, sagen die Leute, die genau wissen, was ihnen zukommt.

Wenn glattrasierte magere Engländer nach Wien kommen, dann sagen die Leute: »Mein Gott, wie jung der ausschaut – das ist nur, weil er keinen Bart trägt. Aber für unsereinen paßt sich das nicht – er is halt ein Engländer.« Darum darf er auch mager sein, denn in Wien hat jeder Mann seinen Bauch. Wer keinen hat, der schaut nichts gleich und ist ein junger Mann, ein Hungerleider oder gar krank. »Sie schauen aber gesund aus«, sagen die Leute, wenn einer wieder zugenommen hat.

Zur männlichen Würde gehört dann noch die Aktentasche – nicht daß sie immer wichtige Papiere enthalten muß. Sie enthält meistens die Frühstücksemmel, die Kragen zum Putzen, die Bücher von der Leihbibliothek – ein feiner Herr trägt kein Paket, wohl aber eine Aktentasche. Die Aktentasche ist das erste Zeichen männlicher Pubertät. Noch bevor ihm der Bart sprießt, trägt der Jüngling seine Schulbücher in einer Aktentasche. Es ist noch die Zeit, wo die Jünglinge sich bemühen, wie Männer auszusehen und nicht die Männer wie Jünglinge. Im Volk gilt die Aktentasche als Zeichen von Wohlhabenheit. »No ja, freilich«, sagen die Leute, »wenn man mit so einer Aktentasche herumgeht, dann glaub ich, daß man sich was leisten kann.« Titel, Bauch, Bart und Aktentasche zusammen ergeben die männliche Würde. Wenn man noch dazu mit einem großen Schlüsselbund in der Hosentasche klappert, dann ist das Bild des vertrauenerweckenden Herrn in guter Position fertig: glänzend geputzte Schuhe, eine blitzende Krawattennadel, ein frisch gestutzter Bart, ein frisch gebügelter Zylinder, rosige Wangen. – So geht der Wiener, höflich nach allen Seiten grüßend, durchs Leben.

TRINKGELDER

Tag und Nacht ergießt sich über das Volk von Wien ein milder, segenspendender Regen von Trinkgeldern. Es gibt in Wien unendlich mehr Menschen, die Trinkgeld nehmen, als solche, die es immer nur geben und niemals nehmen. Es gibt Trinkgeldgroßverdiener – Aristokraten des Trinkgeldes –, die sich von ihren ersparten Trinkgeldern Häuser kaufen. Der Wiener kommt sich gerne groß und gütig vor. Er schenkt gern. Er liebt das freudig-dankbare Aufleuchten in den Augen seiner Nebenmenschen, wenn es mit einem geringen Opfer zu erzielen ist. Das Trinkgeld ist ein Sport des Publikums: das Nehmen so wie das Geben. Es gibt Meister im Geben und im Nehmen – Leute, die mit ein paar gut placierten Trinkgeldern Dinge erzielen, die andere mit aller Kraft ihrer Ellbogen nicht zuwege bringen, und kleine Müßiggänger, die im Herumstehen mehr zu verdienen verstehen als andere mit einem Tag ehrlicher Arbeit.

Man gibt in Wien Trinkgelder um die Wette bei jeder Gelegenheit im Glück und im Unglück, aus Freude und aus Schmerz. Und das ist ein so spannender Sport wie Scheibenschießen. Hat man es getroffen? Ist er zufrieden? War es zu viel? Je kleiner die Leute sind, um so noblere Trinkgelder geben sie, denn sie haben Angst, sonst für noch kleiner gehalten zu werden, als sie sind. Dann wollen sie sich auch nicht lumpen lassen und den feinen Leuten zeigen, wieviel eigentlich ein feiner Mann geben sollte. Karg und berechnend sind ja immer nur die reichen Leute. Wer von der Hand in den Mund lebt, der gibt rasch aus, was er in der Tasche hat. Und dabei haben die kleinen Leute so wenig von den großen Trinkgeldern, die sie geben – sie werden doch als kleine Leute behandelt, denn der Wiener ist ein Snob, auch der Kellner und Kutscher, und sie haben mit einem kleinen Trinkgeld von einem wirklich feinen Herrn mehr Freude als mit einem großen von kleinen Leuten, die sich weh getan haben, um nobel zu sein, und denen man das anmerkt.

Man gibt Trinkgelder von einem Kreuzer aufwärts. Einen Kreuzer bekommt der Tramwaykondukteur, wenn man ihm die Fahrkarte bezahlt. Einen Kreuzer läßt der Major a. D. im Kaffeehaus auf dem Tisch liegen und ist dennoch hochgeachtet. Eine Krone oder einen Gulden bekommt der Diener im Ministerium, der einen anmeldet. Alle kriegen: der Briefträger, der Dienstmann, der Rauchfangkehrer, der Kanalräumer – vor allem natürlich der Hausmeister. Es gibt manche Leute, denen man ohne jeden Grund große Trinkgelder gibt, zum Beispiel dem Portier der Universität, bei dem man nur das Vorlesungsverzeichnis kauft und den man sonst während des ganzen Studiums nie in Anspruch nimmt, oder den Pedellen, die tatenlos bei der Promotion dabeistehen. Das sind Freudengelder, Gnadengelder –

vergleichbar den Münzen, die ein Fürst bei der Krönung unter das Volk werfen läßt. Es gibt Hochfeste des Trinkgeldes: Begräbnisse, Geburtstage, Taufen, Hochzeiten, Jubiläen. Feierlich setzt sich der Papa an seinem Geburtstag in die Mitte des Salons auf einen Fauteuil und läßt die Schar der Gratulanten an sich vorüberziehen, und so wie der Kaiser an seinem Geburtstag Orden und Titel verleiht, so verteilt er Trinkgelder. Dienstboten und Hausmeister wünschen Glück, küssen die Hand und bekommen Kuverts mit Banknoten in die Hand gedrückt. Ein feiner Herr kann seine Namens- und Geburtstage nicht billig feiern.

Ist man zu einer Mahlzeit eingeladen, dann drückt man beim Weggehen dem Mädchen oder dem Diener einen Gulden oder mindestens eine Krone in die Hand, und wenn alle Gäste weg sind, dann wird unter der Assistenz der Frau des Hauses feierlich geteilt – nur unter den ständigen Dienstleuten des Hauses. Aushilfskräfte kriegen nichts. Dafür haben sie ja auch verhältnismäßig mehr Lohn. Die Hausfrau freut sich, wenn ihre Leute schöne Trinkgelder bekommen haben, denn sie haben doch viele Extraarbeit mit den Gästen. Sind einmal die Trinkgelder schlecht ausgefallen, dann greift eine gute Hausfrau selber in die Tasche und legt etwas dazu. Die Leute sollen doch für ihre viele Arbeit was haben. In Häusern, wo viele Gäste sind, da haben die Dienstleute ein schönes Nebeneinkommen. Gäste, die oft kommen, geben auch Weihnachts- oder Neujahrsgeschenke, besonders die nahen Verwandten.

Neujahr ist für jedermann eine wahre Trinkgeldheimsuchung. Von früh bis abends steht die Glocke nicht still. Die unwahrscheinlichsten Leute, die man nie gesehen hat, wünschen Glück und geben schön gedruckte Karten ab – auch Schwindler. Wer kennt denn schon den Kanalräumer oder den Mistbauer persönlich?

Aber das Ärgste ist die Übersiedlung. Da erhöhen die Trinkgelder die Kosten oft um ein gutes Viertel, und die Möbelpacker vertrinken diese Gelder zum großen Teil wirklich. Schon in der Früh kommen sie gut angeheitert, denn sonst haben sie keine Kraft, sagen sie, zur Arbeit. Die Möbelpacker sind Weintrinker. Unausgesetzt verschwinden die Viertel in ihren rauhen Kehlen. Ach, ist das eine entsetzliche Stimmung: die leere, häßliche Wohnung, die heiser brüllenden, betrunkenen Packer, in deren groben Händen die sorgsam geschonten und viel gepflegten Möbel krachen. Es ist wie Krieg, Tod und Erdbeben. Niemand gibt da gern Trinkgeld, und immer gibt es Streit mit den betrunkenen Leuten, denen die derbsten Worte, die feine Leute sonst nie zu hören bekommen, hemmungslos von der Zunge gehen. Eine Schmutzwelle aus sonst sorgsam verborgenen Tiefen brandet an den Übersiedlungstagen an die bürgerliche Ordnung, und ein ahnungsvoller Schauer läuft den Leuten über den Rücken: was es alles gibt! Mit solchen

Menschen lebt man ahnungslos in einer Stadt zusammen, und wenn man dann einmal in der Zeitung liest, daß so einer seine Geliebte umgebracht und kunstgerecht ausgelöst in einen Koffer verpackt hat, dann nickt man verständnisvoll mit dem Kopf. Ein Schauer läuft dem Leser über den Rücken, wenn er sich an die drohenden und tückisch schmeichelnden Worte erinnert, mit denen so ein angetrunkener, nach Wein riechender Riesenkerl ihm ein Riesentrinkgeld abgepreßt hat.

Eleganter erpressen die Fiakerkutscher die großen Trinkgelder – zärtlicher. »Euer Gnaden wissen eh« – sie spielen mehr mit der snobistischen Eitelkeit ihrer Fahrgäste. »Aber Herr Baron, a Kavalier wie Sie an an' Sonntag nachmittag mit so an Zeugl...« Es gibt berühmte Fiakerkutscher, mit denen fahren zu dürfen eine Auszeichnung ist und die nicht mit jedem fahren. Die bewerben sich um kein Trinkgeld – im Gegenteil! Um deren Gunst muß man sich bewerben – taktvoll natürlich... Niemals darf man da das Wort Trinkgeld in den Mund nehmen, keinem Fiaker, keinem Kellner, niemand gegenüber – das muß taktvoll umschrieben werden: »Werde mich schon dankbar erweisen – Erkenntlichkeit nicht fehlen lassen – zu Gegendiensten gerne bereit...« Ganz feine Leute sagen gar nichts und wirken auch so überzeugend.

Klare Abmachungen verderben in diesem Fall die Freundschaft, denn das Trinkgeld muß ein Märchentraum, eine Überraschung sein. Es muß ungewiß bleiben bis zum letzten Moment, sonst ist keine Spannung dabei, und das ist dann nur die halbe Freude. Hat man ein Trinkgeld vorher akkordiert und ist es noch so hoch, dann ist der Empfänger nachher enttäuscht, wenn er nicht doch mehr bekommt, als vereinbart war, weil dann die Überraschung fehlt. Dann ist es schon nicht mehr schöner als der Lohn. Denn jeder Mensch wird gern beschenkt, aber niemand wird gerne für seine Arbeit bezahlt. (Darum nennt man auch den Arbeitslohn der feinen Leute nicht gern beim Namen, sondern verbirgt ihn unter dem Namen »Honorar« oder »Gehalt« und steckt ihn in ein Kuvert.) Das Trinkgeld ist eben nicht Bezahlung, sondern Geschenk. Es hat auch mit Korruption nichts zu tun. Es kommt aus einer aristokratischen Lebensform, die dazu verpflichtet, Gnade zu spenden – »splendor familiae«. Wer mit einem vornehmen Manne zu tun hat, der ist der Gunst, dem Glück begegnet. Ach so! Propaganda! sagt der wissende Mann von heute, aber Gnade hat mit Propaganda nichts zu tun, denn Propaganda ist ein Kampfmittel um Macht, aber Gnade strömt aus dem Hochgefühl, aus der Überfülle der Macht. Sie will nicht andere gewinnen, sondern andere am eigenen Glück teilnehmen lassen. Und diese heiter dahinströmende Gnadenfülle der Großen, die stets mit vollen Händen geben, die macht ihnen der Snobismus der Bürger nach.

Das Trinkgeld ist der Märchentraum der dienenden Klasse. Am Wege in

die Arbeit träumt der Tramwaykondukteur von der feinen alten Dame mit dem Koffer, die so ängstlich ist und die ihm eine Krone schenkt, weil er ihr so freundlich beim Aussteigen geholfen hat. Der Kellner träumt davon, daß er den Herrn Baron mit der schlanken, blonden Tini doch noch zusammenbringt, und dann läßt sie einen Zehner springen und der Herr Baron gewiß auch. Der Fiaker träumt von einer »Porzellanfahrt« in den Prater – das strengt die Rösser nicht an, und es ist schön, langsam durch den Prater zu fahren, wenn die da hinter dem breiten Gesäß des Kutschers sich küssen... Da läßt so ein Herr schon gern was springen, besonders wenn sie recht g'schreckt und g'schamig is. Der Amtsdiener träumt von dem Herrn, der ganz dringend eine Unterschrift braucht... Schön sind diese Träume, und das Schönste an ihnen ist, daß sie doch so oft in Erfüllung gehen. Wie schön ist noch die Spannung des letzten Momentes: wird er? wird er nicht? wieviel? – die Freude, wenn es mehr als üblich ist, der kleine bösartige Verdacht, wenn es gar zu viel ist, der Gewissensstachel, wenn der Geber sich sichtlich geirrt hat: soll man es ihm sagen oder nicht? Es ist ein endlos spannendes Lotteriespiel mit vielen Haupt- und Nebentreffern – ein Glücksspiel gewiß, aber man kann doch dabei mit Geschicklichkeit viel erreichen.
Wieviel bürgerliches Glück gründet sich auf Trinkgelder! Große Hoteliers, Fuhrwerksbesitzer, Friseure, Hausherren haben mit Trinkgeldern begonnen, die Ehen der Dienstleute beruhen auf den Trinkgeldern, die sie sich ersparen, und der Hofrat genießt das kleine Vermögen, da sich sein Vater, der Amtsdiener, aus Trinkgeldern gesammelt hat. Trinkgelder befruchten unaufhörlich den Boden, aus dem die kleinen Leute zu bürgerlichem Ansehen und Wohlstand aufsteigen. Fortwährend geht ein milder Regen von Kreuzern und Gulden in die offenen, schwieligen Hände des Volkes, das mit gerührtem Dank und Handküssen quittiert (und hintennach über »wieviel« und »wie« räsoniert). Das Trinkgeld ist die Sprungfeder zwischen Volk und Oberklasse – es ist das arbeitslose Einkommen des Volkes... Es macht das Volk am arbeitslosen Einkommen der Großen mitschuldig. Bestechung des Volkes, sagen die Raunzer. »Ah was!« sagt das Volk – solang die Trinkgelder reich und üppig fließen...

WIENER SPRACHE

In Wien ist es guter Ton, mit einem Anklang des heimatlichen Dialektes zu reden. Der alte Kaiser Franz hat ein derbes Wienerisch gesprochen, Kaiser Franz Josephs leise Kommandostimme begnügt sich mit der Wiener Dialektfärbung. Das Wienerische ist den Wurzeln der Sprache weit näher als das Schriftdeutsch. Es glitzert von verhaltener Bosheit, es klingt angenehm melodisch, sein Rhythmus hebt die Pointen wirksam heraus, ganz anders als das unmusikalisch polternde Hochdeutsch, das selbst von einem edlen Mund gesprochen nicht frei von bellenden und krächzenden Tönen ist. Wenn der Wiener ernstlich verstimmt ist, dann fängt er an, Hochdeutsch zu reden. Sein musikalisches Gefühl sagt ihm, daß für üble Laune nur Hochdeutsch der richtige Ausdruck ist. Zur Ehre der Wiener muß man sagen: sie reden nur selten hochdeutsch. Sie schimpfen zwar viel, solange sie es aber im Dialekt tun, ist es nicht schlimm gemeint.

Der Wiener weiß gar nicht, wie sehr er Dialekt spricht. Ein gebildeter Wiener glaubt, daß er seine an sich korrekte Sprache höchstens mit einigem Dialektanklang melodisch abrundet. Erst wenn ihn ein Norddeutscher fortwährend »Wie bitte?« fragt, dann beginnt er zu ahnen, daß seine Sprache in allen ihren Tönen echt dialektgefärbt ist. Aber der Wiener Dialekt erlebt gerade eine völlige Veränderung: Die alten Leute, die zwischen 1840 und 1850 geboren sind, die sprechen noch das alte Wienerisch mit seinem schneidend scharfen, ironischen Tonfall, der besonders im Mund von Frauen fast tückisch klingt. Eine nervöse Kampflust liegt im Ton dieser Sprache, und auch wenn sie gar nicht selten sentimental wird, hat sie einen bitteren Beigeschmack wie der Wiener Wein. Girardi und Thaller sprechen auf der Bühne noch dieses alte Wienerisch, aber man hört es immer seltener.

Die Volksschule hat den Wiener Dialekt verdorben. Sie hat den Leuten das »Schwassern« beigebracht – jenes krampfhafte Hochdeutsch, das ein Dialektmund mit Schülerstimme wie eine fremde Sprache spricht. Aber dabei haben die Leute ihren Dialekt vergessen. Daneben wächst ein neues Wienerisch auf der Bühne des »Theaters an der Wien«, und dieser Dialekt ist ein Produkt einer Reihe von Sängern und Komikern, die Slawen oder Ungarn sind oder von der jüdischen Jargonbühne stammen. Die bringen die sentimentale Melodie des jüdischen Jargons, das ungarische Freudengeheul und den weichen slawischen Singsang in das Wienerische. Mit den Riesenerfolgen der Wiener Operette ist dieser neue Wiener Dialekt in die Welt hinausgegangen und auch in Wien heimisch geworden. Jeder Vokal wird gebrochen. Das scharfe wienerische A und EI verschwinden, in jedem Wort tönt ein Schluchzer mit. Die Berliner haben ganz recht, wenn sie sagen, daß man

171

an dieser Sprache picken bleibt, aber die kleinen Leute im ganzen deutschen Sprachgebiet sind von diesem gefühlvollen Dialekt begeistert, der dazu beiträgt, daß das Bild, das sich die Leute von Wien machen, immer falscher wird.

Doch Wien spricht nicht nur deutsch. Wien ist eine kosmopolitische Stadt. Das fängt bei Hof an. Da wird französisch und spanisch, portugiesisch und italienisch gesprochen, denn die Gattinnen der Prinzen des kaiserlichen Hauses kommen nicht nur aus Deutschland, sondern aus Spanien und Belgien, Italien und Portugal. Auf allen Straßen sieht man Leute in den bunten Trachten des Ostens der Monarchie. Aus Rußland und vom Balkan kommen dunkelhaarige, plumpe Frauen und Männer mit blassen Gesichtern und großen, dunklen Augen, mit seltsam feierlichen guten Sitten, fremdartigen reichen Kleidern und ungewohnten frommen Bräuchen. Auf der Ringstraße werden die Wiener Kinder von ihren hanakischen Ammen spazieren getragen. Bis zu den Knien hängt den Hanakinnen das bunte Kopftuch, orangenfarbig sind ihre Strümpfe, und federnd wippen um sie herum die weiten, kurzen, bunten Röcke. Fremde Sprachen hört man auf Schritt und Tritt und sonderbare Aussprachen des Deutschen – singende, klagende, kehlige, nasale, klangvolle und stockende Töne, hilfloses Gestammel und das überlaute Reden der Leute, die sich am Klang der fremden Sprache, an der Sicherheit, mit der sie sie zu beherrschen glauben, freuen, die Fehler und falsche Betonungen strahlend in die Welt posaunen.

Die Raunzer sagen: Wien hat keinen großen Fremdenverkehr. Was aus dem Osten kommt, sind nämlich für den Wiener keine Fremden, sondern freundlich geduldete und mitleidig geringgeschätzte Eindringlinge. Auf die ist er nicht stolz – die erträgt er nur. Fremde, an denen der Wiener Freude hat, kommen nur aus dem Westen oder dem Norden, und von dort, das muß man zugeben, kommen nur wenige Leute nach Wien, dafür aber um so glanzvollere: Alle deutschen Fürsten besuchen immer wieder die Wiener Verwandten und lassen sich bei den guten Wiener Schneidern ihre Anzüge machen. Ihre Damen kaufen Toiletten in Wien. Der ewige Prinz von Wales – der spätere Eduard VII. – kommt ein paarmal im Jahr nach Wien. Im Burgtheater und in der Oper kennt ihn jeder. Die Herzogin von Cumberland ist seine Schwägerin, alle kleinen deutschen Fürsten sind seine Vettern. Im Jockeyklub spielt er Bridgepartien, bei denen Hunderttausende umgesetzt werden und von denen ganz Wien spricht.

Die Fürstenappartements im »Imperial« stehen niemals leer, denn die Hotels sind genau eingeteilt: Könige und Souveräne im »Imperial«, kleine deutsche Fürsten im »Meißl und Schadn«, österreichische und ungarische Aristokraten im »Sacher«, Staatsmänner und Millionäre im »Bristol«, Polen im »Erzherzog Karl«. Jeder weiß, was ihm zukommt. Und wer die Leute sind, die in den vielen anderen Hotels wohnen, weiß man nicht – halt so Leute aus der Provinz und Reisende und Beamte und Offiziere, die nicht viel ausgeben können. Fortwährend sind die Verwandten der hohen Adelsfamilien in Wien: russische Fürsten mit großen Pelzen, englische Lords mit langen Beinen und karierten Anzügen, französische Marquis – »klane, hupferte« –, die den Pelz ihrer Mäntel nach außen tragen wie die Damen. Dann kommen dicke, bärtige Millionäre aus Paris und magere, glattrasierte aus London, die in Wien Geld investiert haben.

Diese Art von Fremdenverkehr hat im Wiener den Glauben erzogen, daß alle Fremden feine und reiche Leute sind, denen es Freude macht, wenn das Volk an ihnen verdient. Alle Engländer sind »narrische Lords«. Wenn ihnen etwas Spaß macht, dann zahlen sie das Doppelte dessen, was man von ihnen verlangt. Wenn ihnen ein Haus wo nicht gefällt, dann kaufen sie es einfach um jeden Preis und lassen es niederreißen – nur so per Hetz. Wenn ihnen eine Frau gefällt, dann heiraten sie sie, aber gleich muß es sein, tragen sie auf Händen und sind ihr ewig treu. Kurzum, sie sind wandelnde Haupttreffer, und wenn ein Lord nach Wien kommt, dann werfen sich ihm arme Mädchen zu Füßen und flehen, der Lord möge ihre Mutter in die Kur schicken oder den Bruder studieren lassen. Da erzählt man die sonderbarsten Dinge: die Lords sagen nicht nein – sie stellen nur sehr komische Bedingungen. Sie sind halt »narrisch«. Der englische Lord und ein Haupttreffer sind Märchenträume des Wieners. Von den russischen Fürsten bekommt man große, echte Zobelpelze geschenkt, so wie einem sonst jemand eine Zigarre offeriert. Jeder kennt jemand, der so einen Pelz bekommen hat. Die Franzosen sind verweichlicht und waschen sich nicht, aber für Frauen lassen sie was springen. Die Fremden aus dem Westen haben in Wien ein großes Prestige, und sie müssen es sich etwas kosten lassen, um sich der Höhe dieses Prestiges würdig zu zeigen. Darin ist der Wiener ein strenger Beurteiler – er weiß, was sich für einen feinen Franzosen oder Engländer gehört. Amerikaner sind für ihn nur eine andere Sorte von Engländern. Sie sind zwar keine Lords, aber sie haben auch sehr viel Geld und sind auch »narrisch«. »Spleenig« nennen das die Wiener und die meisten Deutschen, aber die Engländer, für die »Spleen« Melancholie, üble Laune oder Verdruß bedeutet, verstehen nie, was die Leute damit meinen, wenn sie sagen, daß einer den Spleen hat.

Für den Wiener sind die Fremden aus dem Westen – wenn sie nicht gerade Sprachlehrer oder Stallburschen sind – höhere Wesen, die er unbedenklich seinen Aristokraten gleichstellt. Darum hat er ihnen gegenüber auch manchmal jene verdrossene und kritische Ablehnung, wie sie die Unterklasse gegen die Oberklasse empfindet und die sich als demokratisches Empfinden und deutsches Nationalgefühl äußert. Das heißt, es äußert sich als solches nur seinen Landsleuten gegenüber. Denn, sobald ein Engländer oder Franzose wirklich in Erscheinung tritt, dann ist der Wiener ganz von Neugier und romantischem Interesse erfüllt, dann sprüht er von Liebenswürdigkeit und Gefälligkeit. Er ist in seinen Fremden ganz eifersüchtig verliebt und möchte diesen kostbaren Freund ganz allein für sich in Beschlag nehmen, was schließlich dazu führt, daß er wie alle Verliebten überempfindlich wird und sich seiner zu großen Zutunlichkeit auch ein wenig schämt. Dann ist er imstande, seinem geliebten Fremden nachzubrummen, kritische Bemerkungen über ihn zu machen und zu sagen, daß er es nicht nötig hat, jemand nachzulaufen. Der Fremde, unkundig der heftigen Empfindungen, die er wachruft, sieht erstaunt die sonderbar schwankenden Stimmungen seines Wiener Freundes und sagt, die Wiener seien zwar entzückende Menschen, aber launenhaft und unverläßlich.

FRAUEN, DIENSTLEUTE, FAMILIENLEBEN

Die Wiener Frauen sind hübsch; sie haben im Geschmack von 1900 gute Figuren, einen schönen Teint, schöne Haare, gute Zähne. Die Wiener Mode ist diskret. Die farbigen und erotischen Kühnheiten der Pariser »Créations« traut sich die Wienerin ohne Milderung nicht zu tragen. Durch diese Milderung werden sie oft viel schlimmer und deutlicher, als sie im Original waren, denn die »Milderung« einer großen Geste ist immer ihre Parodie. Wenn etwa das Pariser Modell eine riesige Masche auf das Hinterteil pflanzt, so ist das eine plastische Idee oder ein grotesker erotischer Wunschtraum – ein kleines Mascherl an dieser Stelle sagt schüchtern blinzelnd »Hier bitte«. Das verstehen die Wienerinnen nicht. Ein Temperament, das nach kühnem Ausdruck verlangt, hat die Wienerin nicht. Sie ist recht schüchtern und geschreckt, sie möchte ganz gern, aber sie traut sich nicht, sie zieht sich gern schön an, nicht weil ihr Geist ihrem Wesen einen Ausdruck verschaffen will, sondern aus Eitelkeit, um hinter den anderen nicht zurückzustehen, weil man es jetzt halt so trägt. Eigentlich geht sie am liebsten in ihrem alten Schlafrock ohne Mieder herum und wäre froh, wenn man sich den ganzen »Pflanz« schenken könnte. Aber wenn man halt dann sieht, daß die Karolin' schon wieder ein neues Kleid mit den neuen großen Ärmeln und dem Bolero hat, da muß man halt mithalten.
Kleider sind unwahrscheinlich teuer, und man kann darauf nicht sparen. Man sieht es gleich, wenn ein Kleid aus keiner guten Hand ist – dann lieber gar nicht. Nichts ärger als die Kleider, die die Hausnäherin aus dem Fetzenkisterl zusammennäht. Das geht für junge Mädchen, deren schönster Schmuck ihre Jugend ist, aber wenn man einmal eine Figur hat, dann muß man halt 200, 300, 400 fl. für ein Kleid zahlen. Zweitausend, dreitausend Gulden im Jahr gibt eine gutsituierte bürgerliche Dame für Kleider leicht aus, und da ist sie noch bescheiden. Ein Pelz ist da nicht dabei und auch kein Hut mit Paradiesreiher – das ist nur so das laufende, wenn man auch noch die älteren Kleider modernisieren läßt. Der Mann und die Liebe spielen bei diesem Kleiderluxus fast gar keine Rolle. Er ist eine endlose Spielerei, ein Wettbewerb, ein Snobismus. Die Wienerin ist nicht erotisch, auch in ihren Kleidern nicht – ganz anders die Aristokratinnen, aber die sind eben eine Rasse für sich, und natürlich die Schauspielerinnen, die Sängerinnen, die Jüdinnen ... Mit denen kann halt eine anständige Frau nicht konkurrieren. »Gott sei Dank – das möcht' man auch gar nicht. Wenn ein Mann so einer Person nachlaufen will, dann g'schieht ihm schon recht, wann er hereinfallt.« Große Anregerinnen der Mode gibt es unter den bürgerlichen Frauen Wiens fast gar nicht.
Den Wiener Frauen fehlt es an Mut, Eigenart, Phantasie, Leidenschaft –

kurzum an Persönlichkeit, und darum haben sie auch auf Männer gar keinen Einfluß. Der strenge und fordernde Gott, der die Wiener Frauen beherrscht, den sie anbeten und von dem sie sich alles gefallen lassen, ist »mein Mann«. Mit Stolz erzählen sie, wie anspruchsvoll und sekkant er ist, was er alles verlangt und was er für Szenen macht, wenn die Schuhe nicht schön genug geputzt sind, wenn das Fleisch nicht weich ist oder sein Nachmittagsschlaf gestört wird. Jeder Satz fängt mit »Mein Mann« an. Dabei sind sie oft egoistisch, träg, kleinlich und nicht einmal immer gute Mütter. Lernt man in Wien eine starke, bedeutende und gescheite Frau kennen, dann ist sie in der Regel keine ganz echte und richtige Wienerin. Dabei sind diese Frauen nicht einmal unbedingt treu, aber nicht aus Leidenschaft, sondern aus Eitelkeit, Schwäche, Trägheit lassen sie sich verführen und werden von dem anderen Manne genauso schlecht behandelt wie von dem eigenen. Sie sind eigentlich kindliche Wesen, die zwar groß und dick, aber nie ganz reif werden. Man ist oft erstaunt, bei gar nicht mehr jungen Frauen eine unerhörte Naivität und Weltunkenntnis zu finden.

Unter dieser geistigen und moralischen Schwäche der Wiener Frauen leidet das ganze gesellschaftliche und politische Leben des Wiener Bürgertums. Wenn die aristokratische Oberklasse sich absperrt und einschließt, so kommt das vor allem daher, daß die Frauen der Bürger nicht anziehend, nicht ehrgeizig genug sind, diese Bollwerke zu durchbrechen. Im Gegenteil! Sie kapseln sich mit tausend bequemen Vorurteilen in ihrem engsten Familien- und Freundeskreise ein und lernen um Gottes willen niemand kennen. »Ich laß mich nicht glücklich machen«, so sagen sie, »ich laß mir keine Gnad' erweisen, ich laß mir nix schenken.« Trägheit, Stolz, Egoismus, Geiz und Schüchternheit mengen sich ganz eigentümlich in diesem Wesen.

Viele Wienerinnen sind gute Hausfrauen – nicht alle. Sie brauchen Geld und Dienstleute dazu. Wundertäterinnen wie die Französinnen, die aus nichts etwas hervorbringen können, sind sie nicht. Sie sind auch keine Märtyrerinnen des Haushaltes, die wie manche deutsche oder holländische Hausfrauen sich von früh bis abend abrackern, um ihr Haus so schön und sauber zu halten, wie sie sich's einbilden. Sie sind sparsam, sie verstehen viel vom Kochen. Selbst in Häusern, die gar nicht sehr gut gehalten sind, wird gut und viel gegessen. In der Regel sind sie auch fleißig – sie legen die Hände nie in den Schoß. Das ist einer der wenigen Grundsätze, an die sie glauben. Frauen, die halbe Tage lang auf dem Diwan liegen und Romane lesen, findet man in Wien selten.

Die gnädigen Frauen brauchen die Dienstleute nicht nur zur Arbeit, sondern auch zur geistigen Anregung – zur Konversation. Auch die vornehmste Dame führt lange Gespräche mit ihren Dienstleuten und erzählt ihnen alle ihre Sorgen mit dem Mann und mit den Kindern. Die Dienstleute sind zwar zurückhaltender, aber sie erzählen der Gnädigen alle ihre Romane, freilich in einer für die Herrschaften geeigneten Bearbeitung. Romane haben die Dienstleute immer, und sie sind denen der Herrschaften sehr ähnlich, denn auch die Dienstmädchen sind in ihren Kreisen, so wie die feinen Mädchen in den ihren, reiche Partien. Sie haben sich schöne Ausstattungen erarbeitet und ein paar tausend Gulden erspart, und sie haben daher dieselben Sorgen wie die feinen Mädchen: sie wissen nicht, ob der Liebhaber sie oder ihr Geld liebt. So wie allen Frauen gefallen ihnen die Lumpen besser als die soliden Männer mit den ernsten Absichten, und die Lumpen wollen natürlich nur immer das Sparkassabüchel mit den Tausendern. Die Gnädige nimmt an diesen Romanen mit viel Interesse und guten Ratschlägen teil, aber wer läßt sich schon »mit diesem Trank im Leibe« raten? Eines Tages hat der Liebhaber das Geld und läßt das arme Mädel sitzen. Dann weint sie und singt beim Abstauben wehmütige Lieder von getäuschter Liebe und gebrochenem Herzen und obwohl sie es besser weiß, verteidigt sie ihren Liebhaber und ihre Liebe zu ihm noch, denn so eine ist sie nicht, die den Geliebten verrät, auch wenn er sich ihrer unwürdig erwiesen hat. Eines Tages wird er reumütig zurückkehren, und sie wird ihn mit ihrer ungebrochenen Liebe beschämen... So edle Träume haben die Dienstmädchen von der Liebe, genauso schöne und trügerische wie die feinen Herrschaften...

Nicht nur die Liebhaber sind auf das viele Geld der feinen Dienstmädchen aus – alle wollen davon genießen. Der Vater jammert sie wegen der Hypothekenzinsen an: »Und hat er gesagt, er jagt mich von Haus und Hof, wenn ich bis zum Fünfzehnten nicht zahl...« Der Bruder, der beim Militär dient, lamentiert: »Die Kost ist gar nicht gut, und man hat nach dem Essen so viel Hunger wie vorher, wann man halt einen Gulden extra hätt'...« Dann wieder soll die kleine Schwester gefirmt werden. Es gibt angeblich sogar junge Herren, die sich in ihren Taschengeldnöten von den Dienstmädchen Geld ausleihen... Arme Mädeln! Es geht ihnen gut, sie müßten keine Sorgen haben, die Arbeit tut ihnen nicht weh – sie sind vom Land ganz andere Arbeit gewöhnt –, aber einsam sind sie, liebebedürftig, jung. Und wenn es die gnädigen Frauen auch gut mit ihnen meinen, uninteressierte Beraterinnen sind sie auch nicht, denn sie wollen doch nicht die Kraft des Mädchens, das sie sich mit Mühe und Geduld erzogen haben, verlieren, und sie haben daher nach einem »Happy-End« ihrer Liebesaffären kein großes Bedürfnis. Dann sind doch auch die gnädigen Frauen so schrecklich naiv und lebensfremd. Man fragt sich oft, wie sie mit allem, was sie nicht wissen, zu Kindern gekommen sind. Weit eher lernen sie aus den Erzählungen ihrer Dienstleute das Leben kennen, als daß die Mädchen von ihnen viel profitieren könnten. Die meisten Damen sind über eine gekürzte Jugendausgabe des Lebens nie hinausgekommen. Da können den Dienstmädchen die Wahrsagerinnen schon besser raten. Sie kommen ins Haus, oder man muß sie in ihren schmutzigen Vorstadtwohnungen aufsuchen, in denen sie aus schmutzigen Karten die Zukunft vorhersagen. Die älteren Dienstleute, die keine Liebeshoffnungen mehr haben, holen sich von ihnen Ratschläge für Lotterienummern.

An geistiger Anregung ist das Leben der feinen Damen sehr arm. Einmal in der Woche hat die gnädige Frau ihren Damenjour. Da kommen acht bis zehn Damen, bleiben eine oder zwei Stunden sitzen, bekommen Tee, Brötchen und Bäckerei und reden von Kochrezepten, Dienstboten und Kinderkrankheiten, wenn es nicht gerade einen sensationellen Tratsch gibt. Aber die »chronique scandaleuse« ist in Wien nur wenig ergiebig, wenigstens in den bürgerlichen Kreisen. Von den Ereignissen in den hohen Kreisen sprechen die Wiener wie von Reisen in ferne unerforschte Länder: man hört es gern, aber es geht einen im Grund nichts an. Man gibt darüber seine Meinung ab wie über die erdichteten Personen einer Komödie, denen man im Leben nie begegnen kann, weil sie eben erdichtet sind. Zwei- oder dreimal in der Woche macht die gnädige Frau Jourbesuche bei ihren Freundinnen oder improvisierte Besuche bei den nahen Verwandten. Die Jourgespräche, die von den Erzählerinnen sorgsam zensurierten Romane der Dienstleute, die Launen und Leiden des Gatten und der Kinder und die Kochrezepte – das ist die ganze geistige Nahrung der Damen. Ein langweiliges und leeres Leben! Man kann nicht farbig schildern, was keine Farbe hat. Mit Stolz erzählen die Damen, wie unverschämt sie auf der Gasse von Männern belästigt werden, mit Stolz erzählen sie wörtlich tagelang Komplimente, die ihnen die Geschäftsleute gemacht haben, bei denen sie einkaufen – das sind ihre Erlebnisse. Wenn sie zur Schneiderin Geld tragen, so tun sie das aus Langeweile und weil sie irgendeine stille, unbewußte Hoffnung haben, daß mit einem neuen Kleid ein neues, reicheres Leben beginnen könnte.

Die Damen machen gern Einkäufe. Das ist in Wien auch ein großes Vergnügen, denn schönere Geschäfte gibt es nirgends auf der Welt. Die armen Damen dürfen aber allein nicht vor den herrlichen Auslagen stehenbleiben, denn das gehört sich nicht. Wenn sie das wollen, müssen sie sich eine Freundin dazu mitnehmen.

In Wien gibt es fast gar keine Warenhäuser. Die Wiener mögen nur Geschäfte, in denen sie von alten Bekannten begrüßt werden, mit denen sie Gespräche führen und bei denen sie sich nach dem Befinden des Herrn Chefs erkundigen. Wenn sie den Chef selber kennen, dann suchen sie ihn in seinem Büro auf und sprechen mit ihm über Frau, Kinder und Sommerpläne. So kauft der Wiener ein.

Der freundliche Plausch mit dem Herrn Chef und die Tafel »Feste Preise«, die irgendwo im Lokal angeschlagen ist, hindert die feinen Damen nicht, mit Erbitterung um den Preis der Waren zu handeln. Sie kämen sich betrogen vor, täten sie es nicht. Es sind ja auch nirgends Preise angezeichnet, weder in der Auslage noch auf dem Stück selber; an dem hängt nur ein Zettel mit unverständlichen Chiffren. Tatsächlich läßt der Herr Chef auch der gnädigen Frau etwas nach. Das kann er auch ruhig tun, denn die Gnädige zahlt bar und er kalkuliert mit einem Gewinnaufschlag von 200 bis 300 Prozent. Das war einmal ... Wer nicht bar zahlt, der handelt auch nicht, und darum redet der Herr Chef auch allen feinen Kundschaften zu, sie sollen sich eine Jahresrechnung eröffnen lassen. Aber die feinen Damen zahlen lieber bar und handeln. Die ganz feinen Leute – die Aristokraten und die Millionäre – reden überhaupt nicht vom Preis. In ihren Kreisen tut man das nicht. Sie bringen es einfach nicht über die Lippen, obwohl es auch da Ausnahmen gibt. Aber die meisten nehmen sich, wenn sie einmal über einen Preis reden wollen, einen plebejischen Freund mit, der das für sie besorgen muß. Das Einkaufen ist das größte Vergnügen der Wiener und vor allem natürlich der Frauen. Bei manchen von ihnen wird es sogar zum Laster, aber das ist selten. Die Wienerinnen sind keine phantastischen Seelen, die wehrlos gegen ihre Leidenschaften sind. Das hat sein Gutes.

Pünktlich zum Mittagessen kommen die Damen vom Kommissionenmachen nach Hause und werden von ihrem braven Mädchen empfangen, das schon das schöne Servierkleid aus schwarzem Cloth und das weiße Hauberl anhat, denn um zwölf Uhr Mittag ist jedes gut gehaltene Wiener Haus fertig aufgeräumt und alle schmutzige Arbeit beendet.

Gegessen wird auf die Minute pünktlich in der Regel um halb zwei Uhr. Wenn die gnädige Frau ein neues Mädchen aufnimmt, dann sagt sie ihr, als ob es eine besondere Eigenheit gerade ihres Hauses wäre: »Das eine müssen Sie wissen, meine Liebe, mein Mann verlangt, daß auf die Minute pünktlich gegessen wird. Da versteht er keinen Spaß. Da können Sie mit dem Herrn was erleben, wenn er einmal aufs Essen warten muß.« Ja, der Kaiser und das Mittagessen sind pünktlich und unterscheiden sich dadurch von allen anderen Institutionen in Wien.

Schon fünf Minuten vor der Zeit des Mittagessens geht der gnädige Herr wie ein Löwe im Käfig im Speisezimmer auf und ab und vergleicht seine Uhr mit der Pendeluhr, bereit zu brüllen, wenn das Essen sich auch nur um eine Minute verspäten sollte. Aber siehe da: eine halbe Minute vor halb zwei Uhr kommt das brave Stubenmädchen in ihrem schönen schwarzen Servierkleid mit der dampfenden Suppenschüssel herein. Gespannt blickt alles auf den Herrn des Hauses, ob die Suppe ihm nicht vielleicht zu heiß oder zu kalt ist. Für den Fall, daß sie zu heiß sein sollte, steht ein zweiter Suppenteller neben ihm zum Umleeren. Das Mittagessen ist eine Art Gerichtssitzung vor allem über die Qualität des Essens. Ein Mann, der einfach ißt, was ihm vorgesetzt wird, wird weder von seiner Frau noch von seinen Dienstleuten hoch eingeschätzt. Ein Mann muß bemerken, daß das Fleisch grobfaserig und daß die gerösteten Kartoffeln lätschig sind und muß das mit Stimmaufwand und Entrüstung rügen – dann kann man stolz darauf sein, einen so anspruchsvollen Herrn zufriedengestellt zu haben.

Gerichtssitzung ist das Mittagessen aber auch über die Kinder, wenn sie anwesend sind. Es ist in der Regel die einzige Gelegenheit, bei der der Vater von seinen Kindern etwas sieht, denn sie nachtmahlen doch viel zeitlicher als die Eltern und gehen in der Früh zu einer Zeit aus dem Haus, zu der der Papa gerade erst aufgestanden oder schon längst weggegangen ist. Da muß der Papa also beim Mittagessen seine pädagogischen Künste produzieren, was ihm weniger den Appetit verdirbt als den Kindern. Alle sonst weise beherrschten Tyranneninstinkte lassen die guten Väter bei den gemeinsamen Mahlzeiten an ihrer lieben Familie aus. Wie die Götter und die echten Tyrannen sind sie launenhaft und unberechenbar, und alle Vorwürfe, die ihnen ihr Gewissen darob vielleicht machen mag, weisen sie mit dem Argument zurück, daß es ihnen auch nicht besser gegangen ist und daß es ihre Pflicht ist, ihrer Familie den Herrn zu zeigen. Alle sind sie kleine Metternichs, die sich kein Gewissen daraus machen, Briefe zu öffnen, Taschen zu durchsuchen und Spitzelberichte entgegenzunehmen, mehr neugierig und brüllend als gefährlich, mehr geneigt, zu demütigen und die eigene Macht zu zeigen, als irgendein Ziel zu erreichen.

Ist das Mittagessen überstanden, dann legt sich der Papa auf eine halbes Stünderl schlafen. Das ganze Haus versinkt in Stillschweigen, kein lautes Wort wird gesprochen, alle gehen auf den Fußspitzen, die Türen dürfen nicht ins Schloß schnappen. Gegen drei Uhr löst sich dieser Bann – der Papa kommt wieder zum Vorschein und begibt sich an die rätselhaften Pflichten des Nachmittags, unter denen das Kaffeehaus und die Tarockpartie ihren regelmäßigen Platz haben.

Wenn sich die Leute in Wien nach dem Essen gern schlafen legen und um vier oder fünf Uhr nachmittags ihren Arbeitstag beenden, so ist das eigentlich selbstverständlich, denn Wien steht sehr zeitig auf. Um sechs Uhr und in den Arbeiterbezirken oft noch früher werden die Haustore aufgesperrt, stehen die Dienstleute auf. Die Milch kommt gleich nach sechs Uhr. Um sechs Uhr sperren die ersten Tabaktrafiken und Volkskaffeehäuser auf, um die Leute nicht zu versäumen, die in die Arbeit gehen. Um sieben Uhr fangen alle Gewerbebetriebe an, und ein fleißiger Chef steht da schon in seiner Fabrik oder in seinem Atelier, denn, wenn sich's der Chef bequem macht, dann fangen auch die Angestellten zu spät an. Da muß einer schon ein sehr großer Herr sein mit ein paar Direktoren und Prokuristen, wenn er erst um neun Uhr ins Geschäft kommt. In der Regel sperrt der Chef in der Früh auf und am Abend zu. Die Schulen und die Ämter fangen um acht Uhr früh an, und nur die höheren Beamten kommen um halb neun Uhr. Gerichtsverhandlungen werden schon für halb neun Uhr angesetzt und fangen auch tatsächlich kaum ein paar Minuten später an. Nach einem so langen Arbeitsvormittag kann man sich mit gutem Gewissen ein paar freie Stunden gönnen, um seinem Vergnügen nachzugehen. Dazu hat der Wiener Zeit, und er läßt sie sich auch. Alles zu seiner Zeit, ohne Hast und ohne Übermaß.

Am Abend sitzen die feinen Leute meistens zu Hause und lesen oder spielen Karten. Um zehn Uhr liegen sie im Bett. Hie und da geht man ins Theater oder ins Konzert, hat einen Gast oder ist eingeladen. Es ist ein recht eintöniges Leben für die Frauen, denen alle Abwechslung fehlt, die der Beruf und das Kaffeehaus in das Leben der Männer bringt. Dem Leben ihrer Mütter hat noch die Frömmigkeit Sinn und Bedeutung gegeben, aber bei ihnen ist die Frömmigkeit schon so dünn geworden, daß ein paar geringschätzige Bemerkungen, die »mein Mann« oder seine Freunde gelegentlich machen, genügen, um der gnädigen Frau klarzumachen, daß Religion heute nicht mehr modern ist, und tiefer als ein Mode ist sie ihr, so scheint es, nicht gegangen.

So werden also bei diesem eintönigen und inhaltsarmen Leben die Frauen nervös und reizbar. Sie machen sich Luft, indem sie ihren braven Dienstleuten »Skandal« machen mit viel Geschrei und Kündigung. Der Skandal stört die vertraulichen Beziehungen zwischen der Gnädigen und ihrem Mädchen nicht auf lange, und von der Kündigung ist nie wieder mehr die Rede. Die Damen behaupten, der Skandal sei von Zeit zu Zeit nötig, damit ein Haus nicht eine Dienstbotenwirtschaft werde, aber er ist ebenso nötig zur Entlastung der Nerven der gnädigen Frau. Er reicht aber zu diesem Zweck nicht aus. Die arme gnädige Frau wird immer nervöser und beginnt ihren Gatten zu sekkieren und ihre Kinder mit überängstlicher Überwachung zu quälen. Jedes Gespräch bekommt einen ungeduldigen, gereizten Unterton. Jedes Wort wird mißverstanden und mißdeutet. Der Gatte verlegt sich aufs Schweigen, und im übrigen ist er nicht viel zu Hause. Die Kinder aber können ihrer nervösen Mama nicht davonlaufen. Die Dienstleute wissen, daß andere Gnädige auch nervös sind und daß es daher nicht viel Sinn hat, davonzulaufen. Die armen gnädigen Frauen leiden selber unter ihrer Nervosität, und sie fühlen sich gar nicht glücklich. Aber ein so leeres, langweiliges Leben ohne jeden geistigen Aufschwung, ohne große Schmerzen, große Freude, große Aufgabe, großen Glauben muß einen Menschen auch um den Verstand bringen, besonders wenn er nicht dumm und faul ist, und das sind nämlich die Wienerinnen gar nicht. Sonst wären sie doch keine guten Köchinnen. Wer dumm und faul ist, kann nie gut kochen. Auch zur Führung eines ordentlichen Haushaltes gehört in Wien gar nicht wenig Fleiß und Energie. Die Wohnungen sind schlecht eingeteilt, altmodisch und unbequem. Es gibt viel Winkelwerk und unnützen Raum, der dennoch Pflege und Arbeit erfordert. Die ewig aufgerissenen Straßen stauben, und der ewige Wind treibt den Staub ins Zimmer herein. Von allen Seiten droht das allgegenwärtige Ungeziefer, das immer von neuem abgewehrt werden muß. Da kann man es sich mit dem Aufräumen nicht leichtmachen. Zentralheizung und Gasherde sind fast noch unbekannt. Da müssen sechs oder sieben Öfen Tag für Tag geputzt, geheizt, nachgelegt werden. Was das für Arbeit macht! Und was es für eine Katastrophe ist, wenn die Kohlen kommen! Mit gewaltigem Schwung leeren die Kohlenträger sie in die Kohlenkisten. Da steht der Kohlenstaub wie ein schwarzer Nebel im Vorzimmer. Da gehört schon was dazu, einen schönen, ordentlichen Haushalt aufrechtzuerhalten und dabei nicht mehr Geld zu brauchen, als man soll. Dazu muß eine Frau schon ein gutes Stück Verstand und Charakter haben.

Aber was in den Wiener Frauen an Fleiß und Tüchtigkeit steckt, das lernt man erst kennen, wenn das Unglück sie zur Selbständigkeit nötigt, wenn der seit Jahren Verlobte sie sitzenläßt, wenn der Mann plötzlich stirbt oder wenn er faul und untüchtig ist und nichts anderes übrigbleibt, als daß die Frau an seine Stelle tritt. Dann sieht man plötzlich fast immer, daß die Frau es viel besser kann als der Mann. Die tüchtigen Frauen findet man überall im Wiener Geschäftsleben, und ohne sie sähe es da noch viel schlechter aus. In allen Wiener Geschäften sitzt eine Frau, die alles macht und ohne deren Zustimmung auch der Chef sich nichts zu verfügen traut. Immer heißt es: »Da muß ich die Frau Hedwig fragen« oder: »Wenden Sie sich an unser Fräulein Klara«, und wer das Geschäft kennt, verliert nicht erst seine Zeit mit anderen Gesprächen, denn er weiß, am Ende wird doch das Fräulein Klara oder die Frau Hedwig gerufen, und man muß ihr dann die ganze Geschichte noch einmal erzählen, denn ohne sie geht es doch nicht. Schön ist sie nicht. Sie sitzt den ganzen Tag bei der Arbeit. Das Personal mag sie nicht, denn weder Mann noch Frau freut es, von einer Frau Befehle zu bekommen, aber Respekt haben sie vor ihr und wissen, daß sie keinen Spaß versteht. Sehr geldgierig und ehrgeizig sind diese Frauen meistens nicht. Oft haben sie im Geschäft anscheinend gar keine hervorragende Stellung. Wenn sie nicht zufällig selber die Chefinnen sind, dann bleiben sie Angestellte ihr Leben lang und verwelken auf ihrem Posten. Sie lieben das Gefühl ihrer Macht und Unentbehrlichkeit und damit sind sie zufrieden. Aber was immer sie als Selbständige erreichen mag, viel, viel lieber wäre sie eine brave Hausfrau geworden, die nicht weiß, wo ihr Mann das Geld hernimmt und die immer »mein Mann« statt »ich« sagt. Nur wenn es gar nicht anders geht, entschließt sie sich zur Selbständigkeit. Dabei sind diese so heißersehnten Gatten wirklich nicht gar so wünschenswert.

Der Wiener ist kein sehr angenehmer Ehemann. Liegt es an der Frau oder liegt es am Mann – eine erfreuliche Intimität herrscht hier selten zwischen

Frau und Mann. Die Männer haben keine hohe Meinung von den Frauen. Nirgends anders hat Strindberg mit seinem Frauenhaß so viel Verständnis gefunden wie in Wien. Er war auch einmal mit einer Wienerin verheiratet. Weininger ist ein Wiener. Und wie pessimistisch auch der edelste Wiener die Frauen und ihre Beziehung zum Manne gesehen hat, das kann man in Grillparzers »Sappho« oder »Jüdin von Toledo« nachlesen. Auch als Ehemann ist der Wiener ein naiver Egoist. Von früh bis abends läßt er sich von seiner Frau bedienen. Er kann sich nicht anziehen, wenn sie ihm das Hemd nicht »einrichtet« und nicht jedes Stückchen vorbereitet, das er anziehen muß, und er brüllt gleich, wenn einmal ein Knopf locker ist oder wenn sie ihm einen ausgefransten Kragen vorgerichtet hat.

Dabei halten die Männer die Frauen so knapp wie nur möglich. In den wenigsten Familien bekommen die Frauen ein festes Wirtschaftsgeld. Die meisten Männer geben das Geld in kleinen Portionen, und die Frau muß alle paar Tage wie um eine Gnade bitten kommen und muß dabei weise Lehren und in der Regel auch Gebrüll anhören. Der Mann findet es ganz selbstverständlich, daß er und nicht der Haushalt den Großteil des Einkommens verzehrt oder, besser gesagt, bei sich behält, denn viele Männer sind wilde Sparer und häufen ein Vermögen an. Andere freilich bringen das Geld für ihre kleinen Vergnügungen und Liebhabereien durch: Tarock- und Billardpartien im Kaffeehaus, kleiner Kleiderluxus wie Krawatten, Taschentücher – manche spielen beim Rennen ... Der Wiener hat eine Gabe, für nichts Geld auszugeben. Er geht in der Stadt herum und gibt Geld aus. Da nascht er einen Bissen, dort trinkt er ein Stamperl, da wieder kauft er sich einen Schwarzen und eine Zigarre, dann nimmt er sich einen Wagen, und alles das zusammen geht ins Geld, das dann für den Haushalt nicht da ist. Es gehört zum guten Ton, daß ein feiner Herr mindestens fünfzig Gulden in der Tasche hat, und die fliegen wie nichts aus der Tasche. Es gehört auch zum guten Ton, daß ein Mann seiner Frau nicht sagt, wieviel er verdient und was er im Vermögen hat, so daß die arme Frau immer im ungewissen ist, was sie eigentlich brauchen darf und was zuviel ist.

Ein Pantoffelheld ist der durchschnittliche Wiener bürgerliche Gatte bestimmt nicht – es kommen natürlich solche vor, besonders dann, wenn die Frau das Geld in die Ehe gebracht hat, aber die Regel ist der brüllende, geheimnisvolle Gott, der sich anbeten läßt, um karge Gnaden zu spenden.

Im niederen Volk ist das noch viel schlimmer. Da fressen die Männer der Familie vor ihren Augen alles weg; Frau und Kinder können haben, was übrigbleibt. An jedem Lohntag muß die Frau zittern, ob und wieviel Geld der Mann nach Hause bringt und ob er nicht vielleicht alles am Heimweg versoffen und verspielt hat. Aber dabei sind die Männer im großen und ganzen treu. Daß sie das Geld zu anderen Frauen tragen, ist selten, und das kommt doch meistens nur in den höheren Ständen vor. Aber alle Wiener fast empfinden ihre Familie als eine nur wenig willkommene Last, die eigentlich eines richtigen Mannes nicht ganz würdig ist, und sagen das auch oft. Was würden sie leisten, wenn sie nicht dieses Schwergewicht mitzuschleppen hätten! Die Wiener schätzen zwar ihr behagliches Heim und das gute häusliche Essen sehr hoch ein, aber das Vorhandensein ihrer Familie empfinden sie in der Regel als einen lästig hohen Preis, den sie für diese ihnen unentbehrlichen Genüsse zahlen müssen.

Familienmenschen sind die Wiener nicht. Dazu sind sie zu große Egoisten, dazu sind sie zu wenig imstande, einen anderen Menschen zu lieben als sich selber.

SOMMERFRISCHE UND REISEN

Der Sommer in Wien ist eine sehr schöne Jahreszeit. Der ewige Bergwind, der nach Wien hereinweht, läßt es nie zu warm werden. Es regnet wenig und fast niemals ganze Tage lang, sondern höchstens ein paar Stunden. Richtig heiß ist es selten mehr als vierzehn Tage, und diese Hitze ist etwa mit der Sommerhitze von Mailand oder von Bologna nicht zu vergleichen. Der Kern der Luft ist in Wien immer kühl. Wenn man am Abend ins Freie geht, dann tut man auch im Sommer gut daran, den Mantel mitzunehmen, denn in einer klaren, windigen Nacht kann es auch nach einem heißen Tag empfindlich kühl werden. Vor allen Kaffeehäusern kann man im Freien sitzen, auch die meisten Gasthäuser haben Gärten, in denen man unter Kastanienbäumen essen kann. Man kann an den Abenden in den Prater oder nach Grinzing nachtmahlen fahren. Kaum ist man über den Gürtel hinaus, ist es schon um zwei bis drei Grade kühler. An freien Tagen kann man stundenlang wunderschön wandern. Will man baden, dann geht man an die Donau in Holzers Strombad oder in die Militärschwimmschule oder in irgendeine andere Badeanstalt – aber das ist noch gar nicht sehr modern. Es gibt zwar schon sogenannte Naturmenschen, die an der Alten Donau stundenlang in der Sonne liegen und sich rot und braun brennen lassen. Der Lueger interessiert sich dafür und will da unten ein Strandbad anlegen lassen auf einer Insel, die »Gänsehäufel« heißt. Die vernünftigen Leute sagen, daß sie im Sommer in den Schatten und nicht in die Sonne gehen. Viele Ärzte geben ihnen recht und meinen, daß die Sonne auf der bloßen Haut gar nicht gesund sei und daß auch das Tier in seinem natürlichen Instinkt der heißen Sonne aus dem Wege gehe. Dennoch läßt der Lueger das Strandbad anlegen, und er hat Glück damit: die Wiener gehen hinunter, und das Geld ist nicht verloren. Besonders gern gehen die Leute aus dem nahen zweiten Bezirk hinunter, und im zweiten Bezirk wohnen sehr viele Juden. Daher gibt es auch am »Gänsehäufel« viele Juden. Die Wiener haben viel darüber zu lachen, daß ihr antisemitischer Lueger den Juden ein Bad gebaut hat.

Das hat einmal der Lueger so an sich, daß alle seine großen Unternehmungen den Leuten zu lachen geben. Er ist gar nicht beleidigt und lacht mit. Der Lueger hat viel getan, um den Wienern den Sommer angenehm zu machen. Er hat herrliche Gärten anlegen lassen und Straßenbahnen in die Umgebung und Wasserleitungen wie ein römischer Cäsar. Wien kann das gesunde, reine Alpenwasser verschwenden. Auch moderne Straßenreinigung hat er eingeführt. Den landesüblichen Straßenspitzer, der hinter einer fahrenden Riesentonne einhergeht und mit muskulösen Armen einen Schlauch hin- und herschwenkt, an dem eine Brause angebracht ist, aus der ein dünner Regen auf das staubige Pflaster sickert – diese altväterliche Straßentype hat der Lueger verschwinden lassen und hat poesielose eiserne Sprengwagen eingeführt. »Wie in Berlin«, sagen mit achselzuckendem Bedauern gerade die Leute, die sich über die altmodische Straßenspritzerei am meisten aufgeregt haben.

In Wien kann man seinen Sommer also wirklich recht angenehm verbringen, und wenn die Menschen aus Wien wie die Narren davonlaufen, wie wenn Wien im Sommer ein Pestherd wäre, so folgen sie da einer Gewohnheit, die noch aus Zeiten herrührt, als Wien schlechtes Wasser, schlechte Milch, schlechte Kanäle und daher jeden Sommer Typhus- und Dysenterieepidemien hatte. Diese Gefahren liegen nun schon fast vierzig Jahre zurück. Schon lange vor Lueger hatte Wien seine erste Hochquellenleitung und seine modernen Kanäle, aber noch immer gehen die Leute drei oder gar vier Monate aufs Land. Die wohlhabenden Wiener Bürgerfamilien haben noch aus der alten Zeit Sommerhäuser in Döbling, in Grinzing, in Dornbach, in Neuwaldegg, in Mauer und wie die Orte alle heißen, die heute schon längst eingemeindet und mit Wien zusammengewachsen sind. Ärmere Leute mieten da draußen Sommerwohnungen – sehr primitive und unbequeme Zimmerchen in ebenerdigen, meist feuchten Häuschen, die gar nicht einmal billig sind. Da fahren die reichen Leute jeden Abend aus dem Geschäft im Fiaker zu ihrer Familie hinaus. Die armen Leute drängen sich im Stellwagen oder gehen gar zu Fuß. Viele Leute gehen auch an die Südbahn nach Mödling, in die Hinterbrühl, nach Baden oder Vöslau. Auch da gibt es schöne Villen und teure, schlechte Sommerwohnungen, aber die Verbindung mit der Südbahn ist wenigstens besser, obwohl man an Tagen mit starkem Verkehr auch bei den Lokalzügen große Verspätungen erleben kann. Denn der Wiener Südbahnhof ist viel zu klein, und die Fernzüge haben den Vorrang. Da muß so ein armer Lokalzug oft halbe Stunden lang am Blockhaus warten, bis die Einfahrt frei wird.

Nein, es ist kein Vergnügen, in Wien auf öffentliche Verkehrsmittel angewiesen zu sein – auch heute noch nicht. Aller Verkehr ist dürftig, langsam – der Fahrgast ist ein lästiger Eindringling, der froh sein muß, daß er mitfahren darf. Wenn Leute auf ihre Geschäftsbedürfnisse hinweisen und Vorschläge zur Verbesserung des Verkehrs machen, dann zuckt der Fachmann nur nachsichtig und überlegen lächelnd die Achseln und sagt, daß die Laien das nicht verstehen. Oder er meint: »Da käm' man weit, wenn man auf jedem seine Bedürfnisse Rücksicht nehmen wollt'.« Die Eisenbahn ist ein Amt. Die Angestellten der Bahnen sind Beamte. Jede Kritik und jeder Vorschlag grenzt da unmittelbar an Amtsehrenbeleidigung oder an Einmischung in eine Amtshandlung. In Österreich waren die Bahnen niemals richtige Geschäftsunternehmungen und daher sind nicht sie für die

Bevölkerung, sondern die Bevölkerung ist für sie da. Nur politischer Einfluß kann hin und wieder bei diesen störrischen Verkehrsunternehmungen etwas durchsetzen – er wird aber in der Regel nur dazu angewandt, um zu erreichen, daß Schnellzüge in ganz unbedeutenden Stationen regelmäßig anhalten, weil der betreffende Politiker oder einer seiner einflußreichen Wähler dort wohnt. So kommt es, daß die Schnellzüge an so vielen Stationen halten müssen, daß sie nur eine recht bescheidene Reisegeschwindigkeit erreichen.

Die Fachleute haben natürlich eine Menge zur Entschuldigung all dieser Mängel zu sagen: zu billige Anlage der Bahnen, zu teurer Betrieb auf den Bergstrecken, zu wenig und zu unausgeglichener Güter- und Personenverkehr... Das mag schon alles seine Richtigkeit haben, aber angenehmer wird das Reisen in Österreich damit nicht. Auch in den Verkehrsmitteln steckt der mönchische Grundzug des österreichischen Wesens: Demut, Fügsamkeit, Anspruchslosigkeit, Nachsicht und stille Ergebenheit in den höheren, unerforschlichen Ratschluß von Vorgesetzten, denen Gott ihr Amt gegeben hat. Mit seinen mönchischen Tugenden steht der Wiener den Erscheinungen des modernen Lebens zweifelnd und zurückhaltend gegenüber. Die Synthese zwischen Tugend und modernem Leben ist gewiß noch nicht gefunden worden. Damit, daß man die alten Tugenden einfach achselzuckend entthront, wird alles nur schlechter, und daß der Wiener dieses ungelöste Problem fortdauernd empfindet, daß es ihn beschämt und bedrückt, ist gewiß verdienstvoll. Dabei hat er freilich nur das Ergebnis, daß er in der technischen Entwicklung zurückbleibt, seine fromme, ruhige Sicherheit, Demut und Bescheidenheit aber doch preisgeben muß, um in dieser Zeit halbwegs bestehen zu können. Es ist eine schlechte Zeit für die Wiener: den Komfort der Seele verlieren sie, und den Komfort des Leibes erobern sie halben Herzens nur halb – gefallene Engel zwar, aber nur lustlose arme Teufel! Bewohner eines Paradieses, das schon keines mehr ist.

Die österreichischen Eisenbahnen sind die richtigen Bahnen für dieses verlorene Paradies. Sie führen durch die schönsten Gegenden der Welt und erfüllen sie mit übelriechendem Rauch, häßlichem Lärm und all dem Ärger, den ihre schlechten Fahrpläne, ihre Verspätungen und ihre schmutzigen, ungepflegten Waggons hervorrufen. Sie sind schlecht und doch gut genug, um Unrast, Geldgier und die Laster der Großstadt in die Bergtäler zu tragen, ohne dadurch die alten Laster der Bauern zu mindern. Sie bringen ihnen neue Waren, neue Bedürfnisse, neue Preise, die zu den ihren nicht passen, und damit bringen sie ihre alte Ordnung und ihre alte Moral ins Wanken. Die Treuherzigkeit, Frömmigkeit und ländliche Tracht wird eine bewußt zur Schau getragene attraktive Maske, hinter der sich die bäuerliche Brutalität mit der von den Städtern erlernten vorurteilslosen

Geldgier und Skrupellosigkeit paart. Es entsteht da der Sommerfrischenbauer – jene agrarische Demimonde, die sich an arbeitsloses Geldverdienen, an Spekulieren, Schuldenmachen und Politisieren gewöhnt hat: eine neue Sorte Bauern, die es gelernt hat, an allen politischen Parteien zu schmarotzen und die Stadt auszubeuten.

Die liebste Sommerfrische der Wiener ist das Salzkammergut: ein wundervolles Riesenspielzeug! Wie auf einer Drehbühne hat die Natur hier auf engem Raum alle ihre Reize in geschlossenen und gut komponierten Bildern aufgebaut: fruchtbares, reich besiedeltes Hügelland, steiles unnahbares Gebirge und glitzernde Seen – oft umfaßt man alle drei Landschaften mit einem Blick. Alles ist nahe, alles ist erreichbar – die scheinbar unnahbaren Gipfel sind gar nicht unnahbar. Ohne große touristische Künste kann man sie fast alle in nur wenigen Stunden ersteigen. Die Mannigfaltigkeit der Landschaft ist unbeschreiblich. Bei einem mühelosen Spaziergang kann man in mehrere verschiedene Täler mit völlig andersartigen Landschaften sehen – wie kunstvoll gestellte Bühnenbilder öffnen sich dem Blick die Seen und die Täler... Was will man noch mehr? In vier bis fünf Schnellzugsstunden ist diese ganze Herrlichkeit von Wien zu erreichen. Da der kaiserliche Hof und noch ein halbes Dutzend Könige den Sommer im Salzkammergut verbringen, sind auch die Verbindungen erträglich. Liebevolle Gatten können zum Wochenende ihre Familien besuchen.

Das wäre alles schön und gut, wenn man in dieser prächtigen Gegend auch angenehm und nicht zu teuer leben könnte. Aber leider fehlt im Salzkammergut auch fast alles, was das Leben behaglich machen kann, und noch dazu wird man »gewurzt«. Für feuchte Kammern mit weichen Böden und harten Betten werden Preise wie in Ringstraßenhotels begehrt und auch bezahlt. Eine derbe kunstlos zubereitete Bauernkost kostet zwei- und dreimal soviel wie ein gutes Essen in einem Wiener Stadtrestaurant – von der Bedienung gar nicht zu reden, die einen zwischen den einzelnen Gängen eines Mittagmahles oft halbe Stunden warten läßt. Die Gäste überbieten einander in Trinkgeldern, um besser bedient zu werden. Einer treibt den anderen in die Höhe – es ist eine wahre Trinkgeldauktion. Pension zu fixen Preisen oder auch nur Table d'hôte ist unbekannt – angeblich weil es die Wiener nicht mögen. So muß man immer wieder »bestellen«. Das, was man gerne mag, ist natürlich schon gestrichen oder zu teuer. Das gibt dann immer Familienkonflikte, weil man zu spät zum Essen gekommen ist, weil der oder jener daran schuld ist, weil es so viel kostet... Es gibt auch große Hotels, aber die sind unwahrscheinlich teuer; die guten Zimmer sind immer für die hohen, höchsten und allerhöchsten Herrschaften reserviert, und alle anderen Zimmer sind mehr als primitiv eingerichtet, aber darum nicht billiger.

Will man dieser Plage ausweichen, dann muß man schon in die Wildnis gehen. Sehr billig ist es auch da nicht, dafür ist man aber von Konzert, Kursalon, Kaffeehaus stundenweit entfernt. Das ist nicht gleichgültig in einer Gegend, wo es so viel regnet, denn das ist der große Nachteil des Salzkammergutes: es regnet im Sommer sehr viel – nicht vielleicht so, daß es ein ewiges Aprilwetter gibt, sondern es regnet Tage und Wochen durch. Vier Wochen Regen sind gar keine Seltenheit. Um die Jahrhundertwende gibt es einen Regensommer nach dem anderen mit großen Überschwemmungen noch dazu. Da ist es kein Genuß, in der Wildnis zu sitzen, besonders wenn eine Brücke weggerissen wird, die Post und der Proviant ausbleibt und man nicht wegkann, auch wenn man noch so gerne will. Da ist man vom ganzen Herzen dankbar, wenn man endlich über eine schwankende Notbrücke wieder in zivilisierte Gegenden kommt.

Die reichen Leute haben natürlich eigene Villen oder sie mieten sie und führen da selber Wirtschaft. Auch das ist nicht so einfach. Die Dienstleute sind auf dem Land aus hundert Gründen nicht zufrieden. Sie finden es langweilig – sie sind ja selbst vom Land, für sie hat das Land keine Reize. Da hat so eine arme Hausfrau immer Schwierigkeiten mit dem Personal. Noch dazu ist alles teurer als in Wien und vieles lang nicht so gut – vor allem das Fleisch. Die Hausfrauen haben also für dieses Wirtschaften auf dem Lande nicht viel übrig – sie möchten lieber auch einmal Ruhe und Erholung haben und ein paar Wochen wenigstens nicht Speisezettel machen und rechnen und sich mit Dienstboten ärgern. Diese Übersiedlung auf das Land für drei Monate ist ja eine große Unternehmung. Manche Familien führen einen ganzen Möbelwagen voller Sachen mit, vor allem Bettzeug. Wenn einer auch eine Villa hat, doppeltes Bettzeug hat er selten und Küchengeschirr und Service ...

Das Aufs-Land-Gehen fängt schon Mitte Mai an. Da wird die ganze Wohnung eingesommert: alle Teppiche werden zusammengerollt und eingekampfert, die schweren Vorhänge werden abgenommen, Luster und Bilder kommen in Leinensäcke, über die Polstermöbel kommen Schutzkappen, die Nippessachen werden weggeräumt ... Die gewohnten Zimmer sehen mit einemmal ganz anders aus – so groß und hell und leer, und die Leute sagen dann: »Jetzt sieht man erst, wie schön unsere Wohnung eigentlich ist.« Schon gleich nach Pfingsten fährt die Gattin mit einem Teil ihres Personals und den kleineren Kindern glücklich weg. Der Gatte mit den größeren Kindern, die noch bis zum Schulschluß in Wien bleiben müssen, haust mit einer Dienstperson in der devastierten Wohnung. Die meisten Zimmer sind abgesperrt, die Luster in ihren Säcken kann man nicht anzünden, zu den Büchern, die hinter Leintüchern und Zeitungspapier begraben sind, kann man nicht zu. Nach Schulschluß fahren die Kinder weg, das ist Anfang Juli, und der Gatte bleibt als Strohwitwer zurück. Täglich schreibt er der Gattin und sie ihm. Bleibt einmal der Brief zwei Tage lang aus, dann wird gleich telegraphiert. Das Strohwitwerleben in der eingesommerten Wohnung ist kein Genuß. Endlich kann aber auch der Gatte wegfahren und kann vier oder sechs Wochen zu seiner Familie in die Sommerfrische kommen. Bis zum fünfzehnten September bleibt die Familie auf dem Land. Dann beginnt das Putzen und Herrichten der Wiener Wohnung. Es wird erster November, bevor das ganz erledigt ist. Der Sommerurlaub füllt also mit Vorbereitung und Nachspiel wirklich ein halbes Jahr – den ereignisreicheren Teil des Jahres – aus. Der Sommer ist der Mittelpunkt des bürgerlichen Wiener Lebens.

Aber langsam entdecken auch die Wiener, daß diese Art, seinen Sommer zu verbringen, sehr kostspielig ist, daß der Sommer in Wien gar keine so unangenehme Jahreszeit ist, daß man doch nicht so dumm sein soll, sich immer im Salzkammergut »wurzen« zu lassen, weil es doch woanders auch schön ist und vielleicht auch gesünder – die Ärzte reden ohnehin immer von hoher Luft, und das Salzkammergut ist gar nicht hoch, es sieht nur so aus. Also kommen originelle Köpfe darauf, im Sommer zu reisen und nicht Wirtschaft zu führen. Ganz üppige Leute kombinieren auch beides: sie nehmen auf drei Monate die übliche Sommerwohnung und gehen außerdem noch auf eine Reise, meistens die Eltern allein. Da fährt man also in die Schweiz, an die Ostsee oder man macht gar eine der so modern gewordenen Nordlandreisen, aber in der Regel fährt man nach Tirol.

Tirol ist ganz anders als das Salzkammergut. Es liegt ein gutes Stück jenseits der großen Kulturgrenze – es gehört zur Welt des europäischen Westens. Die Tiroler sind seit Menschengedenken große Gastwirte. Kaiser, Päpste, Könige und die größten Kaufleute der Welt sind immer auf ihrem Weg nach und von Italien durch Tirol gezogen. So wie die Schweiz ist Tirol seit jeher ein Land des großen und vornehmen Fremdenverkehres. Das merkt man dem ganzen Land und seinen Einrichtungen an. Der Tiroler ist zwar so wie der Schweizer auch auf seinen Vorteil bedacht, aber er bietet für gutes Geld gute Ware. Die Gasthöfe sind schön und sauber eingerichtet, das Essen ist vorzüglich. Die Meraner Küche ist in der ganzen Welt berühmt. Den Namen der »Frau Emma« aus Meran kennt man überall so wie den der Frau Sacher aus Wien, und jedes Hotel in Tirol schreibt seine Köchin von der Frau Emma her. Überall bekommt man Menus und Pension zu festen Preisen. Das Wetter ist, besonders im Süden des Brenners, fast immer schön, die Gegenden sind herrlich – viele Leute ziehen Tirol der Schweiz vor, weil die Tiroler Landschaft weniger wild und unwirtlich ist als die der Schweiz. Grüne Almwiesen ziehen sich bis an den Fuß der Felsen und Gletscher. Nur Seen gibt es in Tirol wenige, und dann ist es weit von Wien weg: zehn bis vierzehn Stunden.

Tirol hat ein ganz anderes Publikum als das Salzkammergut: keine Könige, die immer zwischen zeremoniöser Steifheit und ihrer Neigung zum niederen Volk (dort, wo es am derbsten ist) schwanken, keine protzigen Millionäre, keine laute Boheme, keine murrenden und trotz allen Schimpfens ausgebeuteten Bürger, sondern patrizisch vornehmes Publikum aus dem deutschen Westen und die unvermeidlichen Engländer. Wiener sind in Tirol noch eine Ausnahme – drei Viertel der Sommergäste sind Deutsche aus dem Reich. Reiche Münchener haben im Inntal zwischen Kufstein und Innsbruck Schlösser und Landhäuser. Die Beziehungen Tirols zu München sind überhaupt sehr innig, da München doch viel näher liegt als Wien. Aus Innsbruck und aus Meran fährt man nach München einkaufen und nicht nach Wien.

Tirol ist mondän – es gehört eben zum Westen. Es hat ganz moderne Hotels in Madonna di Campiglio, am Karersee, in Trafoi, in Meran und an vielen anderen Orten. Da kommt das große internationale Publikum hin. In Viererzügen, die man in Bozen oder in der benachbarten Schweiz für wochenlange Touren mieten kann, fahren Engländer mit Posaunen blasenden Lakaien über die Bergstraßen, denn es gibt in Tirol nur wenige Bahnen. In alle die schönen Seitentäler – ins Ötztal, ins Ampezzo, ins Gröden und wie sie alle heißen – muß man viele Stunden weit über herrlich angelegte schwindlige Bergstraßen fahren. Da lebt noch die Romantik der Postkutsche. Das wird noch lange dauern, bis auf diesen Straßen Autos werden fahren können. Vorläufig klingen die Glöckchen der Pferde, knallen die Peitschen der Kutscher, und zahllose Fliegen summen in den sonnenheißen Staubwolken um die schwitzenden Pferde und den ächzenden Wagen. Es ist ein Land für sich. Die Engländer, die sich ja überhaupt auf dem Kontinent weniger gut auskennen als am Kap der Guten Hoffnung oder in Indien, sind hartnäckig der Meinung, daß Tirol ein Schweizer Kanton sei. Ein recht bekannter Autor hat noch in einem erst vor wenigen Jahren erschienenen Roman Tirol als »Swiss Austria« bezeichnet. Und ein Körnchen Wahrheit steckt doch darin, denn Tirol ist in seiner ganzen stolzen selbstsicheren und bedächtigen Art von der geistigen und moralischen Unsicherheit und Zerrissenheit der Mitte und des Ostens Europas himmelweit entfernt. Es ist wirklich ein »Swiss Austria« – der westliche Vorposten des großen Ostreiches.

Spät und nur auf Umwegen entdecken die Wiener Tirol: Liebespaare, die sicher sein wollen, keinen Wiener Bekannten zu begegnen, fahren nach Tirol, dann Bergsteiger, die die herrlichen Hochtouren reizen; diese weichen aber sorgsam dem mondänen Getriebe der Täler aus. Der Wiener

fühlt sich in dieser Atmosphäre des Westens in den Rahmen einer zucht-
vollen Form gedrückt und unwohl – besonders im Sommer mag er das
gar nicht. Viel Unbequemlichkeit, Unsauberkeit und »Wurzerei« erträgt
der Wiener lieber als den Zwang guter Manieren. Das »Beisel« ist die
Heimat seiner Seele. Das bloße Wort »Hotel« schüchtert ihn ein, eine
goldbordierte Portierskappe verscheucht ihn. Recht heimisch wird der Wiener in Tirol nicht – für ihn ist es ein Reise- und Bergtourenland, kein
Sommeraufenthalt. Nur in Kitzbühel und seiner Umgebung fassen die
Wiener Fuß, sonst herrschen überall die Deutschen aus dem Reich vor.
Die richtige Konkurrenz für das Salzkammergut ist Kärnten mit seinen
warmen Seen und seinem guten Wetter. Aber es ist merkwürdig, was die
Wiener für eine Kraft in sich haben, die guten Sitten der Länder zu
verderben, in denen sie häufige Gäste sind. Wo viele Wiener hinkommen,
fangen die Leute gleich an, unverschämte Preise zu verlangen. Die Bedienung wird nachlässig, Trinkgeldunwesen reißt ein, einzelne Gäste werden
sichtlich bevorzugt, und das ärgert natürlich alle anderen... Die Wiener
sind keine Kulturträger, sondern Kulturstörer. Sie lassen sich alles gefallen,
sie bitten, wo sie fordern sollten, sie verlangen nicht ihr Recht, sondern sie
kaufen es, als ob es eine unverdiente Gunst wäre. Sie sind keine Herren,
sie verstehen nicht, zu befehlen und zu erziehen, sondern nur zu schimpfen. Daher sind sie immer von Menschen umgeben, die sich zu ihnen wie
die verzogenen Kinder benehmen, die ihre Schwäche mißbrauchen, ähnlich den schwachen Lehrern, die mit allem Geschrei und aller Strenge ihre
Klasse nicht zu der Disziplin bringen können, die der gute Lehrer schon
durch sein bloßes Vorhandensein erzielt.
So vertreiben die Wiener sich selber aus allen ihren Lieblingsorten. Ist
einmal irgendeine Gegend bei ihnen beliebt geworden, dann laufen sie
bald selbst wieder aus den Orten davon, deren Sitten sie verdorben haben.
Und vor allem laufen sie um die Jahrhundertwende scharenweise aus dem
Salzkammergut davon – besonders die anspruchsvolleren feinen Leute. Im
Salzkammergut bleibt noch immer eine Menge zurück: der Kaiser und die
Fürstlichkeiten, die fremden Diplomaten und alle die hohen Herrschaften,
die den Höfen nahe sein müssen oder wollen.
Daneben aber hat sich eine ganz sonderbare Gesellschaft angesammelt: die
Direktoren aller deutschen Theater kommen im Sommer in Ischl zusam-
men, und es gibt (um 1900, vor dem großen Aufstieg des Kinos) deren
viele hundert auch in Ländern, die nicht Deutsch sprechen – in Holland,
in Ungarn, in Rußland, in Amerika – dazu noch wandernde Truppen aller
Güten und Grade. Da kommen sie nun alle in Ischl zusammen, aus
Petersburg und Czernowitz, aus Riga und Arad, aus Steyr und aus St. Pölten, aus Berlin und aus Hamburg, aus Oderberg und Mährisch-Ostrau...

Die Geheimräte und Professoren, Intendanten, Generalintendanten, Kommissionsräte, Generalmusikdirektoren und wie sie sich sonst nennen mögen... Und wo die Direktoren sind, da sind die Schauspieler und Sänger, das ganze weibliche und männliche Theatervolk, die Autoren, die Verleger – ein eigenes Volk mit eigenen Sitten, ganz anders noch als heute, wo das Bürgertum Bohemesitten angenommen hat. Es wimmelt von pathetischen Charakterköpfen, von würdigen Heldenvätern, jugendlichen Bonvivants, Liebhabern, Naiven und Soubretten – es ist die große deutsche Theaterbörse. In allen sommerlichen Verkleidungen kommen sie daher und schließen Verträge, verhandeln und telegraphieren Geschäft mit Bonmots würzend in alle Welt hinaus – ein unorganisierter wochenlanger Theaterkongreß. Sie bleiben Ischl treu, denn für sie ist dieser Sommer in Ischl ein Stück Geschäft. Die Theaterleute sind ja die einzigen, die von ihrem Geschäft nie loskommen, die immer wieder unter Leuten ihres Faches sein möchten und die immer von ihrem Beruf erfüllt sind, auch wenn sie ihm einmal gerne davonlaufen möchten. So zieht es sie auch im Sommer dorthin, wo sie sicher sind, ihre Atmosphäre zu finden; denn es ist ja eine falsche Annahme, zu glauben, daß die Theaterleute ihre Kunst für das Publikum üben. Sie üben sie vor allem für ihre Berufsgenossen. Deren Urteil suchen und schätzen sie. Im Publikum sehen sie nur das notwendige Übel – den wenig geachteten und geschätzten Brotgeber. Und hier in Ischl sind sie einmal ganz unter sich, unter Leuten ihrer Art, die sie zwar nicht alle schätzen, aber doch als Fachleute anerkennen. In der Villa »Felizitas«, bei der Schratt, gehen sie alle ein und aus. Sie verbindet das Theatervolk mit der kaiserlichen Welt. Diese einzigartige Atmosphäre ist den Theaterleuten an Ischl teuer – sie bleiben Ischl unter allen Umständen treu.

Noch eine Klasse von Besuchern ist Ischl unentwegt treu: die Juden. Was hält sie, die beweglichen, immer nach Abwechslung Hungrigen im Salzkammergut fest? Vielleicht dasselbe wie die Schauspieler, daß sie nämlich hier so unter sich und so gewiß sind, ihre Freunde und Verwandten, unter denen sie sich geborgen fühlen, zu finden und der Bevölkerung schon durch ihre große zahlungskräftige und solidarische Masse Achtung aufzunötigen. Sie sind unter sich und fühlen sich gemütlich. Wie die Schauspieler fühlen sie sich als eine zwar aufsteigende, aber trotz aller Orden und Titel, die sie tragen, geringgeschätzte und verfolgte Gruppe, und sie suchen daher eine moralische Stütze in der Gegenwart verständnisvoller Leidensgenossen.

Das ist also eine recht drollig zusammengesetzte Gesellschaft, die sich im sommerlichen Salzkammergut zusammenfindet: die hohen Herrschaften, die Theaterleute und die Juden... und doch so charakteristisch für das

Wien der Jahrhundertwende, für diese aus den Fugen gegangene Adels- und Theaterstadt, die sich mit der neuen Zeit nicht helfen kann und sich von den Juden die Talente ausborgt, die nötig sind, um mit diesem Jahrhundert fertig zu werden, dem sie widerstrebt.

Aber diese neue Zeit mit ihren neuen Gedanken dringt unaufhaltsam vor und gewinnt auch in Wien Raum, und so ein neuer Gedanke ist die Sonne. Die Leute suchen sie nicht nur am »Gänsehäufel« in Wien auf, sondern sie fangen allen Ernstes an, im Sommer nach dem Süden zu gehen. Ärzte haben das für schwache Kinder in die Mode gebracht, und dann sind die Eltern mit den gesunden Kindern nachgekommen – Grado, Sistiana, Porto Rose. Die Wiener kannten diese Namen bisher nur von Frühjahrsreisen. Manche versteigen sich sogar nach Italien, an den Lido, nach Rimini oder nach Viareggio, aber das sind nur kühne Neuerer. Jedenfalls ist der schattige Garten abgetan, und das regnerische Salzkammergut verliert viel an Anziehungskraft. Immer mehr verdrängt die kurze Erholungsreise den langen Landaufenthalt mit Dienstleuten und der Wirtschaft. Begreiflich ist das ja. Die Frauen wollen auch einmal Ruhe haben, und man will nicht immer dieselbe Gegend sehen, sondern etwas Neues. Freilich ist das auch eine Art Entwurzelung, denn der lange Sommeraufenthalt immer an demselben Ort hat eine Art zweite Heimat neben der städtischen gegeben, hat einen doch mit dem Landleben in lebendiger Verbindung gehalten. Wenn man im Sommer reist, dann ist man nur ein Zuschauer, und der Städter ist ohnehin in der Gefahr, zu viel zuzuschauen.

Aber die Hauptleidtragenden dieses verkürzten Sommers sind die armen Kinder. Für sie ist das Land das Paradies. Sie fragen nicht, ob die Gegend schön ist oder nicht. Wiese, Wald, Bäche, lebende Tiere, ein Brunnen, ein Heuhaufen, eine Scheune, ein Wagen – alles das anrühren und wahrhaft in Besitz nehmen zu dürfen –, das genügt ihnen. Diese armen Kinder dürfen doch in Wien kein lebendes Tier, keinen lebenden Baum, kein lebendes Wasser anrühren. Von Wiesen wissen sie nur, daß man sie nicht betreten, von Blumen, daß man sie nicht pflücken, von Bäumen, daß man auf sie nicht klettern darf, auf keinem Teich dürfen sie ein Boot schwimmen lassen – sie sehen alles nur von der Ferne, und nun plötzlich dürfen sie auf die Bäume klettern, sich auf den Wiesen wälzen, an einem Bach graben, mit Hunden und Kälbern und Ferkeln spielen ...

Wenn man ein Wiener Kind fragt: »Wie stellst du dir den Himmel vor?«, dann sagt es ohne Bedenken: »Wie am Land.« Den Kindern geht mit dem langen Landaufenthalt viel verloren – aber wer denkt in Wien an die Kinder, solange sie nicht krank sind? Sie müssen brav und froh sein, daß sie leben. Dafür sind sie den Eltern Dank schuldig, und dann kosten sie doch ohnehin so viel. Sie haben keine Ahnung, welche Sorgen sie ihren Herren Eltern machen, und die Herren Eltern wieder haben keine Ahnung, wieviel Kummer und Sorgen sie ihren Kindern machen. Also gleicht es sich ja aus. Der Schwächere zieht überall im Leben den kürzeren, und daß die Kinder die Schwächeren sind, ist ja klar. In allen Dingen sind sie es, die an den Unvollkommenheiten dieser Welt am meisten zu leiden haben.

Also die Wiener beginnen, den seßhaften Sommer aufzugeben, und sie gehen ans Reisen – nicht nur im Sommer, sondern auch zu anderen Jahreszeiten –, vor allem natürlich nach Italien. Italien ist für den Wiener so eine halbe Heimat. Venedig hat noch vor weniger als vierzig Jahren zu uns gehört. In Venedig erinnert man sich minder gern daran, als in Wien. Viele Wiener sind noch in Italien geboren oder mindestens ihre Eltern. Die klassische Erziehung kommt dazu und die katholische Religion, die ihren Mittelpunkt in Italien hat. Zahllose Wallfahrten der verschiedenen Gesellschaftsschichten werden jedes Jahr aus Wien nach Rom geführt, aber der geistige Kontakt der Wiener mit Italien ist ganz gering. Für den Wiener ist Italien ein großes Museum. Er fährt hinunter anschauen: Kirchen, Klöster, Landschaften, das Meer, den Papst, schöne Bilder und Statuen. Daß Italien von anderen Menschen als von Kutschern, Gastwirten und Kellnern bewohnt ist, weiß er nicht. Wenn er einmal ein Gespräch mit einem Gondoliere geführt hat, glaubt er, das italienische Volk zu kennen, und es ist daher kein Wunder, daß er keine hohe Meinung von den Italienern hat.

Der Wiener hat eine komische Art zu reisen. Sonst nicht eben knauserig, fängt er an, ängstlich zu sparen, wenn er reist. Da notiert er jeden Heller auf und addiert am Abend besorgt die Tagesausgaben. Er ist unerhört stolz, wenn er das Tagesbudget nicht überschritten hat. Es fällt ihm nicht ein, sich Empfehlungsbriefe mitzunehmen und Leute seiner Gesellschaftsklasse kennenzulernen, hauptsächlich aus Sparsamkeit, weil man sich da revanchieren und in einem Hotel wohnen muß, mit dessen Adresse man sich sehen lassen kann. Der Wiener ist auch gar nicht neugierig, Leute kennenzulernen. Er kennt ohnehin schon zu Hause genug, und was weiß man, was für Leute man da kennenlernt. Man bleibt besser für sich und freut sich an all dem Schönen, das zu sehen ist. So kommt es, daß der Wiener von Italien, das er so oft und gern bereist, gar keine Ahnung hat.

In den europäischen Westen fährt der Wiener nicht – der ist nur für die Aristokraten und die Millionäre da. So bleibt also das Deutsche Reich. Da fährt der Wiener viel hin, und da kennt er auch Berufsgenossen. Aus dem Deutschen Reich bezieht der Wiener alle seine Kenntnisse von der übrigen Welt. Ohne Bedenken akzeptiert er alle Urteile der Deutschen, die überall hinkommen und über alles ihre autoritäre Meinung haben. Er liebt die Deutschen aus dem Reich nicht, aber er hat vor ihnen eine an Ehrfurcht grenzende Hochachtung und glaubt, was sie sagen, denn, daß die Deutschen die gebildetsten Menschen sind, das läßt ihnen jeder. So sieht der Wiener die ganze Welt durch die deutsche Brille und überzeugt sich nie davon, ob er auch richtig sieht. Weltfern lebt der Wiener auf einer von der ganzen übrigen Welt geschiedenen Insel – ein ewiger Schüler mit einem Lehrer in Berlin, und daran ändern auch seine Reisen nichts, denn auf allen seinen Reisen begleitet ihn der deutsche Lehrer in der Gestalt seines roten deutschen Baedekers. Der deutsche Mentor steht immer neben ihm, zwischen ihm und der Welt . . .

LIEBESLEBEN

Wien ist eine Großstadt und eine kaiserliche Residenz. Daher gibt es in Wien auch das Liebesleben, das es in jeder reichen, großen Stadt gibt. Für die Liebesbedürfnisse des Hofes, des hohen Adels und natürlich auch der Millionäre sorgt das Opernballett. Noch ist der Tanz eine heitere, erotisch beschwingte Kunst. Noch ist niemand auf die Idee gekommen, schöne junge Tänzerinnen in lange Mönchskutten zu stecken und sie zu den monotonen Verhängnistönen eines Gongs traurige Springprozessionen exekutieren zu lassen. Noch verlangt kein Mensch von einer Tänzerin ein tugendsames und liebeleeres Leben – im Gegenteil! Das ist heute natürlich alles anders, aber um 1900 führen die Ballettänzerinnen noch ein liebreiches, leichtbeschwingtes Leben und haben damit viel zu tun. Wenn ein naiver mittelloser Jüngling einem Ballettmädchen von Liebe redet, so empfindet sie das als unsittlichen Antrag. Dennoch kommt es vor, daß sie auch solche unseriöse Anträge annimmt, allerdings mit vielen Vorwürfen der Mutter, der Garderobierin und mit vielem Spott der Kolleginnen. Sie hat bei einem solchen Verhältnis immer das schlechte Gewissen, daß sie dem Herrgott die Zeit stiehlt, und daher hält es sich auch nicht auf die Dauer: der Mensch ist nur einmal jung und lebt nicht zu seinem Vergnügen.

Die Ballettmädchen erzählen einander alle Details aus dem Liebesleben mit ihren Freunden. Wenn der Freund dann einmal wechselt, ist er ganz erstaunt, wie seine neue Freundin seine geheimsten Wünsche errät. Die Ballettmädchen heiraten meist Gastwirte, Kaffeesieder, aber auch Friseure, Kollegen oder kleine Hofbeamte. Meistens können sie gut kochen und, wenn sie einmal verheiratet sind, werden sie bald dick und solid. Fromm sind sie schon seit jeher, und es gibt eine Messe in der Stephanskirche, die die Leute die Ballettmesse nennen. Das ist die um zwölf Uhr mittags. Zu der gehen auch die Aristokraten und die Schratt. Die Kinder der ehemaligen Ballettmädchen kommen oft wieder zum Ballett. Es gibt ganze Ballettdynastien, und die Namen der Tänzerinnen sind eine österreichische Symphonie. Dürfen sie es nicht oder ist es einfach so Sitte – die Ballettmädchen haben in Wien in der Regel keine Theaternamen. Sie haben ihre deutschen, tschechischen, ungarischen Bauernnamen, und wie in der Schule wird der voll ausgeschriebene Vorname nachgesetzt: Lindenmayer Theresia, Kovacs Sophie, Pribil Franziska... Sie sind und bleiben Schulmädchen mit Lehrerinnen und Lehrern, Schulstunden und Schuldisziplin, Schulwitzen und jener etwas unappetitlichen Vertraulichkeit, wie sie nur Schule und Kaserne mit sich bringen. Sie bleiben Kinder wie die Soldaten.

Daß Ballettmädchen von ihren hohen Freunden geheiratet werden, kommt nur selten vor, so selten, daß man sich die Fälle merkt: die Elßler, die Ta-

197

glioni, die Katharina Abel, die Milli Stubel ... Wenn so eine Sensation im Anzug ist, dann bereitet die Presse taktvoll vor und schreibt schöne Artikel, daß auch beim Ballett Unschuld und Tugend gedeiht, und man solle kein Vorurteil haben: »Manche Damen könnten froh sein ... Häusliche Tugend trotz schwerem Beruf ... Wahrhaft ein schwerer Beruf ... Spitzpirouette ... Tanz ist eine echte edle Kunst ... Schon die alten Griechen ... Terpsichore ... Auch hier wahrer künstlerischer Idealismus und Theaterromantik ...« Nachdem durch solche Erwägungen das für die Moral der hohen Herrschaften empfindliche Gewissen der Bürger hinreichend vorbereitet ist, erscheint dann die Sensationsnachricht, aber, wie gesagt, sehr selten.

Auch die Schauspielerinnen und Sängerinnen der Vorstadttheater haben hochgestellte, reiche Freunde. Sie *müssen* das, denn von diesen Freunden lebt der Direktor und der Betrieb – welches Theater rentiert sich denn schon von selber? Hundert kleine Existenzen hängen an diesem Liebesglück. Alles zittert, wenn sie mit ihrem Freund Krach hat oder wenn der Freund sich bemüht, daß sie an ein Hoftheater engagiert wird. Das tut er, wenn er sie heiraten will. Die Künstlerinnen der Hoftheater, die *kann* man nicht nur, die *muß* man heiraten. Man hat zu ihnen große, pathetische, romantische Beziehungen – Liebestod und dergleichen –, es fängt nur selten mit der Ehe an, aber es hört fast immer mit der Ehe auf, und nicht immer bedeutet die Ehe das Ende der Bühnenkarriere. Hinter der Bühne der Hoftheater wimmelt es von Gräfinnen.

Der bürgerliche Wiener, der über dreißig Jahre alt ist, ist in der Regel verheiratet. Viele glückliche Ehen gibt es in Wien leider nicht mehr. Das ist keine Wiener Eigenheit. Die Ehen der Städter, bei denen sich das Berufsleben vom Familienleben getrennt hat und bei denen Vermögen und Einkommen eine unpersönliche papierene Form angenommen haben, halten schlecht. Der Bestand der Ehe beruht in der Regel auf dem Wert der guten Dienste, den die Ehegatten einander leisten. Wenn aber die guten Dienste, die der Mann der Frau leistet, sich darauf beschränken, daß er das Geld hergibt, und die Dienste, die die Frau leisten könnte, von Dienstboten, Lieferanten, Lehrern und Sekretärinnen besser und billiger geleistet werden, dann verliert die Ehe an überzeugendem Inhalt, und dann beginnt das Glück, das die Gatten einander bereiten sollen, das einzige Ziel der Ehe zu werden. Aber Glück ist in der Ehe so wie auch sonst im Leben kein greifbares und erstrebbares Ziel, sondern unvermutet läuft es uns auf dem Wege nach anderen Zielen in die Arme, wo wir es am wenigsten erwarten. Ehen, die nur das Glück der Gatten und sonst nichts zum Ziele haben, können nicht glücklich sein. Das ist in Wien nicht anders als anderswo.

Auch in Wien sind die meisten Ehen Vernunftehen. Die geraten dann gut, wenn die Gatten, wie das im Gewerbestand zum Beispiel meistens der Fall ist, sich zu gemeinsamer Arbeit verbinden. Wenn aber keine gemeinsame Aufgabe, sondern nur Geld und Familienrücksichten die Ursache der Ehe sind, dann sind sie eben keine vernünftigen Ehen, und sie gehen schlecht aus. Der einzige Trost ist, daß auch Liebesehen in der Regel nicht glücklich werden, wenn die Gatten nichts verbindet als Liebe, besonders wenn noch Unterschiede der Herkunft, der Erziehung, der Religion und so weiter dazukommen. Je mehr Geld die Leute haben, um so weniger gemeinsame Arbeit und Sorgen gibt es, um so gefährdeter sind die Ehen. Und es gibt viele Leute, die Geld haben – von Jahr zu Jahr mehr –, und es gibt in Wien so wie anderswo von Jahr zu Jahr mehr unglückliche Ehen. Dennoch kommen Ehescheidungen fast gar nicht vor, denn Kaiser und Kirche halten mit erbitterter Konsequenz an der Untrennbarkeit der katholischen Ehe fest. Da gibt es eben viele Ehen, die nur dem Schein zuliebe aufrechterhalten werden. Aber der Wiener ist in Liebesdingen kein Abenteurer. Auch wenn er neben der Ehe seine eigenen Wege geht, sind es nur selten sehr romantische Wege. Unglücklich verheiratete Frauen haben zu Männern, die dann meist unverheiratet bleiben, langjährige, treue Beziehungen, deren Glück nicht selten gerade darauf beruht, daß sie niemals zur vollen hindernislosen Befriedigung führen und daß sie immer etwas vom Reiz der verbotenen Frucht behalten. Jeder Mensch, auch der Gatte, kennt diese Beziehungen, aber jeder Mensch muß so tun, als wüßte er es nicht, und die Liebenden müssen diese Komödie mitspielen, aber sie setzen doch ihr Liebesverhältnis als allgemein bekannt voraus und sind sehr erstaunt, wenn jemand darauf keine Rücksicht nimmt.

Männer flüchten aus unglücklichen Ehen in eine sogenannte »zweite Menage«. Es gibt zahllose »zweite Menagen«, vom Kaiser herab bis zum wohlhabenden Gewerbetreibenden. Das Eigentümliche ist, daß die »zweite Menage« genauso aussieht wie die erste, nur etwas billiger: Hat die erste Menage vier Dienstleute, dann hat die zweite zwei und so weiter. Meistens gibt es in der zweiten Menage auch Kinder, und kein Mann empfindet sie als weniger verpflichtend als die erste. Manche Frauen der ersten Menage fördern die zweite geradezu. Mit Abenteuer, Verschwendung und Leichtsinn haben diese zweiten Menagen gar nichts zu tun – nicht einmal viel mit Erotik. Es soll zweite Menagen geben, die überhaupt nichts mit Erotik zu tun haben. Das behaupten viele, die etwas wissen sollten, zum Beispiel von der zweiten Menage des Kaisers. Der Wiener hat mehr Bedürfnisse des Gemütes als der Sinne, es ist ihm um das Machtgefühl des Gatten und um gemütliche Geborgenheit mehr zu tun als um die großen Genüsse und Schmerzen des leidenschaftlichen Liebhabers. Nach dieser Neigung gestaltet er also sein Liebesleben.

Die Tragödie des Kronprinzen Rudolf und der Mary Vetsera, die romantische Liebesodyssee der Prinzessin Luise von Coburg und ihres abenteuerlichen Ritters Géza von Mattachich und der Roman des Johann Orth, die jahrzehntelang die Spalten aller Zeitungen der Welt füllten, haben Wien mit Unrecht den Ruf einer liebestollen Stadt verschafft, in der die Menschen in wein- und liebesseligem Genießen dahinleben, bis eines Tages ein tragisches Schicksal in ihr Leben mit harter Hand eingreift, na und so weiter. Nein! So ist es nicht. Der Wiener ist kein liebestoller, leidenschaftlicher Genießer. Wenn er verliebt ist, ist er einfach und kindlich, reizend und liebenswürdig, zärtlich, verspielt und übermütig wie ein junger Hund, aber er ist ein keusches Wesen, so keusch sogar, daß er ein so großes bedeutungsvolles Wort wie »keusch« nie in den Mund nehmen würde, denn er hat vor lauter schamhafter Bescheidenheit vor allen großen Worten Angst. Er hält sich nicht für bedeutend genug, daß solche schöne Worte auf ihn Anwendung finden könnten. Es ist seine Neigung, sich zu verkleinern. Namen gibt und hört er gern in Diminutivform – nicht so sehr aus Zärtlichkeit und Selbstzärtelei, sondern weil ihm ein ganzer voller Name zu bedeutend für sein bescheidenes Ich vorkommt. Sich und seine Umgebung sieht er so klein, so unbedeutend. Menschen, auf die große Worte und klangvolle Namen passen, kann er sich nur in märchenhafter Ferne vorstellen.

Zu dieser schamhaften Bescheidenheit kommt noch das katholische Wesen. Das ganze Liebesleben der Wiener hat einen geradezu mönchischen Zug. Zwar sind sie ein heiteres sinnliches Volk, das auf die Freuden der Liebe keineswegs verzichtet, aber ihr Liebesleben ist scheu, schamhaft verborgen und zurückhaltend. Viele Wiener werden alt, ohne erfüllte Liebe oder große Eifersucht jemals gekannt zu haben. Die katholische Angst vor der Frau und das Bewußsein von der Sündhaftigkeit der Liebe steckt tief in ihnen.

Sie treiben keineswegs einen Kultus mit den Frauen, und sie verwöhnen sie nicht. Sie sind zärtliche, aber keine verschwenderischen oder sehr aufmerksamen Liebhaber. Daß ein Mann sich für eine Frau ruiniert, hört man hier selten. Sie sehen darin, daß die Frau anspruchslos ist, einen Beweis wahrer Liebe und werden an einer Frau leicht irre, wenn sie verwöhnt und beschenkt sein will. Eltern predigen ihren Kindern: »Wahre Liebe kostet nichts.« Nirgends sind auch die Frauen in der Liebe so anspruchslos und bescheiden wie in Wien. Sie haben nur Herzensbedürfnisse. Oft sind sie nicht treu, aber nur selten spielen materielle Gründe dabei eine Rolle. Die große Liebe zum Geld – das Geld als Leidenschaft – findet man in Wien überhaupt selten. Weder der Geizige noch der Verschwender sind Wiener Typen. Bei den Aristokraten gibt es natürlich Verschwender, aber das kommt zunächst einmal daher, daß der Aristokrat überhaupt ein anderes Verhältnis zum Geld hat als der Bürgerliche und sich moralisch verpflichtet fühlt, das Geld unter die Leute zu bringen, und daher, daß die Aristokraten eben gar keine richtigen Wiener sind. Sie stammen aus allen Nationen Europas, und Wien ist für sie nur ein Séjour.

Den Liebeserlebnissen junger Leute stehen die älteren Wiener mit einer gewissen gerührten Toleranz gegenüber, aber wenn ein nicht mehr junger Mann mit Liebe zu tun hat, dann gefällt ihnen das gar nicht. Die Künstler, die Juden, die Aristokraten und die Offiziere haben immer mit der Liebe zu tun, aber das mißfällt auch den Wiener Bürgern an ihnen. Sie lassen ihnen zwar die Freude, aber dieses sündhafte Leben ist ihnen unheimlich. Das kann zu nichts Gutem führen.

Nirgends hört man weniger saftige Herrenwitze als in Wien, und das will etwas sagen in einer Stadt, die jeden Tag Dutzende neuer und guter Witze macht und in der jedes Gespräch mit der Mitteilung der neuesten Witze schließt. Mit Sexualwitzen ruft man aber meistens nur ein verlegenes Lächeln hervor. Der Wiener ist in dieser Hinsicht sehr empfindlich, wenn er nicht gerade getrunken hat. Auch die wilden Sexualflüche, die andere Völker so lieben, kennt Wien gar nicht. Die blasphemischen Flüche über die Hostie und die Madonna, die den Romanen so leicht auf der Zunge liegen, brächte der Wiener nicht über die Lippen. Wenn er sie im Ausland hört, ist er ehrlich entsetzt. Dabei schimpft und flucht der Wiener gern und mit Phantasie – aber immer in respektvollem Abstand von Religion und Liebesleben. Der mönchischen Wiener Seele ist vieles heilig, vielleicht zu vieles, denn diese große achtungsvolle Scheu vor allem Großen und Erhabenen macht das Leben nicht leichter.

Dem Wiener bleibt aber auch nicht viel anderes übrig als ein fast mönchisches Leben, denn die Hindernisse, die einem freien Liebesleben in den Weg gelegt werden, sind fast unübersteiglich. Die Tugend der weiblichen Bevölkerung steht unter strengster Kontrolle: die Herrschaften beaufsichtigen die Dienstleute und die Dienstleute die Herrschaften, und alle zusammen beaufsichtigt der Hausmeister... Die Hausfrau verlangt von ihrem Dienstmädchen nicht weniger als ein Keuschheitsgelübde. Wenn sie ausgeht, muß sie vor zehn Uhr zu Hause sein. Das sind schon sehr nette Frauen, die einen Bräutigam tolerieren, und wenn eine Frau ein Mädel nimmt, die ein Kind hat, dann ist das sehr kühn und muß ganz geheim bleiben, denn es würde das ganze Haus kompromittieren. So ein Mädel kennt sich dann auch vor Dankbarkeit gegen die gute Gnädige gar nicht aus und widmet ihr ganzes Leben der Arbeit und der Reue für ihren Fehltritt – bis sie heiratet, denn die Männer aus dem Volk sind in dieser Hinsicht gar nicht heikel, wenn die Frau tüchtig ist, gut kochen kann und bisserl was erspart hat.

Die Damen verlangen aber auch Tugend von allem weiblichen Personal ihrer Lieferanten. Keine anständige Dame kauft in einem Geschäft ein, wo eine Verkäuferin geschminkt ist oder geschneckerlte Haare hat. Das ist nur der »Gnädigen« erlaubt, die mit Brillantboutons in der Kassa sitzt. In den feinen Stadtgeschäften bedienen ältliche Mädchen mit hochgeschlossenen dunklen Kleidern und glatten Frisuren. Hinten im Geschäft hängt ein Marienbild, oft mit einem ewigen Licht und Blumen darunter. Nicht einmal in den Salons der Damenschneider geht es viel lockerer zu. Hat eine Dame Anlaß zu vermuten, daß ein Probiermädchen ihrer Schneiderin mit Männern zu nahen Umgang hat, dann macht sie ihre »Gnädige« – das heißt die Chefin des Salons – darauf taktvoll, aber energisch aufmerksam. Wenn dann das Mädel nicht raschestens fliegt, dann sucht sich die Dame einen anderen Salon, denn sie kann doch nicht bei einer Schneiderin arbeiten lassen, wo Dirnen angestellt sind – da kommt sie selber noch in schlechten Ruf: »Man hört ganz eigentümliche Dinge von Modesalons – da soll es welche geben, die geradezu Kuppelsalons sind ... Da kann man nicht vorsichtig genug sein – wie man was merkt, lieber gleich in einen anderen Salon gehen ... Da können einem sonst die entsetzlichsten Scherereien entstehen ... Plötzlich wird man noch vor Gericht einvernommen – nein, nein, nur das nicht, gar nicht ausmalen so was ...« So denken die Damen. Groß ist also die Angst der Mädchen auch bei ganz harmlosen Rendezvous oder Ausflügen. Sie dürfen nicht gesehen werden, sie müssen eine Freundin oder eine Tant' als Deckung mitschleppen, das heißt, der glückliche Liebhaber kann auch für die Freundin oder für die Tant' zahlen, und die hat guten Appetit – wenn sie sich schon langweilen muß, ißt sie wenigstens, um sich die Zeit zu vertreiben. Und wo soll denn ein junger Mann das Geld hernehmen, gleich für zwei zu zahlen? Verdienen tut er nichts, und von dem Taschengeld, das ihm sein Vater gibt, kann er kaum sein Kaffeehaus zahlen.

Alle Hindernisse der Liebe sind in Wien natürlich übersteiglich – mit Geld, und darum sind in Wien die Freuden der Liebe in erster Linie für jene älteren Jahrgänge da, die noch nicht genug haben. Die gibt es natürlich auch in Wien – die heiteren Fünfziger mit den angegrauten Schläfen und dem Embonpoint –, aber häufig sind sie nicht. Diese älteren Jahrgänge haben in Wien, wenn es sie noch zur Liebe zieht, doch meistens zweite Familien. Es sind auch in der Regel nicht die Wiener, die das teure Drum und Dran der freien Liebe zahlen – es sind Fremde aus der Provinz, Ungarn, Juden, Balkanier.

Es ist in Wien sonderbar; eine verschwenderische große Demimonde gibt es nicht, aber die bescheidenen, bürgerlichen Liebesfreuden sind teuer. Dabei sind die Mädchen selber rührend bescheiden. Ein neuer Hut, ein Pelzkragerl macht sie schon glücklich, wenn sie überhaupt irgend was annehmen, denn

sie wollen doch nicht für »so eine« angeschaut werden ... Es ist nur das Drum und Dran: die Tant', die Zimmervermieterin ... Natürlich gibt es trotzdem zahllose Liebesverhältnisse, aber wie ängstlich, wie gehetzt ist das alles, wie unverhältnismäßig groß sind die Gefahren vor allem für die armen Mädchen! Jeder Mann ist froh, wenn ihn die Ehe oder das Alter von den Gefahren und Zufällen des Wiener Liebeslebens befreit.

Jeder Vorgesetzte in jedem Beruf hält sich für berechtigt, einer weiblichen Angestellten einen Skandal zu machen, weil er sie gestern abend allein mit einem Herrn eingehängt hat spazierengehen sehen. Wenn sie darauf nicht antworten kann: »Das war mein Bräutigam«, dann ist sie kompromittiert und kann gehen. Dann kann sie sich eine Stellung suchen ... Viele dumme und sinnlose Ehen kommen dadurch zustande, daß ein Mann ein Mädel in solcher Lage nicht sitzen läßt. Manchmal werden auch Ehen auf solche Art erpreßt; wenn ein Mädchen gar zu leicht zu einem Rendezvous zu haben ist und sich gar nicht sehr in acht nimmt, dann ist sie wahrscheinlich darauf aus, sich von einem Mann kompromittieren zu lassen, um ihn einzufangen. Auch bürgerliche Mütter mit heiratsfähigen Töchtern ohne Geld legen es gerne darauf an, ihre Töchter mit einem wünschenswerten Jüngling ins Gerede zu bringen. Die Warnung vor solchen Einfangmanövern ist die einzige sexuelle Aufklärung und Belehrung, die der bürgerliche Jüngling von zu Hause erhält. Sie macht ihn noch schüchterner und scheuer. Ist einmal ein Mädel nett zu ihm, dann glaubt er schon, er soll eingefangen werden. Nein! Das Liebesleben für junge Leute mit wenig Geld ist in Wien kein Vergnügen. Man sagt ja im allgemeinen, daß Hindernisse jeden Genuß erhöhen, aber da kommt es doch darauf an, was für Hindernisse das sind. Aber die Hindernisse, die in Wien dem Liebesleben der jungen Leute entgegenstehen, sind alle banal oder ordinär – so daß ein Mensch von gutem Geschmack und Stolz es lieber vermeidet, sich ihnen auszusetzen.

Am besten haben es noch die Studenten aus der Provinz. Die haben wenigstens eigene Zimmer, aber auch sie haben Tugendwächter, nämlich ihre Zimmerfrauen. Das sind meistens fromme Beamtenwitwen. Da gibt es manche, die ihren Mietern nicht einmal erlauben, daß ihre Kollegen sie besuchen. Gefährlich sind sie, wenn sie eine heiratsfähige Tochter haben. Das sind nämlich die geübtesten Einfängerinnen. Die »Filia hospitalis« ist noch dazu poetisch verklärt. Der Fang gelingt leicht, und immer wieder bleiben brave Studenten aus der Provinz an ihrer Filia hospitalis hängen.

Es gibt natürlich auch sogenannte sturmfreie Buden. Aber die sind auch nicht harmlos. In der Regel sind sie in irgendeinem Haus, das oft den Besitzer wechselt und um das sich der Hausherr nie recht kümmert. Denn in Wien sind auch die Hausherren Tugendwächter, und kein Hausherr, der auf sich was hält, duldet, daß in seinem Haus Unzucht getrieben wird. Ein solches Haus, in dem eine sturmfreie Bude ist, sieht also natürlich danach aus: der Verputz fällt ab, das Tor ist zerkratzt, an der Stiegenwand haben Knaben ihre Wunschträume verewigt, und die Stufen sind ausgetreten. Die Wohnungstür öffnet eine geschminkte Person in einem roten Schlafrock; sie hat eine große blonde Frisur mit Straßspangen in den Haaren, und warmes Fleisch wogt um sie. In dem Zimmer, das sie vermietet, stehen altdeutsche Speisezimmermöbel. In einem Schrank sind Sachen, die ihr gehören, an der Wand hängen Vergrößerungen von Familienbildern, und es gibt natürlich Wanzen. Wenn man sich beschwert, zuckt sie nur die Achseln. Was soll es denn in einer sturmfreien Bude geben? Sie sagt: »Die feinsten Herren haben hier gewohnt, und keiner hat sich beschwert«, und dabei lächelt sie verführerisch. Sie hat einen Freund, der angeblich Handlungsreisender ist und von dem es unklar ist, ob er eigentlich da wohnt oder nicht. Sie hat mit ihm oft sehr laute Auseinandersetzungen, bei denen es sich weniger um Liebe als um Geld handelt. Dabei riecht es penetrant nach Rum und natürlich nach Wanzentinktur. Und eines Abends läutet es heftig: die Wache ist da, nimmt den Freund mit und durchsucht die Wohnung. »Sie sind der Mieter?« fragt der Wachmann. Dann sagt er: »Sie können vorläufig hier bleiben. Sie haben aber die Polizei von Wohnungsveränderungen zu verständigen. Sie werden voraussichtlich als Zeuge vernommen werden.« Und dabei schaut er gar nicht freundlich, denn ein Mensch, der in so einer Wohnung wohnt, ist gewiß nichts Besonderes. – Da wohnt einer also schon lieber solid.

Es gibt freilich ein paar ganz wenige ideale Studentenzimmer. Alte pensionierte Wirtschafterinnen vermieten sie. Diese Frauen können gut kochen, halten ihre Wohnung peinlich sauber und haben ein kleines, wollüstiges Vergnügen an dem Liebesleben ihres Mieters. Solange er den Hausmeister nicht rebellisch macht, das heißt, vor zehn Uhr abend darf er tun, was er will. Solche Adressen sind Kostbarkeiten. Sie werden von Freund zu Freund weitergegeben, und das Zimmer steht auch nicht einen Tag leer. Gerne zahlen die jungen Leute es auch über die langen Ferien. Sie leihen so ein Zimmer auch gelegentlich ihren weniger glücklichen Wiener Freunden, die im Schoße ihrer lieben Familien leben müssen. Es gibt aber in ganz Wien sicher nicht mehr als ein paar Dutzend von der Sorte, und für die armen Teufel sind diese Zimmer natürlich auch nicht, sondern etwa für die Söhne von kleinen Fabrikanten oder Kaufleuten aus der Provinz. Je ärmer einer ist, um so tugendhafter muß er leben. Das Gegenteil ist natürlich auch richtig.

Für die Aristokraten, die Diplomaten, die Millionäre und für alle feinen Leute, die Geld haben, gibt es auf der Wieden und auf der Landstraße kleine Wohnungen, möbliert oder unmöbliert, gegen die weder der heikelste Hausherr noch die Polizei irgend was einzuwenden hat – im Gegenteil:

wenn der Mieter ein sehr hoher Herr ist, dann pflanzt sich sogar ein Kriminaler in Zivil vor dem Haustor auf, damit der hohe Herr um Gottes willen nicht gestört werde, und auf der Polizei schreiben sie sorgsam alle Details über die Liebesabenteuer des hohen Herrn auf – denn das ist wertvollstes Material. Es gibt Staatsmänner, die auf den Besitz solchen Materials ihre Macht begründen.

Die Wiener Polizei ist nicht lästig, aber sie sammelt gern Material – man kann nie wissen, wann es einmal interessant werden kann. Das ist ihr Sport, und der interessiert sie mehr als das Fangen von kleinen Dieben. Darum heißt sie auch die beste Polizei der Welt, aber lästig ist sie wirklich nicht – man kann ganz vergessen, daß es sie gibt, und wenn man dann einmal mit ihr zu tun hat, ist man ganz erstaunt, wieviel sie über einen wissen. Aber was hat denn die Polizei mit der Liebe zu tun? Sehr viel natürlich, denn die Liebe ist in Wien tatsächlich verboten. Im Strafgesetz gibt es einen ganz tückischen Paragraphen über Kuppelei, mit dem man, wenn man will, jeden Gastwirt und jeden Zimmervermieter sofort einsperren kann. Man will natürlich nicht, aber ein Verlaß ist darauf auch nicht, und auch das ist einer der Gründe, warum die Liebe in Wien teuer ist, denn das Risiko, mit dem Strafgesetz in Konflikt zu geraten, muß man dem, der es eingeht, doch bezahlen. Groß ist das Risiko ja nicht – man muß es auch nicht hoch bezahlen –, nicht hoch, aber doch. So fristet die Liebe in Wien eigentlich ein recht kummervolles, von der Polizei, Familienvätern und Hausmeistern verfolgtes Leben. Die Liebe muß schon ein starker Trieb sein, wenn sie sich allen diesen Hindernissen zum Trotz hält.

Die menschlichen Triebe müssen eben von einer klugen Staatsführung eingedämmt werden... »Sagen S' lieber kanalisiert«, erwidert darauf der Raunzer. »Ja, was wollen Sie denn – gibt es denn in Wien irgend was, das Sie sich nicht leisten können...? Lesen Sie doch nur die Inserate im ›Tagblatt‹ – die lassen doch an Offenheit nichts mehr zu wünschen übrig... Das ist doch eine wahre Fundgrube für das Laster der Großstadt.« – »Ja«, sagt darauf der Raunzer, »ich hab ja auch gar nicht gesagt, daß in Wien das Laster verboten ist, sondern die Liebe – das ist ein Unterschied.« Und für das Laster ist in Wien auch ganz schön gesorgt.

Aber das interessiert alles die Wiener wirklich gar nicht. Die gehen jeden Abend bei jedem Wetter auf der kalten Straße mit ihrer Braut spazieren, oft sind sie zehn Jahre lang verlobt, bis endlich die Aussteuer beisammen und bis der Vordermann im Amt glücklich gestorben ist und man endlich avancieren kann. Denn in Wien avanciert man nicht nur in einen höheren Rang, sondern auch in die Ehe, und das ganze Leben, sogar die Geburt der nächsten Generation hängt davon ab, daß der Vordermann rechtzeitig geht, denn hinter ihm sind die Paare angestellt, die sein Gehalt brauchen, damit sie heiraten können. Es ist eben eine Beamtenstadt.

Der Wiener ist eine liebevolle Natur: leicht gerührt, sehr sentimental, aber er ist kein Erotiker. Die Wiener Musik ist heiter, gefühlvoll, verliebt, aber nicht erotisch. In einer Wiener Kunstausstellung sieht man nichts als Landschaften und Porträts – die leidenschaftliche Liebe der Mittelmeervölker zum menschlichen Körper ist dem Wiener fremd: er ist kein Erotiker. Selbst der Menschenfleischphantast Makart – die Ausnahme, die die Regel zu bestätigen scheint – ist weit mehr genialer Dekorateur als Erotiker, weit mehr von Farbe und Form als vom Fleisch besessen. Der nackte Körper ist ihm ein interessantes Ornament. Mancher Beschauer, von der Farbensymphonie seiner Bilder fasziniert, nimmt ihren Inhalt, an dem andere Anstoß nehmen, gar nicht bewußt wahr und wundert sich, was die Leute in ihnen Anstößiges finden. Laster liegt dem Wiener so fern. Er kennt es kaum dem Namen nach. Nicht die Sinnenlust sucht er in der Liebe, sondern Freuden des Gemütes. Gemeinsame Spaziergänge, ein gemeinsam mehr gesummtes als gesungenes Lied, ein endloser Walzer mit dem geliebten Mädchen, ein endloser Abschied unter dem Haustor an einem Frühlingsabend – das sind seine schönsten Erlebnisse und Erinnerungen, nicht aber die Stunden leidenschaftlicher Hingabe. Die schöne Erinnerung ist ihm teurer als die Liebe selber. Obwohl er gerne den »verfluchten Kerl« spielt, ist er kein Eroberer: von vornherein resigniert und mit dem Verzicht abgefunden, wirbt er um Liebe und ist maßlos überrascht und fast enttäuscht, wenn sie erwidert wird. Der edelbittere Verzicht und die Enttäuschung liegen ihm besser, denn hier suchen die Menschen weniger das große Glück als den großen Schmerz, mit dem sie sich dann aus dem Gemütsleben zurückziehen wie der Beamte mit seiner Pension aus dem Berufsleben.

Mit dreißig Jahren hat der Wiener sein Liebesleben meistens hinter sich. Viel Interesse für Frauen jenseits der Liebe hat der Wiener nicht. Was sie denken und was sie wollen, langweilt ihn nur. Konversation mit Frauen interessiert ihn nicht. Er will von ihnen nichts als Liebe mit viel Zärtlichkeit, und er will ganz allein mit der Geliebten sein, immer nur allein ... Frauen haben manchmal das Bedürfnis nach einem größeren Kreis, aber er denkt nur an sich. Liebende, die einander egoistischer gegenüberstehen als die Wiener, gibt es nicht: so sentimental sie sind – sie suchen in der Liebe immer nur sich selber und nie den anderen, sie interessieren sich nur für ihre Liebe, aber nicht für den Partner ihrer Liebe. Ihre eigene Liebe rührt sie maßlos. Im Grunde sind sie immer nur in sich selbst verliebt und mit sich selbst beschäftigt.

Und die Frauen sind da wie die Männer: man kann in Wien mit einer Frau lange Zeit eine Liebesbeziehung haben, ohne daß sie eine Ahnung hat, was man arbeitet, wovon man lebt, wofür man sich interessiert. Es gibt verheiratete Frauen, die vom Beruf ihres Mannes nicht mehr wissen als den Namen und nicht die geringste Vorstellung haben, was er da eigentlich tut. Sie sind im Grund alle egoistische, verschlossene Menschen mit einem weichen gefühlvollen Gemüt – weich und gefühlvoll vor allem gegen sich selber. Sie suchen im anderen Menschen mehr den Anlaß zu ihren eigenen prachtvollen Liebeserlebnissen als seine Liebe. Sie suchen immer nur sich selbst, ihren Ausdruck, ihr Gefühl. Sie wollen sich reden hören, sie wollen sich erschüttert fühlen, immer sich und nicht den anderen – einsame Menschen auch in der Liebe...

NACHTLEBEN

In Wien gibt es kein Nachtleben. Der Wiener geht um zehn Uhr schlafen. Um zehn Uhr wird das Haustor gesperrt. Niemand hat den Haustorschlüssel. Wer nach zehn Uhr kommt, muß läuten und Sperrsechserl zahlen und natürlich auf der finsteren, kalten Straße warten, bis der Herr Wotruba oder Nowotny, oder wie er heißt, mit einer flackernden Kerze in der Hand, notdürftig in einen Schlafrock gehüllt, in seinen Pantoffeln daherschlurft. Oft dauert es lange, und man muß zwei- oder dreimal läuten, bis endlich das Licht aufflackert und einen das beruhigende Schleifen der Pantoffel auf dem Boden gewiß macht, daß das Warten ein Ende hat. Dann rasseln die Schlüssel im Schloß, der Duft des bürgerlichen Ehebettes flutet einem von dem aus seiner nächtlichen Ruhe aufgestörten Hausmeister entgegen, der etwas brummt, daß man nicht so stark läuten soll, weil er davon ganz närrisch wird. Dann steckt er brummend sein Sperrsechserl ein und schleift zu seiner Wohnung zurück. Und dann muß man, mit einem Kerzerl in der Hand, von dem einem heiße Tropfen auf die Finger fallen, durch das feuchtkalte Stiegenhaus, in dem riesige Gespensterschatten herumtanzen, in seine Wohnung hinaufklettern. Wenn einem ein Luftzug das Kerzerl auslöscht, dann ist es ganz finster. Bis man dann die Zündhölzer wieder gefunden hat und bis das Kerzerl wieder brennt und bis man dann ins Schlüsselloch gefunden hat ... Kurzum, der Wiener weiß, warum er nicht gern nach zehn Uhr nach Hause kommt – übrigens nicht nur wegen der Unbequemlichkeit und wegen des Sperrsechserls, sondern auch wegen seines guten Rufes, denn es ist keine gute Nachrede, wenn es von jemand heißt, daß er oft nach zehn Uhr nach Hause kommt. Wenn man in der Nacht vor dem Haustor wartet, daß einem der Hausmeister das Tor aufsperrt, und es geht gerade der Wachmann vorbei, dann schaut er einen mißbilligend von oben bis unten an und kann sichtlich nicht verstehen, wie jemand, den der schwere Dienst nicht dazu zwingt, nach zehn Uhr noch auf der Gasse sein kann. Die Straßenmädchen reden einen nach zehn Uhr ungeniert an, denn sie wissen, wenn einer nach zehn Uhr noch auf der Straße ist, dann geht er auf Abenteuer aus. Wenn der Hausmeister die Moral einer Partei loben will, dann sagt er: »Sehr feine ruhige Leut' – kommen fast nie nach zehn nach Haus.« Diesen guten Ruf verliert man nicht gern. Die Theater und Konzerte müssen also vor zehn Uhr aus sein. Die Hoftheater, die große Dramen und Opern spielen, fangen um sieben Uhr an. Als Mahler in der Oper Richard Wagners Musikdramen ohne Striche zu spielen begann, standen viele Leute um dreiviertel zehn Uhr mitten im Stück auf und gingen nach Hause – nicht weil sie ihr Mißfallen kundtun wollten, sondern wegen der »Torsperr«. Auch am Stammtisch ist vor zehn Uhr Schluß – nur eine Tarockpartie kann sich einmal in die Länge ziehen. Am Silvesterabend und im Fasching gilt eine Ausnahme, da kommt man aber schon gleich am nächsten Tag nach sechs Uhr früh nach Hause. Ein Ball, von dem man früher nach Hause kommt, war nichts.

Es gibt in Wien auch ein paar Nachtlokale – kaum ein Dutzend. Sie liegen alle in der Nähe der Kärntner Straße. Sie sind keine Wiener Gewächse. Das kennt man schon an ihren Namen: Tabarin, Maxime, Trocadero... Pariser Nachempfindungen. Schließlich ist doch auch Wien eine Großstadt, und eine Großstadt muß doch ein Nachtleben haben. In Berlin und sogar in Hamburg ist um zwei Uhr nachts mehr Verkehr auf den Straßen als in Wien um zwölf Uhr mittags. Warum das für Wien beschämend sein soll, ist zwar nicht einzusehen, aber die Wiener schämen sich, daß sie kein Nachtleben haben und gar kein Laster der Großstadt, und da das Großstadtgewissen sie drückt und da sie nicht immer hören wollen, daß in Wien nichts los ist, richten sie also dem Laster ein paar Höhlen ein, wo es sich unter der väterlichen Aufsicht der k. k. Polizei austoben darf. Wer toben will, muß dafür Strafe in Form phantastischer Preise zahlen, so daß der Wirt, wenn er schon seinen guten Ruf damit belastet, daß er dem Laster Vorschub leistet, wenigstens eine angemessene finanzielle Entschädigung für die Minderung seines bürgerlichen Ansehens erhält. So sind alle zufrieden: Das Großstadtgewissen der Wiener wird beruhigt, der Wirt verdient, und die Polizei hat das Laster der Großstadt schön übersichtlich unter ihren Augen.

Bekanntlich sind alle kriminellen Existenzen auch den Sünden des Fleisches ergeben und gehen gerne in die verlockenden Fallen, die ihnen da die Polizei aufstellt. Ein Defraudant hat nichts Eiligeres zu tun, als mit seinem Raub sofort in ein Nachtlokal zu gehen und ihn dort mit den Damen des Lokals zu verjubeln, die sofort den anwesenden Kriminalbeamten aufmerksam machen... Wenn ein Verbrecher das nicht tut, dann ist sein Verhalten regelwidrig, und dann kann ihn die Polizei nicht fangen. Aber die Verbrecher wissen, wohin sie gehören und was ihnen zukommt und werden daher von der Polizei auch pünktlich gefaßt. Dann schreiben die Zeitungen voll Freude, daß es den Kriminalbeamten Newerka, Blattny, Schab und Komarek wieder einmal gelungen ist, mit raschem Zugriff... Wenn es ihnen aber wieder einmal nicht gelungen ist, dann sind die Zeitungen schön still, denn sie wissen, was sich gehört und was ihnen zukommt, so daß das Publikum den Eindruck hat, daß es immer gelungen ist, was ja der Zweck einer wohlgeleiteten Information der Öffentlichkeit ist.

Die Wiener gehen in der Regel den Nachtlokalen weit aus dem Wege. Sie sind der dort käuflichen Liebe, dem dort käuflichen schlechten Wein und dem lärmenden Vergnügen im allgemeinen abgeneigt, und sie wollen nicht »gewurzt« werden, aber natürlich machen sie Ausnahmen. Nach einem großen Repräsentationsball, nach einer Redoute, nach einem Souper gehen die feinen Leute sogar mit ihren Damen in ein Nachtlokal – natürlich nicht mit jungen Mädchen. Das ist dann »sehr lustig«, und die Damen haben bei ihren Jours lange davon zu erzählen. Jedenfalls ist es sehr teuer, denn unter zehn Gulden pro Kopf verläßt man kein Nachtlokal. Besorgt blickt beim Zahlen die Gattin, was »mein Mann« für ein Gesicht macht, aber, siehe da, er weiß, was sich ein Kavalier schuldig ist, er macht keinen Krach, er brüllt nicht, er zahlt, ohne mit der Wimper zu zucken.

Der große Tag der Nachtlokale ist der Donnerstag. Da ist Schweinemarkt. Da spitzt der Oberkellner vier Bleistifte, und die Damen des Lokals erscheinen vollzählig in großem Kriegsschmuck. Es dauert eine Weile, bis der Betrieb in Schwung kommt; indessen plauschen die Damen, und sie reden, wie alle Frauen, von ihren neuen Kleidern und von ihrem Ärger mit der Schneiderin. Dann erzählt das Fräulein Anni von ihren strengen Grundsätzen: »Perversitäten dulde ich nicht«, sagt sie, »das hab ich ihm ungeniert ins Gesicht gesagt. Nein, sag ich, seinen guten Ruf kann man nur einmal verlieren, und von mir weiß, Gott sei Dank, jeder Mensch, daß ich eine solide Person bin...!« Alle Damen stimmen dem Fräulein Anni zu. Sie sind alle solide Personen, die Perversitäten nicht dulden. Dann zeigt das Fräulein Pepi dem Herrn Oberkellner Weinbacher und dem Herrn Kriminalinspektor Newerka die Photographie ihres Sohnes, der bei den Deutschmeistern dient. »Fesch is er«, sagt der Herr Weinbacher, aber der Herr Kriminalinspektor streicht sich nur reserviert den Schnurrbart, um seine überlegene soziale Stellung zu kennzeichnen. »Mein Franzl ist ein sehr tüchtiger Kellner, das sagt jeder; wann er vom Militär freikommt, da wer ich schon auf ihm schaun.« – »Ein sehr ein solider Beruf ist das Gastgewerbe«, sagt der Herr Newerka würdevoll, aber der Herr Oberkellner Weinbacher macht nur ein reserviertes Gesicht, wie das hochgestellten Personen zukommt, wenn in zu deutlicher Weise auf ihre zu erwartende Protektion angespielt wird.

»Da siehst du also das Laster der Großstadt, das du hast sehen wollen«, sagt der Herr Kaiserliche Rat zu seiner Frau, als sie nach dem Ball das Nachtlokal betreten. Der Herr Rat macht ein hochgeborenes Herrengesicht mit herabgezogenen Mundwinkeln, die Gattin lächelt animiert in das versammelte Laster hinein, und beim Anblick dieser Damen, die sich seit Jahrzehnten mit Erfolg und, von den hohen Behörden vielfach anerkannt, dem Laster widmen, denkt sie sich: Na, so schön bin sogar noch ich nach drei großen Kindern, wenn das alles ist!

Außer den Schweinehändlern gibt es im Nachtlokal Handlungsreisende aus Belgrad und Berlin. »Da grüßt dich ein Herr«, sagt aufgeregt die Frau Rat zu ihrem Gatten. »Ein Reisender«, sagt beruhigend der Gatte und erwidert gnädig den Gruß. Dann sind da Kavallerieoffiziere, Infanterieoffiziere aus der Provinz auf Urlaub, Söhne reicher Leute aus den Balkanstaaten, die in Wien studieren, Schauspieler, Sänger (die werden als Kollegen behandelt und brauchen daher nichts zu konsumieren, wenn sie nicht wollen). Nach Mitternacht kommen aus dem Klub ein paar Aristokraten im Frack, setzen sich in eine Loge, trinken eine Flasche Champagner, scherzen weltmännisch mit den Mädchen, aber auch nicht mehr, denn man kann sich doch nicht in so einem Lokal mit einem Frauenzimmer kompromittieren. Der Herr Rat möchte auch ein weltmännisches Scherzwort mit einem Mädchen riskieren, er kommt aber über ein verlegenes Grinsen nicht hinaus.

Dann kommt der Peter Altenberg. Er sieht wie Paul Verlaine aus und trägt ein buntes Hemd und einen karierten Rock. »Wer ist das, ich bitt' dich?« fragt aufgeregt die Frau Rat. »Das ist der Sohn vom alten Engländer, ein Trunkenbold und Skandalmacher – Altenberg nennt er sich – ein Dichter... Und der daneben, das ist der Karl Kraus – der Bruder vom Papierkraus – ein Revolverjournalist, obwohl er es wirklich nicht nötig hätt', aus so feiner Familie«, sagt der Herr Rat stolz, weil er ganz Wien kennt.

Dann spielt die Kapelle plötzlich das Burenlied, und eine merkwürdige Erscheinung wird allgemein akklamiert: ein knallrotes Froschgesicht, in dem auf unerklärliche Weise ein Monokel schwimmt: alkoholfeuchte Augen, ein ganz zerdrückter Anzug, ein schief geknöpftes Gilet und andere Toilettefehler. »Wer ist das?« Der Graf Montschi Sternberg. Er kommt gerade aus dem Burenkrieg, den er (natürlich auf der Seite der Buren) mitgemacht hat, er ist nie nüchtern, und er ist Politiker. Das Publikum kennt seine Ansichten nicht, aber es findet ihn furchtbar komisch. Alles ruft: »Servus, Montschi«, auch der Herr Kaiserliche Rat. »Woher kennst du den?« fragt die Frau Rat. »Den kennt jeder«, sagt mit schlechtem Gewissen der Herr Rat, denn er kennt ihn nicht und hat ihn nur auf gut Glück gegrüßt, aber der Montschi ist nicht heikel. Er weiß wirklich nicht, mit wem allen er nicht schon zwischen vier und fünf Uhr früh Bruderschaft getrunken hat, und daher erwidert er jeden Gruß und jedes Du.

Kaum sitzt der Montschi, kommt einer der Herren aus der Aristokratenloge, wirft ihm einen Blick zu; der Montschi steht auf, der andere legt ihm brüderlich den Arm um die Schulter und führt ihn in den Gang hinter den Logen. Dort gehen sie und stehen sie, leise ein lebhaftes Gespräch führend, auf und ab. Das Promenoir wird zum Couloir, und man spürt den Atem der Geschichte. Dann setzt sich der Montschi wieder zu seinen Freunden und predigt ihnen. Es geht ihm wie vielen anderen Propheten auch: es graut ihm vor seinen eigenen Visionen. Darum trinkt er, und die anderen sehen nur, daß er betrunken ist, und nicht, daß er Visionen hat, und lachen über ihn. Propheten sind aber auch oft komisch. Oft verstehen sie ihre eigenen Visionen nicht und hängen sich an skurrile

Details. Der Graf Sternberg predigt im Parlament und im Nachtlokal das Ende Österreichs, der Kirche, des hohen Adels, der Tschechen und der Juden. Die alle sind Verfolgte und sollten sich zusammentun. An allen Bösen sind die Senilität des Kaisers, die Korruption im Jockeyklub und die Homosexuellen schuld. Die sind eine geheime, höchst gefährliche internationale Organisation, die von allen Seiten den senilen Kaiser eingesponnen hat. Was dem einen die Juden, dem anderen die Jesuiten oder die Freimaurer sind, sind ihm die Homosexuellen. Jeder sieht eben die Symptome des Verhängnisses, die sich in seiner Sphäre zeigen. Und die Leute lachen, und er ärgert sich und trinkt.

Da betritt – es ist schon drei Uhr früh – eine neue Gruppe das Lokal: ein junger Prinz, schön wie Dorian Gray, eingehängt in zwei noch schönere, noch jüngere Jünglinge. Ganz aufgeregt schaut die Frau Kaiserliche Rat durch ihr Lorgnon die drei schönen Jünglinge an, und der Herr Kaiserliche Rat sagt weltkundig: »Ja, auch das gibt es.«

»Wenn man denkt«, sagt sie, »daß so schöne Menschen diesen Frauenzimmern in die Hände fallen ...«

»No, da ist die Gefahr gering«, meint der kluge Gatte.

»Wieso?« fragt sie.

»Ich werd dir das zu Hause erklären, und jetzt wär' überhaupt Zeit zum Gehn«, meint der Gatte, der diese Lektion Laster anscheinend für ausreichend hält, und er ruft »Zahlen«. Aber so einfach geht das nicht, denn der Herr Weinbacher muß noch rasch eine Serviette von einem leeren Tisch auf den anderen leeren Tisch legen. Indessen stimmt die Musik »O bella Napoli«, das Lieblingslied des schönen Prinzen, an. Da fährt der Graf Sternberg, der vor sich hingedöst hatte, zusammen. Er weiß, zu wem das Lied gehört, er sieht die Gruppe der drei schönen Jünglinge, haut auf den Tisch und schreit: »Eine Schamlosigkeit!« Dann ruft er laut: »Zahlen!« Auch der Herr Kaiserliche Rat ruft: »Zahlen!«, weil er schon lange zahlen will, und die Aristokraten in ihrer Loge verlangen auch, stiller, aber dennoch deutlich, zu zahlen. Der schöne Prinz bleibt heiter und gelassen vor dieser Demonstration sitzen und läßt sich Milch und Champagner bringen: in einem Kühler die Milchflasche, im anderen den Champagner. Aufgeregt tuschelt der Herr Wirt mit dem Weinbacher und der Buffetdame. Der weltkundige Weinbacher meint: »Ah, solche Zwischenfälle sind nur Reklame, da red't morgen ganz Wien davon.« Dann geht er endlich doch einkassieren. Aber der Wirt sagt: »Ein Skandal ist das, bei mir ist ein solides Lokal und kein Lokal für solche Brüder, das sag ich ihm ins Gesicht und wann er hundertmal a Prinz is.«

»Machen S' kane Dummheiten, Herr«, flüstert ihm energisch der Herr Inspektor Newerka zu.

Rasch verläßt der Herr Kaiserliche Rat, der Angst hat, in etwas hineingezogen zu werden, das Lokal, höchst aufgeregt hinter ihm die Gattin: »Bitt dich, was is da los? Was is da los?«

So sind die Nachtlokale in Wien. Staunend und kopfschüttelnd sieht das bürgerliche Wien das sonderbare Treiben von drei- oder vierhundert Menschen an – Aristokraten, Bohemiens, Kaufleute, Offiziere, Buchmacher und Wucherer –, die Nacht für Nacht dies Dutzend Lokale mit ihrem sonderbaren Wesen füllen.

Laster, Exzesse und bei Nacht nicht schlafen sind dem Wiener Bürger fremd und beängstigend. Wenn ein Bürgerssohn – einmal anschauen kann und soll er sich's ja – öfters in solchen Lokalen gesehen wird, dann ist er kein wünschenswerter Schwiegersohn mehr. Ein Verhältnis kann er haben, das muß er vor dem Heiraten anständig und ohne Skandal lösen – aber mit solchen Frauenzimmern, wie sie in den Nachtlokalen verkehren, gibt sich ein anständiger Mann nicht ab. Alles muß seine Art haben: vor zehn Uhr und halt ganz gewöhnlich, daß der Hausmeister, die Dienstboten und die Kinder keinen Anstoß nehmen – halt in der richtigen Art, in der richtigen Art, das läßt sich nicht definieren, das muß einem der Verstand eingeben.

Am nächsten Nachmittag geht die Frau Kaiserliche Rat, geschwellt von den aufregenden Erlebnissen der vergangenen Nacht und von den noch aufregenderen Erklärungen ihres Gatten, zum Jour ihrer Freundin, der Frau Doktor, der Gattin des großen Advokaten. (Es ist ein Jammer, daß es für Advokaten keine anständigen Titel gibt; auch der größte ist nur »Herr Doktor«, so wie irgendein kleiner Advokat in der Provinz, der nichts tut, als beim Bezirksgericht Ehrenbeleidigungen ausgleichen. Im Reich draußen heißen sie wenigstens Justizräte.) Sie ist so aufgeregt, daß sie sich gar nicht recht Zeit nimmt, im Vorzimmer mit der lieben, alten Minna zu tratschen, die ihr die Schneeschuhe auszieht und bei der sie sonst ein ausgiebiges Standerl macht. Mächtig zieht sie das lebhafte Gespräch an, das man durch die Tür aus dem Salon ins Vorzimmer heraushört, und das so klingt wie das auf- und abschwellende Gegacker eines Hühnerhofes, in dem gerade das Futter ausgestreut wird.

In aller Eile umarmt und küßt sie die Hausfrau und ein paar andere Damen und absolviert die paar Vorstellungen, wobei sie genau aufpaßt, ob sie der Dame oder die Dame ihr vorgestellt wird, und ob sie dabei ihrem Rang und ihrem Alter entsprechend behandelt wird. Das ist eine schwere Kunst, die Damen hoch im Rang und nieder genug im Alter zu taxieren. Jahrelang kann eine beleidigt sein, wenn man eine Dame, die sie für älter hält, ihr vorstellt statt umgekehrt. Nachdem diese aufregenden Präliminarien erledigt sind, muß die Frau Rat noch die herrlichen warmen Schinkenkipferln und die Brötchen mit der Ganslebermousse loben. Dann endlich kann sie mit den Erlebnissen des gestrigen Abends losschießen. Gespannt horchen die Damen zu. Manche Stellen des Berichtes flüstert die Frau Kaiserliche Rat nur ihrer Nachbarin ins

Ohr, da man sie nicht laut sagen kann, und es wird dann weiter von Dame zu Dame geflüstert, aber plötzlich sagt eine der Damen sehr hochdeutsch und mit eiskalter Stimme (in Wien hat es immer Böses zu bedeuten, wenn jemand anfängt hochdeutsch zu reden): »Ich verstehe gar nicht, wie Leute, die den Prinzen gar nicht kennen, derartige Dinge über ihn erzählen können; mein Sohn ist mit dem Prinzen befreundet, und er verkehrt bei uns zu Hause; wir kennen den Prinzen als einen vorbildlichen Gentleman...« Es entsteht eine höchst peinliche Pause, und die Frau Kommerzialrat, die den Prinzen persönlich kennt, verabschiedet sich rasch. Eine unbehagliche Stimmung bleibt zurück – die Erzählung war kein Erfolg. Wer kann denn aber auch auf so etwas gefaßt sein? Tratsch über hohe Persönlichkeiten ist sonst ein sicheres Jourgespräch, das jeden interessiert und keinen beleidigt, da ja niemand diese Leute außer dem Namen nach kennt, aber jeder auf das neugierig ist, was sie tun. Nein, darauf kann kein Mensch gefaßt sein. Ja, worüber kann man denn noch ungeniert reden? Nur über Kochrezepte und über Dienstboten?

Ein paar Tage später lassen sich beim Herrn Kaiserlichen Rat zwei Herren zu früher Stunde melden. Beide sind Grafen und Kavallerieoffiziere. Erstaunt betrachtet der Herr Rat die Karten. Das sind vielleicht Versicherungsagenten? Oder soll er am Ende gar Minister werden? Es sind schon andere Leute Minister geworden, die es weniger verdient haben als er. Die beiden Herren sind nicht in Uniform, sondern im Salonrock, sie haben Handschuhe an und den Zylinder in der Hand. Sie ignorieren die Hand, die ihnen der Herr Rat freundlich entgegenstreckt. Sie sind die Sekundanten des schönen Prinzen und fordern ritterliche Genugtuung für die ehrenrührigen Erzählungen, die der Herr Rat über den Prinzen verbreitet. So etwas ereignet sich in der geschäftlichen Praxis nicht häufig. Der Herr Rat wirft sich in eine heldenhafte Pose, er steckt napoleonisch die Hand in den Giletausschnitt, aber was er sagt, ist weniger napoleonisch. Er stammelt etwas, daß er erstens gar nichts gesagt habe, daß er zweitens mißverstanden worden sein müsse, daß er gar nichts wisse und sehr bedaure. Bald stellt sich heraus, daß die beiden Grafen das Blut des Herrn Rates nicht unbedingt vergießen wollen. Sie haben ein Protokoll schon geschrieben bei sich, das der Herr Rat nur unterschreiben muß; sie ziehen die Handschuhe aus, sie legen die Zylinder aus der Hand, sie nehmen Platz und werden wesentlich menschlicher. Der Herr Rat setzt den Zwicker auf und liest Wort für Wort murmelnd das Protokoll durch, dann nickt er zustimmend und unterschreibt, daß er tief bedaure, daß er nicht anstehe zu erklären usw. Damit sind die beiden Grafen zufriedengestellt und erklären, daß die Angelegenheit ritterlich durch eine rückhaltlose Ehrenerklärung beigelegt sei. Nun hat der Prinz seine einwandfreie Tadellosigkeit schriftlich – das hat nicht jeder –, und das ist für ihn mehr wert als das vergossene heiße Blut des Herrn Kaiserlichen Rates. Der Herr Rat denkt nach, ob es nun am Platz sei, den Herren einen Sherry und eine Zigarette anzubieten, aber schon haben sich die Herren verabschiedet, und als der Herr Rat hinter ihnen die Tür zugemacht hat, hält er noch immer ihre Visitenkarten in der Hand und liest voll Entzücken die herrlichen Titel und Prädikate: Kämmerer ist der eine und Ehrenritter des Souveränen Malteserritterordens der andere.

Ehrfürchtig legt der Herr Rat die beiden Karten ganz oben auf den Hügel von Visitenkarten in der großen Achatschale, dann aber packt er mit raschem Entschluß die Karten des ganzen bürgerlichen Verkehrs, öffnet eine kleine Seitentür und rauschend verschlingt die Wasserspülung die Spuren der Besuche von angesehenen Grossisten, Hoflieferanten, Advokaten, Direktoren und Regierungsräten. In der weiten Schale aus Festungsachat ruhen jetzt nur mehr die feudalen Karten der zwei Grafen, des Ehrenritters und des Kämmerers. Das war heute ein guter Tag – ein Tag des sozialen Aufstieges.

Eine Stunde später macht die Frau Rat ihrer Köchin einen Skandal, weil der Ablauf der vorderen Klosette schon wieder verstopft ist und das nur daher kommen kann, weil diese Person wieder einmal Knochen in den Ablauf geschüttet hat. Es wird geweint, es wird gekündigt – die gnädige Frau hat keine Ahnung, daß die Wasserspülung den ganzen bürgerlichen Verkehr des Hauses weniger rasch verschlucken konnte, als der Herr Kaiserliche Rat ihn ertränken wollte.

Eines schönen Morgens um halb neun Uhr früh steht der Herr Kommerzialrat, dessen Gattin den schönen Prinzen beim Jour der Frau Doktor gegen die Skandalgeschichten der Frau Kaiserlichen Rat so mutig verteidigt hatte, vor dem großen Spiegelkasten und hebt das Kinn mit dem daran befindlichen Barte hoch in die Höhe, denn er steckt eine Brillantennadel in sein breites seidenes Plastron. Die gnädige Frau liegt oder sitzt vielmehr noch im Bett und auf ihren Knien steht ein Tablett mit ihrem Frühstück. Sie ist in dieser Form für den Uneingeweihten kaum zu erkennen, denn jener hohe, für sie so charakteristische, lockengezierte Schopf, mit dem sie alle Welt kennt, liegt jetzt zum größeren Teil in der Lade des Toilettentisches, um erst wieder an Ort und Stelle gebracht zu werden, wenn um halb zehn Uhr die Friseurin kommt. Indessen bedeckt ein Spitzenhäubchen die spärlichen Haarsträhnen der Frau Kommerzialrätin. Auch ihre monumentale Büste harrt noch der notwendigen Stützen, um voll zur Geltung zu kommen. Sie hat jetzt statt des mondänen Lorgnons eine Brille auf der Nase und sie taucht mit einer Hand das Kipfel in den Kaffee und mit der anderen hält sie die Zeitung.

Diese morgendliche Idylle unterbricht plötzlich die brave Betti. »Bitt, gnä Herr«, sagt sie atemlos, »es is einer von der Polizei draußen, i weiß net, is es a Mann oder a Herr, er möcht dringend den Herrn Kommerzialrat sprechen, hat er gsagt.«

»Was kann das sein?« fragt irritiert die gnädige Frau.

»Ach was, gewiß eine Schnorrerei – Ehrenkarte für den Polizeiball oder so was«, sagt weltkundig der Herr Rat. »Führen Sie den Herrn in den Salon.«

»Im Salon is no net aufgeräumt.«

»Was is das für eine Wirtschaft?« brüllt der gnädige Herr.

»In ganz Wien is um halb neun der Salon noch nicht aufgeräumt«, erwidert beleidigt die Gnädige.

»Also führen Sie ihn ins Speisezimmer.«

»Das is auch noch nicht fertig.«

»Also, es wird doch in drei Teufels Namen in einem sogenannten erstklassigen Haushalt einen Raum geben . . .«

»Führen Sie ihn ins Herrenzimmer«, sagt mit eiskalter Stimme die Gnädige, und zu ihrem Gatten: »Tu te comportes devant les gens comme un cocher – n'as t pas honte?«

»Jetzt hab ich gerade Zeit für so Dummheiten«, sagt etwas nervös der Gatte.

Im Herrenzimmer hat indessen der Besucher Platz genommen, von dem es nicht feststeht, ob er ein Mann oder ein Herr ist. Er ist breitschultrig, hat einen starken Schnurrbart, den kurzen Pelz hat er nicht abgelegt, sondern nur aufgeknöpft, den harten, schwarzen Hut hält er in der Hand, und mit der Doppelsohle des massiven braunen Schuhs klopft er ungeduldig auf den Teppich. Da erscheint aber schon der Herr Rat. »Bitte, womit kann ich dienen?« fragt er. Höflich erhebt sich der Besucher. »Blattny mein Name, von der Kriminalpolizei«, sagt er und weist eine abgegriffene Legitimation vor. »Oho«, sagt lachend der weltkundige Kommerzialrat mit seinem ruhigen, aber doch nicht so ganz sicheren Gewissen. Man kann doch nie wissen. »Rauchen Sie?« schlägt der Herr Rat vor, aber Blattny lehnt ab und sagt: »Es handelt sich nämlich um Ihren Herrn Sohn.« Erleichtert, daß es immerhin nicht ihn selber angeht, lächelt der Herr Rat: »Na, hat er die nächtliche Ruhe gestört oder am Ende gar Schulden gemacht?« – »Nein, Herr Kommerzialrat, es ist nichts von der Art.« Dann stellt er die gewissen amtlichen Fragen, ob der Herr Sohn gewiß der Herr Sohn und der Herr Kommerzialrat gewiß der Herr Papa dieses Herrn Sohnes ist, und dann sagt er: »Es handelt sich nämlich um eine sehr delikate Angelegenheit, indem daß eine hohe Persönlichkeit in dieselbe verwickelt erscheint. Um Sie gleich ins Bild zu setzen, an und für sich hätten wir ja die Sache ad acta gelegt, da aber leider die Anzeige von einer sehr hochgestellten Persönlichkeit herrührt, über die man nicht so einfach hinweggehen kann, hat mich halt der Herr Präsident mit Vorerhebungen betraut – also zur Sache: Kennen Sie beziehungsweise Ihr Herr Sohn Seine Durchlaucht?« und er nennt den Namen des schönen Prinzen.

»Sowohl meine Frau und ich als auch mein Sohn haben die Ehre, Seine Durchlaucht zu kennen – er hat uns auch gelegentlich mit seinem Besuch beehrt – zwischen meinem Sohn und dem Prinzen bestehen lediglich kameradschaftliche Beziehungen, wie sie sich zwischen jungen Leuten ganz natürlich ergeben« (ein Schauer des Entzückens, der ihm fast die Rede verschlägt, rieselt ihm über den Rücken, als er seinen Sohn mit dem Prinzen in einem Atem »junge Leute« nennt) ». . . mein Sohn dient ja bei demselben Dragonerregiment wie Seine Durchlaucht – es war der Herzenswunsch meines Sohnes – Dragoner – und da wir gottlob in der glücklichen Lage sind – also, mein Gott, die schöne Uniform – junge Leut' sind halt eitel – steht ihm übrigens sehr gut – Soldaten spielen macht halt den Buben immer Spaß – er ist ja überhaupt noch so ein kindischer Bub, noch gar nicht erwachsen, die Harmlosigkeit selber, immer sehr brav gelernt, hat uns nie irgendwelche Sorgen gemacht – ein Kind, er spielt heute noch mit seinen Spielsachen – wie der Prinz uns neulich besucht hat, haben sie sich auf den Boden gekniet und mit der Eisenbahn gespielt – harmlose Kinder, ich möchte mir auch gestatten, den Prinzen geradezu ein kindliches Wesen zu nennen.«

»Haha«, lacht der Herr Blattny. »Ich danke Ihnen, Herr Kommerzialrat, bestens für ihre äußerst wertvollen Aufschlüsse – ich fasse also zusammen: Sie haben nicht den geringsten Anhaltspunkt in bezug auf den bewußten Paragraphen des Strafgesetzes, vielmehr rein kameradschaftliche, geradezu kindliche Beziehungen – genauso wie wir uns das gedacht haben – im Keim gleich abtöten, hat der Herr Präsident gemeint, ist das beste – Sie werden das schon taktvoll machen, Blattny, hat er gemeint. – Ich verstehe also richtig, Herr Kommerzialrat, und darf melden, daß Sie keinerlei Interesse an der weiteren Verfolgung dieser Anzeige nehmen – bitte, es könnt' ja sein – es gibt ja derartige Fälle, wo gerade die Angehörigen der Betroffenen – bitte, ich wollt ja nur feststellen, bei einem Amt muß alles genau gehen, daß man keine Nackenschläge erlebt – also verzeihen Sie, Herr Rat, die unliebsame Störung – danke bestens – jetzt kann ich nicht widerstehen, aber anzünden tu ich mir's, wenn Sie gestatten, erst nach dem Essen – eine echte Havanna – so was kriegt unsereiner selten – aber nein, Herr Kommerzialrat – aber wieso denn? Zu liebenswürdig – jedenfalls meinen herzlichen Dank – und wenn Sie einmal bei der Polizei irgendeinen Bedarf haben sollten – bitte sich nur an mich zu wenden – Blattny mein Name – meine Verehrung, meine Ergebenheit – oh, bitte bemühen Sie sich nicht – ich finde meinen Weg schon allein – Polizei – angeborener Orientierungssinn – verzeihen die Störung – Dienst is Dienst – meine Verehrung, meine Ergebenheit.«

So fein geht in Wien die Polizei mit feinen Leuten um, mit ordinären Leuten kann sie auch ordinär sein – mit jedem so, wie sich's für ihn gehört und wie es ihm zukommt.

Als die brave Betti sieht, wie respektvoll sich der Herr Kriminalbeamte von ihrem gnädigen Herrn verabschiedet, steigt ihre Achtung vor ihren Herrschaften wieder beträchtlich. Halb und halb war sie schon darauf gefaßt gewesen, unter Tränen den Herrschaften zu kündigen, denn ein anständiges Mädchen kann doch nicht bei Leuten bleiben, hinter denen die Polizei her ist.

»Also was sagst du, welche Dimensionen dieser Tratsch annimmt – jetzt schikken sie uns gar schon die Polizei auf den Hals – alles der Neid«, sagt die gnädige Frau zu ihrem Gatten, als er zu ihr zurückkehrt, denn sie hat natürlich an der Tür gehorcht.

»Du siehst, daß die Polizei diesem Tratsch kein Gewicht beilegt, und ich habe doch wohl keinen Anlaß, diese Sache tragischer zu nehmen als die Polizei«, erwidert staatsmännisch der Gatte.

»Aber um Himmels willen, das kann man doch unmöglich anstehen lassen, da muß man doch entgegentreten, da muß man doch etwas veranlassen.«

»Nein, im Gegenteil, da muß man gar nichts veranlassen, als kein Wort darüber reden, die ganze Sache ignorieren, Gras drüber wachsen lassen, dann werden die Leute von selber davon zu reden aufhören. Personen in hoher Stellung sind eben immer von Neid und Verleumdung umgeben, und wer mit so hohen Herrschaften verkehrt, der muß es vertragen, daß er in ihre Affären hineingezogen wird. Da muß man beweisen, daß man in dieser hohen Luft atmen kann, daß man schwindelfrei ist und daß man es verträgt, wenn einem die Kugeln um die Ohren pfeifen; Nacken steif halten, nicht mit der Wimper zucken! Wenn man das nicht imstande ist, dann muß man halt auf den Verkehr mit hohen Persönlichkeiten verzichten.«

Der Herr Kommerzialrat spricht hochdeutsch, er steht da wie der Sonnenthal und macht ein Cäsarengesicht. »Und im übrigen«, setzt er in menschlicherem Ton hinzu, »wenn der Bub das Militärjahr hinter sich hat, dann schicken wir ihn einfach auf ein Jahr ins Ausland – dann stirbt dieser ganze Tratsch von selber ab – nach England – in ein ganz anderes Milieu – da denken die Leute nur an Sport – nach Oxford – dort kennt man solche Sachen gar nicht.« So spricht der weltkundige Gatte und verläßt das Haus, um sich mit beträchtlicher Verspätung in sein Kontor zu begeben.

Wunderbar erregt denkt er heute nicht daran, daß die Konkurrenz um zwanzig Prozent billiger ausbietet, auch nicht daran, daß die Dampfkesselanlage in seiner Kosteletzer Fabrik (die im Jahre 1850 eine Sehenswürdigkeit war und auf die er leider im Jahre 1905 noch immer stolz ist) dringend erneuert werden muß, er denkt heute auch nicht an Perlhefter in Lemberg, der mit ansehnlichen Beträgen schon lange überfällig ist – er denkt heute nur vornehme Gedanken: Dragonerregiment – Prinz – Oxford – einwandfrei hat sich der Polizist benommen – er hat halt gespürt, mit wem er es zu tun hat – er hat sich eben so benommen, wie man sich mit einem großen Herrn benimmt – eigentlich ist für eine so hohe soziale Stellung Kommerzialrat gar kein passender Titel mehr – Kammerrat auch nicht – vielleicht Konsul oder Generalkonsul – oder warum nicht »Ritter von«? – Der Taussig und der Gutmann sind auch

»Ritter von« – warum nicht lieber gleich Baron? – Der Liebig und der Leiten-
berger sind Barone – übrigens sagt man in Wien ohnehin jedem »Ritter von«
Herr Baron. Diplomatie – Überlegenheit – staatsmännischer Entschluß – das
lernt man im geschäftlichen Leben – der Kaufmannsberuf ist eine gute Schule
– in Amerika macht man immer Kaufleute zu Botschaftern, und sie treffen es
sehr gut – warum nicht auch bei uns? Einmal muß sich doch auch bei uns der
Fortschritt durchsetzen . . . Es war ein aufregender Morgen, aber alles in allem
– man kann zufrieden sein: ein Erfolg. »Immer nach oben schauen« wäre
eine gute Devise für ein Wappen – semper . . . was heißt nur »nach oben
schauen« auf lateinisch? Ah, das soll dann irgend ein Philolog übersetzen –
der junge Doktor, der der Hofmeister vom Buben war – dem ist das nur eine
Ehre – der macht das gern umsonst.

GESELLSCHAFTLICHES LEBEN

Wien hat ein reiches gesellschaftliches Leben. Jeden Tag sieht man die Wagen vom »Sacher« und vom »Corinaldi« durch die Stadt fahren, die auf Silberschüsseln herrlich aufgebaute kalte Vorspeisen oder ganze kalte Buffets in die Häuser zustellen, in denen Gesellschaft ist. Wagen, hochbeladen mit goldenen Sesseln, Wagen mit Palmen und Lorbeerbäumen fahren Tag für Tag zu Häusern, wo sie von aufgeregten Damen, Dienstleuten und Hausmeisterinnen schon erwartet werden. Die ganze Gasse sagt: »Die haben heute Gesellschaft«, und die Trafikantin sagt es der Greißlerin und die Greißlerin sagt: »Das Schlafzimmer hams ausgramt und Nummern ham s' zur Gardrob.« Die Friseurin kommt gestürzt mit einer riesigen Tasche und die Schneiderin mit einem Karton; weiße Konditorknaben kommen mit einem hölzernen Märchenkübel auf dem Kopf, und die Leute sagen: »Da kommt das Gefrorene.«

Tausende fleißige Hände ... Wegen dieser tausend fleißigen Hände ist nämlich das gesellschaftliche Leben in Wien da, denn die Wiener hassen Gesellschaften und feierliche Formen, sie lernen nicht gerne fremde Leute kennen; böse und mißmutig kommen die Männer zu ihren Gesellschaften daher und opfern sich, und auch den Frauen fehlt meistens die gesellige Begabung: Sie warten auf das Wunderbare und wissen gar nicht, daß sie selber das Wunderbare sind, auf das die anderen warten. Ja – wenn sie es nicht mitbringen, dann ist es eben nicht da. Da sitzen sie stumm und erwartungsvoll neben einem Herrn, der sich höflich bemüht, ein Gespräch einzuleiten – von was soll er denn reden? Vom Theater also, vom Künstlerhaus, von Tirol: »Das war heuer ein wundervoller Sommer – nicht wahr? Gnädigste haben auch noch ganz sommerliche Farben – waren Gnädigste auch in Tirol?« Und die Dame denkt: Ach Gott, ist das das Wunderbare? Nein, das ist es nicht – hab ich dazu die neue Frisur, die mir so gut steht? Und sie sagt: »Nein, wir waren wieder in Ischl – es hat alleweil geregnet...« – »Haben Sie schon den Kainz als Cyrano gesehen? Er ist geradezu großartig – mir ist er freilich ein bisserl zu modern...« versucht es der höfliche Herr noch einmal. Trottel! denkt sie: der Kainz zu modern! Ach Gott – das ist wirklich gar nicht das Wunderbare – und mit Kompromissen ist ihr nicht gedient: das Wunderbare oder gar nichts – vielleicht wär' aus dem Mann was ganz Nettes herauszukriegen, aber sie versucht es erst gar nicht. Die Wiener Frauen warten nur darauf, daß die Männer sie erlösen; daß sie die Männer erlösen könnten, daran denken sie nicht...

Und nach dem Souper sitzen natürlich gleich wieder die Herren beisammen und rauchen und erzählen Fälle aus der Praxis. Die Damen sitzen in ihrem Winkel und erzählen, was »mein Mann« sagt und von ihren Dienstboten, ihren Kindern, ihren fabelhaften Talenten und ihren Krankheiten. So plauschen die Herren und Damen ganz gemütlich und vergessen dabei ganz, daß sie sich schön und feierlich angezogen haben – warum haben sie sich dazu eigentlich festlich gekleidet? Zu schönen Kleidern, gutem Wein und erlesenem Essen würde doch eigentlich auch festliche, heitere, übermütige Unterhaltung gehören ...

Es ist ein rechter Krampf mit dem gesellschaftlichen Leben in Wien. Vielleicht ist es darum ein solcher Leerlauf, weil es keinen Mittel- und keinen Höhepunkt hat, dem es zustrebt und der ein Beispiel heiteren, gelösten, edlen Lebensstils gibt.

Wien ist eine Kaiserstadt, aber seit dem Kongreß von 1814 hat es keinen lebenden Hof mehr. Der Wiener Kongreß war sozusagen das Schlußfest. Nach diesem großen Exzeß wurde der Kaiser Franz alt und sparsam, dann kam der einfältige Sonderling Ferdinand und dann die Unglücksserie von 1848 bis 1866 ... Damals war der junge Kaiser Franz Joseph ein blauäugiger Märchenprinz, schön wie ein junger Gott, und die Kaiserin die schönste Frau, die man sich nur träumen kann, und diese schönen jungen Leute lebten so unglücklich miteinander wie nur möglich. Das Unglück dieser Liebe hat der Kaiser nie verwunden: in dieser Stadt der Sonderlinge wurde er bald der erste Sonderling – und die schöne Kaiserin gab ihm darin nichts nach: sie irrte wie gehetzt in der Welt herum; griechische Verse rezitierend, fuhr sie mit Vorliebe auf sturmtobender See in ihrer Jacht. Ein solches Kaiserpaar kann wohl keinen Hof lebendig machen.

In fader Routine haspelt der Hof seine Pflichtfeste ab: Schaugepränge – Pflichterfüllung. Der Kaiser sieht nie einen Gast bei sich, den er nicht haben muß. Alle Weile lang gibt er offizielle Familiendiners, auf die sich die hohen Gäste beiläufig so freuen wie auf den Zahnarzt.

Der Kaiser ist ein einsamer Sonderling: allein geht er spazieren, ißt allein am Schreibtisch zu Mittag, geht allein auf die Jagd; sein einziger geselliger Umgang ist die Schratt – ein einsamer, alter Mann, den ein Prunk umgibt, der ihm gleichgültig ist, und der höchst unlustig, wenn auch würdig und höflich die Pflichten des allerhöchsten Hausherrn des Reiches erfüllt. Und nicht viel anders müssen es, ob sie nun wollen oder nicht, auch die kaiserlichen Prinzen halten, denn sie dürfen doch dem Kaiser keine Konkurrenz machen.

Aber wenn auch diese Hoffeste recht steif und langweilig sind, so rufen sie natürlich doch bei ihren vielen Gästen und den Angehörigen dieser Gäste die größte Aufregung hervor. Alle Verwandten von fern und nah kommen den Papa anschauen, wenn er in großer Gala mit Orden und Degen zum Hofball geht, natürlich ohne Frau, denn nur die hoffähigen Herren – und das sind nur ganz wenige, vor allem die Aristokraten – dürfen ihre Frauen zu Hof mitnehmen. Die Dienstleute und die Hausmeisterin kommen natürlich den gnä' Herrn anschauen, bevor er zum Hofball geht: Alles ist im Vorzimmer versammelt, wenn nervös und etwas verlegen lächelnd mit frisch geschnittenem Bart und mit dem Zweispitz auf dem Kopf der Papa auftritt. Es ist ein guter Auftritt und alle rufen »Ah!« Der Papa markiert Mannesstolz und Überlegenheit. Er sagt, daß ihm dieser ganze Pflanz zuwider ist und daß man ihn nicht so anstarren soll, aber alle sagen, daß der Papa so jung ausschaut und daß es ein Jammer ist, daß er so selten die Uniform anzieht. Die alte Resi hat Tränen in den Augen: »Mein Gott, i hab den gnä' Herrn noch mit kurze Hoserln kennt und jetzt darf er gar zum Kaiser gehn – schaut sich der gnä' Herr den Kaiser nur recht gut an – unsern lieban, guaten, alten Kaiser –, i kann's gar nit denken, wie das is, wann man vorm Kaiser steht, i glaub, i bringet ka Wort heraus...«

Da läutet es von unten herauf – der Fiaker ist da, den der Papa aus Sparsamkeit mit einem Kollegen zusammen genommen hat: »Also rasch, rasch, rasch jetzt – den Mantel – die Handschuh – nix vergessen – Geld – Schlüssel – die Einladung – mit diese Taschen von der Uniform kennt sich kein Mensch aus...« – »Und vergiß nicht, daß du uns Zuckerln mitbringst...« ruft die Mama noch auf die Treppe nach. Und schon läuft der Papa, ängstlich besorgt, dabei nicht etwa über den ungewohnten Degen zu stolpern. Damit ist der glanzvolle Teil des Festes beendet, denn schon auf der Straße, wo sich das Publikum in Erwartung einer herrlichen Uniform oder einer großen Balltoilette angesammelt hat, sagen die Leute: »Ah, is nix – san nur Beamte« und wenden sich enttäuscht ab.

Am nächsten Morgen muß der Papa dann jedem sein mitgebrachtes Hofzuckerl schenken und erzählen, wie der Kaiser ausgeschaut und wie nahe er ihn gesehen hat, was zu essen und wie es angerichtet war. Der Papa schwankt bei der Erzählung zwischen Mannesstolz einerseits und dem Bedürfnis anzudeuten, daß er immerhin nicht die letzte Rolle gespielt habe. Ja also, mit Geselligkeit haben diese Hoffeste nichts zu tun. Eher erinnern sie an große Andachtsfeiern oder eine schöne Leich'. Es sind festliche Devotionskundgebungen vor einem allerhöchsten Herrn, der schon bei seinen Lebzeiten eine Sage geworden und nicht mehr ganz von dieser Welt ist.

Irdischer, aber noch ungemütlicher ist die Geselligkeit, die sich um den düsteren Thronfolger Franz Ferdinand gebildet hat – eine Insel der Zukunft, aber der Aufenthalt auf dieser Insel ist nicht gesund. Der hohe Herr ist ein Sonderling – verbittert, pessimistisch, mißtrauisch –, nicht schön, nicht liebenswürdig, nicht gütig. Um ihn ist immer Gewitterluft – er ist nicht der Mann, um den sich ein frohes geselliges Leben entwickeln kann. Sein Kreis, den er ängstlich und eifersüchtig vom Kaiser, vom Großkapital, von den Freimaurern, von den Juden, von den Sozialdemokraten, vom liberalen

Westeuropa, von weiß Gott was noch, isoliert, ist die unzugänglichste und die unheimlichste von allen den vielen Inseln, in die Wien zerfällt.

Ja! Wien »zerfällt« leider wirklich, denn diese Inselbildung ist nichts Gesundes. Daß jeder Kreis eher dazu neigt, sich zu verengern, sich abzukapseln, statt sich auszubreiten und sich mit anderen Kreisen zu verbinden – das ist nicht der rechte Geist für ein Zentrum, das doch werben, zusammenfassen, heranziehen und nicht abstoßen und ablehnen soll. Ist es zu glauben, daß die Wiener Gesellschaft überhaupt keine Verbindung mit den aufstrebenden Schichten der nichtdeutschen Völker des Reiches hat? Man weiß in Wien tatsächlich nicht, daß es die gibt – für die große Mehrzahl der Wiener sind Tschechen und Slowenen und Kroaten noch immer Schuster, Hausierer und Rastelbinder, und die kann man doch nicht einladen. Die paar nichtdeutschen Politiker, Künstler, Gelehrten, die in Wiener Häusern verkehren, kann man an den Fingern abzählen. Wieviel könnten Frauen zur Überbrückung der nationalen Konflikte tun – die Slawen sind Frauen so verfallen. Aber die Wiener Frauen! Ihre einzigen Gedanken sind, daß ihr Mann endlich Kommerzialrat oder Kaiserlicher Rat oder sonst irgendein Rat wird, damit man doch endlich einmal einen anständigen Titel hat und »sich nicht vor die Leut' genieren muß«, und daß der Bub halt in der Schul' durchkommt, auch wieder »daß man sich nicht vor die Leut' genieren muß« und natürlich das allein echte Originalrezept von der Sacher-Torte ... Es gibt in Wien Hunderte wohlhabende Bürgerfamilien, die jahraus, jahrein außer dem engsten Familienkreise nie einen Gast bei sich sehen. »Wir werden uns doch von die Leut' nicht in die Teller schau'n lassen. Wir schenken niemand was und brauchen von niemand was g'schenkt.« Daß Geselligkeit etwas anderes bedeuten könnte, das kommt den Leuten gar nicht in den Sinn.

Es gibt in Wien einen Mann, der zwischen den Inseln der Wiener Geselligkeit eine Sonderstellung einnimmt: das ist eine der Wiener »Persönlichkeiten«, der Lobmeyr, ein Mann ohne Titel, der so eine Art Kaiser des Wiener Bürgertums ist. Er gibt in einer Saison zwei oder drei Dutzend Diners: einmal lädt er zum Beispiel zwanzig Minister und Geheime Räte, ein anderes Mal zwanzig Künstler, zwanzig Abgeordnete, zwanzig Mitglieder des Herrenhauses ein – wer einen gewissen Rang durch Stellung oder Leistung erreicht hat, wird von ihm eingeladen, gleichgültig, ob er den Mann kennt oder nicht, und die Leute sind geehrt und kommen, denn die Einladung zum Lobmeyr ist so eine Art Adelsbrief. Was diese Einladungen sonst für einen Sinn haben, ist ein Rätsel. Seiner Eitelkeit dienen sie nicht, denn der Lobmeyr ist alles andere eher als eitel. Immer lädt er die Leute zusammen, die einander ohnehin jeden Tag sehen, so daß seine Diners keine neuen Verbindungen schaffen ... Es sind sonderbare Zeremonien, durch die ein

Bürger beweist, daß er sich die gesellschaftliche Stellung eines Fürsten geschaffen hat, und vielleicht hat das einmal vor zwanzig Jahren seine Bedeutung gehabt. Seitdem ist das Bürgertum längst arriviert und selber vom Abstieg bedroht. Die Lobmeyr-Diners sind vielleicht als Trophäe einer vergangenen Kampfzeit übriggeblieben.

Der Lobmeyr selber ist eine paradoxe Erscheinung in der Wiener Gesellschaft: Noch jeder ältere Wiener hat ihn hinter der Budel seines Ladens stehen sehen – er läßt das schönste böhmische Kristallglas machen und handelt mit ihm –, nicht einmal Fabrikant ist er – ein Kaufmann, der hinter der Budel steht, also nach der strengen Regel des pedantischen kaufmännischen Snobismus eigentlich einer vom niedrigsten Rang unter Kaufleuten, aber der Lobmeyr hat sich durchgesetzt: er ist eine Persönlichkeit, und das ist gerade in der Wiener Kommerzgesellschaft selten. Aber ein Sonderling ist auch er. Ein einsamer Mann ist er, trotz allen seinen Diners. Und die Inseln der Wiener Gesellschaft verbindet seine Sonderlingsgeselligkeit auch nicht; das will sie wohl auch gar nicht. Sie ist um ihrer selbst willen da: L'art pour l'art...

Auf einer glücklichen Insel der Wiener Gesellschaft leben die Aristokraten. Von außen sieht sie sogar wie die Insel der Seligen aus, und wie sie von innen aussieht, das wissen wir Bürgerlichen nicht – wahrscheinlich ein wenig langweilig. Das merkt man wenigstens daran, daß die Bewohner dieser Insel so gerne ausbrechen und beim Kleinbürgertum, in den Garderoben der Theater und in den Ateliers der Künstler gastieren – überall, nur nicht bei den feinen Leuten... Das haben sie selber zu Hause und besser – und gerade die feinen Leute möchten doch so gern. Die Aristokraten nehmen die feinen Leute nicht ernst genug, um sich willig allen ihren Ansprüchen auf Hochachtung und Zeremoniell zu fügen. Denn die feinen Leute wollen doch natürlich nicht nur einladen, sondern auch wieder eingeladen werden und überhaupt alles gegenseitig und gleichgestellt. Denn so bescheiden sind die Bürgerlichen doch nicht mehr, daß sie sich einfach begnaden lassen und dafür schon dankbar sind, aber so selbstbewußt sind sie nun wieder auch nicht, daß ihnen an den hohen Herren nichts läge. Sie haben nicht die Sicherheit und den Hochmut der aufsteigenden Klasse. Sie wären ganz zufrieden, in den Aristokraten die Spitze der Gesellschaft zu sehen, wenn die nur das Spiel mit ihnen spielen wollten. Aber denen liegt gar nichts daran, den Bürgern ein Ziel ihres gesellschaftlichen Ehrgeizes zu bieten und ihnen Muster vornehmer Lebensart abzugeben – sie wollen lieber unter sich bleiben und ihre Ruhe haben. Sie wollen auf ihrer Insel neben der Gesellschaft leben, wo sie sich vielleicht langweilen, wo sie aber wenigstens den faden feinen Leuten kein Theater vorspielen müssen.

Wenn sie sich auf ihrer Insel zu sehr langweilen, dann gehen sie zu den

Kleinbürgern – bei denen ist es lustiger als bei den feinen Leuten, und sie machen es den hohen Herrschaften viel leichter. Sie sind froh, wenn man ihnen einen Wein oder ein Bier zahlt. Sie verstehen bald, daß volkstümliches Benehmen die einzige Revanche ist, die man von ihnen erwartet. Sie wissen: je weniger fein sie sich benehmen, um so mehr Spaß haben die hohen Herrschaften daran, und – die Wiener sind ja geborene Komödianten – sie wissen genau, wo der Spaß seine Grenzen hat, und sie spielen den hohen Herren gerne die Rollen vor, die sie gerne sehen. Es gibt Raunzer, die diese Art des Wiener Volkes Käuflichkeit nennen – aber das ist viel zu streng, denn sie bringen gar kein Opfer, es macht ihnen wirklich Spaß, und sie haben gar nicht das Gefühl, ihrer Menschenwürde etwas zu vergeben, genausowenig wie der Schauspieler sich durch seine Arbeit entwürdigt vorkommt. Das kommt nur den anderen so vor. Sie lieben ihre hohen Gönner wirklich, diese Kutscher, Jäger, Volkssänger, Schankwirte, Bauern, Offiziersdiener, die mit so hoher Zuneigung ausgezeichnet werden. Es ist ja auch noch die Zeit, in der männliche und weibliche Diener ihre Herrschaften mit inniger Hingebung lieben.

Ist denn nicht alle wahre Liebe ein Dienen? Was hat denn überhaupt der eitle Herrenbegriff der Würde mit Liebe zu tun? Und was sagt schon dieses hochmütige Moralistenwort Käuflichkeit? Gibt es denn irgendeine Liebe im Leben, die nicht bezahlt wird und die nicht Bezahlung als Beweis der Liebe verlangt? Liebe kaufen kann kein Mensch, aber bezahlen muß sie jeder, und bezahlen läßt sich jeder dafür. Das ist eine komplizierte Sache, von der selten aufrichtig geredet wird, aber man sollte ein wenig darüber nachdenken, bevor man so leichthin von käuflichen Seelen redet. Es gibt so viele Sensationen, die Liebe und Zuneigung erwecken können: Eitelkeit, Ehrgeiz, Hunger, Musik, Einsamkeit, Mitleid, Bewunderung, Geld – nicht diese zufällige Ursache ist wichtig, sondern was einer aus dieser Liebe macht, wie er sie gibt, und wie er sie trägt, darauf kommt es an.

In den Wienern steckt ein immer bereiter Vorrat an Liebe, der nur auf Anlässe wartet, um zu erwachen und die Menschen aneinanderzubinden – · die Wiener sind keine sehr geselligen, aber sehr liebevolle, liebebereite Wesen. Ein kleines Trinkgeld zur Zeit gegeben, eine freundliche Anerkennung, ein Nichts von einer Wohltat kann diese immer bereite Liebe wecken. Da sollen sie nur von Käuflichkeit reden – anderswo bekommt man sie nicht einmal zu kaufen und umsonst schon gar nicht. Wo man Liebe zu kaufen kriegt, da ist sie mindestens zu haben. Und zu haben ist sie hier überreichlich – so reichlich, daß der Wiener oft versucht, mit Liebe zu entgelten und an das Herz zu appellieren, wo einem mit Liebe gar nicht gedient ist, aber das ist doch einigermaßen entwaffnend... Und hier liegt die Wurzel der nervenquälenden Wiener Schlamperei, in der doch immer etwas Rührendes und Menschliches steckt, das man für alle Pünktlichkeit und Präzision nicht hergeben möchte.

Vielleicht weil der Wiener ein liebevolles Wesen ist, ist er im Grunde ungesellig, denn alle Liebe sucht Einsamkeit und behagliche Stille. Kleine und kleinste Kreise nächster Freunde, immer dieselben, denn die Liebe ist treu – das ist die Geselligkeit des Wieners. Die regelmäßige Tarockpartie – der Kammermusikabend ... Da sitzen sie zu dritt oder zu viert – niemand hört ihnen zu –, und da kratzen sie oft gar nicht schön auf ihren Geigen herum und sind glücklich. Dann essen sie einen Kalbsbraten mit Erdäpfelsalat, und dann rauchen sie eine Zigarre, und dann setzen sie sich wieder zu den Instrumenten, und spätestens um halb elf ist es aus, denn sonst beschweren sich die anderen Parteien über den Lärm. Die Tarockpartie kann länger dauern, denn die macht keinen Lärm.

Formlos und zwanglos muß alles sein und gewohnt: kein neues Gesicht, kein neues Spiel, keine ungewohnte Musik. Das ist auch nicht die Atmosphäre, in der Salons gedeihen können, ganz abgesehen davon, daß die Wiener Frauen dazu gar keine Begabung haben. Die Jüdinnen übriges haben dieses Talent, aber die Wiener Männer taugen so gar nicht dazu. Der Wiener liebt entweder eine Frau, dann will er mit ihr allein sein, oder er liebt sie nicht, dann ist ihm ihre Gegenwart eher mühsam und unerfreulich. Geselliger, freundschaftlicher Umgang mit Frauen freut ihn nicht, solange die Frau überhaupt als Frau in Betracht kommt. Zum Plauschen, Kartenspielen und Musizieren sind ihm Männer schon lieber – da redet man ungenierter, da muß man sich nicht jedes Wort überlegen. Eine erotische Atmosphäre stört den Wiener nur und regt ihn nicht an. Erotik ist für ihn eine Angelegenheit, die ihn voll in Anspruch nimmt und neben der für geselliges Vergnügen nichts übrigbleibt. Das ist auch ein Grund, warum es in Wien keine elegante Demimonde mit ihrer Geselligkeit gibt. Jenseits der Liebe ist hier die Frau für den Mann entweder Respektsperson, die ein formloses Sichgehenlassen ausschließt, oder ein Dienstbote, mit dem man herumkommandiert und herumschreit.

Noch dazu ist der Wiener eitel und empfindlich und daher natürlich auch eifersüchtig – nicht etwa leidenschaftlich, sondern diese Eifersucht steckt als ein ewig bereiter Verdruß über die Erfolge seines Nebenmenschen (und wenn sie auch noch so gering sind) in ihm. Wenn in irgendeiner Gesellschaft ein anderer mehr Aufmerksamkeit findet als er, wenn ein anderer die Konversation beherrscht, dann verdirbt ihm das sofort die Laune. Da er so leicht seinen Gleichmut verliert, versagt auch in solchen Fällen sein sonst so schlagfertiger Witz, und er verstummt übelgelaunt. Aber hinter dem Rücken des erfolgreicheren Rivalen, der oft gar keine Ahnung von dieser Rivalität hat, macht er über ihn bittere, sarkastische Bemerkungen, die, wenn sie dem anderen zu Ohren kommen, diesen wieder kränken. So gibt es hier unter den Menschen viel unbegreifliches Unbehagen, das jedes behagliche Zusammensein gefährdet. Die Tradition von den gemütlichen Wienern muß aus anderen Zeiten stammen, denn diese empfindlichen, nervösen Menschen sind gar nicht gemütlich, und sie machen allen geselligen Verkehr schwierig. So nimmt alle Geselligkeit in Wien, die über den engsten Freundeskreis der Tarockpartien und Kammermusikabende hinausgeht, eine langweilige Förmlichkeit an. Niemanden freut sie, und so fassen die meisten den Beschluß, alle Verpflichtungen »in einem Aufwaschen« zu erledigen, um sie auf einmal los zu sein.

Da kommen also die goldenen Sessel und die Palmen, das Schlafzimmer wird ausgeräumt, die Kinder werden einer Tante zum Aufheben gegeben, tagelang ist die Einladungsliste beraten worden, damit niemand sagen kann, er sei zur zweiten Garnitur eingeladen worden, tagelang wird an der Tischordnung mit diplomatischem Raffinement gefeilt, von der Großmama leiht man sich Silber und allerlei Service zur Ergänzung aus und von den Tanten die langjährig bewährten Cillis und Minnas, aber die Großmama schickt auf jeden Fall auch ihre alte Resi zur Verzweiflung der ohnedies schon nervösen Frau des Hauses, die die alte Resi zwar liebt, aber bei solchen Anlässe nicht brauchen kann, weil sie über alles ihre eigenen altmodischen Anschauungen hat und alles nach ihrem eigenen Kopf machen will. Wenn man nur einen Moment wegschaut, hat sie alles auf ihre Art umgestellt, und man hat dann wieder zu tun, als ob man nicht ohnehin genug zu tun hätte ... »Ich hab der Mama doch ausdrücklich gesagt, sie soll mir die Resi nicht schicken – nein, sie muß sie schicken –, in solche schreckliche Lagen bringt einen die Mama – ich kann zu der alten Person doch nicht roh sein ...« Die Resi sitzt gekränkt in einem Winkel der Küche und weint still in Erdäpfel hinein, die sie schält, und die Mama weint vor ihrem Toilettentisch, der im Kammerl steht, weil das Schlafzimmer doch ausgeräumt ist. Dann geht sie in die Küche hinaus und versöhnt unter Tränen und Umarmungen die alte Resi und bringt sie mit dem Aufwand diplomatischer Künste dazu, den Schauplatz zu verlassen, obwohl dann natürlich wieder die Großmama beleidigt sein wird, aber daran kann man jetzt nicht denken, denn jetzt muß man die kalte Vorspeise übernehmen – warum kommt die schon am Vormittag? Wo stellt man sie hin, daß sie bis zum Abend frisch bleibt? »Ah, einfach auf den kalten Steinboden im Badezimmer – da garantier ich«, sagt der Mann, der sie bringt. »Gnä' Frau, regn S' Ihna nur net auf – mir können net alles am Abend um siebene zustellen – aber das is Ihna am Abend so frisch – oba da merken S' gar nix – glauben S', bei uns steht's net? – Mir können do net alls im letzten Moment machen – net frisch? Oba, gnä' Frau ...« Und dann heißt es: »Bitt, gnä' Frau, die von

der Blumenhandlung is da wegen Tischherrichten...« – »Ja, mein Gott – es ist doch noch gar nicht gedeckt – jetzt kommen s' daher...« – »Bitt, gnä' Frau, kosten S' die Sauce...« – »Bitt, gnä' Frau, der große Wasserkrug is uns von selber zersprungen – mir ham ihn nur hing'stellt...« – »Bitt, gnä' Frau, die gnä' Frau laßt sagen, der Karli hat Fieber, aber Sie regen sich nicht auf, es is gar nichts, ob sie den Doktor kommen lassen soll...?« – »Ja, aber wenn es gar nichts is...?« – »Ja, die gnä' Frau hat nur g'meint wegen der Verantwortung...« – »Bitt, gnä' Frau, der Ofen raucht im Salon, der Hausmeister sagt, es is wegen dem Ostwind, und er schickt gleich den Rauchfangkehrer...« – »Aber wir können doch nicht jetzt die Schweinerei mit dem Rauchfangkehrer haben...«

Zu Mittag wird in der Küche gegessen – irgendwas –, dann kommt schon die Friseurin, und dann läutet der Briefträger Sturm. Alles wird blaß, denn das kann nur eine Absage im letzten Moment sein. Aber es ist die normale Nachmittagspost, und es ist nur eine Reklame. Aber was kommen muß, das kommt. Ganz leise zirpt die Glocke nur. »Das wird ein Bettler sein.« Aber nein, es ist ein Dienstmann, und er bringt einen Brief, und da Blumen dabei sind, glaubt er, es sei eine diskrete Sache. Deswegen hat er auch mit der Glocke nur gezirpt. Aber es ist eine Absage – »Gerade der!« –, eine sehr liebenswürdige Absage, fast zärtlich, und Blumen dazu – aber was nützt das? »Was macht man jetzt mit der Tischordnung?« Und noch eine pneumatische Karte: noch eine Absage!... Noch ein Herr!... Da ist jetzt sogar ein Herr zu wenig – jetzt werden die Leute glauben, sie sind zur zweiten Garnitur eingeladen – die ganze Tischordnung muß man umbauen – da sitzen jetzt glücklich zwei Damen nebeneinander – anziehen muß man sich auch schon – die Mama im Kammerl und der Papa im Badezimmer – er muß zwischen den Schüsseln mit der kalten Vorspeise beim Anziehen herumtanzen...

Die Absagen im letzten Moment sind eine schreckliche Wiener Unsitte. Sie kommen überall vor, aber in Wien sind sie eine feststehende Einrichtung, die offenbar auf der allgemeinen Unlust der Wiener an Gesellschaften und auf der Faulheit, sich anzuziehen, beruht. Erst wenn so eine Einladung kommt, schreibt einer sehr liebenswürdig seine Zusage und freut sich sogar, aber wenn dann der Tag da ist, dann liegt dieser Abend wie ein Alpdruck vor ihm. Um Mittag steigt dann die Versuchung der Absage lockend vor dem inneren Auge auf: sich nicht anziehen müssen, kein Raseur, kein Kampf mit der Krawatte – ja, wenn man Offizier wäre – die haben es leicht – die brauchen nicht einmal ein frisches Hemd anzuziehen – aber unsereiner mit der harten Frackbrust und dem Mascherl, das immer schief sitzt, und den Hemdknöpferln, die beim Anziehen immer herunterfallen – und die Tischdame, aus der man nur mit allen Pressionsmitteln eine Kon-

versation herauskriegen wird. Da wird die Versuchung riesengroß: man
kann ja sehr liebenswürdig schreiben mit ein paar Blumen und sich gern
ein bisserl den Kopf zerbrechen, um eine gute Ausrede zu erfinden – wozu
hat man denn das in der Schule gelernt? Sonst hat man ohnehin nicht viel
Nützliches gelernt. Da strengt man sich gern ein bisserl an, was Schönes
auszudenken, denn der Preis, der zu gewinnen ist, ist hoch: ein stiller gemütlicher Abend und zeitlich ins Bett und morgen gut ausgeschlafen aufstehen mit freiem Kopf und freiem Magen...

Besonders die Junggesellen sagen so gern im letzten Augenblick ab, und
gerade die braucht man so nötig, denn ein junges Mädchen schneidet ein
rechtes Gesicht, wenn man es neben einen verheirateten Mann setzt, besonders wenn es nicht mehr ganz jung ist. Die »jungen Mädchen« sagen nie
ab, nur immer die Junggesellen. Auch die Ehepaare kommen – da schaut
die Frau drauf –, denn erstens zieht sie sich gern an, und zweitens hat sie
das Solidaritätsgefühl der Hausfrau. Ohne Kampf mit dem Gatten aber
geht es nicht ab. Der fängt schon in der Früh beim Aufstehen an, von
Kopfweh und rauhem Hals zu reden. Doch die Gattin sagt energisch: »Im
letzten Moment absagen kann man nicht, und warum soll denn ich immer
auf jedes Vergnügen verzichten? Soll ich *immer* nur zu Hause sitzen...?«

Unter so erfreulichen Auspizien kommt nun der Abend heran. Für acht
Uhr ist eingeladen – um halb neun Uhr fangen die ersten Gäste an herein-
zutröpfeln... Das ist auch so eine schöne Wiener Sitte: Wenn man für acht
Uhr einlädt, kann man in der Regel nicht vor halb zehn Uhr essen. Voll
Erstaunen erlebt es der Wiener in London (er hat es schon gehört: in London ist man pünktlich), daß ihn die Frau des Hauses schon halb besorgt,
halb beleidigt erwartet, weil er fünf Minuten nach acht daherkommt, obwohl er doch für acht Uhr geladen war. Dieses Zuspätkommen ist eine
scheußliche Wiener Sitte. Was für Qualen steht da die arme Hausfrau, die
ohnehin müde und nervös ist und drei Absagen im letzten Augenblick vor
sich liegen hat, aus. Dabei hat sie noch den Braten und die Tischordnung
und das Fieber vom Karli im Kopf und ihren Gatten, der so tut, als ob ihn
das Ganze nichts anginge... Gibt es eine ärgere Qual als Warten? Endlich
läutet es draußen – das Hausherrenpaar nimmt freundlich lächelnd im ersten Zimmer Posten... Aber es ist nur das Eis. Da läutet es wieder. Es ist
ein verlegener Jüngling, der nicht weiß, was er reden soll und den man nur
so auf alle Fälle eingeladen hat, weil man nie genug einzelne Herren hat.
Der sitzt nun da in qualvoll hingeschlepptem Gespräch – ganz fesch sieht
er ja aus, aber den Verstand hat er nicht gepachtet... Zehn lange Minuten
muß man sich mit ihm allein unterhalten. Aber dann kommt endlich der
nette Schwager und die Schwester, die versprochen haben, »pünktlich« zu
kommen, damit die armen Hausleute nicht gar so lange ganz allein sitzen

müssen. Der arme junge Herr ist rasch ganz vergessen, und er tröstet sich, indem er eine Bonbonniere leer ißt und dann noch eine Schale mit Salzmandeln, teils aus Verlegenheit, teils aus Hunger... Endlich gegen neun Uhr wird der Strom der Gäste dichter, aber die wichtigsten und vornehmsten kommen am Schluß, und die arme Hausfrau büßt ihre Sünden ab – es ist schon vorgekommen, daß noch um neun Uhr Absagen gekommen sind! Manche Leute sind nämlich der Meinung, daß eine Absage am Tag selbst nur um so glaubhafter wirkt, je später sie kommt... Alle bösen Träume bedrängen das Gemüt der Hausfrau. Dabei muß sie ein freundliches Gesicht machen und Konversation, und ihre Mali macht ihr Zeichen, daß sie sie etwas fragen möchte... Aber alle Qualen nehmen ein Ende auf dieser Welt, und so sind endlich gegen Viertel zehn fast alle Gäste da – fast! Es geht so halbwegs zusammen, und die Hausfrau gibt das Zeichen zum Servieren...

Ja, das Leben in Wien ist schön, aber anstrengend für die Nerven! Wenn man zum Beispiel nach London kommt, dann kommt man sich wie im Märchenland vor – so gute Manieren haben da die Leute. Nämlich sie denken nicht nur immer an sich, sondern auch an den lieben Nächsten. Sie halten Verabredungen ein, sie beantworten Briefe – da wird das Leben so unerhört leicht und glatt, und man schämt sich, wie schlechte Manieren man als Wiener hat... Und dabei sind diese Engländer gar nicht steif und unliebenswürdig! Da erlebt der Wiener mit Staunen, daß gute Manieren mit Wärme und Herzensgüte vereinbar sind. Bis dahin hat er die ganze Welt zwischen den Polen Wien und Berlin gesehen: entweder Pünktlichkeit und Schnoddrigkeit oder Schlamperei und Herzenswärme – da fällt ihm die Wahl nicht schwer... Es ist überhaupt ein Gefrett mit den Wienern, daß sie alle Probleme im Leben immer nur als eine Entscheidung zwischen Wien und Berlin sehen, und, da der Wiener die Entscheidung für Berlin immer als tragisch empfindet, entscheidet er sich, wenn es nur halbwegs möglich ist, für Wien, und auf die Art bleibt in Wien alles immer beim alten, auch Dinge, die gar nicht gut sind...

Ja und nun sitzt man also glücklich beim Speisen, und kaum ist der erste Gang abserviert, da macht die besonders verspätete schöne Frau ihr Effektentree wie eine rauschende Woge, die hinter sich einen kleinen echauffierten Gatten mit Bart und Zwicker herschwemmt und an den Strand spült... Beflissene Herren stürzen sich auf sie und küssen ihr die Hand, Frauen umarmen und küssen sie... Die Vorspeise muß ihr nachserviert werden, und nun endlich ist man komplett! Erleichtert blickt die Hausfrau um sich: alles ißt, alles redet... Zwei Herren haben in Unterschätzung des Anlasses nur einen schwarzen Rock an – dafür haben zwei andere Orden am Frack. Der eine läßt sie gerade diskret verschwinden – die Leute wissen in Wien nie, was sie anziehen sollen, sie wissen auch nicht, was sie reden sollen. Die meisten glauben, sie vergeben sich was, wenn sie sehr liebenswürdig und animiert sind. Sie sind doch keine Provinzler und keine Kinder, die über die gebotenen Genüsse außer Fassung geraten! Sie müssen doch zu verstehen geben, daß für sie das nichts Neues und Ungewöhnliches ist ... Denn der Wiener denkt immer nur an sich – er denkt nie an einen anderen. Er denkt immer nur daran, daß er sich um Gottes willen nichts vergibt, und darum redet er auch mit jedem, den er kennenlernt, so, daß der andere gleich merkt, er macht sich nicht viel aus ihm, und daß der Kerl nicht am Ende denkt, man läuft ihm nach ... Das sind nicht gerade die Elemente einer erfreulichen geselligen Konversation in größerem Kreise.

Eine schöne Eigenschaft entwickeln bei solchen Gesellschaften auch die Wiener Frauen – sie erziehen nämlich bei diesen Anlässen den Gatten durch zugeworfene Blicke und diskrete Gesten. Sie geben ihm zu verstehen, daß er Hummer nicht verträgt, oder sie wollen ihm zeigen, wo das gute Stück vom Huhn liegt, das er gern hat, oder daß er sich nicht zu viel in den Zähnen stochern soll. Das tun die Frauen offenbar, um zu beweisen, daß dieses besondere und kostbare Exemplar von »mein Mann« ihr ausschließliches und nur ihnen vollständig gehöriges Eigentum sei. Daß es aber die Männer nicht sehr erfreuen kann, wenn sie so vor aller Welt die Ehekrüppel spielen müssen, daran denken wieder die Frauen nicht. Denn sie sind Wienerinnen und denken daher vor allem an sich und ihre eigenen seelischen Bedürfnisse. Durch alle diese Klippen und Tücken muß sich in Wien der Strom des geselligen Lebens durchwinden – kein Wunder, daß man diese Freude in »einem Aufwaschen« abmachen will ...

Nach dem Essen ist es glücklich halb elf – man kann bald an das Weggehen denken, und vielleicht ist das der tiefere Sinn der Sitte des Zuspätkommens; wenn man schon bald nach dem Essen geht, dann hat die ganze Quälerei wenigstens nicht lang gedauert. Um elf Uhr fangen ältere Leute, die »draußen wohnen«, an, sich sehr diskret zu verabschieden. »Wir wollen keinen allgemeinen Aufstand veranlassen«, sagen sie, und bald tröpfeln andere nach ... Und nun fängt es oft an, ganz gemütlich zu werden – bei einer Kartenpartie, bei einem Flirt, bei einem gemütlichen Gespräch mit alten Freunden, die man lange nicht gesehen hat – da kann es dann sogar manchmal ganz lustig werden und lang dauern, aber oft ist um zwölf Uhr alles aus, und die Hausfrau atmet erleichtert auf: es ist nichts Besonderes geschehen, man hat auf lange Zeit seine Verpflichtungen erledigt und kann nun wieder bei den anderen absagen, zu spät kommen und darauf schauen, daß man sich ihnen gegenüber nichts vergibt ...

Der Wiener hat seine eigene Art, er liebt sie und hat auch Ursache, sie zu lieben, aber er hat es nie verstanden, für diese eigene Art auch die eigene Form und den eigenen Ausdruck zu finden – im gesellschaftlichen Leben genausowenig wie auf den meisten anderen Gebieten. Wo sie vorhanden ist, da bleibt sie im Volkstümlichen stecken, entwickelt sich nicht zu einer klassischen, hohen Form, die überzeugt und nachgeahmt wird. Vielleicht hat der Wiener niemals Zeit, Ruhe und Machtgefühl genug gehabt, um seine eigene Art und Form zu adeln und zum Vorbild zu gestalten. Auch der Hof, so sehr er auch immer das österreichische Volksleben und seine Sitten geliebt hat, auch dieser Hof hat nie den Mut gehabt, diesen Lebensformen die offiziellen Weihen zu geben – offiziell hat er nur immer spanisch, französisch, italienisch gelebt –, vielleicht auch darum, weil alles echt Österreichische jeder Feierlichkeit entbehrt. Das Zwanglose, Improvisierte, Lockere ist aller Wiener Form eigen – die Form wächst aus der Sache selber. Mit solchen improvisierten Zufallsformen kann ein Hof freilich nichts anfangen. Für den Hof, den Adel und die feinen Leute ist die österreichische Art und Sitte immer der Hausrock geblieben: geliebt, bequem – aber wenn Gäste kommen, zieht ein anständiger Mensch den schwarzen Rock an.

Das Wiener Leben ist voll von einem tiefen, genußvollen Behagen, das flüchtig und flüssig ist und das sich nicht plastisch formen und greifen läßt. Du findest es an Orten, wo du es am wenigsten vermutest, du atmest es ein, du kannst es nur schmecken und riechen, es kommt und verfliegt wie ein Hauch – festhalten, zwingen, organisieren läßt es sich nicht. Mit Logik ist ihm nicht beizukommen, und am sichersten ist es dort zu finden, wo man es am wenigsten sucht.

BÄLLE

Es gibt in Wien eine Dame, die die Verbindung zwischen dem Himmel der Aristokraten und den feinen Leuten herstellt – nicht etwa, daß sie so weit geht, mit den feinen Leuten geradezu zu verkehren, aber sie lädt die feinen Damen zu Komiteesitzungen in ihr Palais ein. Das ist kein Besuch, der einen Gegenbesuch erfordert, und keine Einladung, die eine Revanche rechtfertigt. Die feinen Damen können aber doch in einem fürstlichen Salon auf fürstlichen Fauteuils sitzen und fürstlichen Lakaien bürgerliche Trinkgelder geben, und sie können bei den Jours ihrer Freundinnen so nebenbei mit einer müden Stimme fallenlassen, daß sie gestern bei der Fürstin Metternich waren. Nicht umsonst ist die Dame, die diese wundervolle Idee hatte, die Schwiegertochter des größten Diplomaten aller Zeiten, des Fürsten Metternich, des Kutschers von Europa. So nahe sind wir noch der Zeit dieses großen Mannes. Es ist nicht viel mehr als vierzig Jahre, daß er hochbetagt gestorben ist, und viele tausend Leute leben noch in Wien, die den Besieger Napoleons von Angesicht zu Angesicht gesehen haben.

Seine Schwiegertochter also lebt unter uns, und sie ist der Mittelpunkt des gesellschaftlichen Lebens von Wien. Die Fürstin Pauline Metternich ist nicht nur die Schwiegertochter eines großen Mannes, sondern sie ist auch selber eine berühmte Frau. Deutsche und französische Historiker haben sich mit ihr viel beschäftigt, und sie gehört zu den wenigen Wiener Frauen, die Erinnerungen geschrieben haben. Sie war die beste Freundin der unglücklichen Kaiserin Eugenie und die einflußreichste Frau am Hof Napoleons III. Die Historiker geben ihr teils gute, teils schlechte Sittennoten, und manche sagen von ihr, sie sei gar nicht so wichtig gewesen, wie man es oft behaupte. Aus Paris hat die Fürstin Pauline Metternich jedenfalls den Mut mitgebracht, auch mit Leuten in Verbindung zu treten, die nicht in Schlössern geboren sind. Sie ist ein Temperament. Sie hat Richard Wagner in Paris lanciert und hat dabei einen der größten Theaterskandale aller Zeiten verursacht, der Wagner berühmter gemacht hat, als es der größte Pariser Erfolg hätte tun können, und natürlich die Fürstin mit ihm. Die Fürstin Metternich ist eine Ungarin, eine Tochter jenes tollen Reiters, des Grafen Sándor, der marmorne Treppen hinauf- und hinunterritt. Sie ist eine Persönlichkeit und als solche ein Unikum in jenem Wien, in dem man die persönlichen, selbstbewußten und eigenwilligen Frauen mit der Laterne suchen muß. Als sie aus dem von Geist und Leben bewegten Paris Napoleons III. nach Wien zurückkam, hat sie vielleicht geglaubt, es sei ihre Mission, dem neuen Wien eine neue Gesellschaft zu geben und die Rolle zu spielen, die eine Kaiserin in Wien als Führerin der großen Gesellschaft eines großen Reiches hätte spielen sollen.

Die Fürstin Metternich arrangiert also im Winter Bälle und im Frühling Blumenkorsos im Prater und Gartenfeste. Sie macht das gut. Die reichen Leute sind schon nicht mehr mutig genug, sich zu unterhalten, ohne an die armen dabei ein Lösegeld zu zahlen, und so sind alle diese Feste mit Wohltätigkeit verknüpft. Auch diese Verbindung stellt sie her.

Aus Paris hat sie den Mut mitgebracht, mit der in Wien verpönten Presse in Verbindung zu treten. Vom Kaiser angefangen, verachtet ganz Wien die Presse mit dem Erfolg, daß kein Land eine so »schlechte« Presse hat wie Österreich. Sogar die Inlandspresse ist bissig und aufsässig, aber die Fürstin Metternich hat eine gute Presse. Zärtlich nennen sie die Journalisten die »Fürstin Paulin« oder nur die »Fürschtin«, und sie revanchiert sich mit allem, was Journalisten Freude macht. Sie läßt sich willig interviewen, und dann und wann bekommt man von ihr eine ganz diskrete Information. Sie liebt den Verkehr mit Journalisten, sie ist mit ihnen geradezu intim; sogar mit jenen armen Wesen, die man in Wien Toilettefrauen nennt, und die das beschreiben, was die anderen Frauen anhaben. Die Journalisten sind so angenehme Leute; sie verlangen nicht, daß man mit ihnen »verkehrt«, und sie wissen eine Menge aus aller Welt, was einen interessieren kann, wenn man einmal am glänzendsten Hof Europas eine erste Frauenrolle gespielt hat. Sie möchte so gerne Wien glanzvoll, bewegt, lebendig, übermütig machen. Sie will die Leute durcheinanderbringen. Die Wiener sagen nicht geradezu nein, aber ihr Snobismus, ihr Distanzbedürfnis, ihr Egoismus, ihre Bequemlichkeit sucht hundert Vorbehalte.

Die Fürstin Metternich bildet die Komitees für die großen Wohltätigkeitsfeste der Wiener Saison – nicht sie allein – andere Damen machen es mit ihr, und andere machen es ihr nach, aber sie hat den Stil erfunden. Das Komitee eines Wiener Balles ist ein komplizierter Stockwerksaufbau, der Vertreter aller Klassen der Bevölkerung vereinigt, ohne sie dabei in eine mehr als räumliche Verbindung zu bringen. Gewiß ist das so gedacht, daß durch die räumliche Nähe und den gemeinsamen Zweck die Leute der verschiedenen Kreise auch in eine persönliche Berührung kommen sollen, aber die Wiener wollen nicht – sie kennen schon alle genug Leute und haben es nicht nötig, jemand nachzulaufen. Also ganz an der Spitze steht ein Ehrenkomitee mit einem kaiserlichen Prinzen als Protektor, und ein Stockwerk tiefer steht das Patronessenkomitee, das eine Mischung bejahrter Gräfinnen mit feinen bürgerlichen Damen darstellt. Dann kommt endlich das ungemein zahlreiche Jungherren- und -damenkomitee, das eigentlich für den Besuch des Balles zu sorgen hat – lauter feine junge Herren und junge Mädchen, die ihre Freunde und Freundinnen mitzubringen haben. Das Ehrenkomitee sorgt für den gesellschaftlichen Glanz, das Patronessenkomitee für das Geld und die jungen Leute für die Unterhaltung.

Mtata – Mtata – Mtata – Mtata – so dröhnt und donnert mit Pauken, Trommeln und Posaunen sechzig Mann stark die Kapelle Swoboda den Walzer in den Sophiensaal hinein, der einmal ein Schwimmbad war und trotz Blumen, Blattpflanzen und Vergoldungen aussieht, als wäre er einmal ein Bahnhof gewesen. Es gehört schon eine Tonstärke dazu, um Hunderte tanzender Paare zu übertönen und diesen Riesensaal mit Rhythmus zu erfüllen. Gleichmäßig wie ein Metronom spielt die Kapelle Swoboda; auch die gefühlvollste Melodie kann sie nicht dazu verführen, im Takt auch nur im geringsten nachzugeben, und dennoch bleibt bei diesem rhythmischen Gedröhne noch genug Stimmung und Melodie übrig. Der dicke Swoboda mit seinem Spitzbart sieht zwar eher wie ein Magistratsbeamter als wie ein Musiker aus – an Johann Straußens dämonisch elegante Figur darf man da nicht denken –, aber zum Tanzen aufspielen kann er.

Ein breiter Strom von tanzenden Paaren bewegt sich in einem Oval um eine dunkle Insel in der Mitte des Saales. Das ist die Herreninsel. Hunderte befrackter Herren stehen da zusammengedrängt. Alle Weile lang schießt einer aus dieser Insel heraus in den Strom der Tanzenden, macht vor der Dame eines tanzenden Paares ein kleines Kompliment, nimmt dem anderen Herrn die Dame aus dem Arm und zieht mit ihr davon, bis wieder ein anderer Herr sie ihm wegengagiert. Dazwischen schießen die jungen Herren vom Komitee mit ihren Komiteemaschen am Frackaufschlag herum und stellen Herren, die sie darum ersuchen, Damen vor. Es ist ihr Recht und ihre Pflicht, jeden Herrn, der es wünscht, jeder im Saale tanzenden Dame vorzustellen, ob sie den Herrn oder die Dame kennen oder nicht. Es besteht eben die Annahme, daß nur geladene Gäste anwesend seien und daß jeder Gast das Recht habe, die anderen Gäste kennenzulernen.

Eine besonders große Komiteemasche hat ein graziöser älterer Herr mit einem Lockenkopf, der mit eleganten Sprüngen herumschießt, als hätte er unendlich viel zu tun. Er ist der einzige Mann im Saale, der noch einen »Chapeau claque« unter den Arm drückt oder ihn graziös schwingt. Das ist der Tanzmeister Rabensteiner. Er sieht so aus, als wäre er aus der Kongreßzeit übriggeblieben. Am Anfang des Balles führt er mit graziösen und würdevollen Schritten die Prozession des Ehrenkomitees mit ihrem hohen Protektor an der Spitze den nicht zu verfehlenden Weg durch die Mitte des Saales zur Estrade, und wenn dann die aufgeregten Patronessen mit ihren schief sitzenden Diademen und ihre ordensgeschmückten grauhaarigen und glatzköpfigen Kavaliere dort glücklich angekommen sind, dann stellt er die Paare des Jungherren- und -damenkomitees schön auf und gibt das Zeichen zur Eröffnung, indem er mit strahlendem Blick, als wäre es der schönste Moment seines Lebens, seinen »Chapeau claque« zur Kapelle hinschwingt. Mit Donnerkrach, daß man geradezu erschrecken kann, geht in dem noch stillen Saal, in dem noch kein Lärm zu übertönen ist, das Gewitter des ersten Walzers nieder.

Mit engelgleichem und gerührtem Lächeln sieht das Ehrenkomitee eine Weile den eröffnenden jungen Paaren zu, und dann beginnt die Kaiserliche Hoheit seufzend ihren Cercle: »... Es ist das ein sehr wohltätiger Zweck ... ein sehr schönes Ballfest, zu dem ich immer besonders gern komme ... Sehr schön ist der Saal ausgeschmückt ... Ich habe gehört, Sie haben sich große Verdienste ... sehr anerkennenswert ... Wir kennen uns ja schon von früher ... Sie sehen aber sehr frisch und gut aus ... ja, Gastein ist eine wahre Wunderkur ... Es ist sehr verdienstvoll ... Wirklich entzückend, die jungen Paare, da möcht' man gleich selber mittanzen ... Sehr schön ist es, wirklich sehr schön, und ein sehr ein wohltätiger Zweck ... Es hat mich sehr gefreut ...« Herr Rabensteiner winkt mit dem Claque zur Musik ... Tusch! ... Die kaiserliche Hoheit zieht feierlich ab, geführt vom graziösen Tanzmeister, geleitet von einigen ordensgeschmückten, noch immer strebsamen Herren, und auf ihrer Estrade erzählen einander aufgeregt die Patronessen alles, was die Kaiserliche Hoheit zu ihnen gesagt hat. Die Hoheit hätte zwölf Stunden gebraucht, um annähernd alles das zu sagen, was die Damen schon jetzt erzählen. Wenn die Hoheit abgezogen ist, ist Herrn Rabensteiners Rolle ausgespielt, höchstens kann er noch mit einer von Energie und Vergnügen erfüllten Stimme eine Quadrille kommandieren, aber sonst kann er nur geschäftig herumschießen, als ob er etwas zu tun hätte.

Einmal war das ganz anders; da gab es komplizierte Tanzordnungen mit vielerlei Tänzen, die zu ordnen, zu führen und zu kommandieren waren. Da hat man noch einen Tanzmeister gebraucht, und aus dieser Zeit ist der alte Rabensteiner übriggeblieben. Heute käme man schon ganz ohne Tanzmeister aus, denn wann er mit dem Eröffnungswalzer anzufangen hat, das sieht der Swoboda auch ohne Rabensteiners Assistenz, und dann wird immer nur Walzer, nichts als Walzer getanzt, vor der Pause und nach der Pause – nur am Schluß eine Polka schnell. Bei manchen Bällen wird vor und nach der Pause je eine Quadrille getanzt, aber kein Mensch nimmt die ernst, und es ist guter Ton, sich bei der Quadrille nicht auszukennen. Die Leute lachen nur, wenn es recht durcheinandergeht. Bei kleinen Bällen gibt es auch einen Kotillon. Einen Kotillon gut führen zu können, gehört zu den geschätzten gesellschaftlichen Begabungen. Irgendein hoffnungsvoller Jüngling führt ihn, der sich durch diese Begabung für die Aufnahme in ein Ministerium qualifiziert. Um einen Kotillon gut zu führen, muß man Stimmung machen können und Ideen haben (sie müssen keine eigenen sein – geistiges Eigentum gibt es beim Kotillon nicht). Aber alles das ist nur Umweg und Zwischenspiel zum Walzer.

Der Walzer ist der Beitrag, den Wien zur Tanzkunst beigesteuert hat. Er ist eines der Erbstücke des großen Wiener Kongresses, und er ist auch ein echtes Wiener Gewächs: er erlaubt einem Mann, sich mit einer Frau mitten im dichtesten Gewühl eines Balles völlig abzusondern und alles, was ringsherum vorgeht, völlig zu vergessen. Das ist der richtige Tanz für die Wiener, die sich immer gerne absondern und doch nicht gern allein sind, die Leute um sich fühlen und doch von ihnen nichts wissen wollen.

Als der Walzer neu war, da haben die feinen Leute gesagt, er sei ein schamlos geiler Tanz und der Tod jeder edlen Geselligkeit. Damit haben die feinen Leute sicher recht gehabt, denn der Walzer ist der echte Vorläufer der modernen erotischen Tänze. Der schnelle Wiener Walzer ist zwar noch ein wenig zu anstrengend und mühsam, als daß die Tänzer sich völlig der erotischen Stimmung hingeben könnten, aber es gibt schon kaum ein Geheimnis ihres Körpers, das eine Frau den Mann, der sie fest umschlungen hält und an sich preßt, nicht ahnen läßt: – er fühlt die Bewegung ihrer warmen, glatten Glieder an den seinen, er hört ihren Atem gehen, ihr Herz schlagen, er riecht ihre Haut und ihr Haar ... Wenn man da an Menuett denkt! Nein, der Walzer ist schon das richtige Kind der Jakobinerzeit, ein derber, bäuerischer Volkstanz – deshalb hat er auch den hohen Herrschaften, die immer an Tiefenheimweh leiden, gleich so gut gefallen. Besonders als er gehüpft wurde, hat man dem Walzer seine bäuerische Herkunft noch sehr angemerkt. Seitdem man ihn schleift, ist er viel salonfähiger geworden, aber darum nicht weniger erotisch.

Und es war auch richtig, wenn man den Walzer einen ungeselligen Tanz nannte. Wir haben heute ganz vergessen, was geselliges Vergnügen ist. Die Geselligkeit verlangt, daß das Vergnügen möglichst gleichmäßig auf den versammelten Kreis aufgeteilt wird, so daß jeder seinen Anteil daran bekommt und keiner sich zurückgesetzt oder ausgeschlossen fühlen kann. Bei allen richtigen Gesellschaftsspielen spielt daher der Zufall mindestens eine so große Rolle wie die Geschicklichkeit, damit der Geist des Wettbewerbes gar nicht ernsthaft aufkommen und damit der gute Zufall auch dem Bescheidensten und Unscheinbarsten seinen Anteil am Vergnügen zukommen lassen kann. Bei den Gesellschaftstänzen wechseln die Damen ihre Herren – kein Gast soll irgendeine Freude für sich allein in Anspruch nehmen und dadurch die anderen eifersüchtig machen dürfen. Das ist der Geist edler Geselligkeit. Mit dem hat der Walzer wirklich nichts zu tun. Ein Herr zieht mit seiner Dame für sich allein ab, nimmt sie allen anderen weg, preßt sie an sich, läßt die anderen vielleicht vor Neid und Eifersucht zerspringen – nein, feine Geselligkeit ist das nicht, sondern höchstens geselliger Egoismus. Ein Chaos ist der Anblick eines Saales mit walzertanzenden Paaren. Wie ein Ameisenhaufen sieht es von oben gesehen aus. Jedes Paar tanzt für sich ohne jede Beziehung auf die Bewegung der anderen. Die Paare stoßen aneinander, weichen einander aus, überholen einander – ohne Zusammenhang, ohne Ordnung, jeder nach seinem Sinn. Es ist der richtige Tanz des individualistischen Zeitalters... Jeder für sich, keiner kümmert sich um den anderen! Und es ist der richtige Tanz für den Egoismus der Wiener, denen alle Reihen-, Gruppen- und Kontertänze, bei denen man sich einordnen und auf den anderen Rücksicht nehmen muß, ein Greuel sind. Der Zeit des Individualismus hat Wien ihren tänzerischen Ausdruck geschenkt, und das Zeitalter war hundert Jahre lang mit diesem Ausdruck sehr zufrieden. Der Sieg des Walzers war der Sieg einer Revolution, die die alte höfische Form der Geselligkeit zersetzt und zerstört hat. Der Walzer ist der Beitrag, den Wien zur Auflösung der alten Ordnung geleistet hat.

Daß die Wiener gut tanzen, das muß ihnen der Neid lassen. Von all den Hunderten Paaren, die da im Sophiensaal tanzen, machen es höchstens ein paar Dutzend schlecht und ungraziös. Selbst häßliche Mädchen und plumpe Jünglinge sehen im Tanz schwerelos, heiter und ungehemmt aus. Sieht man sie tanzen, dann ahnt man nicht, wie schüchtern und ungeschickt sie sind, sobald die rhythmische Verzauberung ein Ende hat. Häßliche Mädchen gibt es bei den feinen Wiener Bällen leider viele. Es ist sonderbar: Wien ist doch eine Stadt der hübschen Frauen, überall auf der Straße sieht man frische Gesichter und hübsche Figuren, nur die feinen Leute, die guten Familien mit Geld und großen Beziehungen, haben fast nur häßliche Töchter. Es ist wie ein Fluch. Wenn man in diesen Kreisen einmal ein hübsches Mädel kennenlernt, dann hat sie in der Regel gar kein Geld oder einen schlechten Ruf, oder die Eltern haben einen schlechten Ruf, oder sie ist am Ende gar eine Jüdin... Ein schönes Mädchen, bei dem alles stimmt, ist so selten, daß so eine gar nicht selten sogar sitzenbleibt, nicht nur weil sie zu große Ansprüche stellt, sondern weil die Männer diesem seltenen Vogel nicht trauen oder sich an ihn nicht herantrauen. »Ach Gott«, sagen die Leute, »hinter der sind schon so viele her, bei der hat unsereiner gar keine Chance, die wart' auf einen Grafen oder einen Prinzen.« Dann heiratet sie schließlich einen Mittelschulsupplenten, der ihr und sich doch getraut hat, oder sie heiratet gar nicht.

Um Tänzer sind freilich schöne Mädchen nie in Verlegenheit, aber auch die häßlichen wollen tanzen, und das muß natürlich organisiert werden. Tanzordnungen, in denen die Damen schon tagelang vorher jeden Tanz an einen Herrn vergeben, gibt es nicht mehr, dafür bringt sich jede Dame eine Schar von sicheren Tänzern mit, und das wird so gemacht: Jede Dame, die sich eine Ballkarte kauft, bekommt zu ihrer Karte so viele Tänzerkarten, als sie will. Die versendet sie dann an ihre Freunde, die mit diesen Karten umsonst in den Ballsaal hinein dürfen. Kein junger Mann in Wien kauft sich eine

Ballkarte. Er könnte es auch gar nicht bei seinem schmalen Taschengeld. Von den zehn Tänzern, die eine Dame einlädt, kommen doch vier
oder fünf. Außerdem bringt sie sich noch einen oder zwei besonders nahe-
stehende Jünglinge, Vettern oder Jugendfreunde, mit – Jünglinge, die als
Männer nicht zählen, weil man sie zu gut kennt, auf deren gute Gesinnungen und Absichten man sich aber verlassen kann – »Kümmerer« hat man
diese Art von Freunden später genannt, weil sie sich um eine Dame kümmern – und die ihre Freunde und Bekannten dazu zu veranlassen haben,
mit ihr zu tanzen. Wenn das alles klappt, dann geht auch das häßlichste
Mädchen von Hand zu Hand, als ob sie die Umworbenste wäre. Schließlich glaubt sie schon selber, daß sie umworben ist, so wie auch die blasierte-
sten Staatsmänner die Lobeshymnen, die ihnen ihre von ihnen besoldeten
Leibjournalisten schreiben, mit Befriedigung zur Kenntnis nehmen, als wären sie der lauterste Ausdruck einer unabhängigen öffentlichen Meinung.
Den Schauspieler freut auch der Lärm, den seine Claque macht. Schließlich
wird aus dem arrangierten Erfolg der wirkliche, und am Ende wird ein
Mädchen, das ein treues Gefolge von Jünglingen um sich arrangiert hat,
wirklich umworben. Aber sonst werden nicht viele Regie- und Propaganda-
künste aufgewendet, um den gesellschaftlichen Erfolg der jungen Mädchen
zu fördern.
Schlecht sind sie angezogen, denn es ist heilige Tradition, daß ein feines
junges Mädchen nicht bescheiden genug auftreten kann. Außerdem ist es so
billig. Aus dem Fetzenkisterl werden die Ballkleider der jungen Mädchen
nach den Ratschlägen irgendeines Modejournals von der braven Hausschneiderin zusammengenäht. Ein altes Ballkleid von der Mama oder ihr
Brautkleid wird zertrennt, und am Ende entsteht aus dem allen etwas ergreifend Ungeschicktes und Hilfloses, in dem das arme junge Mädchen weit
weniger schön aussieht, als in ihrem sauberen dunkelblauen Kostüm, das
sie für alle Tage trägt, aber die alte Anna und die Hausschneiderin und die
Mama und die Hausmeisterin sind gerührt, wie schön die Mitzi ausschaut
(»Wie eine Fee«) und wie erwachsen. Weiß muß das erste Ballkleid sein
und fußfrei ohne Schleppe. Dazu gehört eine Blume im Haar. Die Kosme-
tik beschränkt sich auf Reispuder und Eau de Cologne. Erbarmungslos
wird die rauhe Haut der mageren Arme zur Schau gestellt. Wimmerln sind
das untrügliche Unterpfand wahrer Tugend, und auf die halten auch in dieser freisinnigen Zeit sowohl die Eltern als auch die Bewerber noch immer.
Es gibt zwar schon welche, die anders denken, aber die trauen sich das
kaum auszusprechen. Wenn sie es tun, dann zucken die Freunde nur die
Achseln und machen ironische Bemerkungen über den Fuchs und die sauren Trauben: »Darüber kommt kein Mann hinweg.« Es gibt auch junge
Mädchen, die gegen die Hausschneiderin und das Modejournal revoltieren,

die an das moderne Kunstgewerbe glauben und die sich ihre Ballkleider selbst entwerfen. Die schauen dann in der Regel aus, als ob sie dem Triumphzug aus der »Aida« entsprungen wären. Es sind nur wenige. Aber nicht nur die jungen Mädchen sind bei den Bällen schlecht angezogen, sondern auch ihre Mütter und die Patronessen. So gut die Wienerinnen auf der Straße gekleidet sind, so wenig gelingen ihnen die Abendkleider. Mondäne Repräsentation liegt den Wienern nicht. Entweder sind die Frauen aufgedonnert, oder sie sind dürftig gekleidet, oder sie sehen aus, als hätten sie sich ein Theaterkostüm ausgeliehen, oder sie sind gar »künstlerisch« angezogen. Es mag auch an den Figuren liegen, die zu klein und zu mollig sind, um vornehm zu wirken. Aber es fehlt auch an den Details. Die Diademe sitzen schief, die Frisuren sehen gleich verrauft aus, der Schmuck ist verschoben, der Schal oder der Fächer paßt nicht zum Kleid, die Mimik und die Gesten passen nicht zur großen Toilette. Entweder sind sie zu häuslich-gemütlich oder zu hastig.

Aber auch bei den Männern sieht es nicht viel besser aus. Fast keinem Mann sitzt die Frackmasche und das Frackhemd wirklich gerade und in der Mitte, nicht zu reden von den Herren, die eine zerknitterte oder schmutzige Krawatte zum Frack tragen. Fast kein Herr ist ganz gut rasiert – die meisten haben sich blutig geschunden –, die Bänder der Kommandeurkreuze steigen ihnen hinten im Genick oder an der Seite über den Frackkragen hinaus, die Orden baumeln weiß Gott wo auf der Brust herum. Der arme Kaiser Franz Joseph, der ein Pedant in solchen Dingen ist, leidet ständig unter der Talentlosigkeit seiner Wiener zu feierlich würdevollem Auftreten. Er liebt elegante Erscheinungen, ihm tun Toilettenfehler weh wie einem Musiker falsche Töne. Beim Militär hat er auch mit viel Energie sein Ziel erreicht, aber bei den Zivilisten hat er es mehr oder minder aufgegeben. Sobald der Wiener sich feierlich anzieht, kommt der Bohemien aus ihm heraus, den Feierlichkeit langweilt und der sich nie feierlich genug fühlt, um feierlich daherzugehen. Nein, dazu nimmt sich der Wiener nie ernst genug. Es ist ihm auch nicht der Mühe wert. Er weiß, daß er es nicht gut macht, daher macht er es nicht gern, darum auch nur selten, und darum lernt er es auch nie besser. Die kaiserlichen Prinzen und die Aristokraten, die das alles natürlich von der Wiege an beherrschen, schmunzeln immer höchst amüsiert über alle diese bürgerliche Hilflosigkeit bei festlichen Anlässen, obwohl es übrigens auch unter ihnen Bohemiens gibt, verwilderte Erzherzoge und verbauerte Grafen, aber das sind doch Ausnahmen. Bürger und Aristokraten sind in Wien eben in allem und jedem zwei Welten, die nicht zusammenpassen. Wo die Wiener Bürger in der Überzahl auftreten, dort gibt es leider fast nie ein elegantes Gesellschaftsbild, und daher ist auch das Bild der großen Wiener Bälle keineswegs mondän.

In Wien tanzen auf den großen Bällen fast nur die ganz jungen Jahrgänge zwischen 18 und 25. Nur auf ganz großen Repräsentationsbällen wie beim Ball der Stadt Wien tanzen auch junge Frauen, und auch auf Redouten gehen sie. Dort wird aber fast gar nicht getanzt, und dann kommen sie auch aus der Mode, seitdem es die große Opernredoute nicht mehr gibt. Ein kühnes erotisches Temperament, das nach Maskenfreiheit verlangt, hat die Wienerin nicht, für Intrigenspiel ist sie nicht geistesgegenwärtig, nicht witzig, nicht einfallsreich genug. Die Maske macht heiß und ruiniert den Teint. So streng sind die Sitten doch schon nicht mehr, daß eine Frau, die was erleben will, zur Maske ihre Zuflucht nehmen muß, und so kommen die Redouten eben aus der Mode.

Bei den großen Bällen sitzen auch sehr junge Mütter an der Wand und halten den Schal ihrer tanzenden Tochter. Brave junge Mädchen sollen sich mindestens alle halbe Stunde bei ihrer Mama blicken lassen und sollen ihr auch ihre eifrigen Tänzer vorstellen, sonst wird die Mama nervös und geht ihr verlorenes Kind suchen. Das mögen aber die Töchter gar nicht, daß ihnen die Mütter alleweil mit dem Schal nachlaufen. Sie wollen doch nicht vor den Augen ihrer Verehrer wie die kleinen Kinder behandelt werden. Also bekämpfen gute Mütter ihre Nervosität – suchen einen angenehmen Tratsch, und es gibt Mädchen, die sich oft stundenlang bei der Mama nicht blicken lassen. Erst zum Souper tauchen sie sehr echauffiert und animiert wieder auf. Da erzählt man sich die tollsten Dinge. Es soll junge Mädchen geben, die mit einem Jüngling stundenlang aus dem Tanzsaal verschwinden ...

Ja, es ist nicht zu leugnen: seitdem so viele Mädchen Kurse besuchen, auf Berge steigen, Ski laufen und auf diese Art sich viele Stunden lang jeder Kontrolle ihrer Mütter entziehen, gibt es auch im tugendhaften Wien in großer Zahl jene Mädchen, für die Marcel Prévost den Namen »Demi vierges« geprägt hat. Ja, es soll sogar Mädchen geben, die auch auf das »Demi« keinen Wert mehr legen ... Es gibt ganz kostbare, ganz sorgsam behütete Mädchen, die über jeden solchen Verdacht erhaben sind, aber es gibt dafür so viele arme Beamten- und Offizierstöchter, die zwar aus sehr guter Familie sind, aber sehr geringe Heiratschancen haben und doch auch von ihrem Leben etwas haben möchten ... Der Damm der guten Sitten wird immer brüchiger, und die erste Woche des großen Krieges wird ihn ganz wegschwemmen. Im Jahre 1916 wird eine Hofratstochter leichter zu erobern sein als eine Kellnerin. Aber einstweilen sieht alles noch so aus, als ob die jungen Mädchen Lämmlein wären, und gewissenhaft sitzen ihre noch gar nicht alten Mütter an der Wand, behüten und bewachen sie sorgsam, tun, als ob sie von nichts eine Ahnung hätten, haben auch wirklich keine – denn zu keiner Zeit haben Eltern von ihren Kindern weniger gewußt als um die Jahrhundertwende – und denken nicht daran, auch selber zu tanzen, weil sie doch nicht zu ihrem Vergnügen zum Ball gegangen sind und weil es sich doch nicht gehört, daß die Mütter ihren Töchtern Konkurrenz machen.

Aber vielleicht tanzen die Mütter auch darum nicht, weil der moderne Tanz so anstrengend ist. Wenn einer nicht mehr ganz jung und schlank ist, dann rinnt ihm beim schnellen Linkswalzer der Schweiß in Bächen herunter. Dafür ist er aber einer der schönsten Tänze, die es je gegeben hat. Die schnelle Drehung bringt den Körper in eine sonderbar überhängende Stellung, die man ohne diese Bewegung nicht eine Sekunde lang festhalten könnte, und das macht daher wirklich den Eindruck des Schwebens. Fest umschlingt der Tänzer die Tänzerin, das Kleid der Dame umweht den Herrn, sie verschmelzen für das Auge zu einer einzigen bewegten Masse, und der zum Ausbalancieren weit weggestreckte linke Arm gibt dem Tänzerpaar einen Berninischen Schwung. Der Linkswalzer ist lebendig gewordenes Barock. Am schönsten ist er, wenn er am Ort getanzt wird. Gut eingetanzte Paare brauchen dazu nicht mehr Raum als etwa dreißig Zentimeter im Quadrat. Für solche berühmte Linkstänzerpaare wird oft in einer Saalecke oder in der Mitte der Herreninsel ein kleiner Raum von ihren Freunden freigemacht, und die sehen dann bewundernd dem Paar zu, das sich oft viele Minuten lang auf einem Fleck dreht. Aber anstrengend ist das gute Linkstanzen. Jeder Herr hat Reservekragen mit und ein besonders eifriger Tänzer oft auch ein Frackhemd zum Wechseln, damit er zum Souper nicht in dem völlig weichgetanzten Hemd erscheinen muß.

Um zehn Uhr fängt in der Regel ein Ball an, um elf Uhr wird er richtig voll, um Mitternacht ist die Souperpause. Das Ballsouper ist aber gar keine sehr formelle Angelegenheit. Das wäre auch im Restaurant des Sophiensaales gar nicht möglich. Das ist nämlich trotz Vergoldungen und Bronzelustern gar kein elegantes Lokal, sondern ein ganz gewöhnliches Wiener Wirtshaus. Vollbeladen mit Schüsseln oder Krügeln schießen schweißtriefende Kellner herum. Kaum hat das Souper begonnen, ist schon alles auf der Speisekarte gestrichen, was die Leute gern essen. Es riecht ganz unmondän nach Gulasch. Alles schreit nach dem Speisenträger und dem Getränkekellner, die sich mit volkstümlich scherzhaften Entschuldigungen ihren Weg bahnen. Die Bedienung ist um das schlechter als in anderen Wiener Wirtshäusern, weil es hier naturgemäß keine Stammgäste gibt, dafür ist alles beiläufig doppelt so teuer wie gewöhnlich.

Die jungen Mädchen bringen ihre eifrigen Tänzer mit, und die Mama lädt sie dann ein, an ihrem Tisch Platz zu nehmen. Das heißt aber nicht, daß sie sie zum Souper einlädt. Der junge Herr darf bestellen, was er will, und bezahlt für sich. Höchstens ein Glas Wein bietet man ihm an. Er hat nur die Ehre und das Vergnügen, mit seiner Dame zu Tische sitzen zu dürfen. In

Wien ist es überhaupt nicht Sitte, für einen anderen im Gast- oder Kaffeehaus zu zahlen. Man ißt miteinander, und jeder zahlt für sich.

Bis sechs Uhr früh dauert in Wien jeder Ball. Am schönsten wird er am Schluß, wenn es schon leerer wird und man gut Platz zum Tanzen hat. Dann kommt eine sonderbare weiche Müdigkeit über einen, man fühlt vor lauter Tanzen seine Glieder nicht mehr, man wird ganz leicht und ist ganz erfüllt von einer genußreichen inneren Wärme. Die Mädchen bekommen glänzende Augen und verlieren die äußere und innere Steifheit. Bei den letzten Tänzen werden die Lichter halb abgedreht. Es ist eine so eigenartige Abschiedsstimmung. Man fühlt, es erwacht da ein neuer Tag, und man hat noch nicht geschlafen, ein neues, sonderbares Leben ohne Schlaf fängt an ... Man wird nie mehr schlafen – immer nur mit dieser wunderbaren inneren Wärme weitertanzen. Die Mädchen werden ganz weich und anschmiegsam – sie schließen die Augen halb und lassen den Kopf zurückhängen. Sie legen sich dankbar in den Arm, der sie führt und hält ... Ja, und dann muß doch einmal ein Ende sein – wenn es am schönsten ist ... Mit einer vagen Sehnsucht verläßt man den Saal: Das müßte der Weg zur Seligkeit sein, und man war schon vor dem Ziel, da war es aus ...

Dann trinkt man im Kaffeehaus einen frischen starken Kaffee und ißt ein resches Kipfel dazu. Heiß rinnt der süße Kaffee durch die Kehle – nie sonst schmeckt ein Frühstück so gut – und schwemmt den gestrigen Tag mit sich. Es ist ein neuer Tag, aber noch einmal findet man in die gestrige Nacht zurück, wenn man sich zu Hause im noch finsteren Zimmer ins Bett legt ... Noch einmal fängt in der Stille die Musik in den Ohren zu dröhnen an, und im Körper geht die Bewegung des Tanzens weiter, so wie man das Schwanken des Schiffes nach einer Seereise noch lange in den Gliedern fühlt.

Die große Tanzsaison dauert in Wien vom Dreikönigstag bis Ostern, also rund siebzig bis neunzig Tage lang, je nachdem, wie Ostern fällt. Die großen Repräsentationsfeste sind alle im Fasching, denn die hohen Herrschaften, die zu diesen Festen erscheinen müssen, gehen in der Fastenzeit zu keinem Tanzfest. Aber während der ganzen Zeit wird in Wien in allen Sälen, die es gibt, getanzt, nicht nur im Sophiensaal.

Viele Bälle sind in dem hübschen Saal des Hotels »Continental«, das in der sonst gar nicht vornehmen Leopoldstadt liegt. Das stammt wohl aus der Zeit her, als das »Continental« noch »Goldenes Lamm« hieß und das erste Hotel Wiens war. Im »Continental« sind die beiden vornehmsten Bälle der Saison, das Juristen- und das Theresianisten-Picknick, die besucht zu haben kein junger Herr verleugnet. Die Wiener Jünglinge haben nämlich eine komische Gewohnheit. Wenn man sie fragt, ob sie in der Saison viel mitmachen (das ist eine obligate Frage, wenn man mit einem jungen Mann spricht), dann antworten sie stereotyp: »Ich geh eigentlich nur privat, mit Ausnahme natürlich vom Theresianisten und Juristen...« Das heißt, er behauptet, daß er auf keine öffentlichen Bälle, sondern nur auf Hausbälle gehe, mit eben den berühmten zwei Ausnahmen. Das ist natürlich nicht wahr, denn sonst wären doch bei den großen öffentlichen Bällen gar keine Tänzer. Die jungen Herren aus guten Familien müssen ja aus hundert Gründen gesellschaftlicher und familiärer Verpflichtung in die verschiedenen Ballkomitees eintreten, sie müssen auch zu den Bällen gehen, zu denen sie junge Mädchen einladen, denen sie irgendwie zu Revanche verpflichtet sind, aber es ist einmal der gute Ton, zu verleugnen, daß man zu den großen öffentlichen Bällen geht. Sie gelten unter den jungen Herren nicht als ehrenvoll und begehrenswert. Sie haben eine zu gemischte Gesellschaft, und das ist auch wahr, denn daß alle Gäste geladen seien, ist nur eine fromme Lüge. Jeder Mensch kann sich zu diesen Bällen ohne Schwierigkeit eine Karte kaufen. Dennoch hat jeder Ball sonderbarerweise sein Gesicht. Es kommen in der Regel von selber keine Leute, die nicht hineinpassen. Jeder weiß in Wien eben, wohin er gehört und was ihm zukommt, und niemand macht es Spaß, sich irgendwo einzudrängen, wo er nicht erwünscht ist. Kühne revolutionäre Justamentmenschen sind die Wiener nicht – sie schwimmen gern mit dem Strom, und ihre Lebenskunst ist es, weniger ihr Ziel zu finden als die richtige Strömung, die gut trägt, wohin das Schicksal will.

Neben den großen Bällen gibt es Hunderte kleine. Jeder Verein veranstaltet seinen Faschingsabend, oft eine ganze Serie mit Vor- und Nachkränzchen, das Personal jeder größeren Firma, jeder Gastwirt und Kaffeesieder gibt sein Tanzfest. Familien tun sich zu Kegelabenden zusammen, die meistens im Souterrainlokal eines Kaffeehauses stattfinden. Da kegeln die Alten und tanzen die Jungen. An jedem Abend des Faschings wird in allen Sälen Wiens getanzt, aber auf der Straße merkt man kaum etwas vom Fasching. In einzelnen Vororten gibt es Faschingsumzüge. Am Faschingdienstag schmücken die Kutscher ihre Pferde mit bunten Bändern und setzen Papiermützen auf, aber das ist auch alles. Der Fasching ist in Wien kein Straßenfest.

In der Fastenzeit, wenn der Fasching am Ende ist, dann kommt erst die richtige Saison der Hausbälle, die die jungen Herren so lieben. Jede Familie mit einer erwachsenen Tochter gibt, wenn sie es sich irgendwie leisten kann, einen Hausball. Zu einem Hausball können die jungen Mädchen ohne Mama gehen. Vielleicht liegt darin der Reiz, obwohl es doch bei einem Hausball in der Regel noch gesitteter zugeht als bei einem öffentlichen. Es ist wohl vielmehr die kindlich verspielte Atmosphäre der Hausbälle, die ihre Besucher so lieben. Die jungen Leute schreien und tollen herum. Sie spielen

247

heitere Gesellschaftsspiele, jeder kennt den anderen. Es ist eigentlich eine große Kinderjause bei Nacht – eine Kinderjause mit lauter erwachsenen Genüssen, die für die jungen Gäste vor noch gar nicht langer Zeit verbotene Früchte waren und die daher für sie den Reiz der verbotenen Frucht noch nicht ganz verloren haben: Wein, Zigaretten, Likör, lang Aufbleiben. Flirt ist nur einer von den vielen neuen Genüssen, die das erwachsene Leben bietet – der problematischste, der schwierigste, der ungewohnteste, der gefährlichste.

Das spürt auch ein ganz dummer Bub, daß in der Erotik mehr unberechenbare, dunkle Mächte stecken als im Schnaps, von dem man höchstens einen Rausch bekommen kann. Nein, die jungen Leute suchen bei den Hausbällen eigentlich die Erotik gar nicht, sondern das Kinderzimmer, das man glücklich und endlich überwunden hat und in dem man die triumphale Freude, nun endlich erwachsen zu sein, voll genießen kann – in eben der vertrauten Umgebung, wo alles noch an den kaum überwundenen Zustand erinnert und schon irgendwie ergreifend geworden ist wie eine Erinnerung an Unwiederbringliches, Verlorenes, Gestorbenes... Als Erwachsener bewegt man sich da in Räumen, in denen man Kind war, unter Menschen, mit denen man Kind war, mit denen einen noch die Kinderstubenvertraulichkeit verbindet und auch die Freude des neuen Erwachsenseins. Sie sind noch gar nicht recht erwachsen, sie probieren es erst, sie spielen Erwachsensein. Wenn sie es erst einmal richtig sein werden, werden sie nicht mehr auf Hausbälle gehen.

Schon als junge Leute ziehen die Wiener, obwohl keineswegs menschenscheu, den engeren, vertrauten Kreis ihrer Hausbälle dem turbulenten Massenvergnügen der großen öffentlichen Feste vor, schon als Junge immer eher bestrebt, ihren Kreis abzugrenzen, als ihn zu erweitern, immer auf der Suche nach einer kleinen, abgeschiedenen, glücklichen Insel und nicht nach einem weiten Feld sich stets ausbreitenden Verkehres, in dem sie eine Rolle von stets wachsender Bedeutung spielen wollen. Sie sind keine politischen Wesen – die Masse kann sie nicht erfreuen und anziehen, nicht einmal das Vergnügen, das sie zu bieten vermag. Ein paar Jahre machen die jungen Leute den Betrieb der Wiener Saison mit, dann werden sie fleißig und strebsam und denken daran, zu heiraten. Sie sind noch gar nicht alt, und schon befriedigt sie die kleine Geselligkeit der Kartenpartien, der Kammermusikabende, der Kaffeehausgespräche und gelegentlicher Kollegen- oder Kegelabende völlig. Selten und ungern nehmen sie dann nur mehr den nach Naphthalin duftenden Frack aus dem Kasten, der ihnen von Jahr zu Jahr enger wird. Gelangweilt sitzen sie dann bei den Gesellschaften, zu denen sie nun einmal gehen müssen, verwünschen den Frack, dessen Enge sie reichliches gutes Essen und Trinken um so unangenehmer fühlen läßt und sehnen

sich nach der behaglichen Vertrautheit des gewohnten Kreises und der gewohnten Kost – Mönche, die die Versuchungen und Sünden ihrer Jugend
so sehr überwunden haben, daß sie sich nach ihnen nicht einmal mehr sehnen.

KAFFEEHAUS

Gast- und Kaffeehäuser sind heiß und rauchig. Bei Türen und Fenstern zieht es herein, trotz aller Decken und Vorhänge. Das Gas gluckst und braust in den Auerbrennern. Es gibt riesige Spiegel mit goldenen Rahmen und sogar echte Ölgemälde zur Dekoration der Wände, aber die Sessel sind hart und unbequem. Die paar guten Plätze, wo es hell ist und nicht zieht, gehören den Stammgästen und auch die wenigen guten gepolsterten, mit rotem Plüsch überzogenen Sessel. Von selber setzt sich der Zufallsgast nicht auf diese sichtlich privilegierten Plätze. Jeder Mensch kann in jedes Kaffeehaus gehen – ausgenommen natürlich die Damen. Damen allein werden nicht bedient, wenn sie aber bedient werden, ist das kein gutes Zeichen – dann sind sie offiziell geduldet, um dort Herrenbekanntschaften zu machen, und werden dabei generös von den Kellnern gefördert, die ihrerseits wieder von den Damen generös bedacht werden. Aber wirkliche Damen gehen nur nach einer Soiree oder nach dem Ball mit ihren Herren ins Kaffeehaus und kommen sich dabei so verrucht vor wie ein Mann, der in einen Harem geführt wird. Sie schlagen die Füße übereinander, legen den Kopf zurück und rauchen Zigaretten.

Das Kaffeehaus ist das Laster des Wieners. Es gibt in Wien wenige Alkoholiker und noch weniger Morphinisten, aber viele tausend Kaffeehaussüchtige. Im Kaffeehaus verfliegt die Zeit. Man spielt dort Karten und Billard, man liest Zeitung, man raucht eine Zigarre, man plauscht, man schreibt Briefe, man trifft sich mit den Leuten, die so interessant sind, daß man sie nach Hause nie einladen könnte. Wenn man in Wien einen Bekannten geringschätzig beschreiben will, so sagt man: eine Kaffeehausbekanntschaft. In das Kaffeehaus flüchtet man vor der Familie, vor den Frauen, nach den Frauen ...

Das Kaffeehaus ist der Klub des Wieners – ein idealer Klub ohne Statuten, ohne Affären, ohne Ehrengericht. Jeder kann von der Straße hereinkommen. Dem Schicksal steht die Tür des Kaffeehauses offen – es kann jeden Augenblick daherkommen: Der Mann, der die Wendung ins Leben bringt – die gute oder böse –, der Verführer, der Wohltäter, der Mann mit dem großen Geschäft, das einen heraushebt; denn Geschäfte werden in Wien im Kaffeehaus gemacht wie in Italien oder im Orient. Wenn die Gattin ihrem Mann vorwirft, daß er seine ganze Zeit im Kaffeehaus vertrödelt, dann sagt er seufzend: »Ich arbeit im Kaffeehaus mehr als ein anderer in seinem Geschäft.« Das muß nicht, aber es kann wahr sein.

Wenn man in ein Geschäft kommt und dort nach dem Chef fragt, dann sagt der Kommis: »Finden den Herrn Chef jetzt zuverlässig im Café Rebhuhn.« Und die Herren aus Berlin wundern sich und sagen: »Sonderbare Kunden

sind diese Wiena, sitzen während der besten Geschäftsstunden im Kaffeehaus bei 'ner Kartenpartie . . .« Ja, es ist nicht zu leugnen: das Kaffeehaus ist das Laster des Wieners . . . Es ist ein Rausch ohne Gift . . . Träumerischer Müßiggang löst das Geschäft unmerklich ab . . . Man kann allein sein, ohne sich allein zu fühlen – das ist dem Wiener die liebste Form der Geselligkeit . . . Man kann reden, wenn man Lust dazu hat, man kann aber ebenso die Zeitung vor die Augen halten, wenn das Gespräch einen langweilt, und niemand ist da beleidigt. Das ist jene Formlosigkeit, die der Wiener zu seinem Behagen braucht. Und es ist ruhig im Kaffeehaus – man hört nichts als das freundliche Geklapper der Billardkugeln und der Dominosteine, das Klirren der Kaffeetassen, das Aufschlagen der Tarockkarten und nur gelegentlich ein paar erregte, lautere Worte, die einem gelungenen oder mißlungenen Pagatultimo nachgerufen werden. Gespräche werden nur in gedämpftem Ton geführt. Und es gibt keine Frauen – auch das gehört zum Behagen des Wieners.

Jeder Mensch in Wien hat sein Kaffeehaus, und dort trifft man ihn sicherer als zu Hause. Es gibt politische Kaffeehäuser mit Ministern und Abgeordneten, wie das Café Pucher oder das Café Zentral. Die Großindustrie trifft man im Café Schrangl auf dem Graben, die Professoren im Café Landtmann, die Künstler im »Museum«, die Dichter im Säulenhof vom »Zentral« – jedes Kaffeehaus hat seinen Stammkreis, und manches hat mehrere verschiedene. Da sitzen zum Beispiel in der rechten Hälfte die Herren von der Produktenbörse und in der linken die Beamten von einem Ministerium. Kein Mensch von der linken Hälfte kennt irgendwen von der rechten. In den Kaffeehäusern der Josefstadt sitzen am Vormittag die Studenten und studieren, um das Heizen zu ersparen. Am Vormittag kostet der Kaffee weniger – er ist auch schlechter als am Nachmittag.

Der »kleine Schwarze« ist die Eintrittsgebühr ins Kaffeehaus. Alle halbe Stunde bekommt man frisches Wasser serviert, und dabei kann man viele Stunden lang sitzen. Das Klima ist in Wien für ein Leben auf der Straße, wie der Italiener es führt, zu rauh. Statt dessen lebt der Wiener im Kaffeehaus – es ist ihm das, was den Griechen die Agora war. Gewiß hätte sich Sokrates in einem Wiener Kaffeehaus wohl gefühlt. Es ist vielleicht der Ort auf Erden, an dem das gelöste, witzige, phantasievolle, grüblerische, scharfsinnige, zynische Gespräch der Griechen, dieses von aller Pedanterie und wissenschaftlicher Bindung freie Spiel im geistigen Raum, sich am längsten lebendig erhalten hat. Die Frauen haben diesen Zauber aus dem Kaffeehaus vertrieben. Sie haben es natürlich erobert. Das lag ja unvermeidlich im Geist der Zeit. Seitdem sich die Frauen emanzipiert haben, lassen sie die Männer gar nirgends mehr allein – nicht mehr im Kaffeehaus, nicht mehr beim Sport, nicht mehr im Beruf . . . Das Kaffeehaus war einmal wie der Vatikan eine Männerwirtschaft: prächtig, unbequem, schlampig, eine Domäne männlichen Geistes und männlicher Einsamkeit. Was wäre der Vatikan, wenn da plötzlich Frauen etwas zu reden hätten! Es ist derselbe Geist, der gegen Klöster und gegen den Zölibat kämpft, der die Frauen ins Kaffeehaus eindringen läßt – der Geist der Entweihung, der keinen »Jardin secret« mehr respektiert.

Die rechte Freude am Kaffeehaus hat nur der Stammgast. Wer kein Stammgast ist, hat überall in Wien ein schweres Leben, aber man wird rasch Stammgast. Der Wiener ist stolz darauf, ein Stammgast zu sein, und führt es gerne seinen Freunden vor, welche Vorzüge er als solcher genießt. Zum Stammgast wird man vom Kellner ernannt. Der Kellner ist wie ein Lehrer in der Schule: er teilt gute und schlechte Noten aus. Nicht immer kriegt der, der am meisten konsumiert und die größten Trinkgelder gibt, die besten Noten. Der Kellner weiß, wer ein feiner Herr ist. Er ist aber nicht nur gerecht, er ist auch gütig; er sorgt für die Liebes- und Geldbedürnisse seiner Stammgäste. Der Raunzer sagt: »Die Wiener Kellner sind Kuppler und Wucherer«, aber das ist ebenso ein Mißverständnis, wie wenn man beim Sport einen Amateur mit einem Professional verwechselt. Manchmal ist es ja wirklich zum Verwechseln, aber im Prinzip ist es ein gewaltiger sozialer Unterschied. Wenn ein Kellner einem Gast einmal einen Hunderter leiht, dann bekommt er ihn am anderen Tage mit fünf Gulden Trinkgeld zurück – 1 825 Prozent pro anno rechnet entsetzt der Pedant aus –, oder er sieht ihn niemals wieder. Das ist eher Spiel als Wucher. Und wenn er dem Herrn Baron die schlanke Blonde empfiehlt, dann ist es der gefällige Wink eines Kavaliers an den anderen. Er ist ein Mäzen: Studenten und Künstlern schreibt er endlos die Zeche auf – und neugierig ist er: wenn ein Gast zweimal kommt, weiß er, wie er heißt, wo er wohnt, was er treibt, mit wem er telefoniert. Wenn er ihm in den Rock hilft, schaut er rasch über den Kragen, um zu sehen, ob der Rock von einem feinen Schneider und mit Seide gefüttert ist. Gelegentlich macht die Polizei von solchen detaillierten Kenntnissen Gebrauch. Ein Spitzel, sagt der Raunzer – aber er ist nur ein Amateurreporter, Amateurdetektiv, und wie dieser trägt auch er einen Frack. Neidvoll rechnet ein Mittelschulsupplent aus, was so ein Kellner verdient, und nimmt sich vor, wenn er wieder auf die Welt kommt, nicht mehr so viel zu studieren.

Mit den Jahren legt sich ein Kellner, wenn er aufgeweckt ist, hübsch viel Geld zurück. Dann heiratet er eine Köchin mit Ersparnissen oder eine verwitwete Kaffeesiederin und wird selber Chef. Dann legt er den Frack ab, steht mit strengen Chefblicken an das Buffet gelehnt und geht dann im Lokal herum, um Gäste zu begrüßen, den oder jenen mit einer Ansprache auszuzeichnen und einmal auch bei einer Tarockpartie mitzuwirken.

Am Buffet aber zwischen den silbernen Aufsätzen mit den Zuckertassen und den Rumflascherln waltet reich an Reiz, der nie veraltet, mit wogendem Busen, Brillanten in den Ohren und mit einem hohen blonden Schopf frisch gebrannter Haare die »Gnädige«. Meistens ist sie es nicht persönlich, sondern eine sogenannte Sitzkassierin, aber immer ist sie eine üppige, freundlich lächelnde Dame, in der sich Koketterie, Tugend und Gewissenhaftigkeit vereinen müssen. Es gehört zu den Pflichten eines Weltmannes, sich gelegentlich zu ihr an das Buffet zu lehnen und ihr einige scherzhafte Komplimente zu machen. Zu ihrem Namenstag bringt man ihr Bonbons, aber nie hat man noch gehört, daß ein Stammgast mit einer Sitzkassierin »etwas gehabt« hätte. Es muß einer der solidesten Berufe sein. Heute gibt es auch keine Sitzkassierin mehr – die Registrierkasse in der Küche hat sie verdrängt –, sie ist einmal die einzige Vertreterin tugendhafter und reizvoller Weiblichkeit in der Klausur des Wiener Kaffeehauses gewesen.

Heute gibt es im Kaffeehaus Licht, Lärm, Frauen, bequeme Sessel, und es zieht nicht mehr. Man bekommt nicht nur Kaffee, sondern auch zu essen. Die Kellner tragen Brillen, sie rechnen zehn Prozent für Bedienung, und Trinkgeld nehmen sie außerdem. Sie klagen über die schlechten Zeiten, sie leihen ihren Gästen kein Geld und vermitteln ihnen auch keine Liebesabenteuer mehr. Das ist auch gar nicht mehr nötig, seitdem die anständigen Damen ins Kaffeehaus kommen ...

GEISTIGES LEBEN

Wien ist zwischen 1900 und 1910 einer der geistigen Mittelpunkte der Welt, und Wien hat davon keine Ahnung. Wien ist kein Resonanzboden. Zwei- oder dreitausend Menschen sprechen hier Worte und denken hier Gedanken, die die Welt der nächsten Generation erschüttern werden. Wien ist ahnungslos. Was ist das für eine eigenartige Spannung! Ein kleiner Kreis von Menschen: Schriftsteller, Politiker, Dozenten, Journalisten, Künstler, Beamte, Advokaten, Ärzte leben hier, die von allen Problemen dieser Zeit geschüttelt sind und die die Zukunft denken und formen. Sie sind eine Insel. Keine Brücke führt von dieser Insel zu den Wienern. Nur wenige Jünger stehen hinter diesen lebendigen Menschen – keine Scharen. Stumpf und munter vegetiert die schlummernde Stadt und läßt sich nicht träumen, was für große Dinge in ihr gedacht und geschaffen werden.

Es gibt Menschen, die sagen: das ist überall so. Damit beruhigen sich die Wiener gerne. Das ist aber gar nicht wahr: wenn in Paris, wenn in Berlin jemand etwas Bedeutsames sagt, dann strahlt und tönt es in die ganze Welt, aber Wien hat Polsterwände, es schluckt alle Strahlen, es erstickt jeden Ton, es ahnt nicht, daß hier Menschen leben, deren Worte und Gedanken so stark sind, daß sie in jungen Menschen, die sie in sich aufnehmen, zu welterschütternden Taten reifen.

Wien hat ein eigentümliches Talent, aus der Posaune des Jüngsten Gerichtes eine Lokalnachricht zu machen – etwa so: »Der herbeigeeilte Wachmann verwies dem phantastisch gekleideten jungen Mann sein Tun und mahnte ihn zur Ruhe. Es dürfte sich um einen Geistesgestörten handeln, denn auf Befragen nach seinen Personalien gab er an, der Engel des Jüngsten Gerichtes zu sein. Der Zwischenfall hat in der Lerchenfelder Straße beträchtliches Aufsehen erregt.« In diesem beruhigenden und verkleinernden Tonfall nimmt Wien alles zur Kenntnis. Vor dem Wachmann zerstiebt aller Spuk, der Wachmann ist die Realität, alles andere ist Trug und Gaukelei.

Wien sieht die Welt durch ein Verkleinerungsglas, es sieht die Welt als ein Tanagratheater – das ist jener liebenswürdige Spiegeltrick, durch den große Menschen als kleine, furchtbar herzige Püppchen erscheinen, die agieren, als ob sie lebendig wären. Da kommt sich der Zuschauer ungemein erwachsen, ja geradezu gewaltig und göttlich vor. So steht der Wiener der Welt gegenüber. Die Wiener nehmen von einem großen Mann nur zur Kenntnis, was an ihm herzig ist, daß er Kaffee gern mit Haut trinkt und ein Verhältnis mit einer Frau hat, die die Schwägerin der Kusine ist, von der sie es genau wissen. Das interessiert sie. *Weil* er nämlich ein großer Mann ist – *warum* er groß ist, wissen sie nicht. Nun ja – alle Welt interessiert sich für den »Human touch« der großen Männer, aber der Wiener interessiert sich nur für den »Human touch«

und gar nicht für die großen Männer. Das muß man wissen, um zu verstehen, wieso Wien gleichzeitig die geistig bewegteste und die ahnungsloseste Stadt der Welt ist.

Die Köpfe toben – sie wüten gegen diese Teilnahmslosigkeit, die weder an Gott noch an den Teufel, sondern nur an den Wachmann glaubt. Bis einer einmal den harten Entschluß faßt, nach Berlin oder nach Paris zu gehen, um von dort berühmt zurückzukommen. Dann nehmen die Wiener zur Kenntnis, daß er berühmt geworden ist, und beginnen, sich dafür zu interessieren – mit wem er ein Verhältnis hat und ob er den Kaffee gerne mit oder ohne Haut trinkt.

Darum ist Wien so gemütlich. Es ist die Stadt, in der die Menschen nichts haben als Menschlichkeiten und sich um nichts anderes kümmern. Vielleicht ist gerade darum Wien eine glückliche Stadt, denn machen nicht die kleinen Menschlichkeiten des Hungers und der Liebe das wahre Glück unseres Lebens aus? Kommt nicht alles Böse im Leben von den großen Macht- und Erkenntnisgedanken, mit denen der Mensch über sich hinaus ins Übermenschliche, ins Göttliche strebt? Straft nicht die göttliche Vorsehung jedes Streben des Menschen, das über den Raum des kleinen Glückes hinausgeht? Sind die großen Ideen nicht vielleicht Laster und Ausgeburten des menschlichen Geistes? Ist es nicht eine tiefe, unzerstörbare geistige Gesundheit, die den Wiener im Bereiche der kleinen Menschlichkeiten festhält, die ihn so mißtrauisch und geringschätzig gegen alle menschliche Größe und alles große Streben macht? Am Ende sind die Wiener frömmer und weiser, als wir und sie selbst es wissen? Am Ende sind sie unschuldig wie die Kinder.

Im Couloir des Parlaments geht ein junger Journalist auf und ab und wartet auf einen Minister. Der kommt plötzlich aus einer Tür heraus – der junge Mann schießt gleich auf ihn zu. »Exzellenz«, ruft er, »Exzellenz!« Der Minister ist sehr freundlich, denn das ist er zu Journalisten immer. Er erinnert sich: der junge Mann ist vom »Popolo« in Trient, ein Sozialist, also einer von den harmloseren, loyaleren Italienern. Die Sozialisten sind nämlich keine Irredentisten, sondern friedliche Internationalisten. Er ist wegen politischer Geschichten aus Italien geflohen; der muß sich in Österreich anständig benehmen, sonst schieben wir ihn gleich ab, und außerdem kann sich so einer nach der »Erlösung« doch nicht sehnen, denn die Italiener sperren ihn doch gleich ein – warum wäre er denn sonst zu uns geflohen? Solche Leute können die österreichischen Italiener nur gut beeinflussen. Das alles denkt der Minister, während er sich sehr freundlich in den jungen Mann einhängt und mit ihm auf- und abgeht. Der junge Mann spricht eifrig und riecht nach Zwiebel oder gar nach Knoblauch. Wie er heißt, fällt dem Minister nicht ein – Volpini, Voltelini, Mussafia –, irgend was mit Mus ist es, so sagt er halt so irgendwie undeutlich »Herr Dr. Musi«. – »Mussolini, Mussolini, Exzellenz.«

»Jawohl, jawohl, hab ich sagen wollen – ja haben Sie mir das alles aufgeschrieben, was Sie mir da gesagt haben? Ja, sehr gut – geben Sie mir nur den
Zettel und a rivederlo, salute, salute, Signor Mussafia, oder pardon Mussolini,
e saluti al dottore Battisti – wie geht's dem Doktor Battisti? Gut? Empfehlen
Sie mich ihm – servitore, servitore.«

Auf dem Heldenplatz wird ein junger Mann vom Wachmann aufgeschrieben:
»Ich hab Sie schon wiederholt wegen unbefugtem Hausierhandel mit An-
sichtskarten beanstandet... Ob die von Ihnen selber gemalt sind, ist ganz
gleich – verboten ist verboten. Können Sie Ihnen legitimieren? – Ja, da nutzt
nichts – ich muß Ihnen aufschreiben... Ja, wann Sie nicht zahlen können,
wern S' halt sitzen – machen S' kein Aufsehen. Wie heißen Sie?«

Eine Menge Leute steht herum, auch ein feiner, alter Herr mit einer Aktentasche. Nachdem der Wachmann sein Protokoll beendigt hat, greift der alte
Herr in die Aktentasche, nimmt eine sauber eingepackte Schinkensemmel heraus und schenkt sie dem jungen Mann, weil der so blaß aussieht. »Schaun S'
her«, sagt der Wachmann zu dem feinen Herrn, »ich weiß ja, daß er ein armer
Teufel ist – Hitler heißt er, eine Waise, im Männerheim wohnt er, aber dreimal
hab ich ihn schon beanstandet – nicht wahr? – Jetzt muß ich's melden, sonst
geh noch ich ein.«

»Ja, ja, Ordnung muß sein«, sagt der alte Herr. Da tritt plötzlich die Wache
ins Gewehr, Trommelwirbel, der Wachmann steht stramm und salutiert. Alle
Leute grüßen, der Kaiser fährt vorbei. Wenn er nach der Seite geschaut hat,
hat der Kaiser den blassen jungen Mann gesehen...

Im Vorzimmer des Direktors der Hofbibliothek wartet schon lange Zeit ein
bescheidener italienischer Geistlicher. Er will alte griechische Manuskripte studieren, und die bekommt nicht jeder in die Hand. Da braucht man eine persönliche Erlaubnis des Direktors dazu. Darum wartet der geistliche Herr hier
im Vorzimmer. Endlich öffnet sich die grüne Polstertür, und ein Amtsdiener
kommt heraus und ruft: »Pater Achille Ratti – bitte einzutreten, Hochwürden.«

Im Säulenhof vom Café Zentral wischt der Kellner Cerny Brösel von den
Tischen. Da kommt eilig ein kleiner Herr mit Spitzbart herein – er sieht wie
ein Advokat aus –, nimmt das Abendblatt, setzt den Zwicker auf, bestellt
einen Braunen: »Herr Dr. Trotzki?« fragt der Cerny. »Der Herr Dr. Lenin hat
gerade telefoniert, er ist nur einen Tag in Wien, und Herr Doktor möchten ihn
bestimmt erwarten.« – »Danke«, sagt der Dr. Trotzki, und schon kommt der
Dr. Lenin.

Der Herrgott, der die Menschen darum gerne beobachtet, weil sie gerade genug freien Willen haben, um das Spiel, das sie miteinander treiben, für ihn interessant zu machen, sieht das alles, reibt sich allwissend die Hände und lacht
in seinen Bart hinein. Es wundert ihn oft selber, daß er, der alles voraus weiß,

dem Tun der Menschen doch immer mit Spannung zusieht. Er sieht und hört sein eigenes Werk noch immer so gern wie am sechsten Schöpfungstag. Es geht ihm wie dem Dichter, der sein Stück kaum erkennt, wenn er es auf der Bühne gespielt sieht. Es ist doch ganz erstaunlich, wie viele persönliche Nuancen die Menschen mit ihrem bißchen freien Willen in das ihnen vorherbestimmte Schicksal legen können.

Solchen Gedanken nachhängend, sitzt er plötzlich mit seinem langen weißen Bart würdig und dunkel gekleidet im Säulenhof und ruft leise, aber deutlich: »Herr Cerny!« Dem Cerny kommt der Herr bekannt vor, aber er erinnert sich nicht. »Schon da, Herr Professor«, sagt er aufs Geratewohl. »Wissen Sie«, fragt der würdige alte Herr, »wer die zwei Herren dort sind?« – »Das ist der Herr Dr. Trotzki und der Herr Dr. Lenin – Russen sind's, Sozialisten«, flüstert der Cerny. »So«, sagt der Herrgott, »soll ich Ihnen sagen, wer die zwei Herren sind – ich kenne sie gut –, es sind meine Engel des Gerichtes und der Rache, und wenn die Zeit reif sein wird, dann werden sie die Sichel an die Ernte der Erde legen, und das Blut wird fließen bis an die Zäume der Pferde.« Der Cerny lacht freundlich, er versteht nicht ganz, was der Herr meint, aber er ist hier im Säulenhof den Umgang mit Dichtern und anderen originellen Köpfen gewöhnt – mein Gott, was redet oft der Herr von Altenberg zusammen oder der Dr. Friedell! Da grüßt der alte Herr ernst und gemessen die zwei Russen. Die stehen vom Sessel auf, danken ehrfurchtsvoll und feierlich, und wie sich der Cerny umdreht, ist der alte Herr schon weg.

»Ferdinand, hat der Herr Professor gezahlt?« fragte der Cerny.

»Was für Professor? I hab kein Professor g'sehn.«

»Der Alte – i was net, wie er haßt, mit so an Bart.«

»Der Professor Roller?«

»Aba na – an weißen Bart.«

»Was hat er denn g'habt?«

»A Teeschaln und a Kipfel.«

Aber am Abend stimmt dem Cerny die Kassa. Auf ein so kleines Wunder kommt es dem Herrgott nie an, nur große tut er nicht gern. Die Menschen sollen ihr Spiel nur nach ihrer Fasson spielen. Da wird sich der Herrgott doch nicht mit einem Wunder einmischen. Wozu haben sie denn ihren Verstand und ihren freien Willen? Er teilt die Karten und schaut zu, wie sie mit ihnen spielen. Das ist ihre Aufgabe. Was wäre denn das für ein Spiel, wenn plötzlich der Bub den König sticht? Ah, solche Wunder gibt's nicht! Sie sollen sich nur plagen!

KRANKHEITEN

Wien ist keine gesunde Stadt. Bis zur Vollendung der ersten Hochquellenleitung gab es jedes Jahr im Sommer eine Typhusepidemie. Noch vor ein paar Jahren starben jeden Sommer die Wiener Kinder an Darmkrankheiten wie die Fliegen. Die Tuberkulose, die Wiener Krankheit, packt jeden dritten Wiener, und da ist es ein reiner Zufall, ob einer davonkommt oder nicht. Jedes Jahr bringt eine neue Kur – keine ist viel wert. Sogar der Erzherzog-Thronfolger hat diese Krankheit gehabt – er hat sie sich in der afrikanischen Wüste auskuriert. Das ist die einzige wirksame Kur, die man kennt, aber wer kann sich das schon leisten?

Und im stillen schleichen die Krankheiten herum, von denen man um Gottes willen nicht reden darf, über die die Männer untereinander dumme Witze machen und über die auch die Ärzte nicht laut reden dürfen – die Geschlechtskrankheiten. Es ist unsittlich, junge Leute davor zu warnen oder ihnen Vorsichtsmaßnahmen zu empfehlen. Kein anständiger Arzt darf das Schamgefühl der Menschen durch Erwähnung dieser Krankheiten verletzen. Nur schamlose Juden und Sozialisten sind imstande, das natürliche Sittlichkeitsgefühl dadurch zu beleidigen, daß sie öffentlich von diesen Krankheiten reden und diese Schweinkerle – man sollte sie mit der Hundspeitsche züchtigen – behaupten, daß jeder zweite Mann, der zwanzig Jahre alt ist, eine solche Krankheit hat oder durchgemacht hat. Ja hat denn der Lueger nicht recht, daß man diese Juden und Sozialisten, denen selbst die Liebe nicht heilig ist, die mit ihren unsauberen Phantasien und mit ihren lüsternen Fingern das Reinste und Keuscheste, das es im Leben gibt, beschmutzen – daß man dieses Gesindel einfach hinausschmeißen soll? Da gehen sie her und gründen gar Gesellschaften zur Bekämpfung der Geschlechtskrankheiten! Daß das erlaubt ist? Damit sie sich an den schmutzigen Geschichten, die sie da erzählen, begeilen können!

So reden die Bürger, und auch die Ärzte reden so, die es zwar besser wissen, die aber noch besser wissen, was ihre zahlenden Patienten hören wollen. Wären nicht die Aristokraten, denen an gesunder Fortpflanzung so viel liegt – und die Militärs, die selber gesund sein müssen und die gesunde Soldaten brauchen –, man würde den systematischen Kampf gegen die Geschlechtskrankheiten glatt verbieten. Nur Helden und Narren nehmen diesen Kampf auf sich. Ihre Verdienste vergißt man, kein Mensch dankt ihnen dafür, aber den Schimpf, den sie sich durch diese Verdienste zugezogen haben, der haftet bis über den Tod hinaus. Die Wiener sind kein angenehmes Publikum, wenn man ihnen nicht das zu hören gibt, was sie gerne hören wollen, und es gibt immer wieder unruhige Geister (vor allem Juden), die dazu halt gar kein Talent haben: Sie schlagen den Menschen gerne ins Gesicht, es fehlt ihnen an Takt –

viel lieber provozieren sie, als daß sie mildern und schmeicheln. Die Wiener mögen das nicht – wie kommt man denn dazu?

Ein junger Mann hält, wie es gute Sitte ist, beim Herrn Papa um seine Tochter an. Er hat eine gute Stellung und etwas Vermögen und, wie man sagt, noch mehr zu erwarten; die Tochter hat auch nichts gegen ihn. Er schaut nur nicht gut aus, denkt der Papa, sein Teint ist nicht sehr gut – und etwas wenig Haare hat er – für dreißig Jahre ... Ja, aber man kann ihn doch nicht fragen, ob er gesund ist – das geht doch nicht –, ein anständiger Mensch würde doch nicht ... Die Mama meint auch: man darf doch so einen feinen, jungen Mann nicht durch unpassende Fragen beleidigen. »Ein solider junger Mann, ein Doktor!« meint sie. »Der weiß doch noch gar nicht, wie eine Frau ausschaut – der hat immer nur studiert und gearbeitet ... Ein Doktor! –, so einer denkt an Frauen gar nicht!« Da schmunzelt der Papa nur, und die Mama sagt: »Ihr Männer seid alle so gemein. Wenn ich mir vorstell, daß ein Mann meine Reserl berühren sollt', der jemals eine andere Frau geküßt hat – und am End' gar so eine ordinäre Person –, glaubst du das wirklich? Nein! – dann geb ich ihm mein Kind nicht, aber ich glaub das alles nicht, da könnt' man ja den Glauben an alles verlieren. Glaubst du vielleicht – hast du vielleicht am End' auch? – Und gar so eine Krankheit! – Ja, das haben doch nur lasterhafte Menschen, die ein ausschweifendes Leben führen – wenn du glaubst, daß das so einer ist – aber das is ja net wahr –, ein so einer g'fallert einem reinen Kind wie der Reserl gar net ...«

Der Papa weiß nicht, was er sagen soll. Er sieht: da fehlt es in den Grundbegriffen, und auch bei ihm ist es, abgesehen von ein paar Herrenabenden und Geschäftsreisen, nicht weit her. Da kommt ihm die erlösende Idee: »Der Dr. Mayer kommt doch heute – nicht wahr? Den fragen wir.« Der Dr. Mayer ist der Hausarzt. Der Hausarzt fungiert nämlich gleichzeitig als Seelsorger. Er ist die letzte Instanz in Fragen der Sittlichkeit, der Berufswahl, der Pädagogik, der Weltanschauung. Er ist ein *Doktor!*

Um halb eins kommt er freundlich lächelnd wie immer, mit Bart und Glatze und Salonrock und goldener Uhrkette, goldener Zwickerkette, goldener Nadel im Plastron, nach guter Seife und Lysol duftend, das Bild des vertrauenerweckenden Schnupfen- und Bauchwehdoktors, zu seiner fälligen 14-Tage-Visite, geladen mit einigem Tratsch und neuen guten Witzen und siehe da! Er findet die Mama in Tränen und den Papa ... »Ja, wo fehlt's denn?« fragt er gleich und greift nach Hörrohr und Thermometer. Dann hört er den Fall – er kennt die Reserl, seit sie lebt, er ist selber Familienvater –, er weiß, wie schwer man eine anständige Partie für ein Kind heutzutage findet. Da fängt er also an, einen Vortrag zu halten, mit viel »immerhin« und »denn doch« und einigem Latein und von Sittlichkeit und Verantwortung und Ehre und Tugend und Wirklichkeit, und der Tenor ist: man muß real denken – einerseits – anderseits

– da erinner ich mich an einen Fall aus meiner Praxis ... Schon will er zu den Witzen übergehen, da öffnet Reserl die Tür ...

»Hast am End' an der Tür gehorcht?« brüllt der Vater, froh, daß es endlich was zum Brüllen gibt. Und die Mutter schluchzt: »Mein armes Kind!«

Gruppe: Mit erhobener Hand stürzt der Vater auf die Reserl zu, der Dr. Mayer mit Bart und goldenen Ketten fällt ihm in den Arm, der Papa verhaspelt sich mit der erhobenen Hand in der goldenen Zwickerkette des Dr. Mayer, worauf beide anfangen, voreinander Verbeugungen zu machen und »Pardon« zu sagen. Papas goldener Manschettenknopf hängt in der dünnen goldenen Kette, die geradezu einen goldenen Knoten bildet. Dr. Mayer ist ohne Zwicker hilflos, und die Männer sind aneinander gefesselt. Die Mama weint ...

Da sagt die Reserl mit viel Ruhe: »Ich hab alles gehört ...«

»Haben wir dich so erzogen? – Eine schöne Meinung muß der Herr Doktor von dir bekommen. Sie meint es nicht so, Herr Doktor, sie is ein gutes Kind, sie versteht es ja gar nicht ...« jammert die Mama.

»Also«, sagt die Reserl, »ich verlang natürlich, daß der Fritz ein ärztliches Gesundheitszeugnis vorlegt, bevor ich ihn heirat, und zwar von einem Spezialisten, der was versteht – ich will nicht, daß es mir geht wie der Trude ...«

»Du verworfenes Kind«, schreit die Mutter. »Was muß sich der Herr Doktor denken, wie wir dich erzogen haben – was weißt denn du von der Trude? Die Trude hat ein Frauenleiden – wie kannst du dem guten Kind so was nachsagen, dem Truderl! Eine so eine gemeine Krankheit!«

Die goldene Zwickerkette ist glücklich zerrissen, der Papa sagt noch immer »Pardon«, die Reserl weint nach ihrer Heldentat, die Mama weint ...

Der Dr. Mayer gewinnt seine Würde mit dem Zwicker wieder und meint abschließend:

»Ich denke, das Kind hat recht – Kinder und Narren sagen die Wahrheit, was? Ja, aus Kindern werden Leute«, und geht ab. Es war kein guter Abgang, ohne Witze ... Reserls »Spezialist, der was versteht« liegt ihm auch im Magen ...

Und da es halb zwei ist, kommt die Marie herein und sagt: »Bitt', gnä' Frau, es is serviert.«

Alle versichern, sie können jetzt keinen Bissen hinunterbringen, aber der Papa nimmt sich schon zur Suppe ein Grießnockerl nach, und Böhmische Dalken haben alle so gern – ein eigenes Rezept noch von der Köchin von der Großmama – ohne Germ ...

Ja, es ist komisch: diese Eltern, die mit Watschen und Gebrüll so schnell zur Hand sind, wenn das Kind in der Nase bohrt oder sich schlecht hält, sind völlig ratlos, wenn es sich um wirklich ernste Fragen handelt. Da lassen sie ihre

Kinder völlig allein, da haben sie plötzlich keine Autorität, da sind sie stumm, da machen sie sich nichts wissen und schauen weg.

Die Reserl schreibt am Nachmittag noch einen langen, recht vernünftigen Brief an den Fritz. Mit den Eltern redet sie nicht mehr – wozu auch?

Beim Schlafengehen sagt die Mama zum Papa:

»Ich möcht nicht leben so ohne alle Illusionen wie diese Kinder. Da sind nur die jüdischen Zeitungsschmierer dran schuld, die den Kindern den Kopf verdrehen – alleweil Sensationen. Die Kinder kommen um ihre ganze Jugend und Unschuld. Wir ham von so was keine Ahnung gehabt – damals hat's auch diese häßlichen Krankheiten noch gar nicht 'geben. Ich möcht als Mann ein junges Mädchen nicht heiraten, die mich so was fragt – die kann kein reines Geschöpf mehr sein. Wo nur unser wohlerzogenes Kind diese schmutzigen Phantasien her hat . . .«

Der Papa schläft schon.

Es ist ein komisches Zeitalter, in dem die Kinder gescheiter sein müssen als die Eltern. Dümmere Eltern hat keine Generation gehabt als die Bürgerkinder, die zwischen 1880 und 1890 geboren sind. Was das für Menschen sind! Die kleinste Reise bringt sie aus der Fassung, vor elektrischen Trams und Autos werden sie scheu wie Bauernpferde und müssen von ihren Kindern an der Hand geführt werden. Na – vorläufig genug davon!

Am nächsten Tag erscheint der Fritz und gibt der Reserl sein Ehrenwort als Akademiker und Offizier – aber untersuchen läßt er sich nicht.

Die Reserl hat vom armen Truderl viel gelernt. Sie hat sich nun einmal zur Heldenrolle entschlossen, und den Fritz liebt sie auch nicht gerade mehr als nötig. Sie schaut verlegen auf den Boden. Sie spielt mit der Krawatte – mein Gott, ein Vergnügen ist es ja nicht, wenn man so ein Gespräch selber führen muß und die Eltern mit ihrem Böhmischen-Dalken-Horizont (ohne Germ, zergeht auf der Zunge) es einem nicht abnehmen. Solche Gespräche zergehen einem auch auf der Zunge – aber anders. Also sie sagt, daß Männer in diesen Dingen, besonders, wenn sie eine Frau gern haben, nie die Wahrheit sagen . . .

Das läßt er sich natürlich nicht sagen. Er kann sich, sagt er, ein gedeihliches Zusammenleben nicht vorstellen, wenn sie an seinem Manneswort und seiner Ehre zweifelt. Gegenseitige Achtung muß die Grundlage jeder Ehe sein . . .

Sie achtet ihn und zweifelt dennoch, und er geht.

Reserl hat dann gegen den Willen der Eltern einen Beruf ergriffen, und sie hat dann ein paar Jahre später den Zahnarzt geheiratet, bei dem sie Gehilfin war – natürlich auch gegen den Willen der Eltern –, die Eltern sind gegen alles, was die Jungen wollen . . . Der Zahnarzt ist zwar ein Doktor und die Mama sagt: »Ein sehr feiner Mensch – da läßt sich nichts sagen – und verdient sehr schön – und die Reserl hat er wirklich sehr gern, er trägt sie auf Händen, aber er ist – Hatschek heißt er, Doktor Hatschek, in der Wollzeile 5, die Reserl wird sich sehr freuen, er is ein sehr guter Zahnarzt und hat die feinste Kundschaft –, aber er is halt ein Jud', das heißt, katholisch is er ja und ein sehr ein anständiger Mensch – mancher Christ könnt' sich an ihm ein Beispiel nehmen, und die Reserl is sehr glücklich mit ihm, aber nötig g'habt hätt' sie das nicht – die feinsten jungen Herren ham sich um sie beworben, auch Doktoren und Adelige – aber sie hat halt immer ihren Kopf g'habt, und sie hat es nicht anders haben wollen. Und was mich am meisten wundert: mit dem Fritz – erinnern sich doch noch –, der sich damals so um sie beworben hat – der hat so eine gute Karriere gemacht – ins Ministerium ham's ihn berufen – mit 40 is er schon Hofrat – aber die Kinder folgen ja den Eltern nicht, obwohl man doch immer nur ihr Bestes will – also mit dem Fritz sind die sehr befreundet – intim! – nach allem, was vorgefallen is, das hätt's zu meiner Zeit nicht 'geben – das hätt' mein Mann nie erlaubt – das sind halt so neuartige Anschauungen – mir g'fallt das ja gar nicht, aber das is halt heut alles anders ...«

Der Fritz läßt sich beim Dr. Hatschek die Zähne richten und am Sonntag machen sie miteinander Ausflüge, oder sie spielen Bridge, wenn das Wetter schlecht ist.

Auch der Dr. Mayer läßt sich beim Dr. Hatschek zu allen seinen goldenen Attributen dazu noch goldene Zähne machen, und der Reserl macht es großen Spaß, wenn sie dem alten Onkel Doktor sagen kann: »Nur den Mund schön aufmachen, es tut gar nicht weh.« Sie wird übrigens nicht mehr Reserl, sondern Thea genannt – das ist moderner.

Paar Jahre später stirbt mit allen alten Hausärzten auch der Dr. Mayer: »Er war eigentlich ein guter Arzt«, sagt Thea-Reserl, »er hat keinen Patienten unter die Erde gebracht.«

– ? –

»Wenn man nämlich wirklich krank war, dann hat man sich doch immer einen richtigen Arzt kommen lassen.«

So waren die alten Hausärzte – die Leib- und Seelsorger –, sie sind als solche zum Teil von den Psychoanalytikern abgelöst worden.

DER TOD

Der Wiener lebt gern. Er liebt sein Leben, und darum will er dieses kostbare Leben mit einem großen Fest enden sehen. Der Wiener ist sonst nicht prunkliebend, aber für das Fest des Todes ist ihm kein Prunk reich genug. An jedem Nachmittag sind die Straßen Wiens von der schwarzen Pracht der »schönen Leichen« erfüllt; ganze Reihen von vier- und sechsspännigen Leichenwagen, von Blumenwagen, die wie riesige schwarze Blumenkörbe auf Rädern aussehen, und von feierlichen Trauerkutschen ziehen Tag für Tag die endlose Simmeringer Hauptstraße entlang zum Zentralfriedhof. Und das ist schon das Ende des Festes, dessen düsteres Vorspiel sich über Tage, ja eigentlich über ganze Wochen erstreckt, denn es fängt schon mit der Todeskrankheit an.

Wenn es bekannt wird, daß jemand sehr schwer krank ist, dann muß jeder, der ihn näher kennt, täglich gehen, sich um sein Befinden erkundigen. Nicht nur Freunde und Verwandte kommen da, sondern auch die Trafikantin und die Greißlerin, die Hausmeisterin von nebenan – es ist ein großes Ereignis, die ganze Gasse spricht davon. Wenn der Kranke sehr reich ist, dann wird vor seinem Haus Stroh auf das Straßenpflaster geschüttet, damit die Wagen keinen Lärm machen. Die Leute bringen Blumen, gute Ratschläge, Bücher und schönes Kompott. Man muß sie alle empfangen. Da muß immer jemand dazu Zeit haben. Manchmal will doch auch der Kranke einen von seinen Besuchen selber sehen, und jedenfalls freut er sich über die Teilnahme. Da sieht man doch daran, daß man wer ist, wenn man freilich an der zunehmenden Zahl und Häufigkeit der Anfragen auch sieht, daß es einem sehr schlecht gehen muß . . .

In seiner Gasse will der Wiener sterben, inmitten dieser lebendigen Teilnahme, nicht in so einem unpersönlichen Spital oder Sanatorium, wo das Sterben ein Großbetrieb ist. Wenn es dann immer schlimmer um den Kranken steht, dann kommen viele Leute gar zweimal am Tag. Bei den Aristokraten werden Bogen aufgelegt, aber für uns bürgerliche Leute paßt sich das nicht. Da muß jeder einzeln begrüßt werden und seine mündliche Auskunft bekommen.

Das Sterben ist eine öffentliche und nicht ganz friedliche Angelegenheit. Der Streit der Tagesmeinungen macht vor dem Totenbett nicht halt. Die Angehörigen streiten, ob der Sterbende versehen werden soll oder nicht. Natürlich wird er dann doch versehen. »Was möchten denn sonst die Leut' sagen . . .« Die Dienstleute knien fromm dabei, die Angehörigen stehen und knien mit verlegenen Gesichtern herum. Einer murmelt in den Bart: »Eine unsinnige Quälerei – das reine Mittelalter . . .« Die alte Anna sagt, der gnä' Herr habe nach der Letzten Ölung ganz verklärt ausgesehen und so erleichtert, als ob er wieder gesund werden wollt. »Er hat sich halt gefreut, daß er's hinter sich hat«, murmelt der Freigeist.

Dann lassen die Ärzte noch einmal ihre schwere Artillerie auffahren: den Champagner, die Kampferinjektion und den Sauerstoffballon. Es ist natürlich ganz zwecklos, aber es zu unterlassen, wäre ungehörig. Die Leute würden sagen: »Nicht einmal an Kampfer ham s' ihm 'geben...« So lieblos kann man nicht sein. Und dann ist es also endlich vorbei. Die Ärzte wischen sich den Schweiß von der Stirn, waschen sich die Hände, ziehen den Rock an, kondolieren, sagen: »Wir haben unser Äußerstes getan«, und besteigen nach erfüllter Pflicht ihre Fiaker.

Dann klingeln schon die Agenten wegen der Bestattung, wegen der Todesanzeigen in der Zeitung, wegen des Grabsteines... Seit vielen Stunden haben sie im Kaffeehaus am Eck auf den Eintritt des Todes gewartet und dem Hausmeister für rasche Benachrichtigung Trinkgelder versprochen – würdige Trauerfiguren in Salonrock und Zylinder mit offertdurchsetztem Kondolenzgemurmel... Wie kommt einer zu so einem Beruf? Ach Gott! Durch die Not: geschaßte Offiziere, disziplinierte Beamte, heruntergekommene Adelige verwerten in diesen Berufen ihr würdiges Aussehen und ihre gute Garderobe. Sie vertrinken in der Regel ihren Kummer und riechen danach. Wenn sie einmal zu stark riechen, dann fliegen sich auch da hinaus.

Dann kommen entschlossene Handwerker, die mit festen, raschen Griffen und angemessen gedämpften Dialektstimmen die feierliche Aufbahrung im Nu herrichten: Das schönste Zimmer der Wohnung wird ganz schwarz ausgeschlagen, ein großer Katafalk wird in der Mitte aufgebaut, alle Spiegel werden zur Wand gekehrt oder verhüllt, die Bilder verschwinden, die Fenster werden schwarz verhängt – das geht alles so rasch, eins, zwei, drei, ho ruck... Der Anführer der Leute disponiert am Telephon, Wagen mit Material kommen, die Leute schwitzen und keuchen (gedämpft), und dann wird der Sarg auf den Katafalk und viele, viele Kerzen auf hohen, silbernen Leuchtern werden rundherum gestellt. Gestern abend hat er noch um sich geschlagen – ein keuchender, bebender, um sein Leben kämpfender armer Mensch –, heute liegt er in steinerner, edler Ruhe wie ein König zwischen den flackernden Kerzen und den Blumen, Ehrfurcht gebietend, nicht wie ein entseeltes Geschöpf dieser, sondern wie der schweigende Bote einer anderen Welt.

Die beiden Türflügel werden weit geöffnet, ein schwarzer Teppich wird bis zur Eingangstür der Wohnung gelegt. Bei reichen Leuten legen sie den Teppich bis zum Haustor, hängen schwarze Draperien um das Tor und stellen einen Trauerportier in spanischer Gala daneben. Wer will, kann jetzt hereinkommen und die Aufbahrung besichtigen, und es wollen viele. »Schön schaut er aus – als ob er schlafen möcht – so friedlich – man könnt' fast glauben, daß er lächelt. – Mein Gott, der Arme hat's hinter sich...« So reden die Leute ganz leise, sprechen ein kurzes, stummes Gebet und besprengen den Katafalk mit ein paar Tropfen Weihwasser. Unten auf der Straße erzählen sie dann einander noch furchtbare und ergreifende Zwischenfälle aus der Todeskrankheit. Der Tod ist ein großes Ereignis. Mit achselzuckender Gleichgültigkeit daran vorbeizugehen, haben die Menschen noch nicht gelernt.

Es gibt im Wiener Volk viele Leichenamateure, die keine schöne Aufbahrung und keine schöne Leiche auslassen. Sie haben viel zu tun, denn es gibt jeden Tag so viele schöne Leichen. Ganz arme Leute sparen ihr Leben lang für ein prunkvolles Leichenbegängnis mit prächtiger Aufbahrung und Galaleichenwagen. Eine ganz sonderbare Stimmung erfaßt bei diesen Festen des Todes die Menschen: vor dem Tod werden sie alle gleich – die Gnädige umarmt und küßt die Hausmeisterin, die Bedienerin, die Wäscherin –, der Tod hebt für einen Augenblick alle Standesunterschiede auf und alle Feindschaften. Verwandte und Bekannte, mit denen man seit Jahren bös war, tauchen plötzlich auf. Alte Konflikte werden wortlos vergessen. Vielleicht ist es diese wehmütig milde Stimmung der Solidarität der Menschen vor dem Tod, die die Leichenamateure lieben, und nicht nur der schwarze Prunk. Mit Genugtuung sieht der arme Teufel die vor dem Tod mild und fromm gestimmten feinen Leute von ihrem Sockel heruntersteigen und fühlt den ewigen Richter die Schranken aufheben, die die Menschen errichtet haben.

Es gibt aber auch vornehme Leichenamateure: feine alte Damen und nobel hinkende Exzellenzen, die gewissenhaft ihre ganze Generation begraben, mit frommer Genugtuung beobachtend, wie sich der Tod auch die glänzendsten und übermütigsten ihrer Zeitgenossen holt, hinter denen sie im Leben oft zurückstehen mußten. Ja, da kann man sagen, was man will: eine Freude machen uns die Toten – die, daß wir sie überleben.

Am dritten Tag wird die Leiche im Trauerhaus gegen zwei Uhr nachmittags in Anwesenheit der Trauergäste eingesegnet und, begleitet von der Geistlichkeit und dem ganzen Trauergefolge, in die Pfarrkirche getragen. In der Kirche sind schon alle die Trauergäste versammelt, die sich nicht berechtigt oder verpflichtet gefühlt haben, schon in das Trauerhaus zu kommen – viele Leute auch, die die Leidtragenden gar nicht kennen. Und dann kommt die eigentliche »schöne Leich«. Es ist indessen drei oder gar halb vier Uhr geworden. Im Winter dämmert es schon, und vor der Kirche formiert sich der feierliche Leichenzug: zuerst der reichgeschnitzte schwarze Prunkleichenwagen, der mit zwei, vier oder sechs Rappen bespannt ist. Wenn es sehr fein ist, dann ist der Leichenwagen à la Daumont bespannt und wird nicht von einem Kutscher geführt, sondern von Reitern, wie eine Kanone. Und wenn es ganz fein ist, dann gibt es noch Vorreiter mit Fackeln. Hinter dem Leichenwagen kommen die Kranzwagen. Vier und sechs sind gar keine Seltenheit. Dann kommt endlich der lange Zug der Trauerkutschen. Und was gibt es da noch für Abarten: Veteranenleichen mit Musik und Ehrenkompanie für Mitglieder von Veteranenvereinen; Leichen mit bärtigen Männerchören für Mitglieder von Gesangvereinen: »Es ist bestimmt in Gottes Rat . . .« Und natürlich die Militärleichen mit Kondukt, Gewehrsalve, Trommelwirbel, Trauermarsch. Das schönste ist natürlich eine richtige Generalsleiche mit dumpfer Militärmusik, einem trauernden Pferd hinter dem Leichenwagen (auch wenn der tote General schon lange nur mehr auf seinem Schreibtischsessel geritten ist) und einem schwarz gepanzerten Ritter hoch zu Roß. Dann gibt es noch besondere Leichenwagen für Adelige, aus denen oben ein halber gepanzerter Ritter herausschaut, und mit Wappenträgern. Wenn aber das Geschlecht mit ihm ausstirbt, dann tragen sie ein zerbrochenes Wappen. Nur Kenner auf dem Gebiet verstehen den Sinn der zahllosen Variationen. Die Wiener haben große Freude, wenn man sich die Trauer um seine Lieben was kosten läßt. Denn teuer sind die schönen Leichen. Tausend Gulden ist das wenigste – da sieht man noch kaum etwas. Dreitausend Gulden sind bei besseren Leuten die Regel.

Also der feierliche Trauerzug fährt nur ein paar Gassen in feierlichem Schritt und vollem Glanz, denn in dem Tempo käme er ja nie auf den Zentralfriedhof. Darum setzt sich der lange Zug auch bald in flinken Trab. Nur die nächsten Angehörigen fahren den weiten Weg zum fernen Friedhof mit.

Es ist ein gespenstischer Anblick, im Nebel und in winterlicher Dämmerung den eiligen Trab der schwarzen Prunkkarossen anzusehen, die dem Friedhof zuhasten, als könnten sie das Ende gar nicht erwarten. Es ist die gespenstische Schnellpolka, mit der die großen Trauerfeste schließen. Leichenzug nach Leichenzug trabt Nachmittag für Nachmittag die Simmeringer Hauptstraße entlang, und zwischen den Leichenzügen fahren Lastwagen, schwer beladen mit herrlichen weißen, mächtig gehörnten ungarischen Ochsen, denen man die Augen verbunden hat, denn sie fahren zur Schlachtbank, und oft brüllt einer angstvoll und klagend mitten in den vorbeieilenden Leichenprunk der Menschen hinein. Dann rumpeln den Leichenwagen wieder die schwer beladenen Bierwagen der Schwechater Brauerei entgegen; wie Trauben hängen die Bierfässer an eigenen Gerüsten, und mächtige Riesenrosse ziehen diese munter polternden Fuhrwerke. Gar nicht weit vom Zentralfriedhof liegt nämlich die größte Brauerei Wiens, in der der große Dreher sein weltberühmtes Schwechater Bier braut. Zwischen Schlachthaus und Brauerei findet der Wiener seine letzte Ruhestätte. Gaswerke liegen am Weg. Fabrikssirenen heulen. Nirgends ist Wien so sehr Großstadt im Sinne dieser Zeit als auf dem Weg zu seinem großen Friedhof.

Es gibt natürlich auch Menschen, die aus der Pietät der Wiener Dividenden und Tantiemen machen, denn es sind gewaltige Unternehmungen, die für den Trauerluxus der Wiener sorgen. Zahllose Pferde und Trauerlivreen und Wagen gehören ihnen. Da gibt es Millionenumsätze, und man sieht es manchem jovialen älteren Lebemann, der gute jüdische Witze erzählt, nicht an, daß er seine Dividenden und Tantiemen unter anderem auch von der kaufmänni-

schen Auswertung des Todes seiner Mitbürger bezieht. Der Doktor Lueger
will dieses Geschäft für die Gemeinde Wien haben, und die Leute, die es gar
nicht komisch finden, daß Spekulanten an ihren Leichen Geld verdienen, haben endlos darüber zu lachen, daß die Gemeinde sie jetzt auch begraben will.
So heiligt die Gewohnheit auch das Absurde, denn es ist doch gewiß viel ab-
surder, daß Spekulanten am Tod der Menschen Geld verdienen, als daß die
Gemeinde, in der man gelebt hat, einen auch bestattet und den Gewinn, der
sich vielleicht dabei ergibt, wieder für die Mitbürger verwendet. Aus der Zeit
des prosperierenden Leichengeschäftes ist nur mehr der Name »Pompfineebe-
rer« übriggeblieben. So nennen nämlich die Wiener alle die düsteren Männer,
die die Leichen kutschieren und tragen und eskortieren nach der »Entreprise
de Pompes Funèbres«, die lange Zeit das größte Unternehmen war, das am
Tod der Wiener verdient hat.

Jenseits des käuflichen Trauerluxus der Bürger aber gibt es noch die monumentale Trauerpracht des Hofes – die seltenen Erlebnisse der feierlichen Bestattung von Mitgliedern des kaiserlichen Hauses. Wir haben das Begräbnis
der armen Kaiserin und des Feldmarschalls Erzherzog Albrecht, des letzten
Österreichers, gesehen, an dessen Namen sich Siegesruhm knüpfte. Das waren
Fronleichnamsprozessionen in Schwarz: lange schwarze Fahnen wallten von
allen Häusern, schwarze Menschenmassen schoben sich durch die Straßen,
Gaslaternen waren in rote flackernde Gasfackeln verwandelt, die anderen waren schwarz umflort. Schwarze Livreen, schwarze schwankende Trauerkutschen, gestopfte Trompeten, dumpfe umflorte Trommeln, Trauermärsche, Salven und dröhnende Kanonenschüsse, zahlloser Klerus in Schwarz und Gold,
endlose Militärspaliere, stundenlanges Geläute von Hunderten Kirchenglok-
ken und dann der feierliche Schritt der schäumenden, schnaubenden Rappen,
die mit ihren Hufen Funken aus dem Pflaster schlagen, der mächtige, äch-
zende alte Prunkwagen, in dem der Sarg ruht, ummurmelt von Gebeten der
begleitenden Geistlichkeit, und dann der alte Kaiser in seiner Karosse – die
Garden, die Minister, die Botschafter, die geheimen Räte, die Uniformen, alles umflort, umflorte Fahnen, berittene Hofbeamte, Hofeinspanier genannt,
auf ängstlich tänzelnden Pferden – ein majestätischer Strom von Gloria
mundi gibt den großen Toten, die schon jenseits aller dieser irdischen Gloria
weilen, das letzte Geleit. Nie in ihrem Leben ist die mädchenhafte scheue Kaiserin so majestätisch aufgetreten wie auf ihrem letzten Gang. Auch der alte
Erzherzog Albrecht mit seinem struppigen Gelehrtenkopf und seinen dicken
Brillen war solchem Prunk immer fremd – aber so ist es recht, so wollen es die
Wiener. Wenn einer tot ist, sollen die Leute sehen, daß er doch jemand war
und daß er es sich verdient hat, daß ihm die Leute eine letzte Ehre erweisen.
Das Leichenbegängnis ist ein Fest, das die Dankbarkeit der Hinterbliebenen
dem Andenken des Verstorbenen gibt. Nicht die Bescheidenheit des Verstor-

benen kann den Glanz dieses Festes bestimmen, sondern die Dankbarkeit der Überlebenden.

Mit den schönen Leichen sind die Ehren, die den Toten erwiesen werden, noch lange nicht erschöpft. Da kommt dann ein paar Tage später noch das feierliche Requiem und je nach Frömmigkeit und Wohlhabenheit der Hinterbliebenen noch eine oder mehrere Seelenmessen. Dann wird noch Jahr für Jahr der Sterbetag und der Geburtstag des Verstorbenen gefeiert, wieder mit Seelenmesse, Kränzen und Blumen... Natürlich wird lang und ausgiebig Trauer getragen, und damit nehmen es die Wiener sehr genau: jahrelang, monatelang, je nach der Nähe der Verwandtschaft – erst tiefe Trauer und dann Halbtrauer. Feine Leute sind viel in Trauer, denn sie haben feine Verwandte, um die es dafürsteht, Trauer zu tragen. Wenn man dann gefragt wird, um wen man Trauer trägt, kann man ganz unauffällig Beziehungen glänzen lassen, noch dazu verwandtschaftliche. Also da ist es schon der Mühe wert, auch um einen angeheirateten Cousin zweiten Grades Trauer zu tragen.

Aristokraten sind überhaupt immer in Trauer, denn sie tragen noch immer alle Hoftrauern mit. Sie trauern also um jeden spanischen Infanten und jeden von den zahllosen deutschen Prinzen. Da kennt man gleich, wer wirklich fein ist. Wenn einer oft jahrelang keine Trauer trägt, dann hat er gewiß eine Familie, die nicht zum Herzeigen ist, und will nicht gefragt werden. Das kennt man schon. Und weil die Wiener überhaupt auf das Anziehen sehr viel halten, wird aus der Trauer eine Freude für Schneider und Hemdenmacher. Zur tiefen Trauer gehört ein Anzug aus mattem, aufgerauhtem schwarzem Stoff, zur Halbtrauer kann er schon glatt sein. Dazu trägt man schwarz eingefaßte Sacktücher, schwarze Uhrkette und Manschettenknöpfe, schwarzen Spazierstock und ein breites schwarzes Moiréband am Zwicker, eine schwarze Krawattennadel und um Gottes willen keine Lackschuhe. Ja, mit dem Trauertragen nimmt man es sehr genau, aber diese schwarze Trauergala hindert die Wiener nicht, ins Theater oder ins Konzert zu gehen. In allen Theatern kann man Leute in tiefer Trauer sitzen sehen, sogar in Nachtlokalen.

Die Wiener halten viel auf ihre Gräber. Fortwährend pilgern sie den weiten Weg zum Zentralfriedhof: über eine Stunde mit der Pferdebahn oder zwei Stunden zu gehen. Viele gehen zu Fuß und tragen dabei Kränze oder Blumen. Manche nehmen sich Klappsessel und Mundvorrat mit und sitzen dann stundenlang am Grab des lieben Toten. Oft denkt man, daß die Wiener ihre Lieben erst dann so ganz liebhaben, wenn sie tot auf dem Zentralfriedhof liegen – da sind sie schön still und sagen zu allem ja und haben keine eigene Meinung mehr. Da kann man sie dann ungestört liebhaben.

269

In Wien gibt es viele Menschen, die die Nähe der Toten suchen. Sie gehen auf dem stillen, großen Friedhof, über den immer eine frische Luft weht und über dem der Himmel so hell und so weit ist, spazieren. Bei solchen einsamen Spaziergängen passieren den Menschen ganz sonderbare Dinge. Da verliebt sich zum Beispiel jemand in ein ganz fremdes Grab, das ihn gar nichts angeht. Da liegt auch ein zwölfjähriger Bub, denkt die Dame, so wie meiner war, und da liegt auch seine Mutter, erst zweiunddreißig Jahre alt, so alt wie ich bin, und hinterläßt einen untröstlichen Gatten. Sonderbar wie die Schicksale einander gleichen. Gerührt legt sie ein paar Blumen auf das fremde Grab und malt sich im Geist das Bild des armen zwölfjährigen Buben und des untröstlichen Gatten aus und einen ganzen kleinen Roman dazu. »Gewiß ist die Arme gestorben, weil sie noch ein Kind bekommen hat – die Männer sind so egoistisch, die können sich nicht vorstellen, was es heißt, Kinder zur Welt zu bringen. Wenn es dann schiefgeht, dann sind sie natürlich untröstlich«, und gerührt legt sie wieder ein paar Blumen auf das Grab. Dann wird es ihr zur Gewohnheit. Wenn sie weggehen will, ohne das fremde Grab zu besuchen, dann glaubt sie zu hören, wie der arme zwölfjährige Bub sie ruft.

Wer kann das nur sein, der immer wieder Blumen auf unser Grab legt, denkt der untröstliche Gatte, der oft das Grab besucht. Vielleicht eine Jugendliebe meiner armen Frau oder am Ende gar... Da sieht er die Augen seiner toten Frau stumm und vorwurfsvoll auf sich gerichtet und schämt sich. Aber einmal kommt der Witwer gerade dazu, wie die fremde Dame sein Grab schmückt, und ist erst wieder ganz zerknirscht wegen der Anwandlung von Eifersucht von neulich, und dann spricht er die Dame an.

Ein Wort gibt das andere. Sie erzählen einander ihre Geschichte – sie haben so viel Ähnliches erlebt –, und dann treffen sie einander öfters, zuerst immer am Grab. Ein paar Monate später sind sie Mann und Frau, und er erzählt: »Mein neues Glück, das hat mir meine arme selige Frau geschickt – ist das nicht wie ein Wunder? Ich habe geradezu das Gefühl, daß ich einem Befehl meiner armen Frau gefolgt bin – haben Sie nicht auch den Eindruck?... Ich hab ja nie daran gedacht, noch einmal zu heiraten, ich wollt meiner armen Paulin' treu bleiben, aber sie hat das nicht gewollt und hat mir meinen Trost geschickt. Es wäre geradezu, ich möchte sagen, vermessen gewesen, einem so wunderbaren Wink nicht zu folgen...«

Ja, so ist das in Wien: der Herrgott schickt den Menschen Trost in ihrem Schmerz, Beruhigung für ihr Gewissen, und er führt sie auf seine Art den rechten Weg. Wer an Wunder nicht glaubt, kann Wunder nicht erleben, aber wer an sie glaubt, findet sie auf Schritt und Tritt und versteht die Menschen nicht, die sie nicht sehen wollen. Aber die Wiener glauben fast alle an Wunder, wenn sie auch so tun, als täten sie es nicht, und die

Toten leben hier im Geist und im Herzen der Lebenden noch lange das irdische Leben mit.

Am zweiten November, am Allerseelentag, feiert ganz Wien alle seine Toten, da wandern alle Leute auf die Friedhöfe hinaus – Hunderttausende –, und dabei ist Allerseelen kein Feiertag. Aber wer irgend kann, macht sich frei. Schon Tage vorher sind die Leute hinausgepilgert, die Gräber zu schmücken. Ein Meer von bitter riechenden weißen Astern bedeckt die Gräber und viele, viele tausend Lichter brennen dazwischen. Von sechs Uhr früh an ist die Simmeringer Hauptstraße schwarz von schwarzgekleideten Menschen, die mit Blumen und Kränzen beladen hinauswandern. Die arme klingelnde Pferdebahn, vollgestopft mit Menschen und Blumen, kommt kaum weiter, und die Omnibusse und Tausende Fiaker und Einspänner, Last- und Möbelwagen, auf denen Sitze improvisiert sind, Equipagen, alles voll mit Blumen – ein Trauerblumenkorso –, auch Hofwagen sind dabei. Die Wagen sind oft höher als die armseligen ebenerdigen Häuser an der endlosen in die grenzenlose Steppe sanft hineingeschwungenen Straße, denn auch die endlose Simmeringer Hauptstraße ist nicht gerade, sondern in weiten Bögen geschwungen.

Auf dem Friedhof drängen sich die Menschen Kopf an Kopf, man kommt nur schrittweise vorwärts. Besonders bei den Arkadengräbern, wo die reichen, und bei den Ehrengräbern, wo die berühmten Leute liegen, ist es lebensgefährlich. Ganze Berge von Kränzen und Blumen liegen auf vielen Ehrengräbern und natürlich auf den Gräbern der Millionäre, bei denen noch dazu Ehrenwachen in Trauergala mit Fackeln stehen. Offiziersdeputationen in glänzenden Uniformen legen Kränze auf die Gräber hoher Generale, Abordnungen von Ämtern und von Vereinen schmücken die Gräber ihrer verstorbenen Präsidenten und Ehrenmitglieder. Die Polizei bahnt Wege, regelt, mahnt: »Nicht drängen! – Weitergehen!« ... Viele Stunden lang schieben sich die Menschen an diesen Pracht- und Ehrengräbern vorbei. Bei den Gräbern der Wiener Bürgermeister stehen städtische Ratsdiener mit Fackeln, bei anderen Gräbern Studenten in Wichs als Ehrenwache.

Aber ganz arg wird es erst am späten Nachmittag, wenn die Leute nach dem Schluß der Büros kommen und mit ihnen die vielen, vielen Menschen, die den Friedhof mit den vielen tausend Lichtern sehen wollen, wenn der Herbstnebel sich im Schein der Lichter rötet und Tropfen an den Blättern und Blumen glitzern. Eine dunkle Masse scharrt dann mit tausend Füßen über die feuchten Sandwege, Tausende gedämpfte Stimmen gurren wie Tauben, die feuchten Astern duften bitter, und dazwischen weht der Wind Wellen des Duftes von Tuberosen und Nelken, Rosen und Veilchen, als huschten die Geister parfümierter Frauen vorbei. Es riecht

271

nach den feuchten Schuhen und Mänteln der Leute, über die der Dampf ihres Atems aufsteigt. Dunkle Scharen von Menschen drängen sich murmelnd stundenlang durch den lichterglänzenden Friedhof, und es wird Nacht, bevor die feuchten Alleen sich leeren und die Lichter dann in der Stille langsam unter dem Nebel verglimmen.

Heute ist das alles kaum mehr ein Schatten von damals. Seitdem Leben und Tod in Massen produziert werden, sind sie im Wert gefallen. Die Menschen werden heute schon fast wie der Abfall und Unrat verbrannt oder verscharrt. Man bedauert die Toten nicht mehr, sondern gönnt ihnen die ewige Ruhe. Die Liebe zum Leben ist uns abhanden gekommen, und wer das Leben nicht liebt, hat auch vor dem Tod keine Ehrfurcht.